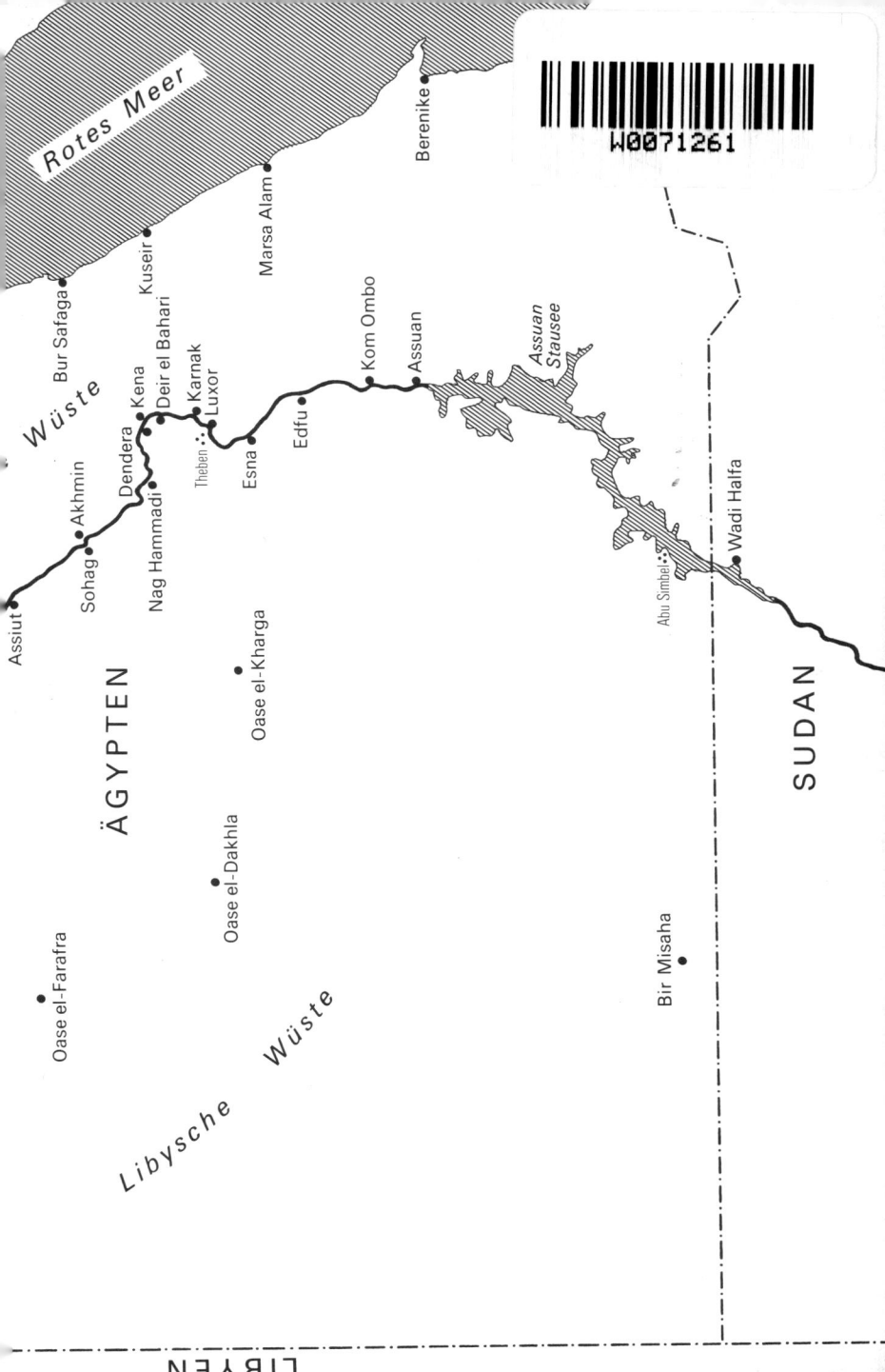

Piper Panoramen der Welt

Erich Helmensdorfer · 50mal Ägypten

Erich Helmensdorfer

50mal Ägypten

R. Piper & Co. Verlag
München Zürich

Vorsatzkarte von Jutta Winter

ISBN 3-492-02482-3
© R. Piper & Co. Verlag, München 1979
Gesetzt aus der Aldus-Antiqua
Gesamtherstellung: H. Mühlberger, Augsburg
Printed in Germany

Inhaltsverzeichnis

Die rechte obere Ecke Afrikas

Das Land, das man auf einer Karte des afrikanischen Kontinents rechts oben findet, ist ein in vielerlei Hinsicht ungewöhnliches und bemerkenswertes Land: Ägypten. Mitten durch dieses Land, das zum größten Teil aus einer riesigen Wüste besteht, windet sich, von der sudanesischen Grenze im Süden bis zum Mittelmeer im Norden, mäanderhaft ein Strom. Die Oasenlandschaft entlang dieses Stroms, des Nils, zieht sich außerordentlich lang hin, weit über 1000 Kilometer, und ist außergewöhnlich schmal, nirgends breiter als 25 Kilometer. Bei Assuan bedeckt das grüne Land an den Ufern nur wenige hundert Meter landeinwärts, und es ist auch an anderen Stellen oft kaum einen Kilometer breit, bei Kairo 25 Kilometer. Erst nördlich der Hauptstadt fächern Nilarme und Kanäle zu einem Delta aus, eine von der Flußlandschaft im Süden Kairos deutlich geschiedene, andersartige Landschaft bildend. Die Dreiteilung des Landes in Wüste, Nillandschaft und Delta sind ins Auge springende Grundstrukturen dieses Teils Afrikas. Auf der Landkarte verliert sich die grüne Farbe, die fruchtbares Land markiert in den Weiten von Gelb, die unfruchtbare Wüste ausweisen. Von etwas mehr als einer Million Quadratkilometer Gesamtfläche sind in Ägypten nur knapp vier Prozent fruchtbar. Überträgt man dieses Verhältnis zwecks Verdeutlichung auf eine uns besser vertraute Region, so besagt es, daß einer Wüstenfläche von der Größe Mitteleuropas (Frankreich, Belgien, Luxemburg, die Niederlande, die Bundesrepublik Deutschland, Österreich und die Schweiz zusammengenommen) ein bebaubares Gebiet gegenübersteht, das bezüglich seiner Ausdehnung dem Bundesland Baden-Württemberg entspricht. Auffallend und ungewöhnlich ist hier auch, daß der sonst auf dem

afrikanischen Kontinent übliche stufenweise Übergang von Kul-
turland über Steppenformen in Wüste völlig fehlt. Vom Flugzeug
aus ist diese Besonderheit am deutlichsten erkennbar. Dort, wo
Wasser hinkommt, ist die Erde grün; wenige Meter weiter gibt es
aber nur gelbe oder graue Wüste. Die entsprechenden Grenzen
sind scharf gezogen, wie mit dem Messer geschnitten. Diese Ge-
gebenheiten der potamischen Natur haben die jahrtausendealte
Kultur Ägyptens geprägt, und das Wort des griechischen Ge-
schichtsschreibers Herodot: »Ägypten ist ein Geschenk des Nil«,
gilt auch noch heute.

Ungewöhnlich und verwirrend an Ägypten ist für den Europäer auch, daß ihm dort das Gefühl für den geographischen Kom-
paß ziemlich verlorengeht. Der Nil fließt ja im Prinzip von Süden
nach Norden, d. h. auf der Landkarte, da diese nach Norden ausgerichtet ist, von unten nach oben. Wenn also der Nil auf der
Karte zum Mittelmeer nach Norden »hinauffließt«, fließt er tatsächlich wie immer abwärts, von Oberägypten nach Unterägypten. Nur in wenigen Städten der Welt fällt es Besuchern so
schwer wie im Häusermeer von Kairo, sich am Flußverlauf zu
orientieren. Auf Anhieb anzugeben, wie der Nil denn nun ver-
laufe, und sich an das »drunten« liegende Oberägypten und an
das Unterägypten »droben« zu gewöhnen, braucht seine Zeit.
Wer auf dem Nil zwischen Kena und Nag Hammadi segelt, wird
noch mehr verwirrt, denn dort geht die Strömung von Ost nach
West. Vollends verdreht sind die Verhältnisse im Dongola-Nil-
bogen im Sudan, in der Nähe des vierten Katarakts, wo die Fluß-
richtung sich umgedreht hat und der Nil fast 200 Kilometer lang
von Norden nach Süden fließt.

Die Nordostecke Afrikas war in der Geschichte auch immer ein
Anziehungsfeld für ruhmsüchtige Feldherren, beutegierige
Heere, neugierige Wissenschaftler und reisende Kaufleute und
Händler. Sie kamen mit Schiffen über das Mittelmeer und das
Rote Meer oder auf dem Landweg über jene Nahtstelle zwischen
den Kontinenten Afrika und Asien, die heute vom Suezkanal
markiert wird. Die unendliche Weite der den Westen Ägyptens
bedeckenden Wüste hat das Land dagegen in geschichtlicher Zeit

gegenüber dem restlichen afrikanischen Kontinent immer ziemlich abgeschirmt. Ägypten liegt auf zwei Kontinenten und gehört so recht weder zu Afrika noch zu Asien. Die maßgeblichen Verkehrsströme liefen hier alle Zeit von Norden nach Süden und umgekehrt, entlang dem Nil. Das friedliche Leben konzentrierte sich an den Ufern des Stroms, und nur der Marschtritt ungezählter Erobererheere drang oft tiefer nach Ostafrika hinein. Die Züge der Karawanen hinterließen jeweils ihre Spuren und erweiterten Lebenserfahrung und Wissen der Niltalbewohner, die auch selbst zu Reisen und Eroberungen aufbrachen. Nach dem Dunkel der Vorgeschichte und dem sagenumwobenen Beginn der pharaonischen Dynastien und ihrer Reiche prägten Eroberungen über Eroberungen das Land und die Menschen am Nil und ihre Historie. Jede Besatzung in neuerer Zeit wurde teilweise am Nil seßhaft, verband sich mit den Eingesessenen und hinterließ ein Erbe, das in Ägypten eine phantastische Mischungsvielfalt menschlicher Rassen und ihrer Kulturen wachsen ließ. Perser, Griechen, Römer, Araber, Türken und Europäer sind daran beteiligt. Die besonderen klimatischen Verhältnisse haben die Spuren der Geschichte hier besser und weiter zurückreichend bewahrt als anderswo, und angesichts der erhaltenen Zeugnisse tritt in Ägypten ebenso das Bewußtsein für die Vergangenheit stärker zu Tage. Aber gerade da, wo Geschichte sich so eindringlich manifestiert, werden die Grenzen menschlicher Vorstellungskraft deutlich, und die Erkenntnis drängt sich auf, wie unvollkommen historisches Geschehen aus der Gegenwart heraus nachvollzogen werden kann. Immerhin gilt es, sich in der zweiten Hälfte des zwanzigsten Jahrhunderts vor Augen zu führen, daß 26 Jahrhunderte vor Christus von Menschen ein 58 Meter hoher Steinbau, die Stufenpyramide von Sakkara, errichtet worden ist. In dieser ungewöhnlichen Weltgegend hebt sich der Vorhang, der die Anfänge der Geschichte der Menschheit verhängt, ein wenig und läßt den staunenden Touristen einen Blick tun auf Pyramiden und Tempel, auf Mumien und Schätze aus Gold und Edelstein, auf Götterstatuen und Gräber mit minuziös-genauen Darstellungen aus dem Alltag vor 4500 Jahren.

Diese Erlebnisse sollten nicht den Blick auf den ägyptischen Alltag unserer Zeit verstellen und nicht den Eindruck erwecken, noch die Gegenwart des Landes am Nil sei im wesentlichen Maße von seiner pharaonischen Vergangenheit geprägt. Tatsächlich liegt diese Vergangenheit so weit zurück, daß sie im modernen Ägypten nur noch insofern eine wirtschaftliche Rolle spielt, als mitunter eine mandeläugige Schönheit von heute an die Tänzerinnen auf einer altägyptischen Darstellung erinnert und somit eine touristische Attraktion darstellt. Die Zeugnisse der Geschichte sind denn auch hier die entscheidende Grundlage für den Tourismus, aus dem inzwischen eine wichtige Devisenquelle geworden ist. Das Ägypten der Gegenwart ist das Ergebnis von Einflüssen, die erst mit der Eroberung durch die Araber eingesetzt haben. Ihnen verdanken die Ägypter zwei, allerdings sehr nachhaltige Elemente ihrer neueren Kultur: die Sprache und die Religion. In das Bewußtsein Europas ist Ägypten erst durch den Feldzug Napoleons geführt worden, und mit der letzten Dynastie der Moderne, Mohammed Ali, kann das Erwachen des neuzeitlichen Ägyptens verzeichnet werden.

In einem weiteren Punkt unterscheidet sich das Land an der rechten oberen Ecke Afrikas vom übrigen Kontinent. Eine Bevölkerungsdichte wie im Niltal findet sich nirgendwo sonst in Afrika. Am spürbarsten ist die Übervölkerung in der Hauptstadt Kairo, dieser tosenden, lärmenden, ständig erregten Megalopolis. Gleichermaßen abstoßend wie anziehend finden sich Reichtum und Armut unmittelbar nebeneinander, fast ebenso scharf gegeneinander abgegrenzt wie Wüste und Grünland. Weite Teile der Stadt sind verrottet und verkommen, dazwischen liegen Einsprengsel, kultiviert und gepflegt, wie es nur in jenen Teilen der Welt noch möglich ist, wo zur Befriedigung überfeinerter Wünsche und Ansprüche auf seiten der Wohlhabenden die billige Arbeitskraft der Armen zur Verfügung steht. Zwar ist in Ägypten, anders als in Indien, noch nie jemand verhungert, aber das Elend verfolgt den Beobachter auf Schritt und Tritt. Unmittelbar neben dem Erhabenen macht sich Kitsch breit, zur göttlichen Ruhe gesellt sich aufdringlicher Lärm, zum Farbenspiel der Son-

nenauf- und -untergänge das gleißende Tageslicht, zu unnachahmlichen Pastelltönen in der Natur das zu sandig-schmutzigem
Gelb gewordene Grün von Bäumen und Büschen. Den majestä-
tisch-strengen, kahlen Felsgebirgen stehen die saftigen Wiesen
und wiegenden Palmen der Oasen gegenüber, den Kontrast zum
modernen kosmopolitischen Wissenschaftler des Landes stellt der
unwissende, rückständige Bauer dar, zur Hitze des Tages gehört
die Kühle der Nacht. Ägypten ist das Land der schroffen Gegensätze. Dazu zählen auch die Leere der Wüsten und die Übervölkerung im Niltal. Nicht nur in Kairo, allenthalben im Land ist sie
spürbar. Wer in der Provinz unterwegs ist, wird bald gewahr, daß
sich Dorf an Dorf reiht, daß überall Menschen arbeiten oder
herumstehen, sich an den Straßenrändern, zusammengekauert,
ausruhen. Augen sind überall und allgegenwärtig. Europäischen
Reisenden fällt es schwer, eine Stelle auszumachen, wo man diskret ein Bedürfnis befriedigen könnte. Die zusammengeduckten
Gestalten der Einheimischen tun sich da leichter. In den zurückliegenden 150 Jahren hat sich die Bevölkerung Ägyptens mehr
als verzehnfacht, die bebaute und bewohnbare Landfläche aber
nur knapp verdoppelt. Die statistische Dichte von mehr als ein-
tausend Personen auf einen Quadratkilometer macht das Land zu
einem der dichtestbevölkerten Gebiete der Erde. Mitte der fünfziger Jahre nahm die Bevölkerung täglich um rund tausend Menschen zu, seit Ende der siebziger Jahre suchen Tag für Tag dreitausend Esser mehr Platz an den Tischen. Kein Wunder, daß es
die Fleischtöpfe Ägyptens nicht mehr gibt. Die biblische Reihenfolge von sieben mageren und sieben fetten Jahren ist abgelöst
von Jahrhunderten der Armut und Not.

Dem wirtschaftlichen Niedergang, der Hand in Hand mit der
nationalistischen Unabhängigkeit und Selbständigkeit der neue-
sten Zeit einhergeht, steht das politische Gewicht gegenüber, das
Ägypten zugefallen ist. Seit der Mitte des zwanzigsten Jahrhunderts ist das Zeitalter des Kolonialismus endgültig liquidiert worden. Die vorherigen Kolonialgebiete haben staatliche Unabhängigkeit erhalten – oft genug mußten sie hart darum kämpfen –
und spielen seitdem auf der Bühne internationaler Politik eine

immer größere Rolle – zumindest aufgrund ihrer Zahl. Unter der
Gruppe der Entwicklungsländer ragen die Länder hervor, denen
die Gunst der Lage und der Ereignisse schon früher einigen ent-
wicklungsmäßigen Fortschritt erlaubt hat. Ägypten zählt zu dieser Gruppe. Es hält eine Schlüsselstellung im arabischen Raum,
seine Diplomaten wissen sich auf dem Parkett der Vereinten Nationen zu bewegen; auf internationalen Konferenzen beeindruk-
ken die Politiker vom Nil. Die Revolution der Offiziere vom 26.
Juli 1952 hat einen tiefen Einschnitt in der vieltausendjährigen
Geschichte des Landes gebracht. Erstmals seit undenkbaren Zeiten wird Ägypten von Ägyptern regiert. Der Zorn eines Gamal
Abdel Nasser bewegt die Welt, der Mut von Anwar el Sadat
macht sie staunen.

Alle diese Erscheinungen zusammen dürfen nicht vergessen
lassen, daß der Maßstab des abendländischen Beobachters nicht
dazu taugt, an den Orient, an dessen Kultur und Zivilisation, an
seine Wirtschaft und Entwicklung, seine Menschen und ihr Denken und an die Art, wie sie zwischen Afrika und Asien leben,
angelegt zu werden. Allzu oft stellt sich heraus, daß äußere Erscheinungen europäischen Zuschnitts nur wie ein dünner Firnis
über kaum auszulotenden und unerklärlichen Tiefen liegen. Die
rechte obere Ecke Afrikas ist eine andere Welt.

Sie zu verstehen oder wenigstens zu begreifen, führt in philo-
sophische Systeme, auf deren verschlungenen Pfaden – Irrgärten
gleich – der Abendländer nur selten den richtigen Weg zu finden
vermag. Die häufig mit mehr ideologischem Engagement als
Verstand vorgebrachte Argumentation, die Nationen der hoch-
entwickelten Industriegesellschaft sollten doch nicht ihre eigenen
Maßstäbe an die unterentwickelten Länder anlegen, übersieht
geflissentlich, daß die Entwicklungsländer selbst es waren, die
sich Lebensformen und Lebensstandard der westlichen Gesellschaft zum Vorbild genommen haben. Keine Kolonialmacht, kein
Imperialist hat sie gezwungen nach heimischer Schwerindustrie,
nach nationalen Fluggesellschaften, nach amerikanischen Stra-
ßenkreuzern zu streben. Freiwillig haben sie Hose und Krawatte
angelegt. Realisieren sich aber die Träume nicht, funktionieren

die Anlagen und Einrichtungen nicht und kommt man nicht zurecht mit den westlichen Produkten, richtet sich der Unwille in seltsamer Schizophrenie gegen die Lieferanten. Die Einsicht fehlt, daß das Überwinden von Jahrhunderten, der Sprung vom Kamelrücken in den Cadillac, nur gelingen kann, wenn ein Unterbau an Bildung und speziell an Arbeitsmoral vorhanden ist. Die Einstellung der Menschen zur Arbeit und zu deren Produktivität sind letztlich die Probleme, die über Erfolg oder Mißerfolg entscheiden werden. Das gilt für die Industrialisierung, die Diversifikation im Wirtschaftsleben beim Übergang von der bloßen Rohstoffgewinnung zur Rohstoffverarbeitung und für alle Formen der Entwicklungshilfe. Noch sind Traumtänzereien an der Tagesordnung, ist die Suche nach der Identität der jungen Nationen voll im Gang, wird um Wirtschaftssysteme und soziale Ordnungen gerungen, stoßen tiefverwurzelte Tradition und moderne Lebensweise aufeinander.

In Ägypten sind alle diese Erscheinungen zu verzeichnen. Sie verlieren dort allerdings an Schärfe wegen der in ihrer Grundstruktur freundlichen, anpassungsfähigen und den heiteren Seiten des Lebens zugeneigten Menschen, die dort leben. Ihre Denkweise wird karikiert und, wie in jeder gelungenen Karikatur, zugleich gestochen scharf wiedergegeben in Erzählungen und Anekdoten. Am bekanntesten ist die Fabel von dem Frosch und dem Skorpion, die den Nil überqueren wollen. Der Frosch wehrt sich gegen das Ansinnen des Skorpions, diesen auf dem Rücken über den Fluß zu tragen, weil er dessen giftigen Stachel fürchtet. Von der logischen Argumentation des Skorpions, er werde sich hüten, seinen Stachel zu gebrauchen, denn dann sei er doch auch selbst zum Ertrinken verurteilt, läßt sich der Frosch überzeugen, und er nimmt den Skorpion huckepack. Mitten im Strom sticht der Skorpion zu. »Aber warum hast du das getan? Jetzt müssen wir beide ertrinken«, klagt der Frosch, während er untergeht. »Wir sind eben im Orient«, lauten die letzten Worte des Skorpions.

Von ähnlich aufschlußreicher Treffsicherheit ist die Erzählung von Hassan, der mittags nicht schlafen kann, weil vor seinem

Fenster Kinder lärmen. Wiederholt hat er die Fensterläden aufgestoßen und die Kinder verscheucht, doch ohne anhaltenden Erfolg. Ihr Ballspiel und ihr Tollen lassen ihn nicht zur Ruhe kommen. Da hat er eine Idee. Wieder öffnet er die Fensterläden. »Warum spielt ihr hier Ball? Wißt ihr denn nicht, daß der Eisverkäufer Ibrahim vorn am Nilufer heute Eis verschenkt?« Blitzartig sind die Kinder um die Ecke verschwunden. Hassan genießt die Ruhe. Plötzlich schreckt er von seinem Lager auf. »Wieso liege ich hier und schlafe, wenn Ibrahim Eis verschenkt?« Und er rennt aus dem Haus.

Die diesen Geschichten, von denen es Hunderte gibt, zugrunde liegenden Muster – Dinge miteinander zu verbinden, die nach abendländischer Logik nichts miteinander zu tun haben, und Wunschvorstellungen als Realität zu nehmen – begegnen dem Beobachter in abgewandelten Formen im ägyptischen Alltag immer wieder. Wer sich darüber wundert, wem ständiger Ärger das Leben verbittert oder wessen Nerven von den Anforderungen des Aufenthalts am Nil übermäßig strapaziert werden, sollte sich immer vor Augen halten, daß dies eine völlig andersgeartete Welt ist. Das hilft, jene abgeklärte Gelassenheit zu erwerben, die zum Verständnis der rechten oberen Ecke Afrikas unerläßlich ist.

Dreißig Dynastien am Nil

Ägypten ist ein Land der Gegensätze und Widersprüche. Unvereinbares vermag auf besondere Weise nicht nur nebeneinander zu existieren, sondern vereinigt sich sogar oft zu dem, was der Fremde ungläubig bestaunt oder mit Kopfschütteln und Achselzucken abtut. »Es ist eben echt orientalisch«, lautet die einzige Erklärung, die jeweils gegeben werden kann. Mit diesem »echt orientalisch« kann man auch charakterisieren, wie Land und Leute die Geschichte verarbeitet haben. Die Historie hat am Nil einmalige Zeugnisse hinterlassen, trotzdem sind es nur Spurenelemente, die von den Jahrtausenden für die Gegenwart erhalten

geblieben sind. Die Gegenwart hat mit den Pharaonen nichts
mehr zu tun, aber auch der spätere Geschichtsverlauf zeigt wiederholt deutliche Einschnitte, die das Leben in Ägypten von
Grund auf verändert haben. Ein Rückblick in der Art des Zeitraf-
fers macht unwillkürlich zunächst große Sätze über weite Zeitab-
schnitte hinweg, geht zu Sprüngen durch Jahrhunderte über und
wird immer langsamer, je näher die Gegenwart kommt. Nach
einer Zeitbetrachtung in Jahrzehnten wird schließlich ein einzel-
ner Jahresablauf relevant. Diese Relativität geschichtlicher Betrachtung muß sich vor Augen halten, wer vor den Bauwerken
im Niltal steht. Nur mit unserer eigenen Lebenserfahrung, nur
von unserem Standort aus können wir ferne Zeiten betrachten.
Wie die Menschen damals gefühlt und gedacht haben, ihre Beziehung untereinander, zur Umwelt und zu übersinnlichen Mächten, ist letztlich nur bruchstückhaft rekonstruierbar. Immer wieder aufblitzende Details sind in ihrer fotografischen Genauigkeit
und Farbigkeit beeindruckend, aber wir betrachten sie mit den
Augen von heute.

In Ägypten ist Geschichte nicht nur die Entwicklung von einem Abschnitt zum anderen. Häufig haben sich Brüche vollzo-
gen, die Zurückliegendes abrupt enden ließen und völligen Neu-
beginn bedeuteten. Die Eroberung durch Alexander den Großen,
gleichbedeutend mit dem Einbruch des Abendlands in die pharaonische Welt, der Einzug des hellenistischen und anschließend
des römischen Kulturkreises waren solche Geschichtsbrüche.
Auswirkungen auf die Gegenwart sind nicht mehr zu verzeichnen. Anders bei der Eroberung durch die Araber. Arabisches
Fühlen und Denken sind, nicht zuletzt wegen der Sprache und
der Religion, erhalten geblieben und bilden die Wurzel für den
rund 1200 Jahre nach der arabischen Invasion erwachten ara-
bisch-ägyptischen Nationalismus. Dieser Nationalismus ist seit
1952 in der Politik durchgebrochen und bestimmt heute das Zeit-
geschehen, in dem verschiedenartige Weltanschauungen miteinander ringen, gespeist aus islamischer Religiosität und westlichen
Philosophien. Auch die letzte Abwendung von der Vergangenheit, die Absage an die Monarchie und die Hinwendung zu mili-

tärdiktatorischen Formen, ist total gewesen. Die Art, wie man
heute verleugnet, was gestern bejaht wurde, kann damit verglichen werden, wie die Deutschen nach der Niederlage von 1945
ihre Vergangenheit zu verdrängen trachteten. In stärker emotio-
nal bestimmten Völkerschaften, wozu die Ägypter zählen, müssen die Folgen eines derartigen Bruchs der geschichtlichen Konti-
nuität noch tiefgreifender sein. Instinktiv fühlt das Individuum
die Selbstzerstörung, wenn auf den Hosianna-Ruf das »Kreuzige
ihn« folgt. Die Belastungsfähigkeit des Menschen durch die eigene Vergangenheit hat auch dort Grenzen, wo der einzelne
nicht gewohnt ist, sich über sein Tun Rechenschaft abzulegen
und über den Tag hinaus zu denken. In der Abwehr gegen die
Zerstörung der Selbstachtung schließt die Bevölkerung deshalb
ihr Innerstes gegen Einflüsse von außen ab. Die Sicherung der
eigenen Existenz, vor allem wirtschaftlich gesehen, wird zur zentralen Sorge, vor der in der Großfamilie Schutz gesucht wird.
Diesem privaten Bereich steht das öffentliche Leben mit seinem
Hurra-Patriotismus gegenüber. Die beiden Kreise des Lebens
überschneiden sich nur wenig, liegen so gut wie nie kongruent
übereinander. Daraus entwickelt das Volk ein Bewußtsein. Diese
Art von Schizophrenie ist deutlicher erkennbar in den Entwicklungsländern als in den industrialisierten Staaten, und sie ist
auch in Ägypten ausgeprägt. Anders als in Europa ist der Begriff
völkischer Zusammengehörigkeit ·oder nationaler Willensrich-
tung hier allerjüngsten Ursprungs. Die Masse denkt noch im
Klan, im Dorf, im Stamm. Zudem klaffen zwischen Großstadt
und Land in jeder Beziehung abgrundtiefe Unterschiede. Nur die
Tatsache des geschichtlichen Erbes ist allen gemeinsam.
    Die an Höhepunkten und dramatischen Augenblicken reiche
ägyptische Geschichte hat – wie gesagt – in ihrem Ablauf Denkmäler hinterlassen wie nirgendwo anders auf der Erde. Hunderttausende von Touristen stehen Jahr für Jahr staunend vor den
riesigen Steinhaufen der Pyramiden, kriechen in Grabkammern,
laufen sich die Füße wund im Wüstensand rund um die Sphinx
und werden von Ehrfurcht gepackt angesichts der Kolossalstatuen von Abu Simbel oder der geschmückten Gräber im Tal

der Könige. Die Vergangenheit in Ägypten reicht unvorstellbar weit zurück.

Das Niltal war schon in der frühen Steinzeit, dem Paläolithikum, von Menschen bewohnt. Die Forschungen über die Frühgeschichte Ägyptens sind intensiviert worden, als in den sechziger Jahren der Bau des Hochdamms von Assuan und die durch den Stausee hervorgerufenen Überschwemmungen zusätzliches Interesse an den dortigen Altertümern freisetzte. Die aus aller Welt zur Rettung der von Überflutung bedrohten Denkmäler nach Ägypten strömenden Gelder haben es auch erlaubt, die Vorgeschichte eingehender zu studieren.

Im Verlauf der Geschichte ist der Weg Ägyptens vorgezeichnet gewesen durch die alles beherrschende Besonderheit der Natur. Die regelmäßig wiederkehrende Nilflut zwang zu einer sorgfältigen Bewässerungswirtschaft. Die Notwendigkeit, zu bestimmten Zeiten das Wasser in bestimmte Mengen zu verteilen, hat früh einen Zentralismus im Staatsaufbau erzwungen. Dieser Zentralismus ist heute noch dominierend. Die Staatswerdung hat mit dem sagenumwobenen König Menes begonnen, der in dem zu Turin aufbewahrten Königspapyrus als »König von Oberägypten und König von Unterägypten« bezeichnet wird. Geier und Schlange als Symbol für die beiden Reichshälften treten immer wieder in Erscheinung, zwei verschiedene Kronen repräsentierend, und die Formel von der »Vereinigung beider Länder« zieht sich wie ein roter Faden durch die Jahrtausende.

Der Einschnitt, welcher Vorgeschichte und geschichtliche Zeit voneinander trennt und der mit der Reichsgründung zusammenfällt, wird markiert von der Einführung der Schrift und der Zeitrechnung. Unter Schrift wird in diesem Zusammenhang ein System verstanden, das an die Stelle von ausschließlich Bildern und Zeichnungen zur Darstellung von Begriffen zunehmend Symbole zur Bezeichnung von Lauten setzte. Die Hieroglyphen und die hieratische Schrift haben sich geradezu stürmisch, im Verlauf eines Zeitraums von nur wenigen Generationen, entwickelt. Die Ursprünge der Zeitrechnung liegen im dunkeln, aber man weiß, daß der bäuerliche Kalender auf der Feststellung dreier Natur-

phänomene beruhte: der regelmäßigen Nilflut, dem Aufgehen
der Saat und der Periode des Wassermangels. Astronomische
Beobachtungen erlaubten damals, das Steigen des Nils vorherzu-
sagen. Die ältesten Beweise einer ägyptischen Zeitrechnung be-
sagen, daß der Mondmonat bereits mit 30 Tagen und das Jahr mit
365 Tagen gezählt wurden. Von welchem Bezugspunkt die Ägypter bei der Jahreszählung ausgegangen sind – einem Bezugspunkt, wie er heute Christi Geburt darstellt – ist nicht sicher.
Nach Aufzeichnungen bezogen sie sich auf Ereignisse wie »Zählen des Goldes«, »Einweihung des Tempels« oder »Niederlage der
Nubier«. Die meisten übermittelten Daten betreffen die Geschichte der Herrscherhäuser. Ein Priester hat um 260 v. Chr.
begonnen, die Dynastien zu zählen, so daß die Gliederung in
Dynastien und Reiche auch die übliche Methode ist, die ägyptische Geschichte zu gliedern.

Insgesamt werden 30 Dynastien gezählt. Die Zeit der 1. und 2.
Dynastie wird als Thinidenzeit, so genannt nach dem altägyptischen Dorf Thinis oder This, zusammengefaßt. Das Alte Reich
wird von den Dynastien 3–6 beherrscht, die 7.–10. Dynastie bilden das Erste Zwischenreich, an das sich die 11.–13. Dynastie mit
dem Mittleren Reich anschließen. Das Zweite Zwischenreich bilden die Dynastien 14–17, die 18.–20. Dynastie folgen als Neues
Reich. Die Spätzeit stellen die 21.–30. Dynastie. Damit ist ein
Zeitraum eingegrenzt, der vom Reichsgründer König Menes
(etwa 3000 v. Chr.) bis zu Alexander dem Großen (der 332
v. Chr. Ägypten eroberte) reicht.

Das Erste Zwischenreich wird auch die Herakleopolidenzeit
genannt nach dem Ort Herakleopolis bei der Oase Fayum. Die
Dynastien dieser Zeit sind besonders bekannt geworden, weil
während ihrer Herrschaft offensichtlich die »Vereinigung beider
Länder«, die Oberägyptens und Unterägyptens mit der Hauptstadt Memphis, auseinandergebrochen ist und sich zwei Schwer-
punkte gebildet haben, Herakleopolis und das weiter nilaufwärts,
gegenüber von Luxor gelegene Theben. Die Gaufürsten von Theben erstarken und herrschen danach schließlich über ein wieder-
vereinigtes Reich, das Mittlere Reich. Das Zweite Zwischenreich

bringt erstmals eine Erscheinung in der ägyptischen Geschichte, die im weiteren Verlauf immer wieder folgenschwere Bedeutung haben sollte: die erste Invasion von außen. In die bis dahin in sich abgeschlossene Zivilisation fallen nun die Hyksos ein, ein kriegerisches Volk, das die Ägypter mit neuartigen und bisher nicht bekannten Kriegsmitteln – darunter Pferde und Kampfwagen – besiegt. Aus der Vertreibung der Hyksos entwickeln sich Feldzüge und Eroberungen, die das anschließende Neue Reich zu einem Kolonialimperium machen, welches bis zum Euphrat reicht. Zu den Eindringlingen, die einander ablösen und den Lauf der Geschichte bis zur Gegenwart bestimmen, gehören Libyer, Assyrer, Nubier, Perser, Griechen und Römer. Araber, Türken, Franzosen und Engländer sind die Herrscher des Landes in neuerer Zeit. Die Besetzer der Pharaonenzeit verfolgen unterschiedliche politische Praktiken. Viele lassen sich zu ägyptischen Herrschern krönen, manche Eroberer belassen auch den einheimischen Königen, jedenfalls formal, ihren Thron. Unter den Herrschern der einzelnen Dynastien gibt es also zahllose Nichtägypter. Invasionen von Libyern und verschiedener Seevölker werden unter der 20. Dynastie abgeschlagen, aber die Libyer, die Bubastiden, vertreiben die Herrscher von Tanis, die Taniten. Eine Dynastie später fallen Könige von Nubien in Oberägypten ein, in der 24. und 25. Dynastie haben sie Ägypten ganz in der Hand. Zu den nubischen Königen zählt auch der Äthiopier Pianchi. Aber selbst ein Reich von derart riesenhaftem Ausmaß – die Landkarte gibt einen Eindruck von den aus europäischer Perspektive meist unterschätzten Entfernungen in Ostafrika – ist nicht vor Invasionen geschützt. Nach zahlreichen Einfällen verleiben die Assyrer Ägypten ihrem Reich ein. Sie werden in der 26. Dynastie vom Stadtfürsten von Saïs vertrieben, und Ägypten wird erneut geeinigt. In dieser Zeit der Saïten läßt der Pharao Necho einen Kanal vom Nil zum Roten Meer graben.

Während der Regentschaft des Pharaos Psammetich III. erobert der Perserkönig Kambyses Ägypten. Der letzte Pharao der 26. Dynastie findet 525 v. Chr. den Tod im Kampf, und mit ihm hört das Reich im Niltal endgültig auf, ein Weltreich zu sein. Es

bleibt 121 Jahre lang persische Provinz, eine Satrapie. Kambyses
läßt sich zum König von Ägypten krönen, er wird der erste
Herrscher der 27. Dynastie. Unter der Macht des Perserreichs
bescheiden sich die Ägypter, aber sobald die Perser in Auseinandersetzungen mit den Griechen unterliegen – so nach der
Schlacht von Marathon 490 v. Chr. –, gibt es Unruhe und Aufstand in der Satrapie Ägypten. Mal regieren einheimische Herrscher, mal üben Perser die Macht am Nil aus. Auf den letzten
Pharao der 30. Dynastie, Nektanebes II., folgt der Perserkönig
Artaxerxes III., der 332 v. Chr. endgültig dem griechischen Eroberer, Alexander dem Großen, weichen muß.

Mit Alexander betritt erstmals ein Abendländer die nahöstliche Bühne. In seiner Person trifft Europa auf den Orient, die
Geschichte des pharaonischen Ägypten ist beendet. Diese pharaonischen Jahrtausende aber haben am Nil die weltberühmten
Zeugnisse hinterlassen, die Millionen von Touristen und Bil-
dungsreisenden anziehen. Die Fülle der Geschichtsbeweise ist
erdrückend. Das trockene Klima und die für eine Konservierung
günstige Lage der Fundorte sowie der Totenkult haben Ge-
schichtsdenkmäler aller erdenklichen Art erhalten, von den riesigen Pyramiden und gewaltigen Tempelanlagen über Mumien,
Statuen und Malereien bis zu winzigen Grabbeigaben, Alltagsge-
genständen und Schmuckstücken. Unversehrt ist an Bauten wenig überkommen, noch weniger an Gegenständen aus Gold und
Edelstein. Menschliche »Sammlerleidenschaft« hat sich über
Jahrhunderte an den Schätzen der Pharaonen vergangen. Aber
das Erhaltene läßt ahnen, welche Pracht einmal geherrscht haben
muß. Das Land ist überzogen von archäologischen Fundstätten,
der Öffentlichkeit sind nur die attraktivsten unter ihnen zugänglich gemacht. Und selbst deren Zahl ist noch so gewaltig, daß nur
wenige Beispiele herangezogen werden können. Besonders verwirrend für Besucher ist, daß die überlieferten Zeugnisse der
Geschichte nicht chronologisch geordnet vorkommen. An ein
und demselben Ort liegen Zeugnisse verschiedener Epochen
durcheinander, und auf den Touristen wirken die verschiedensten Fakten und Zahlen ein. Der Versuch, einige der bekannte-

sten Denkmäler im Erlebnis der Gegenwart zu schildern, soll
helfen, die historische Überlieferung zu gliedern, Charakteristi-
sches herauszuarbeiten und der Erklärung näherzukommen,
warum das so schwer zu begreifende Ägypten so ist, wie es ist.

Neben der alten Hauptstadt – das Fellachendorf

Memphis, die erste und älteste bekannte Hauptstadt des von
König Menes vereinigten Reiches aus Ober- und Unterägypten,
ist ein Trümmerfeld unter Palmenwäldern. Die Ruinenstadt liegt
an einer Asphaltstraße, die quer durch das Niltal vom Dorf Ba-
draschein nach Westen führt und an deren Ende das Gräberfeld
von Sakkara liegt, rund 30 Kilometer südlich vom Kairoer Stadt-
zentrum. Wenig ist übriggeblieben von der Metropole, die, trotz
mancher Unterbrechungen, über drei Jahrtausende hinweg die
Zentrale Ägyptens gewesen ist. Palastreste liegen im Schlamm
halb vergraben, die Straße selbst führt mitten durch den ver-
schwundenen Tempel des Stadtgottes Ptah. Auch von den »Weißen Mauern«, den Palästen der Pharaonen, ist nichts geblieben.
Vor wenigen hundert Jahren lagen hier wenigstens noch enorme
Haufen von Steinquadern. Seither sind auch die verschwunden.
Die Steine von Memphis sind ausgeschlachtet worden für den
Bau von Palästen, Häusern und Moscheen in Kairo. Ein prakti-
scher und billiger Steinbruch, dem die Hauptstadt des pharoni-
schen Reiches völlig zum Opfer fiel.

Die Omnibusse mit den Touristen halten kurz zur Besichti-
gung einer liegenden Kolossalfigur von Ramses II. Der 1820 unter Sand und Erde entdeckte Pharao war ursprünglich nicht weniger als 13 Meter hoch. Dem irgendwann umgestürzten Monu-
ment, das vermutlich vor der Tempelfront aufgestellt war, fehlen
Füße und Krone. So liegt die Statue heute nur noch in einer
Länge von etwas mehr als 10 Metern vor den Touristen, die von
der Galerie eines Schutzbaus aus Beton auf den Koloß aus kristal-
linem Kalkstein blicken. Allein sein Ohr mißt 60 Zentimeter,

und der Gesichtsausdruck scheint jene Andeutung eines feinen,
spöttischen Lächelns zu haben, das auch die Ramsesfiguren von
Abu Simbel zeigen. Insgeheim macht der Pharao sich wohl lustig
über die Bemühungen der Menschen, ihm und seinen Geheim-
nissen auf die Spur zu kommen. Eine andere Monumentalstatue
des Ramses, die auch hier, im Jahr 1888, gefunden wurde, steht
vor dem Hauptbahnhof in Kairo. Die deutsche Firma Krupp hat
ihn dort 1954 aufgestellt und dabei sein Inneres mit einer Eisen-
klammer verstärkt. Dieser Ramses von 1224 v. Chr. mit einem
Stahlkorsett von 1954 n. Chr. wird abends angestrahlt – vorausgesetzt, der Strom funktioniert – und zu seinen Füßen sprudelt –
vorausgesetzt, die Pumpe funktioniert – Wasser in ein Brunnen-
bassin.

Der liegende Ramses von Memphis bedeutet schon die erste
historische Verwirrung, denn die alte Hauptstadt des Reiches
wurde von Menes, dem ersten der 1. Dynastie um 3000 v. Chr.
gegründet, während Ramses II. zur 19. Dynastie gehört. Er beweist zugleich, daß die Siedlung noch 2800 Jahre nach ihrer
Gründung eine Bedeutung besaß. Einen diesbezüglichen Beweis
liefert den Gelehrten auch der unweit des Ramses liegende, achtzig Tonnen schwere Sphinx aus Alabaster. Er stammt aus dem
Neuen Reich, eine Dynastie vor den Ramessiden.

An dieser Stelle ergibt sich die Gelegenheit, die Frage aufzu-
werfen, ob es der oder die Sphinx heißt. Sphingen sind weit
verbreitet, am bekanntesten ist die Riesenfigur neben der Cheops-
pyramide. Darüber hinaus aber liegen die Darstellungen eines
Löwenkörpers mit Königs- oder Gotteskopf in allen Größen neben Pyramiden, Tempeln und Palästen. In der Sphinx-Allee von
Karnak tragen die Figuren das Haupt eines Widders. Vermutlich
zum Schutz des Herrschers aufgestellt, gibt es Figuren, die unverkennbar weibliche Brüste zeigen. Die Archäologen, möglicherweise vom Französischen beeinflußt, sagen der Sphinx, während es entsprechend normalem Sprachgebrauch die Sphinx
heißt. Ohne sich dazu berufen zu fühlen, einen über dieses

Ägypter

Thema möglicherweise geführten wissenschaftlichen Streit zu
entscheiden, zieht sich der Autor des vorliegenden Buches aus
der Affäre, indem er nach Gutdünken beide Artikel verwendet.
Bei der Sphinx neben der Cheopspyramide scheint jedenfalls die
Anwendung der weiblichen Form allgemein üblich zu sein.

Memphis hat seinen Namen erst von den Griechen bekommen, die das altägyptische Mennofer verballhornten. Zu den immer wieder zitierten Worten des Herodot gehört seine Feststellung, die Straßen in Memphis seien überfüllt gewesen von Händ-
lern aus Tyros, karischen Soldaten und anderen Barbaren. Wenn
auch Theben, Tell el Amarna, Tanis oder Saïs zeitweilig die Rolle
der Hauptstadt übernahmen, Memphis war immer das geistige
und wohl auch militärische Zentrum des Reiches geblieben. Erst
wer Memphis erobert hatte, konnte sich im Besitz von Ägypten
fühlen.

Auf diesem ältesten historisch gesicherten Boden Ägyptens
schlägt die Vergangenheit besonders augenscheinlich eine beeindruckende Brücke zur Gegenwart. An nur wenigen Plätzen in
diesem Land liegen Jahrtausende näher beieinander, führen sie
die Unwandelbarkeit des Lebens im Niltal dem Besucher deutlicher vor Augen. Kaum 300 Meter von den Resten der pharaonischen Hauptstadt entfernt liegt ein typisches Fellachendorf.
Dorthin verirrt sich nie ein Tourist.

Die Gassen in Mitrahin sind zu eng für Automobile, und vor
den Scharen eingeborener Kinder haben Ausländer meist schon
Respekt bekommen, bevor sie an der für ägyptische Verhältnisse
seltsam verlassen wirkenden Stätte Memphis angelangt sind. Die
grauen Lehmmauern des Dorfes wirken im Palmenhain wie eine
Festung. Zwischen den Häusern aus getrocknetem Nilschlamm
grasen Schafe und Hühner, auf den Strohdächern werden Ziegen
gehalten und die Bewohner sind daran gewöhnt, daß ein feiner
Strohregen auf sie niedergeht, wenn ein Tier mit einem Bein
durch das Dach bricht. Schwarz vermummte Frauen mit Säuglin-
gen flüchten beim Anblick des Fremden, den Kopfschal über ihr
Gesicht ziehend. Tongefäße auf eisernen Dreibeinen, sogenannte
Kullen, stehen überall zum Kühlen des Wassers, Hunde mit krät-

zigem Fell kläffen, geschlachtete Hammel hängen an Holzgestellen mitten über den nur drei Meter breiten Straßen, und Schwärme von Fliegen hocken auf dem blutigen Fleisch. Ein Haus weist seinen Bewohner als Pilger nach Mekka aus. Der Hadsch hat alle Verkehrsmittel, mit denen er die Reise zurücklegte – Esel, Kamel, Auto, Schiff und Flugzeug – in bunten Farben an die Hauswand gemalt. Ein Geruch hängt schwer in den engen, sonnenheißen Gassen, die über keine Kanalisation verfügen. Es ist ein eigenartiger Geruch, und entsprechend riechen alle Dörfer in Ägypten. Mediziner glauben, daß dieser Geruch von dem Helwa-Kraut kommt, das die Menschen hier zu sich nehmen und dessen ätherische Öle sie wieder ausscheiden. An allen Ecken und Enden riecht es so. Die Kinder von Mitrahin, das auch einen neueren Ortsteil mit Feuerwehrhaus aufweist, sind die aufdringlichsten der immer unbeschreiblich aufdringlichen Kinder in Ägypten. Hier werden sie dazu angehalten, an der Hauptstraße die durch Memphis passierenden Touristen anzubetteln. Ihr Trick besteht darin, sich in Gruppen hartnäckig den Autos in den Weg zu stellen. Wer nicht weiß, daß sie in allerletzter Sekunde zur Seite springen, und wem die Nerven fehlen, ohne Zögern drauflos zu fahren, der wird ihr Opfer. Sie reißen Autotüren auf und sind nur loszuwerden, wenn man ein paar Münzen in ihre Gruppe hinein wirft. Autos, die aus dem Raum Memphis kommen, sind daran zu erkennen, daß sie von schmutzigen Fingern verschmierte Fensterscheiben haben. Wer diesen vom Tourismus verdorbenen Nachkommen der Pharaonen entgangen ist, setzt die Fahrt fort auf dem Weg, den auch die Großen des längst vergangenen Reiches auf ihrer letzten Reise zurücklegten. Die Begräbnisstätte von Memphis lag im Westen, zur Wüste hin. Dort ist der Grabbezirk von Sakkara entstanden. Das mit dem Akzent auf dem zweiten a auszusprechende Wort müßte nach richtiger Umschreibung aus dem Arabischen Saqqara geschrieben werden, wie es auf manchen Straßenschildern auch geschehen ist. Aber die Bezeichnung Sakkara hat sich durchgesetzt.

Militärische Anlagen von heute neben den Friedhöfen von damals

Die Geschichte Ägyptens präsentiert sich als eine Rekonstruktion aus Totenkult und Friedhöfen. Von den Friedhöfen stammen die Funde und Beweise, die bis in Details das Alltagsleben von vor Jahrtausenden nachzuschildern erlauben. Zum Glück für die Forschung haben die Ägypter ihre Toten an dem Abhang bestattet, der sich am Übergang vom Niltal zur westlichen Wüste erhebt. Geschützt vor Nilflut und Grundwasser haben sich in dem für die Konservierung günstigen Klima Tempel, Grabanlagen und Pyramiden erhalten. Die Vorstellung, einem Toten die Alltagsumgebung seines Lebens und den Leib erhalten zu müssen, haben einen Kult hervorgebracht, dessen erhaltener Nachlaß der Wissenschaft ermöglichte, in minuziöser Kleinarbeit über 150 Jahre hinweg, die Zeit der Pharaonen zu rekonstruieren. Wenn in Europa von Pyramiden die Rede ist, wird meist nur an die drei Pyramiden von Gisah gedacht. Tatsächlich jedoch sind an dem Wüstenabhang zwischen Meidum und Abu Roasch, auf einer Strecke von etwas mehr als hundert Kilometern, an die siebzig Pyramiden unterschiedlicher Größe nachgewiesen, zum größten Teil verwittert und zerstört, oft nur auf Luftaufnahmen als Grundriß erkennbar und unter der sandigen Oberfläche verborgen. Abu Roasch liegt dort, wo die Spitze des Nildeltas beginnt und an die Wüste anstößt. Von Abu Roasch nach Süden über Gisah nach Sakkara und Dahschuhr sind, deutlich feststellbar, sechs Gruppen von Pyramiden versammelt. Insgesamt handelt es sich um 22 Pyramiden mit den dazugehörigen Tempel- und Begräbnisanlagen, erbaut von Königen des Alten Reichs.

Aus gänzlich unerfindlichen Gründen sind entlang dieser Linie von dreißig Kilometern zahlreiche militärische Einrichtungen angesiedelt worden. Daß Flugabwehrraketen gewisse Positionen einnehmen müssen, die von der Lage des zu schützenden Objekts und den Bedingungen des angenommenen Luftangriffs bestimmt werden, erscheint einleuchtend. In den Palmenwäldern von

Memphis sind in Bunkern Raketen versteckt, die zum Ring der
Luftabwehr um Kairo gehören. Ihretwegen sind verschiedene
Straßen gesperrt, und die Touristen müssen dort mühsame Umwege in Kauf nehmen. Aber unbegreiflich bleibt, warum Flugplätze und sonstige militärische Anlagen direkt bei den Pyramiden von Dahschuhr angelegt wurden und daß die meisten der
Ausgrabungsorte zwischen Gisah und Sakkara militärisches
Sperrgebiet sind. Es kommt denn seit Jahren auch immer wieder
zu unliebsamen Zwischenfällen, wenn ein harmloser Ausländer,
etwa auf einem der beliebten Ritte in die Wüste, in die verbote-
nen Zonen eindringt. In Sakkara ist eigens ein Posten aufgestellt,
der nichts anderes zu tun hat als darauf zu achten, daß ein in
weiter Ferne stationiertes Radargerät, das überhaupt nur mit
einiger Anstrengung auszumachen ist, nicht etwa fotografiert
wird.

Vorsorge für das zweite Leben

Die Pharaonen von Memphis ließen ihre Toten im Westen, in
Sakkara, bestatten. In der 3. Dynastie ist dort der älteste Steinbau
Ägyptens, vermutlich sogar der Welt, errichtet worden. Damals,
vor rund 4650 Jahren, hat der später zu göttlichen Ehren erhobene pharaonische Baumeister und Architekt, Imhotep, für König Djoser die Grabanlage mit der Stufenpyramide gebaut. Tempel, Pyramiden und Mastabas – die Grabbauten – sind in Ägypten nicht als künstlerische Bauwerke, nicht als Werke der Kunst
entstanden und nicht in erster Linie nach ästhetischen Gesichtspunkten angelegt und geformt worden. Im Gegensatz zu griechischen Tempeln oder entsprechenden römischen Bauwerken stellen sie am Nil Zweckbauten dar, deren Anordnung, Gestaltung
und Ausschmückung von Jenseitsglaube und Totenkult bestimmt
wird. Der Sinn der Bauten lag im Kult für die Toten. Die Ägypter
hatten die Vorstellung, daß das Sterben ein Übergang zu einer
Art Schlaf war, bei dem »Ka«, die unsterbliche Substanz, nach

dem Totengericht wieder in den Körper zurückkehrt und ihm im
»Reich des Westens« ein Leben wie früher ermöglicht. Auf dieses
zweite Leben sich vorzubereiten und alle diesbezüglichen Voraussetzungen zu schaffen, war ein Ziel, das die Pharaonen mit
großem Aufwand zu erreichen suchten. Die Untertanen eiferten
ihnen dabei nach, je nach ihrer Stellung und ihren materiellen
Möglichkeiten. Der Glaube, der dem Kult zugrunde lag, geht von
Mächten aus, die in unterschiedlichster Gestalt und Form auftreten, als Tiere, Pflanzen, Menschen, Gestirne, Tag, Nacht oder
auch Wasser. Diese meist dualistischen Mächte, die »gut« und
»böse« gleichermaßen sind, konkretisieren sich über einen My-
thos zu Göttern. Die Götter folgen menschlichen Verhaltenswei-
sen und treten häufig in Mischformen aus Mensch und Tier auf.
Die Religiosität schafft eine ungeheure Zahl von örtlichen Gott-
heiten und, entsprechend der Verwaltungsstruktur des Landes,
Götterfamilien. In den Gauen werden die lokalen Götter zusammengefaßt repräsentiert; zentral an der Spitze steht der König –
weltlicher Herrscher und oberster Gott in einer Person. Die
Gründung des Reiches und die Bildung der Götterwelt verlaufen
parallel zueinander. Die dem Kult dienenden Bauten werden
auch verändert, wenn im Kult Variationen eintreten. Derartiges
ist während der verschiedenen Reichsperioden häufig vorgekom-
men und konnte wissenschaftlich nachgewiesen werden. Die
Vielfalt der religiösen Systeme füllt Bände.

Dem kultischen Schema entspricht das Schema der Begräbnisanlagen. Es weist eine Rampe auf, die von einer Anlegestelle am
Nil (der Fluß, seine Nebenarme und kleine Verbindungskanäle
verliefen anders als heute) oder von einem Taltempel zum Tem-
pelbezirk hinaufführte. Ein solcher Aufweg ist, fast einen Kilometer lang, an der Unas-Pyramide in Sakkara gut erhalten. Der
Grab- und Kultusbereich besteht, vereinfacht dargestellt, aus
dem Tempel für den Totenkult, der Pyramide als dem Grab für
die Mumie des Herrscher, kleineren Pyramiden für die Pharao-
nenfamilie und sogenannten Mastabas (das arabische Wort mastaba bedeutet Bank), rechteckigen Bauten, die als Privatgräber
Höflinge und bedeutende, dem Pharao nahestehende Beamte

aufnahmen. Der Glaube an eine Wiederauferstehung nach dem
Totengericht veranlaßte die alten Ägypter nicht nur dazu, die
Körper ihrer Toten durch Einbalsamierung vor dem Verfall zu
schützen und jede Störung der Totenruhe auszuschließen, sondern auch dazu, ihnen für das nächste Leben alle für den Alltag
erforderlichen Dinge, wenigstens symbolisch, mitzugeben. Dementsprechend wurden die Grabstätten ausgestattet, geschmückt
und mit Beigaben versehen. Den diesbezüglichen Gegenständen
und entsprechenden Darstellungen verdankt die Archäologie den
Großteil ihres Wissens. Die zum Teil unermeßlichen Schätze, die
um die Toten gehäuft wurden, haben aber auch schon sehr früh
Grabräuber angezogen. Wissenschaftler haben mit kriminalisti-
scher Akribie aus Spuren herausgelesen, daß die Gräber alle –
mit einer Ausnahme – mehrfach aufgebrochen worden waren.
Der Inhalt des einzigen Grabes, dessen Siegel unversehrt geblieben war, das Grab Tutenchamons im »Tal der Könige« bei Luxor,
vermittelt einen Eindruck von den Werten, die aus den anderen
Gräbern teilweise verschleppt worden sein dürften. Seit Jahren
reist eine im Kairoer Museum in einer Sonderabteilung beheima-
tete Ausstellung, unter anderem mit den bei Luxor gefundenen
Stücken, um die Welt. Der Erfolg dieser Ausstellung, in Ost und
West, ist außerordentlich. Hunderttausende bestaunen die Gold-
maske des Pharao und seinen Goldsarkophag. Tutenchamon gehört zur 18. Dynastie. Die Geschichte der Entdeckung und Öffnung des Grabes, 1922 durch Howard Carter, der im Auftrag von
Lord Carnarvon forschte, hat den Abenteuerreiz einer ungewöhnlichen Expedition. Da der jung verstorbene Tutenchamon
nach Ansicht der Wissenschaftler kein bedeutender Pharao gewesen ist, kann sich die Phantasie ausmalen, welche Schätze erst bei
den großen Herrschern angehäuft gewesen sein müssen. Generationen von Grabräubern haben davon gelebt.

Gräber für Stiere und andere Götter

Das Innere der Pyramiden von Sakkara ist leer, die Funde werden im Kairoer Museum gezeigt. Ausgenommen hiervon sind nur erotische Darstellungen. Diese werden in einer »Giftkammer« in Sakkara unter Verschluß gehalten. Kunstwerke, die erotische Motive zum Gegenstand haben, sind in Ägypten praktisch nirgendwo zu sehen, obwohl es sie in reicher Zahl gegeben hat. Die Gründe dafür sind doppelter Natur. Größtenteils sind sie während der Epoche der Christianisierung Ägyptens vernichtet worden, die verbliebenen Reste sind zu viel für das empfindsame Schamgefühl der Mohammedaner. Vieles ist schon in der zweiten Hälfte des vergangenen Jahrhunderts unter der Hand an Ausländer verkauft und außer Landes gebracht worden. Vor der Öffentlichkeit in Ägypten bleibt jedenfalls alles verborgen. Die bekannteste Ausnahme ist der Gott der Fruchtbarkeit am Tempel in Karnak. Dort pflegt ein Dragoman männliche Touristen, als wollte er sie in eine Verschwörung einbeziehen, zur Seite zu bitten und sie an die rückwärtige Wand zu führen, wo der Gott seine überlebensgroße Männlichkeit von sich streckt. Katzengleich klettert der Führer zu dem Halbrelief hinauf, formt mit Daumen und Zeigefinger den Umfang des zu Bestaunenden nach und hält dem Besucher das Meßergebnis unter die Nase. Dann öffnet er die Hand und heischt Bakschisch. Es gibt in Ägypten viele Arten, seinen Lebensunterhalt zu verdienen.

In den unterirdischen Kammern unter der Stufenpyramide sind die Wände mit blauen Fayence-Plättchen ausgelegt. Sie symbolisieren Schilfmatten. Das in der 3. Dynastie um 2765 v. Chr. entstandene Grabmal König Djosers ist der älteste Steinbau der Welt. Der Grundriß ist rechteckig. Jede der sechs Stufen, die dieser Pyramide die unverwechselbare Silhouette verleihen, ist zwei Meter tief und rund zehn Meter hoch. Daß Pharaonengräber nicht nur die bekannten geraden Linien des Pyramidenkörpers im mathematischen Sinne aufweisen müssen, ist bei Sakkara zu sehen. Wenige Kilometer entfernt liegt die Knickpyramide von Dahschur. Die von König Snofru von der 4. Dynastie

gebaute Pyramide weist auf halber Höhe einen deutlichen Knick
auf. Warum das so ist, kann nur vermutet werden. Entweder
sollte der Bau schneller fertiggestellt oder die Gewichtsmasse im
Oberteil verringert werden. In dieser 97 Meter hohen Pyramide,
die zwei raffiniert angelegte Stollen zur Grabkammer aufweist,
sind weder ein Sarkophag noch Grabgegenstände gefunden
worden.

Wie an allen archäologischen Fundstellen, liegen auch in Sakkara Denkmäler aus anderer Zeit. Das Serapeum, die Beisetzungsstätte der heiligen Apis-Stiere, ist ein ungewöhnlicher Ort.
Der ursprünglich in Memphis verehrte Apis war das Symbol der
Fruchtbarkeit. Unweit des Ramses in Memphis liegt das Haus zur
Einbalsamierung von Apis-Stieren mit einem Alabastertisch, der
50 Tonnen wiegt. Der Stufentisch hat einen Abfluß zu einem
tiefer gelegenen runden Becken, in dem das Blut der Opfertiere
aufgefangen wurde. Die Manifestationen von Apis suchten die
Priester unter den Stierkälbern des Landes. Wenn ein schwarzes
Tier gefunden worden war mit einem weißen Dreieck auf der
Stirn, einer weißen Mondsichel an Hals und Flanken und einem
Knoten unter der Zunge, dann wurde dieser heilige Apis-Stier
mit großem Gepränge eingeholt. Apis wurde mit dem städtischen
Schutzgott von Memphis, Ptah, in Verbindung gebracht, in
späterer Zeit, als der Sonnenkult aufkam, setzte man dem Stier
die Sonnenscheibe des Gottes Re zwischen die Hörner. Die heili-
gen Stiere wurden einbalsamiert und beigesetzt, ursprünglich in
Holzkisten, später in riesigen Sarkophagen. Die ältesten Apis-
Gräber in Sakkara, die nur Wissenschaftlern mit besonderer Genehmigung zugänglich sind, stammen aus der Zeit Amenophis'
III., eines Pharaos der 18. Dynastie. Das Serapeum, das noch
jüngeren Datums ist, liegt als eine Flucht von Gängen unter der
Erde. Vom gewölbten Hauptgang gehen seitlich Nischen weg, in
denen die Sarkophage aus rotem oder schwarzem Granit stehen.
Von den meisten sind die Deckel beiseite geschoben. Ein Sarko-
phag weist an einer Ecke die Spuren des vergeblichen Versuchs
auf, ihn durch eine Sprengung zu öffnen; ein anderer, dessen
Deckel abgehoben ist, kann von oben besichtigt werden; unmit-

telbar am Eingang sieht man einen Sarkophag, der beim Abtrans-
port von den Rollen stürzte und seither dort liegt.

Als der Franzose Mariette 1850 die Stiergräber entdeckte, fand
er ein unbeschädigtes Grab. Im Sand des Bodens waren noch die
Fußspuren der Priester erhalten, die dreitausend Jahre zuvor den
heiligen Stier bestattet hatten.

Die Empfindungen der Besucher dieser kühlen Gruft sind von
jener Mischung aus Schauder und Verständnislosigkeit, welche
die Europäer an vielen Orten in Ägypten überkommt. Das
Fremdartige der jahrtausendealten Kultur wird in der von Glühbirnen mangelhaft beleuchteten Stätte besonders deutlich. Das
Staunen über diesen Bau wird von der Frage begleitet, wie denn
die alten Ägypter diese tonnenschweren Sarkophage in die engen
Grüfte gebracht haben können. Die Antwort ist, daß die Särge
mit den Stieren auf der Oberfläche abgestellt wurden, danach die
Erde rundherum weggegraben und der Sarkophag in der offenen
Grube immer tiefer abgesenkt wurde, bis er das vorgesehene
Niveau erreicht hatte. Zum Schluß, beim Bau der Nische, wurde
die Decke wieder verschlossen. Die Genauigkeit der dabei vorge-
nommenen Vermessungen ist beachtlich.

Zu den unterirdischen Grüften des Serapeums gehörten einmal auch Tempel an der Erdoberfläche, die fast völlig verschwunden sind. Heute steht in dieser Gegend ein Betonrohbau von
unübertrefflicher Scheußlichkeit. Die Fremdenführer sagen, der
»Basch muhandis«, der leitende Ingenieur, habe das Geld für die
Fertigstellung des Monstrums unterschlagen. Das unfertige
Rasthaus verunziert seit Jahren die Wüste.

Im Gegensatz zu der fremdartigen Düsterkeit des Serapeums
bietet das Grabmal des Ti einen heiter stimmenden, in dieser
Fülle einmaligen Einblick in das Alltagsleben der Ägypter zur
Zeit der 5. Dynastie. Ti war ein hoher Hofbeamter des Pharao.
Der »Vorsteher des königlichen Kopfschmucks und Haarpfleger
des Pharao« war nicht etwa nur Hoffriseur im heutigen Sinne,
sondern in seiner Stellung nahe dem pharaonischen »Sohn der
Sonne« und als Verwalter königlicher Ländereien und Aufseher
über die Teiche auch ein Mann von stattlichem Vermögen. Seine

Mastaba, die infolge der Sandverwehungen heute unter der Oberfläche liegt, ist an den Wänden mit Szenen aus dem Leben geschmückt, die nicht nur Gelehrten umfängliche Erkenntnisse vermittelt haben, sondern auch jeden Laien tief beeindrucken. Die aufs feinste ausgeführten Halbreliefarbeiten mit Darstellungen von Jagd-, Opfer-, Schiffsbau-, Ernte-, Fischfang-, Weinleseszenen und von sonstigen Begebenheiten gelten heute als hervorragende Kunstwerke und wirken sehr plastisch und lebendig.

Da das Ti-Grabmal einige hundert Meter vom Hauptplatz Sakkaras entfernt liegt, hat sich hier ein aufdringliches Angebot an Transportmitteln entwickelt, dem man sich nur schwer entziehen kann. Ob man Esel, Kamel oder Pferdekutsche zu benutzen genötigt wurde, der Weg führt immer an einer halbrunden Anordnung von beschädigten Statuen griechischer Dichter und Philosophen vorbei; ein weiterer Hinweis darauf, daß Vergangenheit sich besonders hier in mehreren historischen Schichten manifestiert. Das Grabmal des Ti ist ein einmaliges Geschichtszeugnis, das zu studieren auch die geringe Mühe eines Fußmarsches durch den Sand lohnt.

Touristen – fest im Griff der Fremdenführer

Zeitlich liegt zwischen dem Bau der Stufenpyramide und dem des Grabmals des Ti der Bau der Pyramiden von Gisah. In der 4. Dynastie errichteten die Pharaonen Cheops, Chefren und Mykerinos die drei Baukörper, die als »die Pyramiden« schlechthin weltweiten Ruhm genießen. In Ägypten herrschte damals, zwischen 2723 und 2563 v. Chr. allgemeiner Wohlstand; Handwerk und Künste standen in Blüte. Das war wohl auch die Voraussetzung dafür, daß derartig gigantische Bauwerke entstehen konnten. Wer sich am Fuße der Cheops-Pyramide, die auf altägyptisch »Cheops gehört zum Horizont« heißt, dem unvergeßlichen Eindruck hingibt, wird angerührt von der enormen geistigen und physischen Leistung, die dieses menschliche Weltwunder vollbracht hat. Die Pyramide ist 137 Meter hoch und an der Basis 230

Meter lang. Die Zahlen, die Maße und Volumen dieser Pyramide beschreiben, sind gigantisch, auch für heutige Verhältnisse. Ausgerechnet worden ist, daß mindestens sechs Millionen Tonnen Steine herbeitransportiert werden mußten, von den Steinbrüchen der Mokattam-Hügel, deren Umrisse jenseits der Stadt Kairo auf dem anderen Nilufer zu erkennen sind. Napoleon Bonaparte war von dem Bauwerk so beeindruckt, daß er seinen Offizieren gegenüber angeblich erklärt haben soll, mit der entsprechenden Steinmenge hätte man eine drei Meter hohe und 30 Zentimeter dicke Mauer rund um Frankreich errichten können. Hunderttausend Arbeiter haben zwanzig Jahre lang an dieser Pyramide gebaut. Die vielen mystischen Ausdeutungen der aus den Pyramiden abstrahierten Daten, die angebliche Beziehung der Pyramidenmaße zur Astronomie und die vielen Theorien, zu denen die unglaublichen Transport- und Bauleistungen, jeweils vollbracht unter primitivsten Voraussetzungen, inspiriert haben, halten wissenschaftlicher Nachprüfung nicht stand. Phantasievolle Schreiber werden dort gewiß auch eines Tages einen Landeplatz von Außerirdischen ausfindig machen. Jeder gedruckte Reiseführer enthält ausführliche Angaben über die Pyramiden, ist doch das Gelände von Gisah, Giseh oder Giza meist das erste Ausflugsziel der Touristen.

Das Touristengewimmel dort draußen, 15 Kilometer vor den Toren Kairos, hat beträchtliches Ausmaß. Das seltene Erlebnis, völlige Stille im Schatten der Erhabenheit der Pyramiden genießen zu können, war während der letzten Jahrzehnte nur dann möglich, wenn gerade wieder einmal Krieg geführt wurde im Nahen Osten. Nur die Kriege von 1956, 1967 und 1973 und das jeweils danach noch über Monate zu verzeichnende Ausbleiben der Touristen, hatten auch die Zahlen der Fremdenführer vorübergehend dezimiert. Sonst einsam auf dem weitläufigen Sandgelände zwischen Pyramiden und Sphinx, zwischen Mena-House-Hotel und dem geschmacklosen, im altägyptischen Stil errichteten, ehemals königlichen Rasthaus herumspazieren zu

Im Dienste des Tourismus

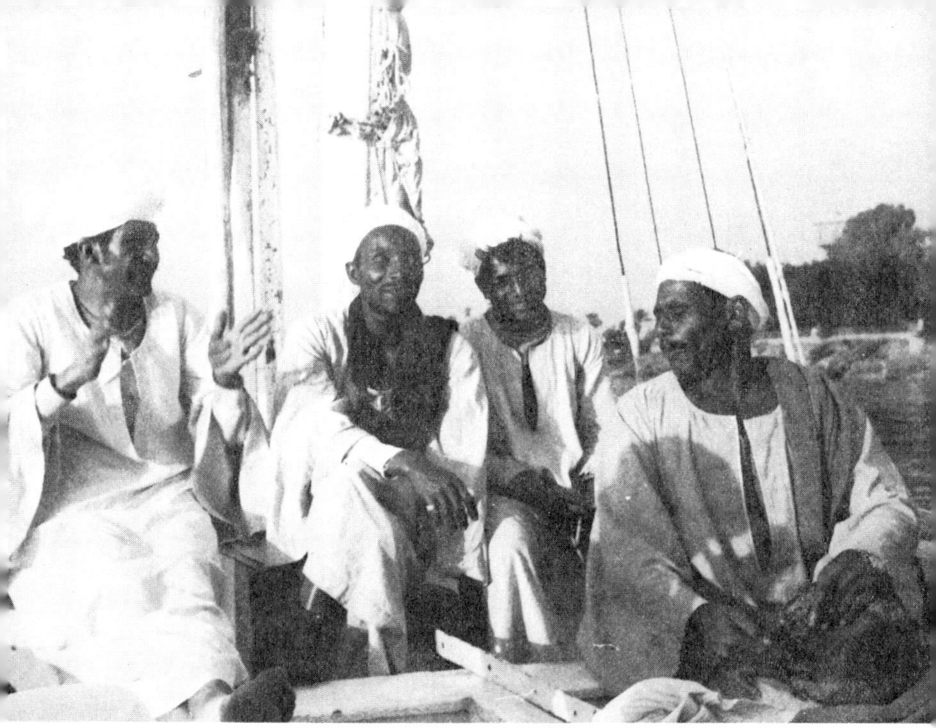

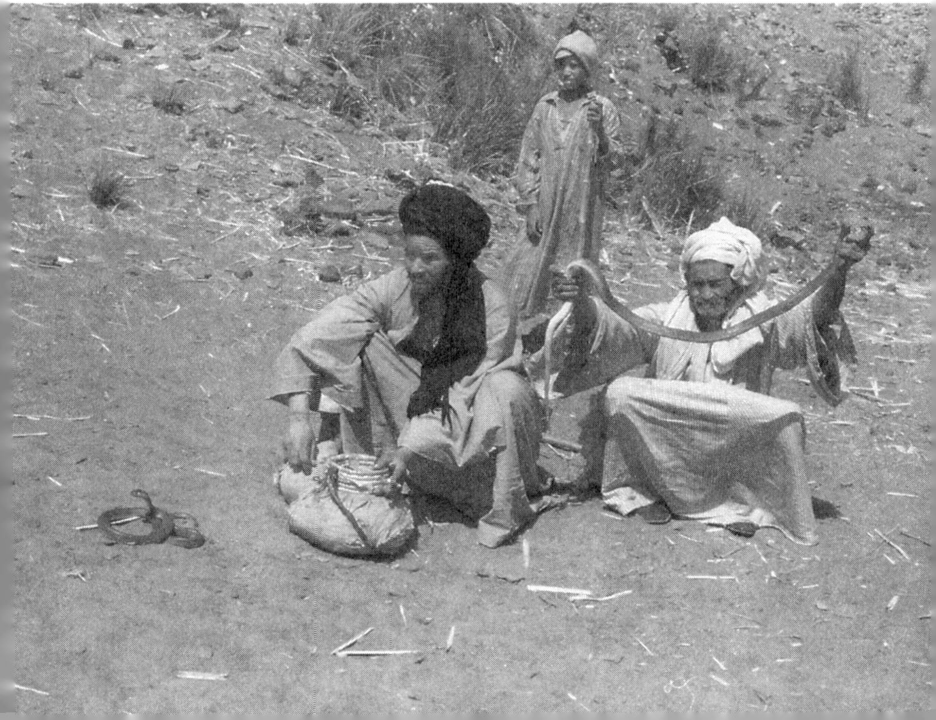

können, war ein Luxus, der nie und durch keine Summe erkauft
werden konnte.

Die Lästigkeit und Aufdringlichkeit der Guides wird höchstens
von ihrer Hartnäckigkeit übertroffen. Amüsieren sich die Touristen anfangs noch mit einer gewissen hochnäsigen Überlegenheit
über die Sprüche der Kameltreiber, Eselbesitzer und Pferdereiter,
die ihre Tiere aufgrund langjähriger entsprechender Erfahrung
und ihrer Witterung für die Nationalität der Besucher »Bis-
marck«, »Churchill« oder »De Gaulle« nennen, so wird es nach
einiger Zeit einfach zu viel, die auch vor körperlicher Berührung
nicht zurückschreckenden Anbieter wie lästige Fliegen immer
wieder abwehren zu müssen. Der Widerstand erlahmt und um
des lieben Friedens willen wird eine Postkarte, ein »garantiert
echter Skarabäus« oder ein anderes Souvenir gekauft. Genau das
wissen die Verkäufer, und darauf ist ihre Strategie, die keineswegs bösartig gemeint ist, angelegt. Wohldurchdachte Überlegungen beherrschen die Schar der Tierbesitzer und Händler an
den Pyramiden. Ein Eselbesitzer hebt kaum den Kopf, wenn der
Omnibus seine Fracht an der Sphinx auslädt. Die Leute sind noch
frisch, da wird jeder gern laufen und nicht einen Esel nehmen,
weiß der Mann. Er beobachtet die Gruppe aus den Augenwinkeln, schneidet ihr den Weg ab und zieht schon voraus bis zu der
von ihm genau berechneten Stelle, wo die von der Führung und
dem Herumstapfen im Sand Ermüdeten ankommen werden. Von
dort aus werden sie sich dann gern den Hügel zum Mena House
hinuntertragen lassen. Dann werden sie auch durstig sein, und
deswegen zieht mit dem Eseltreiber gleich auch der Verkäufer
mit dem brühwarmen Getränk mit.

Zunächst ist bei der Sphinx der Mann an der Reihe, der beim
Fotografieren hilft, denn die Touristen wollen ja selbst mit auf
das Bild. Die Stellen für die wirksamsten Posen und den male-
rischsten Hintergrund sind auf den Meter genau festgelegt. Vor
dem Amphitheater, dort wo abends die Bild- und Tonschau mit
farbiger Bestrahlung der Sphinx in mehreren Sprachen über die
Bühne geht, ist der Schauplatz, auf dem das Erinnerungsfoto, auf
dem Rücken eines Kamels, geschmückt mit arabischem Kopfputz

und Burnus, geschossen wird. Das Drum und Dran dieses Touristenbetriebs und die Szenen, die sich beim Besteigen der Reittiere abspielen, sind erheiternd für die Fremdenführer, die sich aber nichts anmerken lassen, höchstens, daß sie ab und zu eine den Ausländern unverständliche Bemerkung untereinander austauschen; im übrigen erspähen sie nur mit Falkenblick jede Möglichkeit, die ein paar Piaster abwerfen könnte. Wenn die Touristen glauben, die Führer und Händler auf den Arm zu nehmen und sich an einem dummen Hassan oder Ibrahim ergötzen zu können, haben diese das längst bemerkt und sind ihrerseits schon dabei, den nächsten Coup zu planen, der die Fremden wieder etwas kosten wird. In hartnäckigen Fällen zieht der Trick mit dem Ritt um die Pyramiden. Plötzlich findet sich der Tourist hinter einer Sanddüne mutterseelenallein, und im Gefühl des nicht ungefährlich erscheinenden Ausgeliefertseins ist er nur allzu bereit, die geforderte Pfundnote zu spendieren.

In Wirklichkeit sind die Führer, jedenfalls die ehrwürdigen älteren Herren unter ihnen, erfahrene, lebenskundige Bürger, die sich außerhalb des Berufs als die Gentlemen mit Vermögen, die sie sind, gerieren. Wenn sie an einem freien Tag mit ihrer Sippe, die im Dutzend in einem klapperigen amerikanischen Straßenkreuzer untergebracht ist, in eines der einheimischen Gartenlokale fahren, würde niemand in ihnen einen Pyramiden-Guide erkennen. Sie gehen unsentimental ihrer harten Profession nach, sind unermüdlich und lassen im übrigen keine Chance aus, ihr Weltbild vermittels der ihnen ständig unterkommenden Besucher aus fernen Erdteilen zu vervollkommnen. In Blitzesschnelle hatten sie sich umgestellt, als statt aus Engländern, Amerikanern, Franzosen und Westdeutschen die Masse der Touristen über eine Zeit aus Russen und anderen Angehörigen von Ostblockstaaten bestand. Sie schnappten Sprachbrocken auf, fanden schnell heraus, daß die Sowjetbürger es nicht als lustig empfanden, ein Kamel namens Chruschtschow zu reiten, und genossen deren Reaktion, wenn sie ihnen eindringlich die Ausbeutung der Arbeitssklaven beim Pyramidenbau vor Augen führten. Ihr Eifer fiel jedoch merklich ab, als die zunächst unbegreifliche Fest-

stellung zur auch auf Dauer unumstößlichen Tatsache wurde,
daß diese Reisegruppen offensichtlich nicht wußten und auch
nicht willens waren zu lernen, was Bakschisch ist und welche
befriedigende Rolle diese altehrwürdige Einrichtung für alle Beteiligten spielen kann. Die Wandelbarkeit der Politik hat inzwischen viel zum seelischen Wohlbefinden der Fremdenführer beigetragen. Die verständnisvolleren Reisenden aus dem Westen
sind wiedergekommen.

Das Gewerbe der Fremdenführer verfügt über eine Organisation, die uralt und straff geführt ist. Die Bewohner der nahe den
Pyramiden gelegenen Dörfer, vor allem Nazlet el Samman, üben
ein Monopol auf diese, seit Generationen fließende Einnahmequelle aus. Ursprünglich wurden Angehörige von Nomaden-
stämmen der westlichen Wüste als Wächter an den Pyramiden
bestellt, und deren Abkömmlinge entwickelten sich dann zu den
wahren Herrschern im Bezirk. Sie haben ein weitläufiges Netz
von Beziehungen gesponnen, das schon über ahnungslose Einzel-
touristen geworfen wird, wenn diese am Flugplatz ankommen.
Der Schlepper und Zutreiber, der sich dort anbietet, ein Taxi zu
besorgen – weswegen Taxis nicht ohne weiteres zu haben sind –,
hat bereits das Hotel im Auge, bei dem er die Kundschaft abliefern wird. Er verfügt schon über ein Besichtigungsprogramm,
wobei er listig die Wünsche und Vorstellungen der Fremden ab-
schätzt und erfragt. Er ist auch ein Agent von Pyramidenführern,
ein wandelndes Reisebüro in einer Person, das, nicht anders als
die große Konkurrenz, von Vermittlungsprovisionen lebt. Fäden
der Pyramiden-Guides spannen sich natürlich auch zu allen Ho-
telportiers, Taxifahrern und Busunternehmern. Die Fremdenführer sind Teil der mächtigen Touristikindustrie und es kann
nichts Unangenehmeres passieren, als wenn ein halsstarriger
Tourist aus dem ihm zugedachten Schema ausbricht und auf
Arrangements eigener Wahl besteht. Ihm widerfahren Schwierigkeiten und Probleme aller Art.

Einige der staatlich konzessionierten Führer beherrschen die
Zunft, und wer nicht zu den Klans zählt, kann sich kaum Hoffnung machen, jemals im Schatten der Pyramiden seine berufli-

chen Zelte aufschlagen zu können. Kinder und ein paar Außen-
seiter werden geduldet, aber sie sind den Bossen tributpflichtig.
Drängt ein Außenstehender herein, wird er mit allen Mitteln
gehindert, an die Fremden heranzukommen. Genügt es nicht,
ihn zu verjagen, wird vor Denunziation bei der Touristenpolizei
wegen angeblicher Dieberei, selbst vor einer Bluttat, nicht zu-
rückgeschreckt. Die Grenzen des Wirkungsbereichs sind genau
abgesteckt. Keiner der Buben, die als Caddies auf dem 9-Löcher-
Golfplatz am Fuß der Pyramide arbeiten, würde den Fremden
jenseits der Straße am Mena House zu Diensten sein. Wer dort
sein Revier hat, kommt auch nicht auf den Golfplatz. Der Le-
benskampf in Ägypten ist hart und unbarmherzig.

Die Große Königliche Gemahlin

In der auf die Erbauer der großen Pyramiden folgenden Dynastie
wachsen Macht und Einfluß der Priester und Verwaltungsbeamten. Die berühmte Figur des Dorfschulzen im Kairoer Museum
legt davon Zeugnis ab. In dieser 5. Dynastie sollen die ersten
Herrscher nicht königlicher Abkunft gewesen, sondern aus der
Hochzeit des Gottes Re mit ihrer Mutter hervorgegangen sein.
»Sohn des Re« wird Königstitel, der Sonnenkult erlebt seine
ausgeprägtesten Formen. Aber mit dem Zerfall der königlichen
Macht und dem Aufsteigen von Beamten und Gaufürsten zeichnet sich ab, was mit der 6. Dynastie Tatsache werden sollte: das
Ende des Alten Reiches.

Zwischen den einzelnen Dynastien stehen oft Frauen im Mittelpunkt, seltsamerweise immer in Übergangsphasen. Die für die
Stellung der Frau im Ägypten der historischen Zeit vorliegenden
Anzeichen scheinen den Wissenschaftlern auszusagen, daß starke
maternalistische Elemente aus früheren Zeiten nachhängen. Die
Stellung der »Großen Königlichen Gemahlin« ist zwar auch mit
der Tatsache verknüpft, daß sie aus Gründen der Reichseinigung
meist eine Prinzessin aus Unterägypten war, aber die mütterliche

Abstammung wird genauso maßgebend für die Legitimität bei der Thronfolge wie die königliche Vaterschaft. Die reinste Abstammung aus königlichem Geblüt wird deshalb in der Geschwisterehe gesehen. Mutterrechtliche Bestimmungen finden sich auch niedergelegt im bürgerlichen Zivilrecht. Sie sind beim Erbgang sogar entscheidend. Grundsätzlich hatten die Frauen der Pharaonen eine starke Stellung. Am Übergang von der 2. Dynastie zum ersten Herrscher der 3. Dynastie, König Djoser, steht dessen Mutter, Königin Nimaathap. Zwischen der 3. und 4. Dynastie wird Königin Hetepheres verzeichnet, wahrscheinlich die Urmutter des Geschlechts der drei großen Pyramidenbauer Cheops, Chefren und Mykerinos. Herrscherin war auch die Tochter von Cheops, Hetepheres die Zweite. Am Übergang von der 4. zur 5. Dynastie führt die Tochter des Mykerinos, Chantkaus, den Titel »König von Ober-und Unterägypten« und wird als »Tochter des Gottes« und »Mutter der Könige« bezeichnet. In der 6. Dynastie werden auch Königinnen in Pyramiden beigesetzt, und zwar nicht nur geborene Prinzessinnen, sondern auch Frauen bürgerlicher Herkunft, die mit dem Herrscherhaus verbunden waren. Das göttliche Königtum verweltlicht, Hofleute steigen auf, machen Karriere, werden zu Gaufürsten. Damit geht einher eine Bewußtwerdung der eigenen Persönlichkeit. Die Leistung des Individuums beginnt eine Rolle zu spielen, denn die Beispiele des Aufstiegs reizen zur Nachahmung. Gaufürsten werden immer mächtiger und bilden eigene Machtzentren. Die Dezentralisierung des Alten Reichs erzeugt Feudalismus. Expeditionen in das sagenhafte Goldland Punt werden unternommen und von diesen Reisen Pygmäen an den Pharaonenhof mitgebracht.

Die erste Invasion in Ägypten

Bürgerkriege und Unruhen stehen am Ende des mehr und mehr zerfallenden Alten Reiches. Eine Art sozialer Revolution in der Religion bringt die Vergöttlichung durch den Tod nicht nur für

Könige, sondern auch für den einfachen Mann. Jeder Ägypter wird während der Ersten Zwischenzeit, der Herakleopolitenzeit, in der Todesstunde zu Osiris. Aus den Trümmern des Alten Reiches und der Ersten Zwischenzeit (7. bis 10. Dynastie) gehen die Fürsten von Theben als die mächtigen Reichseiniger hervor. Die Residenz des Pharao wird von Memphis nach Theben verlegt. In der Nähe dieser Provinzstadt entsteht die Kultstätte des Gottes Amon, in Karnak auf dem Ostufer des Nils, dort wo das heutige Luxor mit seinen Hotels liegt. Die Totenstadt, die Nekropole, entwickelt sich bei Theben selbst, auf dem Westufer des Nils. Im Halbrund des Talkessels von Deir el Bahari baut Reichseiniger Mentuhotep eine Pyramide, die aber nicht mehr Grabstätte, sondern nur noch Denkmal ist. Das Grab des Pharao liegt in der dahinter aufsteigenden Felswand. Bei den thebanischen Festen zog eine Amon-Prozession von Karnak über den Nil nach West-Theben.

Auf ähnlichem Weg zieht heute der Touristenstrom vom linken auf das rechte Nilufer. Der moderne Reisende ist gezwungen, mehr und anders zu sehen, als zur Zeit des »Festes des Tales« zu sehen war. Seither haben weitere Dynastien Denkmäler und Zerstörungen hinterlassen. Mentuhotep, der Einiger im Mittleren Reich, lebte in der 11. Dynastie, und es folgen noch zwanzig Herrscherhäuser. In der 12. Dynastie erlebt das Mittlere Reich seine Blüte und dehnt seinen Machtbereich aus bis nach Palästina und Nubien. Der unaufhaltsame Niedergang aber während der 13. und 14. Dynastie fordert dann geradezu dazu auf, den Todesstoß gegen das ägyptische Reich zu führen, den die erste bedeutende Invasion von außen dem Land der Pharaonen denn auch versetzt. Aus Asien fallen die Hyksos in das Niltal ein. Sie müssen Furcht und Schrecken verbreitet haben, denn sie bringen jene den Ägyptern bis dahin unbekannten kriegerischen Mittel mit, Pferde und Streitwagen. Das Völkergemisch der Hyksos aus Kleinasien und Mesopotamien hat dabei die Nilbewohner nicht in einem Feldzug erobert, sie vielmehr in Etappen besiegt und unterwandert, eine Entwicklung, die schließlich eine neue Königsmacht hervorbrachte. Wissenschaftler glauben, daß die

Hyksoszeit eine entscheidende Phase in der ägyptischen Geschichte darstellt. Erst von da an kann, laut Hans Freyer (in der
»Weltgeschichte Europas«) von ägyptischer Außenpolitik gesprochen werden, und Eberhard Otto (»Ägypten – der Weg des
Pharaonenreiches«) schreibt: »Erst von hier an kennt der Ägypter ein, wenn auch noch immer religiös bestimmtes Nationalge-
fühl, das zur Geltung gebracht werden will. Die relative Isoliert-
heit des Landes ist gesprengt, und Ägypten bildet nun nicht nur
im politischen Sinn Teil einer größeren Welt. Diese Tatsache
mußte notwendig ihre Rückwirkung auf die gesamte ägyptische
Kultur haben, ebenso auf das religiös bestimmte Weltbild.«

Dem touristischen Reisenden wird von dieser Zeit wenig vermittelt, denn ins Auge springende Denkmäler sind nicht erhalten. Von den rund zwanzig Königen der Hyksoszeit, der Zweiten
Zwischenzeit, zwischen 1680 und 1550 v. Chr., den drei Dynastien mit den Nummern 15, 16 und 17, berichten vornehmlich
Darstellungen und Papyri, die sich der Erinnerung weniger ein-
prägen als etwa Pyramiden und Tempel. Die Forscher leiten ihr
Wissen über diese Periode hauptsächlich aus semantischen Studien über die Namen ab.

Ganz anders präsentiert sich der folgende Abschnitt der Geschichte, das Neue Reich. Die Ägypter übernahmen schnell die
neuen Waffen und Kriegstechniken der Hyksos, vom Sichel-
schwert bis zu Pferd und Kampfwagen, und vertrieben die Fremden. Amosis, thebanischer Fürst und erster Herrscher der 18.
Dynastie, erobert die Stadt Avaris-Tantis, wo die »Hirtenkönige«
der Hyksos saßen, und einigte das ägyptische Reich erneut. Nach
einer kurzen Periode des Wiederaufbaus richtete das Land den
Blick auf die außerägyptische Umwelt und zog auf Eroberung
aus. Ägypten wird unter Thutmosis III. zu einer Großmacht,
deren Herrschaftsgebiet bis zum 4. Nilkatarakt weit im Süden
reicht. Es wird wieder im großen Stil gebaut: der Reichstempel
des Reichsgottes Amon in Karnak, die Kolosse des Memnon, der

Oben: Pyramide und Sphinx von Gisah
Unten: Großer Amontempel von Karnak

Tempel von Luxor und der Terrassentempel der Herrscherin Hatschepsut in Deir el Bahari, die Gräber im Tal der Könige.
Die Familien- und Erbverhältnisse waren einige Zeitlang etwas
verwirrend. Hatschepsut war zugleich Halbtante und Schwieger-
mutter von Thutmosis III. gewesen. Sie hatte sich für 22 Jahre
selbst zur Herrscherin gemacht und legte, wie es oft geschieht,
wenn die Rechtsverhältnisse nicht völlig in Ordnung sind, besonders großen Wert darauf, die Legitimität ihres Herrschaftsan-
spruchs zu beweisen. An ihrem Tempel ließ sie sich als leibliche
Tochter des Gottes Amon darstellen. Nicht nur Königin wollte sie
sein, sondern göttlicher Pharao. Sie benahm sich in Kleidung und
nach Protokoll wie ein Mann und unterdrückte alles Feminine bei
Titeln und Namen. Die Fremdenführer von Luxor rufen immer
Touristengelächter hervor, wenn sie maliziös davon berichten,
daß Hatschepsut nur eines der traditionellen Schmuckworte der
Könige nicht für sich in Anspruch nahm: »mächtiger Stier«. Ihr
Nachfolger, Thutmosis III., verfolgte sie mit solchem Ingrimm,
daß er sogar Namen und Titel der Königin Hatschepsut aus dem
Mauerwerk des Tempels herausmeißeln ließ und so, in dem
blindwütigen Bestreben, jede Erinnerung an sie auszulöschen,
gerade jenes Mahnmal schuf, das heute jedem Touristen gezeigt
wird, die Stelle, wo vor rund 3400 Jahren ein Name entfernt und
ein anderer eingefügt worden ist.
    Ein Pharao der 18. Dynastie, Amenophis III., ließ sich von
seinem, später zu gottähnlichen Ehren erhobenen Baumeister
Amenhotep einen früh zerstörten Tempel bauen, von dem nur
wenige Reste vorhanden sind. Übriggeblieben aber sind zwei riesige Sitzfiguren, die heute unvermittelt mitten im grünen Kul-
turland sitzen. Griechen und Römer glaubten, Statuen des Memnon vor sich zu haben. Darstellungen des sagenhaften Kriegshel-
den, der den Trojanern zu Hilfe geschickt, von Achilles aber
erschlagen worden war. Tatsächlich stellen die, seither »Kolosse
des Memnon« genannten Sitzriesen von fast zwanzig Meter
Höhe den König Amenophis III. dar. Als eines der Weltwunder
der Antike ist der nördliche der beiden Kolosse noch zusätzlich
berühmt geworden, weil er bei Sonnenaufgang, damals noch un-

erklärlich, oftmals Laute von sich gab. Die Wissenschaft hat später ermittelt, daß die Figur bei einem Erdbeben im Jahre 27 n. Chr. geborsten ist. Der rasche Wechsel von Temperatur und Luftfeuchtigkeit zur Zeit des Sonnenaufgangs ließ jeweils winzige Teilchen an der Oberfläche des harten Sandsteins zerspringen, wodurch die seltsamen Töne erzeugt wurden. Reiseschriftsteller, vor allem in römischer Zeit, trugen die Kunde von dem tönenden Koloß, versehen mit sagenhaften Erklärungen, in die damals bekannte Welt, und kein Tourist versäumte, das Weltwunder zu bestaunen. Die schlechte Angewohnheit von Reisenden, sich auf Denkmälern zu verewigen, war übrigens schon damals gang und gäbe. Griechische und lateinische Kritzeleien an Sockeln, Füßen und Beinen zeugen davon. Septimus Severus ließ die Figur 199 n. Chr. reparieren. Seither ist sie stumm.

Nofretete

In dieser 18. Dynastie, die die touristenwirksamen Zeugnisse von Luxor, Karnak und Theben hinterlassen hat, kommt es zu einer revolutionären Veränderung der Religion, die mit der Person Echnatons verbunden ist. Als Amenophis IV. wird er in Karnak feierlich gekrönt, nachdem er schon einige Jahre Mitregent seines Vaters, des dritten Amenophis, gewesen war. Der weltabgewandte, kränkliche, despotische Jüngling, der so gar nichts von der Art seiner kriegerischen und genußsüchtigen Vorfahren hat, will eine Weltidee durchsetzen, von der schon seit einiger Zeit geredet wird. Wegen seines neuen religiösen Ideals bricht er mit der Vergangenheit, in jeder Beziehung. Anstelle des Gottes Amon und der vielen anderen Götter, setzt er den Monotheismus des Sonnenkults. Er baut ein Sonnenheiligtum bei Karnak, ändert seinen Namen in Echnaton (Aton – die Sonnenscheibe) und gründet in Mittelägypten eine neue Hauptstadt, Achetaton, »Horizont der Sonnenscheibe«. Heute wird diese Periode nach dem bei den Fundstellen gelegenen Ort Tell el Amarna benannt. Die

Amarna-Kunst stellt auch das königliche Familienleben dar, naturalistische und, im Gegensatz zur Tradition, unstilisierte Bilder. Aus ihnen ist der Schluß gezogen worden, in Echnatons Familie habe eine Drüsenkrankheit geherrscht. In der neuen Residenz, auf jungfräulichem, bisher noch keiner anderen Gottheit geweihtem Boden wird mit einem unduldsamen Absolutheitsanspruch regiert. Die Verehrung der Sonne hat Echnaton nicht erfunden, aber statt der über der Erde schwebenden, geflügelten Sonnenscheibe symbolisieren jetzt die in menschliche Hände, dem Zeichen für Leben, auslaufenden Sonnenstrahlen die unmittelbare Schöpfung.

Die Frau von Amenophis IV. Echnaton war die heute wohl bekannteste Ägypterin, die Königin Nofretete. Die Asylresidenz Amarna, die nach dem Tode Echnatons verlassen worden ist, war vor dem Ersten Weltkrieg Ausgrabungsort der Deutschen Orientgesellschaft. Die von Ludwig Borchardt geleitete Mannschaft entdeckte am 6. Dezember 1912 bei der Freilegung einer Bildhauerwerkstatt die Büste der Nofretete. Vermutlich war das Meisterwerk des Künstlers Thutmosis Vorlage für alle späteren Porträts und Statuen, die von der Königin angefertigt wurden, und hat als Modell die Werkstatt niemals verlassen. Auf diese Weise läßt sich erklären, warum das zweite Auge nie eingefügt wurde. Als man die Residenz Achetaton aufgab, war die Büste zurückgeblieben. Die Grabungen hatte der Berliner Kaufmann James Simon finanziert, der auch Konzessionsinhaber war. Bei der Teilung der Funde zwischen dem Konzessionär und der ägyptischen Altertümerverwaltung, die damals von Franzosen geleitet wurde, erhielten die Deutschen am 20. Januar 1913 neben anderen Gegenständen auch die Büste als rechtmäßiges Eigentum zugesprochen. Die Schätze aus Amarna, darunter die Nofretete, übergab Simon im Herbst 1913 den königlich preußischen Kunstsammlungen als Leihgabe. Am 11. Juli 1920 wandelte er die Dauerleihgabe in ein Geschenk an den preußischen Staat um. Der kostbare archäologische Fund wird heute im Ägyptischen

Büste der Königin Nofretete – Ägyptisches Museum, Berlin

Museum gegenüber dem Charlottenburger Schloß in Berlin gezeigt. Gelegentlich von Ägypten erhobene Forderungen, den
»Raub aus dem kolonialistisch-imperialistischen Zeitalter wiedergutzumachen« und die Büste zurückzugeben, oder der Vorschlag, sie auszutauschen gegen den Reichsmarschallstab Hermann Görings, der irgendwie nach Kriegsende in den Besitz König Faruks gelangt ist, sind in der Kulturwelt nie ernst genommen worden. Auch nicht die in der Kairoer Presse aufgestellten
Behauptungen, bei der Teilung der Funde seien seinerzeit die
Ägypter hinters Licht geführt worden, weil der deutsche Archäo-
loge Borchardt absichtlich den Kopf in einer den wahren Wert
verbergenden Kruste von Erde und Schmutz vorgezeigt habe.

Die Ehe zwischen Nofretete und Echnaton hat keinen Bestand
gehabt. Vermutlich war die Mutter des Königs, Teje, Anlaß für
die Trennung. Sie sah bei einem Besuch in Amarna religiös-
politische Folgen der Revolution voraus und schätzte die Lage
angesichts der unzufriedenen Priesterschaft des Amonkults reali-
stischer ein als der Pharao mit seinem Hofstaat. Kurz danach hat
sich Nofretete von ihrem Mann getrennt und ist in einen eigenen
Palast gezogen. Die Residenz in Amarna war nur etwa zwölf
Jahre lang bewohnt.

Für die Archäologen ist die völlig verlassene und vom Sand der
Jahrtausende verschüttete Siedlung Amarna eine Quelle unend-
lich vieler Erkenntnisse gewesen, für die Touristen andererseits
sind die Fundstellen hier weniger interessant. Der Platz liegt 300
Kilometer nilaufwärts von Kairo, und bei entsprechendem Was-
serstand legen Passagierschiffe an. Lange Zeit gehörte das Gebiet
zu den vielen militärischen Sperrbezirken, die das Leben in
Ägypten erschweren. Da die Archäologen bei ihrer Arbeit auf das
Wohlwollen der Behörden angewiesen sind, schweigen sie über
die nervenzermürbenden Schwierigkeiten, die ihnen in den Weg
gelegt werden. Der absolute Vorrang militärischer Notwendigkeiten und bares Unverständnis für Ziegelmauerreste und andere
Ruinen haben in der Zeit nach dem Junikrieg von 1967 und in der
Phase der Vorbereitung des Oktoberkriegs von 1973 unermeßliche Schäden an den archäologischen Fundstellen hier und im

ganzen Land angerichtet. Nur Fachleute können beurteilen, was unwiederbringlich beim Bau von Raketenstellungen niedergewalzt, von Bulldozern eingeebnet und bei Manövern zerstört worden ist. Falls Archäologen danach überhaupt gestattet worden ist, die abseits des Touristenrummels gelegenen Orte aufzusuchen – und Ägypten ist voll von solchen – und Bestandsaufnahme zu machen, dann sind Resultate dieser Besuche nie an die Öffentlichkeit gelangt. Einzelne Archäologen, Teams oder Institute können, ihrer Spezialisierung wegen, einen Gesamtüberblick auch nicht haben. Sie schweigen deshalb lieber. Dabei die in den zurückliegenden drei Jahrzehnten angerichteten Schäden zu registrieren, wäre gewiß eine internationale Aufgabe. Sie wird jedoch kaum je in Angriff genommen werden, weil die nationale Empfindlichkeit der Ägypter dies nicht zuläßt und weil die Internationale der Ägyptologen und Archäologen wiederum darauf Rücksicht nehmen muß. Gerüchte über das Ausmaß der Schäden, die im Frühjahr 1974 hinter vorgehaltener Hand bei den Wissenschaftlern in Kairo die Runde machten, sind bald wieder verstummt. Sie sind nicht entkräftet worden durch Ermittlung der Tatsachen, sondern die Beteiligten haben sich aus Zweckmäßigkeitsgründen geduckt und Schweigen für den klügeren Teil wissenschaftlicher Wahrheitsforschung gehalten. Natürlich gilt dies nur für Stätten, die nicht weltbekannt sind und täglich von Reisenden aufgesucht werden. Aber gerade an abgelegenen Plätzen wären wissenschaftliche Erkenntnisse oder Funde noch eher zu erwarten als an den Orten, die als so gut wie erforscht und ausgewertet gelten. Trotzdem ist theoretisch denkbar, daß noch einmal eine Nachricht von einem sensationellen Zufallsfund Aufsehen erregen könnte. Ähnlich dem vielbeschriebenen Vorgang bei der Entdeckung des unversehrten Grabes von Tutenchamon.

Der Goldschatz aus dem Tal der Könige

Der Pharao Tutenchamon taucht nach der auf nicht näher bekannte Weise zu Ende gegangenen »religiösen Revolution von Amarna« auf. Da diese Revolution ohne dauerhaften Erfolg geblieben war, wurde sie jetzt als Ketzerei verdammt. Ursprünglich Tutenchaton genannt, ändert der nach Theben zurückgekehrte Herrscher seinen Namen in Tutenchamon. Die alte Religion des Amon wird restauriert. Das schon erwähnte Grab mit seinen prachtvollen Schmuckstücken und Beigaben hat Tutenchamon weit über seine ihm von der Wissenschaft zugestandene Bedeutung hinaus bekanntgemacht. Er starb mit 18 Jahren. Sein Grab liegt im Tal der Könige.

Diese Beisetzungsstätte von beeindruckender Naturschönheit zwischen den kahlen Felsenhügeln des Wüstenplateaus, am westlichen Nilufer oberhalb von Deir el Bahari gelegen, hatten die Könige des Neuen Reiches gewählt, als sie mit der Tradition ihrer Vorfahren brachen, Totentempel in der Form von Pyramiden zu bauen. Fast alle Pharaonen der 18., 19. und 20. Dynastie sind dort bestattet worden. Die Kostbarkeiten, die den Toten mit ins Grab gegeben wurden, übten naturgemäß vom ersten Augenblick einen großen Reiz aus auf zahlreiche Grabräuber, und alle Anstrengungen, die Gräber vermittels raffinierter Sicherungen vor den Frevlern zu schützen, erwiesen sich als vergeblich. Auch die Methode, die Maurer, die die letzten Steine gesetzt hatten, hinzurichten, fruchtete nichts. So haben viele Generationen von Grabräubern die Ausplünderung der Gräber im Biban el Muluk, dem Tal der Könige, zu ihrem Geschäft gemacht. Die Pharaonengräber dort waren schon in griechischer und römischer Zeit bekannt. Reiseberichte erwähnen sie, und in manchen Gräbern finden sich auch die Wandkritzeleien antiker Touristen. Nach der Eroberung Ägyptens durch die Araber gerieten die Gräber in Vergessenheit, bis der Superior der Jesuiten von Kairo, Pater Claude Sicard, der von 1708 bis 1712 eine Reise nach Oberägypten unternahm, wieder von ihnen berichtete. Die wissenschaftliche Registrierung und Bearbeitung ist erst von den Gelehrten begonnen worden, die Napoleon auf seinem Ägypten-Feldzug begleiteten. Bis auf das Grab Tutenchamons, das 1922 entdeckt wurde, waren alle Grabstätten geplündert. Nach den Spuren zu schließen, ist auch dieses Grab bald nach der Beisetzung aufgebrochen worden, doch müssen die Räuber ertappt worden sein, so daß sie nicht weiter eindringen konnten. Die Geschichten dieser Gräber sind phantastisch. Die Plünderungen haben schon in alter Zeit derartige Ausmaße angenommen, daß, wenigstens um die Mumien zu retten, großangelegte Umbettungen vorgenommen werden mußten. In der »Cachette«, dem Versteck von Deir el Bahari, wurden die meisten der Mumien zusammengelegt. Diese Sammlung ist dann von Grabräubern des unweit gelegenen Dorfes Kurna aufgespürt worden; der Handel mit diesen Mumien und mit den ihnen beigegebenen Skarabäen, Amuletten und Schmuckstücken gehörte daraufhin im vergangenen Jahrhundert zu den Anfängen der ägyptischen Archäologie. Die Klans von Kurna waren berühmt und berüchtigt wegen der Schätze, die herbeizuzaubern sie imstande waren. Heute ist Kurna die Produktionsstätte von entsprechenden Nachbildungen. Einige Künstler haben es zu solcher Fertigkeit in der Anfertigung »alter Stücke« gebracht, daß nicht nur Touristen, sondern auch Wissenschaftler schon mit »Originalen« hereingelegt worden sind. Neben den mehr als 60 Königsgräbern liegen 70 Königinnen im Biban el Harem, dem Tal der Königinnen. Außerdem wurden auf dem Gelände der thebanischen Nekropole an die 450 Privatgräber festgestellt. Alle diese Funde eingehend zu besichtigen, würde Monate in Anspruch nehmen. Eine sorgfältig getroffene Auswahl ist für den Normaltouristen unerläßlich, der schon bei dem üblichen Programm allabendlich in Luxor erschöpft in sein Hotelbett sinkt, den unvermeidlichen Scherz noch im Ohr von den pharaonischen Glühbirnen, die mit ihrem Licht in den Gräbern für Helligkeit sorgen.

Denkmäler flüchten vor der Überflutung

Die 19. Dynastie (1306 bis 1186 v. Chr.) hat noch unsere Gegenwart unmittelbar vor große Aufgaben gestellt. In unserer Zeit noch mußte die ganze zivilisierte Welt in einer von der Kulturorganisation der Vereinten Nationen, der UNESCO, betriebenen Rettungsaktion zusammenwirken, um die einzigartige Hinterlassenschaft dieser Dynastie zu retten. Ramses II., der berühmteste Pharao aller Ramessiden, hatte die Tempel von Abu Simbel in Nubien errichten lassen. Nubien aber war zum Untergang verurteilt, als der ägyptische Staatschef Gamal Abdel Nasser beschloß, einen neuen Riesendamm bei Assuan bauen zu lassen. Der Hochdamm, das war vorauszusehen, würde den Nil zu einem über 400 Kilometer langen See aufstauen. Die nubischen Dörfer und die vielen Altertümer Nubiens würden im Wasser untergehen. Die Nubier sind dunkelhäutige Neger von hohem Wuchs, die in den ägyptischen Städten als Diener, Kellner, Hausmeister oder in anderen Dienstleistungsberufen ihren Unterhalt verdienen, während ihre Familien zu Hause bleiben. Sie sind ihrer Zuverlässigkeit und Sauberkeit wegen sehr geschätzt. Die nubische Bevölkerung wurde kurzerhand mit Sack und Pack umgesiedelt. Rund hunderttausend Menschen waren von dieser Aktion betroffen. Die meisten zogen in die von der ägyptischen Regierung bereitgestellten Betondörfer bei Kom Ombo, 70 km nilabwärts von Assuan. Der Stausee erstreckt sich bis in den Sudan, wo auch die Grenzsiedlung Wadi Halfa zum Großteil untergegangen ist. Dort mußten weitere hunderttausend Menschen umgesiedelt werden. Neben der Umsiedlung von Mensch und Vieh galt es, die nubischen Altertümer zu erhalten. Jedenfalls was gerettet werden konnte, sollte gerettet werden; alles andere wollte man dann wenigstens mit modernen Methoden wissenschaftlich erfassen. Ein Heer von Experten ging an die Arbeit. Schließlich entschloß man sich, die Ramsestempel von

Oben: Tempel von Abu Simbel – am alten Standort
Unten: Beim Wiederaufbau oberhalb des Assuan-Beckens

Abu Simbel durch die UNESCO zu erhalten, während es den verschiedenen Nationen überlassen blieb, sich mit der ägyptischen Regierung über weitere Rettungsaktionen zu einigen. Abu Simbel wurde wegen des Bekanntheitsgrades der majestätischen Riesenstatuen und wegen der besonderen technischen Schwierigkeiten das zentrale Anliegen. Die Pariser UNESCO-Zentrale koordinierte Aktivitäten der verschiedenen Nationen. Neben einigen kleineren Arbeiten erhielt die Bundesrepublik den Tempel von Kalabscha zugewiesen. Er wurde in zweieinhalbjähriger Arbeit zerlegt, Stein für Stein 38 Kilometer weit transportiert und am neuen Standort wieder aufgebaut. Die offizielle Übergabe verzögerte sich aus politischen Gründen um gute zehn Jahre. Sie erfolgte erst im März 1975. Obwohl der Tempel von Kalabscha, nach einer lokalen Gottheit Mandulis-Tempel genannt, das erste und größte Objekt der nubischen Rettungsaktion war, stand seine Versetzung im Schatten der Tempel von Abu Simbel.

Die zwischen Ägypten und einzelnen Nationen vereinbarten bilateralen Rettungswerke bezahlten die jeweiligen Staaten selbst. Der ägyptische Diktator Nasser hatte deutlich ausgesprochen, daß ihn Altertümer nur als touristische Devisenbringer interessierten, zu denen lediglich Abu Simbel gerechnet werden konnte. Für die Wissenschaft möglicherweise bedeutendere Geschichtszeugnisse in Nubien hatten gegenüber den von Nasser für wichtiger angesehenen Notwendigkeiten, gegenüber dem Hochdamm also, zunächst zurückzustehen. Niemand kann wissen, welche an den Sandufern des Nil unentdeckten Denkmäler in den Fluten des »Nasser-Sees« für immer versunken sind. Nach dem Aufruf der UNESCO zur internationalen Rettungsaktion von Abu Simbel lief über Monate hinweg ein Tauziehen, welche Methode der Rettung sich am besten eigne und am wirtschaftlichsten sei. Eine Expertenkommission, zu der aus der Bundesrepublik Deutschland der Vizepräsident der Bundesanstalt für Bodenforschung in Hannover, Professor Martini, gehörte, hielt die Verlegungspläne für realisierbar. Die letzte Entscheidung lag bei Ägypten, das zwanzig der auf sechzig Millionen Dollar veran-

schlagten Kosten selbst übernehmen wollte. Für alle weiteren
nubischen Denkmäler schätzte die UNESCO die Kosten auf
neunzig Millionen Dollar, wobei hiervon auf die Bundesrepublik
ein Anteil von 3,43 Millionen Dollar oder, zum damaligen Um-
rechungskurs 13,75 Millionen Mark, entfiel. Wiederholt geriet
alles in die Krise, weil die 108 Mitgliedsländer der UNESCO sich
nicht gerade durch Zahlungs- und Spendenfreudigkeit auszeichneten.

Die technischen Arbeiten für Abu Simbel wurden einem internationalen Konsortium übertragen, dessen Federführung die
deutsche Hochtief AG erhielt. Dieser Firma war das Abu-Simbel-
Produkt von den Ägyptern unter anderem als Trostpflaster zugesprochen worden, denn beim Assuan-Hochdamm waren die
Deutschen, die bei der Planung eine beträchtliche Rolle gespielt
hatten, aus politischen Gründen nicht zum Zug gekommen. Sie
waren von den Sowjets ausgestochen worden. Die Verlegungsarbeiten gestalteten sich ungewöhnlich schwierig, weil Tempel und
Kolossalstatuen aus gewachsenem Fels bestanden. Zunächst
wurde der Felshügel über dem Tempel ohne Sprengung abgetra-
gen, dann der Sandstein durch Injektionen von Kunstharz vor
dem Zerbröckeln bewahrt und schließlich der Komplex mit
Steinsägen in Einzelteile zerlegt. Die sechstausend Steinblöcke
von jeweils zwanzig bis dreißig Tonnen Gewicht wurden zum
neuen Standort – 68 Meter höher und 180 Meter landeinwärts –
transportiert und dort originalgetreu wieder zusammengesetzt.
Zahlreiche bautechnische Hilfen wie Schutzdämme und Stahl-
versteifungen waren erforderlich. Statt des ursprünglich über
dem Tempel gelegenen natürlichen Felsberges montierte man
eine als solche nicht zu erkennende Betonkuppel über der Anlage, auf der dann Gestein aufgeschüttet wurde. Auf diese Art ist
der ursprüngliche Eindruck erhalten geblieben. Am 22. September 1968 versammelten sich Minister und Diplomaten, um die
schließlich geglückte Verlegung feierlich zu begehen. An der
Feier nahm für die Bundesrepublik Deutschland der damalige
Bundesminister für wirtschaftliche Zusammenarbeit, Hans-Jürgen Wischnewski teil, der eingeladen wurde, obwohl zwischen

Kairo und Bonn zu jener Zeit diplomatische Beziehungen nicht
bestanden. Der Zeitpunkt der Feierlichkeit im September war
günstig gewählt, denn zweimal im Jahr steht die Sonne so, daß
ihre ersten Strahlen am Morgen das Innere des nach Osten ausgerichteten großen Tempels erreichen und die Statuen des Son-
nengottes in Licht getaucht werden. Dieses seltene Schauspiel
konnten Touristen früher nur erleben, wenn sie sich einer
Schiffsreise von Schellal nach Wadi Halfa unterzogen. Es war
immer eine malerische Fahrt, die der Schiffskonvoi – am Haupt-
schiff waren seitlich zwei kleinere Schiffe für Frachtgüter und
Vieh und für dessen Betreuer angebracht – vorbei an nubischen
Dörfern mit ihrem farbigen Leben, dessen Vitalität übrigens auch
auf den Schiffen selbst demonstriert wurde, zurücklegte. Die
Schiffe fuhren bei Abu Simbel, dem einsamen Grenzposten des
Ramsesreiches, direkt auf den großen Sonnentempel zu, vor sich
die vier Sitzfiguren, jede 20 Meter hoch. Erst mit dem Näher-
kommen erhielten die Figuren, die von weitem wie mit dem
Gebirge verschmolzen wirkten, menschliche Konturen, bis
schließlich jenes typische, feine und doch ausdrucksstarke »Pha-
raonenlächeln« in den Gesichtszügen des vierfachen Ramses II.
zu erkennen war; das gleiche Lächeln, das schon an der liegenden
Statue in der alten Reichshauptstadt Memphis aufgefallen war.
Diese Zeiten der beschaulichen Annäherung sind vorbei. Heute
rast ein Tragflächenboot in fünf Stunden an unbewohnten, kahlen Fels- und Sandufern entlang. Auch wenn es etwas zu beobachten gäbe, man könnte es nicht beobachten. Das Glasdach des
Gleitboots ist immer so verschmutzt und die Gischt auf beiden
Seiten so stark, daß die Passagiere nichts Besseres tun können, als
während der Fahrt in der Hitze vor sich hinzudämmern. Immer
wieder wird auch von strapaziösen Abenteuern aus Anlaß von
Motorpannen der Boote berichtet. Der »Blitzreisende« von heute
»macht« Abu Simbel deshalb meist im Flugzeug.

Die Kinder Israels in Ägypten

Die Ramessiden, das sind die Pharaonen, die Ramses hießen,
haben gewiß mehr Denkmäler hinterlassen als nur die von Abu
Simbel. Aber der Schöpfer gerade dieser Tempelanlage, Ramses
II., gilt als bedeutender Herrscher. Unter seinem Regiment stär-
ken Eroberungszüge die Macht des ägyptischen Reiches, wird
Gott Amon fast ausnahmslos anerkannt. Bauten und Statuen,
während dieser Zeit errichtet, nehmen gigantische Ausmaße an.
Die 19. Dynastie verzeichnet auch einen Pharao namens Me-
renptah (etwa um 1225 v. Chr.). In dessen Zeit sollen die Israeliten aus Ägypten ausgezogen sein. Erstmals kommt der Name
Israel auf einer Stele vor. Sonst gibt es auf ägyptischer Seite
keine Beweise für den Aufenthalt der Kinder des Stammes Israel
in Ägypten. Biblische Nachrichten jedoch passen in den allgemeinen historischen Rahmen, und Einzelangaben, wie die Fronarbeit
beim Bau der Ramsesstadt, sind auch anderwärts bekundet. Wo
der Auszug aus Ägypten stattfand, darüber gibt es drei Theorien,
von denen jene die größte Wahrscheinlichkeit für sich hat, nach
der der Exodus zwischen dem Timsah-See und den Bitter-Seen
vor sich ging. Eine der merkwürdigen Parallelen der Geschichte
ist die: In der gleichen Gegend, bei Deversoir, überschritten die
Israelis im Oktoberkrieg 1973, nach dem ägyptischen Überra-
schungsangriff, im Gegenschlag den Suezkanal. Auf die Fronar-
beiten der Israeliten in pharaonischer Zeit spielte 1978 der israelische Ministerpräsident an. Als nach der Gipfelkonferenz von
Camp David die Teilnehmer – der US-Präsident Carter, der ägyptische Staatschef Sadat und der israelische Premier Begin – sich
in Washington der Presse stellten und nach zwei Wochen strikter
Klausur der Gastgeber und Vermittler Carter von seinen Gästen
artig gelobt wurde, erzielte Menachim Begin einen Heiterkeitser-
folg: »Und wie der amerikanische Präsident gearbeitet hat!«
pries Begin Carters Aktivität. »Soweit meine geschichtliche Erfahrung reicht, schuftete er mehr als meine Vorfahren, damals
beim Bau der Pyramiden in Ägypten.«
In der 20. Dynastie werden die Libyer und die sogenannten

Seevölker von den Ägyptern noch abgewehrt, aber in der 22. bis
25. Dynastie herrschen hier Libyer, Nubier, Äthiopier und Assyrer. Die Spätzeit wird von der 21. Dynastie an gerechnet. Unter
den immer mächtiger werdenden Priestern des Reichsgottes
Amon zerfällt das Neue Reich, und in der Auffassung vom Königtum tritt ein grundsätzlicher Wandel ein. Der Herrscher als
Gottkönig entwickelt sich allmählich und im Verlauf mehrerer
Schritte zu einem nur königlichen Staathalter der Gottheit. Der
mehr und mehr an ethische Normen gebundene Herrscher, dessen Regierung jetzt aufgrund von Erfolg oder Mißerfolg beurteilt
wird, wandelt sich von einer Göttlichkeit zu einem Träger und
Repräsentanten der Staatsmacht. Sind früher in den geschichtlichen Zeugnissen ausschließlich Legitimität und Legalität der Abstammung beschrieben worden, so tauchen in der pharaonischen
Spätzeit Beurteilungen über Regierungserfolge auf. Mißerfolge
werden der Sündhaftigkeit des Herrschers zugeschrieben, die
Gottlosigkeit von Pharaonen wird angeprangert. Eine derartige
unbefangene und kritische Einstellung gegenüber den Herrschern des Reiches schwächte deren Autorität – sei sie religiöser
oder nationalistischer Natur – im Vergleich zu fremden Mächten
auf die Dauer entscheidend. Deswegen wurde schließlich auch
Alexander der Große als neuer Pharao freudig begrüßt, als er 332
v. Chr. – ein Jahr nach der »Keilerei bei Issos« – in Ägypten
einzog und die persische Herrschaft ablöste.

Das Ende der Pharaonenreiche

Ägypten war während der 27. Dynastie vom Perserkönig Kambyses erobert und zu einer persischen Satrapie gemacht worden.
Der Pharao Psammetich III., der letzte der 26. Dynastie, fiel im
Kampf, und mit ihm hörte Ägypten auf, ein Weltreich nach
damaligen Begriffen zu sein. Kambyses ließ sich als erster Perser
zum ägyptischen König krönen. Von da an erlebte Ägypten bis
zum Juli 1952 das Schicksal, als Teil und unter dem Einfluß

fremder Reiche zu existieren und Spielball in deren Auseinandersetzungen zu sein, sei es als persische Satrapie, als griechische
und römische Provinz, als Besitztum arabischer Herrscher, als
Paschalik des osmanischen Reiches, als britisches Protektorat
oder als Königreich mit praktisch eingeschränkter Souveränität.
Die persische Herrschaft dauerte von 525 bis 404 v. Chr. Nur
vorübergehend, unter den letzten drei Dynastien, erringen die
Ägypter noch einmal Unabhängigkeit, dann muß Nektanebes II.
endgültig den Persern weichen.

Aus jener Epoche sind wiederum Denkmäler erhalten, die auch
heute noch die Welt beschäftigen. Bei Assuan im Nil, auf der
einmal »Perle Ägyptens« genannten Insel Philae, entstand unter
Nektanebes I. (30. Dynastie) ein Pavillon als erstes Bauwerk.
Später bauten auch die Nachkommen Alexanders des Großen, die
Ptolemäer, und wiederum später die Römer am dortigen Isistem-
pel und an weiteren Toren und Tempeln. Das Besondere dieser
Insel ist, daß sie nach der Errichtung des ersten Staudamms von
1912 (nicht zu verwechseln mit dem Assuan-Hochdamm) während zehn Monaten des Jahres unter Wasser steht. Nur in der
heißesten Jahreszeit zwischen Juni und August sind die Bauten
auf Philae voll sichtbar und kann die Insel betreten werden. Dann
sind die Schleusen geöffnet und das Wasser fließt aus dem Spei-
cher ab. Das Erlebnis der Besucher beschränkt sich jedoch hier
auf eine Bootsfahrt beziehungsweise auf das Herumrudern zwischen den aus dem Wasser ragenden Säulen und Dachgesimsen.
Durch die Überflutung haben die Bauten weniger gelitten als
zunächst befürchtet worden war. Im Mai 1972 ist ein Rettungs-
programm in Gang gesetzt worden, welches die Verlegung der
historisch wertvollen Bauwerke auf eine benachbarte, ständig
trockene Insel zum Ziel hat. Mit einem Kostenaufwand von rund
17 Millionen Dollar werden die Heiligtümer des Kults von Isis
und Osiris auf die Insel Agilkia verlegt, eine Operation, die zwar
nicht den Umfang von Abu Simbel hat, die aber dazu beiträgt,
daß später einmal von den »Jahren, als die ägyptischen Tempel
Beine bekamen«, geschrieben werden dürfte.

Aus der großen Fülle pharaonischer Denkmäler ist hier nur ein

winziger Bruchteil angesprochen worden, wobei versucht wurde,
die geographisch verstreuten geschichtlichen Zeugnisse in chro-
nologischer Reihenfolge und mit Bezug auf die Gegenwart dar-
zustellen. Jahrelange Beobachtung lehrt, daß den meisten Bil-
dungsreisenden in Ägypten ein »attraktives Programm« vorge-
setzt wird, in das dann, beispielsweise, die Stufenpyramide von
Sakkara, das Grabmal des Ti, das Serapeum und die griechischen
Skulpturen eingeschlossen sind. Die historische Zuordnung wird
dem Touristen selten deutlich, er bleibt verwirrt auf der Strecke,
zumal er meist die Vorbereitung auf die jeweiligen Besichtigun-
gen sträflich vernachlässigt. Diese Vorbereitung aber, das kann
nicht oft genug gesagt werden, gehört unbedingt zur Ägypten-
reise. Für den Europäer sind die versunkenen Kulturen fremdar-
tig. Was sich in Italien oder Griechenland schon vom Eindruck
her einordnen läßt, bleibt am Nil verschlossen. Die Zeichen dort
sprechen nur zum kundigen Wissenschaftler. Dem interessierten
Laien erschließen sie sich erst dann halbwegs, wenn er sich vorher an Hand von Literatur hinreichend informiert hat.

Das Abendland erobert Ägypten

Alexander der Große richtete seinen Feldzug zunächst gegen
Ägypten, die reichste Satrapie des Perserreichs, als er dieses
Reich erobern wollte. Er kam auf dem Weg, den die Eroberer
Ägyptens schon immer genommen hatten und den sie auch spä-
ter nehmen sollten. Er kam über Ghaza und zog dann durch
Pelusium ins Nildelta. Auf der Lagune zwischen Mareotis-See
und Mittelmeer gründete er die Stadt, die seinen Namen trägt.
Alexandria wurde der nach Europa hin ausgerichtete Seehafen,
der auch den Einflüßen aus dem Norden offenstand. Von allen
Städten Ägyptens hatte Alexandria immer den am meisten euro-

Oben: Dendera – Reliefs im Hathor-Tempel
Unten: Kom Ombo, Tempel

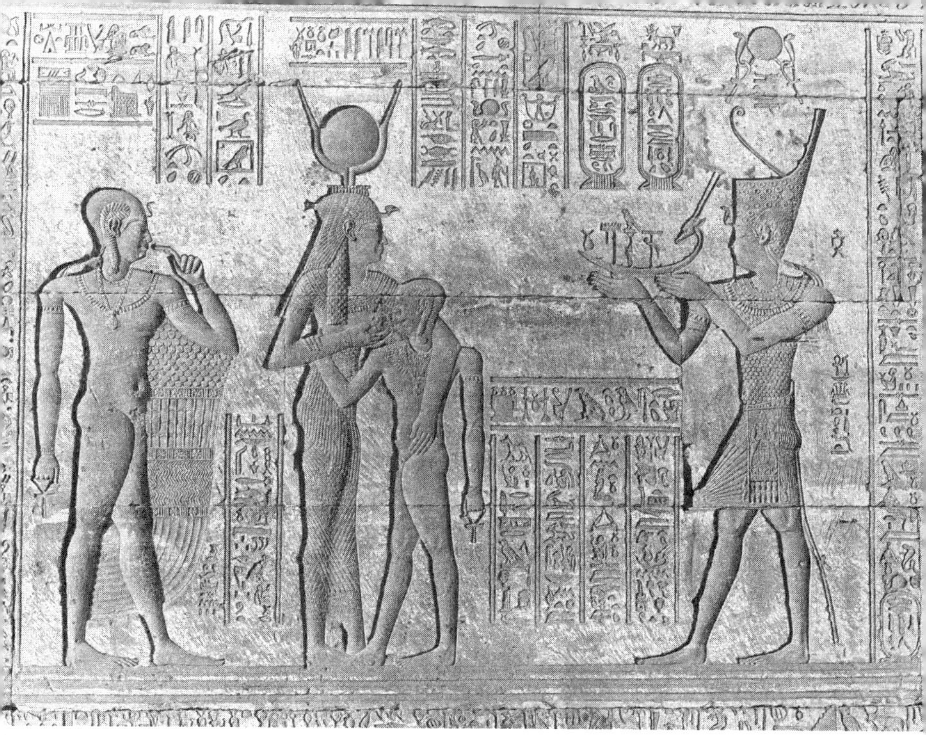

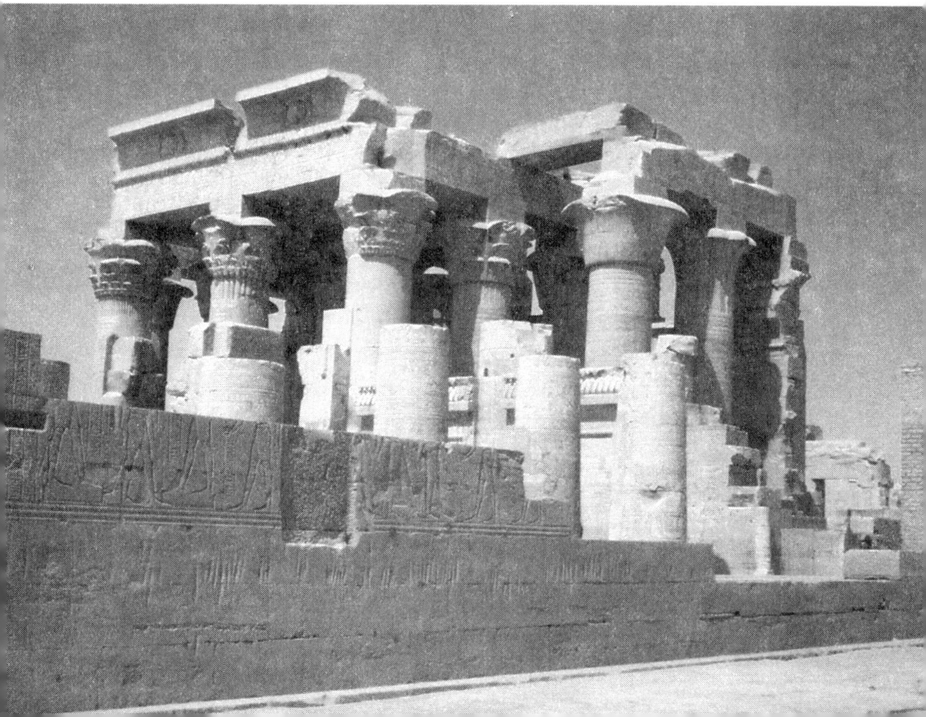

päisch geprägten Charakter. Die starken Kolonien von Griechen, Italienern, Maltesern, Zyprioten, Libanesen und anderen Mittelmeeranrainern gaben der Stadt eine ausgesprochene levantinische Atmosphäre, die sich von der des übrigen Ägyptens deutlich abhob. Die Ägyptianisierung während der Nasser-Epoche hat hier allerdings die Abwanderung der meisten dieser auf dem Gebiet von Handel und Wandel führenden Nichtägypter zur Folge gehabt. Heute wirkt die Stadt weitaus orientalischer als noch vor zwanzig Jahren.

Im Alter von 24 Jahren kam Alexander nach Ägypten. Sein Reich sollte in der ursprünglichen Form jedoch nicht von Bestand sein. Nach seinem Tode folgten Erben und Generale, die Diadochen, deren Auseinandersetzungen untereinander in dem sprichwörtlichen Ausdruck von den Diadochenkämpfen ihren Niederschlag fanden. In Ägypten blieben die Makedonier drei Jahrhunderte lang die Herrscher. Das ägyptische Erbe des Alexanderreichs traten dann die nach Ptolemäus benannten Ptolemäer an. Der Hellenismus kam mit Soldaten, Kaufleuten, Technikern und Künstlern nach Ägypten, aber eine Vermischung mit der einheimischen Kultur des Volkes fand nicht statt. Die Ägypter klammerten sich an ihre Tradition, und gerade im Verlauf dieser Epoche entstanden bedeutende Bauten: neben der Stadt Alexandria der Hathor-Tempel in Dendera, der Horus-Tempel von Edfu, die Bauten in Kom Ombo und der Oase Fayum. Die Kultur Ägyptens erwies sich als eine Kultur von Beständigkeit und Anziehungskraft. Sowohl Griechen, genauer Makedonier, als auch später Römer wurden zu Pharaonen. Sie bestiegen den Thron, ausgestattet mit den ägyptischen Insignien, opferten nach ägyptischem Ritual und beteten zu den Göttern des Niltals. Das Gottkönigtum orientalischer Prägung wird beibehalten, Alexander in der Oase Siwa zum Sohn des Gottes Amon geweiht. Während der Blütezeit des Ptolemäer-Reichs wird auch der Einfluß aus Rom immer stärker. Die Ablösung Athens durch das sich mehr und mehr nach Osten ausbreitende Rom zeichnet sich ab.

Königsmoschee in Alexandria

In dieser Übergangszeit lebt Kleopatra in Ägypten. Sie teilt den Thron mit ihrem Bruder Ptolemäus XIV. Das Geschwisterpaar steht unter römischer Vormundschaft, und als zwischen Bruder und Schwester Streit ausbricht, kommt Cäsar nach Alexandria. Die 22jährige Kleopatra setzt die spezifischen Waffen einer Frau ein und bezirzt Cäsar, der immerhin 30 Jahre älter ist. Nach der Ermordung Cäsars gelingt es der offensichtlich ebenso attraktiven wie gerissenen Kleopatra, Antonius, der zu dem Triumvirat in der Nachfolge Cäsars gehört, für sich zu gewinnen. In Rom kommt dann auch der Verdacht auf, Antonius wolle sich einen eigenen Herrschaftsbereich sichern. Octavian wird nach Ägypten geschickt, um dort die Aktivitäten des Antonius zu untersuchen, die sich in Rom als Landesverrat darstellen, und Antonius zur Rechenschaft zu ziehen.

Octavian, der spätere Kaiser Augustus, siegt in der Seeschlacht von Actium am 2. September 31 v. Chr., und das Liebespaar Antonius/Kleopatra begeht Selbstmord. Rom hat verhindert, daß sich ein orientalisches Reich innerhalb seiner Machtbereiche bildete.

In der römischen Provinz Ägypten wird 69 n. Chr. in Alexandria Vespasian zum Kaiser ausgerufen. Die Verwaltung der Ptolemäer funktioniert derart gut, daß Rom sie beibehält. Auch die Sprache der Gebildeten, das Griechische, blieb Amtssprache. Natürlich sprachen und schrieben die Besatzer aus Rom und die römischen Einwanderer lateinisch, aber der Hellenismus blieb in Ägypten nach wie vor in Mode. Im übrigen sorgten die klugen Römer vor, daß ihre Provinz am Nil nicht etwa von Abenteurern, Geschäftsmachern und allen möglichen sonstwie interessierten Leuten überschwemmt würde. Wirtschaftlich und militärisch war Ägypten zu wichtig, um von Einwanderern in seiner Entwicklung gestört zu werden. Selbst römische Senatoren durften nicht ohne ein, wie es heute heißen würde, Visum in die direkt dem Kaiser unterstellte Provinz einreisen. Diese Provinz wurde denn auch gehörig ausgebeutet. Auf den ägyptischen Bauern, den Fallachen, lasteten Abgaben und Steuern. Die gebildeten bürgerlichen Schichten gehörten, waren sie auch von griechischer Lebensweise, zu den Kollaborateuren der römischen Besatzung. Diese Kreise betrieben die wirtschaftliche Entwicklung des Landes. Ägypten wurde die »Kornkammer Roms«. Eine Annona genannte Expedition schaffte alljährlich das Getreide zu den römischen Häfen, das Bewässerungssystem wurde während dieser Zeit verbessert, die Handelsschiffahrt bis nach Indien ausgedehnt und der alte Kanal des Pharaos Necho zwischen dem Nil und dem Rotem Meer wieder benützt. Der Wohlstand war allgemein. Zwei Schichten jedoch hatten zu leiden: die Priester des Amonkults und der jüdische Bevölkerungsteil. Die schon immer antigriechisch eingestellten Priester fanden ihre Tempel beschlagnahmt. Die Verschmelzung von Gottesvorstellungen, die des Gottes Amon mit Zeus, und die mehr und mehr sich ausbreitenden mystischen Vorstellungen führten zu religiöser Unsicherheit, teils auch zu kultischem Niedergang. Die geistigen Voraussetzungen für die Christianisierung waren gegeben. Schon damals war für die Einwohner Alexandrias typisch, was heute für ganz Ägypten gilt: die leichte Erregbarkeit der Massen und die auch bei geringfügigem Anlaß immer auftretenden Unruhen und Ausschreitungen. Wenn Alexandria entsprechend berüchtigt war, so deshalb, weil in der Hafenstadt am wenigsten bodenständige Bevölkerung lebte, vielmehr so etwas wie ein von Intellektuellen durchsetztes Proletariat. Die Alexandriner plünderten anno 66 die im Nildelta ansässigen Juden aus und sollen dabei blutige Massaker angerichtet haben. Eine Million Juden hat damals in Ägypten gelebt, viele waren vermögend und hochgebildet.

Octavian hatte drei Jahre nach seiner Expedition gegen Antonius und Kleopatra in Rom den Ehrennamen Augustus erhalten. Der bisherige Monat Sextilius wird nach ihm benannt; der Monatsname August ist bis heute erhalten geblieben. Während der Herrschaft des römischen Imperiums über den Nahen Osten geschehen zwei Ereignisse, die den Lauf der Welt nachhaltig beeinflussen: Jesus Christus wirkt im Heiligen Land, und der römische Feldherr Titus zerstört in Jerusalem den Tempel der Juden. Bei der Belagerung von Jerusalem, die im Jahr 70 mit der Zerstörung endet, waren auch etwa tausend Ägypter als Legionäre Roms

beteiligt. Von da an reißen die Auseinandersetzungen, Verfolgungen und Unterdrückungen der Juden nie mehr ab, und durch
die Jahrhunderte beenden sie ihr Passah-Fest jeweils mit dem
Ruf: »Nächstes Jahr in Jerusalem!« Erst 1967, nach dem Sechs-
Tage-Krieg, erhalten sie wieder Zugang zur Klagemauer.

Die römische Besatzung führte im Laufe der Zeit auch in
Ägypten das zu Hause in Rom übliche liturgische System der
Verwaltung ein. In Übereinstimmung mit ägyptischer Überlieferung waren die Verwaltungsbeamten unter den Ptolemäern mit
regelmäßigen Einkommen ausgestattet gewesen. Der Staatsdie-
ner bezog ein sicheres Gehalt. Die Römer verpachteten dagegen
die hoheitlichen Aufgaben. Die Dorfältesten und sonstigen Ein-
flußreichen im Lande hatten dem Staat eine bestimmte Summe
Geldes oder eine entsprechende Warenmenge abzuliefern. Was
sie darüber hinaus, etwa bei der Steuereintreibung, erwirtschaf-
teten, blieb ihnen überlassen. Es gehört nicht viel Phantasie dazu,
sich vorzustellen, welche sozialen Folgen das neue Verwaltungssystem nach sich ziehen mußte. In letzter Not flüchteten die
Fellachen, tauchten sie unter, ihr gesamtes Hab und Gut, oder
was von diesem übriggeblieben war, zurücklassend. Die Bewässerungsanlagen verkamen, das Land lag darnieder, ausgebeutet und
verarmt.

Das christianisierte Ägypten

Nach dem Tode von Theodosius I. wird 395 das römische Reich
unter dessen beiden Söhnen aufgeteilt. Ägypten kommt zum
Herrschaftsbereich des Arcadius, zu Ostrom. Das christliche
Zeitalter am Nil besteht seit rund 200 Jahren.

Das Christentum findet über Alexandria Eingang in Ägypten.
Die Anfänge der Christianisierung liegen im dunkeln. Es existiert lediglich eine aus dem Jahr 188 stammende ominöse Liste
mit den Namen von elf Patriarchen, die aber für eine Fälschung
gehalten wird. Auch die Überlieferung, der heilige Markus habe
den Bischofssitz in Alexandria gegründet, wird von der Wissen-

schaft angezweifelt. Fest steht nur, daß sich Mönchstum und Einsiedlerwesen rasch entwickelt haben. Eine seit der Ptolemäerzeit gebräuchliche Volkssprache, das Koptische, wird in griechischen Buchstaben, ergänzt um zusätzliche Zeichen für einige im Griechischen nicht vorkommende Laute, geschrieben. Im 4. Jahrhundert werden die Bibel ins Koptische übersetzt und die Christen als Kopten bezeichnet. Die heftigen theologischen Lehrstreitigkeiten jener Zeit finden ihren Höhepunkt im Konzil von Chalcedon, 451, auf dem sich die Anhänger der Einnaturenlehre, die Monophysiten, als koptische und syrische Kirche abspalteten. Die Frage der göttlichen oder menschlichen Natur Christi hatte über lange Zeit die Anhänger der neuen Religion heftig bewegt. Überall gab es blutige Auseinandersetzungen, bei denen auch die verschiedenen ethnischen Zugehörigkeiten eine Rolle spielten. Der orthodoxe Patriarch von Alexandria, Proterios, wurde während des Karfreitagsgottesdienstes ermordet und seine Leiche vom Pöbel durch die Straßen geschleift.

Schon sechzig Jahre vorher war in Alexandria die berühmte Bibliothek mit 42 000 Bänden von Christen in Brand gesteckt worden. Orthodoxe und Monophysiten standen sich unversöhnlich gegenüber. Den politischen Hintergrund bildete die Rivalität zwischen Alexandria und Konstantinopel. Die Neigung zur Anachorese zeigt sich im religiösen Bereich. Überall ziehen Einsiedler in die Wüste, Mönchsorden entstehen und Klöster werden gegründet.

Die neben den Einsiedeleien entstandenen Klöster haben gemeinsam, daß sie festungsartig bewehrt sind. Das gilt für die Klöster des Wadi Natrun (Natrontal), ein tiefgelegenes Tal in der westlichen Wüste, zu dem der Weg von der Wüstenstraße zwischen Kairo und Alexandria abbiegt, für die Klöster des Antonius und Paulus, landeinwärts am Golf von Suez des Roten Meeres gelegen, und für das berühmte Sankt-Katharinen-Kloster auf der Halbinsel Sinai. Die Mauern und Türme der Klöster beweisen, daß die Mönchsgemeinschaften gegen eine feindliche Umwelt zu kämpfen hatten. Diese wachsame Haltung des sich ständig auf der Hut Befindens ist den Kopten erhalten geblieben. An ihren

Kirchen in den Städten ist abzulesen, welchen Angriffen und Verfolgungen die Christen im islamischen Ägypten ausgesetzt waren. An den meisten Kirchen sind die mächtigen Portale zugemauert oder fest verschlossen. Nur durch schmale Seiteneingänge können die Gotteshäuser betreten werden. Diese Verteidigungsmaßnahmen haben sich bewährt, sie sind bis zur Gegenwart beibehalten worden.

Das Katharinenkloster auf Sinai soll von Kaiser Justinian gegründet worden sein, der es zwischen 550 und 560 als Festung gegen die nomadisierenden Beduinen anlegte. Justinian hat auch die Haga Sophia in Konstantinopel bauen lassen. Einige Gebäude von Sankt Katharina sind noch älteren Ursprungs. Schon um 300 sollen Mönche am Fuße des Sinaiberges gelebt haben, und die Kaiserin Helena, die Mutter Konstantins, besuchte 324 die paßähnliche Talstelle zwischen den hochaufragenden Felsbergen. An jener Stelle, an der Gott aus einem brennenden Dornbusch zu Moses gesprochen haben soll, wurde eine Kapelle gebaut, die Keimzelle der späteren Klosteranlage. Seinen Namen verdankt das Kloster der heiligen Katharina, einer jungen Christin aus Alexandria, die 307 den Märtyrertod hatte erleiden müssen. Der Legende nach haben Engel den leuchtenden Leichnam auf der höchsten Erhebung des Sinai, dem Katharinenberg, abgelegt. Fünf Jahrhunderte lang habe das Leuchten die Umgebung erhellt, bis die Mönche schließlich den Leichnam entdeckten und ihn zu sich nahmen. Als erwiesen darf gelten, daß die im 8. Jahrhundert aufgefundenen Reliquien der heiligen Katharina zum Kloster überführt worden sind. Heute sind nur noch der Schädel und die Knochen der linken Hand vorhanden. Im Laufe der Jahrhunderte sahen sich die Mönche gezwungen, im Tausch für gebotene Unterstützung oder als Gegengeschenk immer wieder Reliquien der Heiligen abzugeben. Das griechisch-orthodoxe Kloster ist Sitz eines Erzbischofs, der jedoch in Kairo residiert. Sein Amt mußte die Erlaubnis zum Besuch des Klosters erteilen, als die Halbinsel Sinai ägyptischer Hoheit unterstand. Während der israelischen Ägide war es die Residentur des Archimandriten von Jerusalem. Die Israelis haben das Sinaikloster erstmals während der Suezkrise von 1957 besetzt. Die Kairoer Zeitungen schilderten damals die Zerstörungen dort und die Beraubung des Klosterschatzes in solchen Einzelheiten, daß die Vereinten Nationen zwei neutrale Persönlichkeiten zur Überprüfung nach Sinai schickten. Die Beauftragten kamen mit der Meldung zurück, keinerlei Schaden sei entstanden, das Kloster völlig unversehrt geblieben. Im Besucherbuch steht seit jener Zeit auch die Unterschrift Ben Gurions. Seit dem Junikrieg von 1967 befindet sich das Katharinenkloster wieder im israelischen Machtbereich, eine Friedensregelung wird es nach Ägypten zurückbringen. Der Besucherstrom, der während der Zeit der israelischen Besetzung dieses Gebietes aus Israel kam, war unvergleichlich größer als der aus Ägypten. Einerseits spielte das größere historische Interesse der israelischen Menschen hierfür eine Rolle, zum zweiten wurde nach 1967 eine asphaltierte Straße zu den Ölfeldern von Abu Rodeis gebaut, von der aus das Kloster günstiger zu erreichen war als durch eine zermürbende Fahrt von Suez aus, durch steinige Trockentäler, in einem in den Federn quietschenden Uralttaxi. Auf der ägyptischen Route wurden für die vielleicht romantische, sicher aber anstrengende Fahrt über 250 Kilometer oft zwei Tage benötigt, denn die zur Verfügung stehenden Pkws amerikanischer Produktion waren nicht nur jeweils in einem erbarmungswürdigen Zustand, sondern auch an sich schon für eine solche Fahrt ungeeignet. Besucher aus Kairo waren in den fünfziger Jahren gut beraten, wenn sie dem für die Zuteilung der Touristenzellen zuständigen Klosterbruder Geistiges in Flaschen mitbrachten. Derjenige Besucher, zu dem sich der Hang von Bruder Nikoferos für Whisky nicht herumgesprochen hatte, mußte damit rechnen, in verfallenen Verließen, dort wo die Flöhe besonders bissig waren, nächtigen zu müssen. Die Besucher konnten jetzt durch eine schmale Pforte das Kloster betreten und mußten sich nicht mehr, wie früher üblich, an einer Kette hochziehen lassen. Der in einem vorgebauten Holzhäuschen oben an der Mauer mündende Aufzug wird nur noch für Lasten benutzt. Täglich um zehn Uhr versammelte sich am Kloster eine bunte Schar von Beduinen, die von den Mönchen Brotfladen in Empfang nahmen. Die Zahl der

Mönche war anfangs der sechziger Jahre auf sieben geschrumpft.
Zehn Jahre später waren vier weitere Insassen gestorben und auf
dem kleinen Friedhof beigesetzt worden. Die Gräber dort werden
allerdings nur vorübergehend bezogen, später kommen die Ske-
lette in ein Beinhaus. Das Kloster verfügt über Landbesitz auf
den griechischen Inseln, über Häuser in Kairo, Alexandria und
Jerusalem, von den unermeßlichen Werten, die im Kloster selbst
aufbewahrt werden, hier besonders die Ikone, ganz abgesehen. Es
finden sich immer wieder Mönche, die das harte, einsame Leben
im Katharinenkloster auf sich nehmen. Der Schlachtenlärm der
Kriege auf der Halbinsel Sinai war auch im Kloster zu hören. Das
dumpfe Dröhnen der Kanonen, das Heulen der Düsenflugzeuge
und der Feuerschein brennenden Kriegsgeräts waren immer Anlaß für die Beduinen, vorübergehend in dem Kloster Schutz zu
suchen. Das Ende der Kampfhandlungen ist danach jeweils durch
eine »Botschaft vom Himmel« mitgeteilt worden. Per Hubschrauber trafen Offiziere an diesem Frontabschnitt ein und er-
kundigten sich nach dem Befinden der Klosterbewohner. Je nach
dem waren es Israelis, Ägypter oder Soldaten der UNO-Truppen.
Die einzige Gefahr, die dem Kloster wirklich droht, ist Feuer. Zu
wirksamer Brandbekämpfung reicht die Quelle, die das Kloster
mit Wasser versorgt, nicht aus. Die Folgen eines Feuers in den
siebziger Jahren sollen mit israelischer Hilfe rasch beseitigt worden sein. Der Klosterbesuch wird meist mit Besteigungen der
umliegenden Berge, Mosesberg, 2285 m und Katharinenberg,
2639 m, verbunden. Im Winter sind die Berggipfel die einzigen
Orte in Ägypten, wo vorübergehend Schnee fallen kann.

Anders als die Anlage auf Sinai sind die Klöster am Roten
Meer mittelalterliche Siedlungen im Kleinformat. Das Sankt-An-
tonius-Kloster in den Bergen der Wüste, etwa 50 Kilometer vom
Golf von Suez entfernt, geht auf den berühmten Einsiedler Antonius zurück (251 bis 356), dessen Zelle im Berghang oberhalb des
Klosters liegt. Auch das kleinere Kloster des heiligen Paulus
wirkt wie ein Ghetto aus vergangenen Jahrhunderten. In den
beiden koptischen Klöstern am Roten Meer dürfen sich Frauen
nicht aufhalten, aber ganz so streng wie auf dem Berg Athos in

Griechenland sind die diesbezüglichen Regeln dort nicht. In allen drei Klöstern müssen Besucher übrigens ihre eigene Verpflegung mitbringen. In der Einsamkeit der Wüste, auf den kahlen Felsenbergen und in den tief eingeschnittenen Tälern scheint die Zeit stehengeblieben zu sein. Einprägsamer noch als in dem von Leben erfüllten Jerusalem sind die ersten nachchristlichen Jahrhunderte in den ägyptischen Wüsten erhalten geblieben.

Ägypten bleibt auch unter den byzantinischen Kaisern eine Provinz, die Tribut zu leisten hat. War die Landwirtschaft an Nil früher von Rom ausgebeutet worden, so erfährt sie jetzt vom oströmischen Reich, von Konstantinopel aus, das gleiche. In dem mittlerweile christianisierten Ägypten gehen die Glaubenskämpfe hin und her. Kaiser Justinian läßt das Orakel von Siwa, dem dortigen Heiligtum des Gottes Amon zugehörig, zum Schweigen bringen und schließt den Isis-Tempel auf Philae. Die persischen Sassaniden, die 619 in Ägypten einmarschieren, werden – wie früher andere Invasoren – als Befreier begrüßt. Die Sassaniden kommen, ebenfalls wie andere Eroberer vorher, auf der Landbrücke von Asien nach Afrika über Ghaza und die Sinai-Halbinsel. Kaiser Herakleios I. von Byzanz erobert nach zehn Jahren, 629, Ägypten zurück. Er unternimmt wieder einen der verschiedentlich schon früher unter anderen Herrschern gescheiterten Versuche, Orthodoxie und Monophysiten zu einigen. Der Bischof von Kolchis, der die neue Theologie vom einen Willen Christi (Monergismus und Monothelismus) vertrat, wurde Patriarch von Alexandria und Militärbefehlshaber in Ägypten. Der Klerus verwirft jedoch diese Glaubensrichtung, und wieder bahnt sich eine Verfolgung von Christen durch Christen an. Aufgrund dieser Kämpfe im Inneren kann Ägypten, so wenig wie Syrien oder andere byzantinische Besitzungen, dem Ansturm nicht standhalten, der aus der Arabischen Halbinsel, aus den unermeßlichen Weiten der Wüsten, hervorgebrochen ist. Die Araber erobern Ägypten.

Arabisches Zeitalter am Nil

Wenn im folgenden von Arabern die Rede ist, dann sind die Bewohner der Arabischen Halbinsel gemeint, die Volksstämme, die, bei aller Verschiedenheit rassisch-körperlicher Merkmale, früher nur die arabische Sprache und die islamische Religion gemeinsam hatten. Ursprünglich waren die Begriffe Araber und Beduine synonym. Bis in unsere Zeit noch wird die Bezeichnung Araber in einem wenig respektablen Sinn für Nomaden am östlichen Mittelmeerrand gebraucht. Die Ägypter haben sich nie als Araber gefühlt, bis vor hundert Jahren wäre das Wort gar als Beleidigung empfunden worden. Ein nebuloses Gefühl der Zusammengehörigkeit innerhalb eines Arabertums bestand zwar schon im vorigen Jahrhundert, eine den Raum des östlichen Mittelmeers bis zum Indischen Ozean umfassende politische Kraft sind die Araber aber erst geworden, seit der Streit um Israel tobt. Ein Faktor der Verneinung, der Negativen, ein Sich-quer-Legen hat den Zusammenhalt der Araber hervorgerufen. Unter dem Einfluß des Wirtschaftsfaktors Öl ist dieses vordergründige Gemeinsamkeitsgefühl theoretisch gestärkt, praktisch aber hauptsächlich zu hegemonialen Zwecken ausgenützt worden.

Der Religionsstifter Mohammed war am 8. Juni 632, 62 Jahre alt, in Medina in den Armen seiner Lieblingsfrau gestorben. Obwohl er im Laufe seines Lebens elf Frauen geheiratet hatte, hinterließ er keinen männlichen Erben. Zu seinem Nachfolger wurde der geachtete Abu Bakr gewählt, so daß Spaltungen zunächst ausblieben. Aber unter den Beduinen gab es Aufrüher, denen der neue Religionsstaat unbequem war.

Abu Bakr gelang es, die Rebellion dieser Stämme beizulegen und den Einfluß der neuen Religion über die ganze arabische Halbinsel auszudehnen. Trotz der neuen Religion und des neuen Staates blieben die Beduinenstämme, was sie aufgrund der kargen Natur, in der sie lebten, immer gewesen waren. Kriegerisch und auf Beute versessen, die männlichen Tugenden nur am Recht des Stärkeren erprobend, lebten sie weiterhin hauptsächlich von Raubzügen. Das änderte sich auch jetzt nicht. Da die neue Ordnung der Gemeinschaft, der Islam, Raubzüge gegen Siedlungen im Land und Überfälle auf Karawanenwegen verbot, Hunger und materielle Not aber geblieben waren, mußten die Araber sich jetzt allerdings in den angrenzenden Räumen umsehen. Sie brachen mit elementarer Gewalt aus ihrer Heimat aus, stürmten nach Syrien, schlugen die Truppen von Byzanz und nahmen Damaskus. Sie überfluteten das persische Reich der Sassaniden, eroberten die prächtige Reichshauptstadt Ktesiphon und machten sich innerhalb von zehn Jahren ganz Persien untertan. Sie schufen eines der wenigen Beispiele der Geschichte dafür, daß Naturvölker vergleichsweise hochstehende Zivilisationen erobern können. Eine andere Heeressäule nahm Kurs auf Ägypten und besetzte Nordafrika bis Tripolis in Libyen. Zwei rivalisierende Truppenführer, Halid Ibn el Walid und Amr Ibn el As, eroberten Gebiete, die in ihrer Ausdehnung die späteren Eroberungen Napoleons übertrafen. Die grüne Fahne des Propheten wehte schon eine Generation später über einem Reich, das sich von Afghanistan über Nordafrika bis nach Südfrankreich erstreckte.

Was zunächst spontane räuberische Überfälle gewesen waren (arabisch ghazawat, Plural von ghazwa, worauf bezeichnenderweise das Wort Razzia zurückgeht), entwickelte sich bald zu planmäßigen Feldzügen; und die eroberten Gebiete mußten danach notwendigerweise auch verwaltet werden. Die dem Kolonialismus später vorgeworfenen Unterdrückungsformen hat es schon vor Jahrtausenden und Jahrhunderten gegeben. Mit der Ausdehnung der weltlichen Macht über ferne Länder ging die Ausweitung des Islam von einer lokalregionalen zu einer universalen Religion parallel. Der Nachfolger des Propheten, sein Schwiegervater, der erste Kalif Abu Bakr, empfahl auf seinem Sterbebett, Omar zu wählen. Dieser zweite Kalif versuchte die eroberten Gebiete der selbstbewußten Feldherren mit einer zentralen Verwaltung zu versehen, doch Omar wurde 644 ermordet. Zu seiner eigenen Überraschung wurde der ältliche Osman, ein reicher Handelsherr und Schwiegersohn Mohammeds, dritter Kalif. Über den schwächlichen, vornehmlich theologisch interessierten Kalifen waren die Militärführer in fremden Ländern recht

froh, jedoch litten die Staatsgeschäfte im eigenen Lande unter der
mangelnden Führungsqualität des Osman. Die zutiefst im arabischen Charakter verwurzelten Eigenschaften der Streitlust und
des unbeschränkten Auslebens der Individualität traten schon
damals deutlich hervor und führten zur Religionsspaltung. Der
fromme Osman, zuletzt 80 Jahre alt, hielt auch in diesem hohen
Alter einen Rücktritt für unvereinbar mit seiner Auffassung vom
Kalifenamt. Aufständische erschlugen ihn, während er das tat,
was er für seine wichtigste Aufgabe hielt: den Koran zu lesen.
Sein Ruhm ist begründet durch das Bemühen, die Offenbarun-
gen des Propheten gesammelt und den Koran in die authentische
Form gebracht zu haben. Ein anderer Schwiegersohn des Propheten, der bis dahin übergangene Ali, wurde vierter Kalif. In ihm
sehen die Schiiten den alleinigen rechtmäßigen Nachfolger des
Propheten. Gegen ihn allerdings erhob sich die Familie der
Omajjaden. Der Kalif in seinem heiligen Amt war sofort bereit,
in diesem Streit ein Schiedsgericht anzurufen und sich dessen
Spruch zu unterwerfen. Diese Entweihung des Amtes verübelten
ihm nun aber wieder die eigenen Anhänger so sehr, daß sie Ali
644 ermordeten. Der in Damaskus regierende Omajjade Moawija
wurde daraufhin Kalif, und in den zwanzig Jahren seiner Amts-
zeit machte er aus dem bisherigen Wahlkalifat eine erbliche Mo-
narchenwürde, die auf 14 Kalifen seiner Dynastie überging, bis
schließlich die Abbasiden die Macht an sich rissen.

Der Feldherr des Kalifen, der Ägypten eroberte, Amr Ibn el
As, war ein aus gutbürgerlicher Familie aus Mekka stammender
Kaufmann. Er gehörte dem gleichen Stamm wie der Prophet an,
den Quaraisch. Nach seiner Bekehrung zum Islam wurde Amr
einer der aktivsten Verfechter der neuen Religion. Auf seinem
Feldzug nach Palästina und Ägypten erlitten die byzantinischen
Streitkräfte 634, bei Al Adschnadein, zwischen Jerusalem und
Ghaza, eine Niederlage. Der Sieg wurde abgerundet mit der Nie-
derkämpfung verschiedener Festungen und Stützpunkte, in de-
nen sich kaiserliche Truppen aufhielten. Im Januar 640 zog Amr
Ibn el As an der Spitze von 4000 Reitern in Pelusium ein. Er
wartete hier auf Verstärkung durch weitere 5000 Mann und

schlug dann die fast 30 000 Kämpfer starke byzantinische Streitmacht bei Ain Schams, in der Gegend westlich des heutigen
Kairoer Flughafens. Der Weg war danach frei, die Byzanzer in
der Feste Babylon zu belagern.

Dieses Babylon – nicht zu verwechseln mit jenem Babylon im
Irak, wo der biblische Turmbau stand – liegt heute in Alt-Kairo,
in unmittelbarer Nähe des Koptischen Museums. Zwei Rund-
türme der aus der Zeit Augustus', Trajans und Hadrians stammenden Festung sind als beeindruckende Reste des ehemals
mächtigen Bauwerks übriggeblieben. Die Mauern Babylons waren aus Steinblöcken errichtet, die von altägyptischen Tempeln
stammten; sie zeigen daher stellenweise noch heute Hieroglyphen. Zwischen die Quader wurden Ziegel lagenweise eingemau-
ert. Einer der beiden Türme ist zu einer Kirche (griechisch-ortho-
dox) umgebaut worden. Im anderen Turm nistet heute die größte
Ansammlung von Fledermäusen, die in Kairo zu finden ist. Die
Festung hatte ihren eigenen Nilhafen; der Fluß verlief damals
einige Meter weiter östlich als heute.

Nach einer Belagerung von sieben Monaten ergab sich Babylon den Arabern im April 641. Der siegreiche Feldherr schlug
sein Lager in der Nähe auf und nannte den Ort Fustat. Aus
diesem Militärlager wurde schließlich das heutige Alt-Kairo. Der
Moslem Amr Ibn el As wußte geschickt, die religiösen Gegensätze zwischen den ägyptischen Kopten und den byzantinischen
Orthodoxen auszunützen und erreichte auf diese Weise die
kampflose Übergabe Alexandrias, der bedeutendsten Stadt des
Landes. Die älteste Moschee Kairos wurde von Amr, dem Feld-
herrn des Kalifen Omar, ein Jahr nach der Eroberung Ägyptens
errichtet, sie trägt seinen Namen. Die heutige Amr-Moschee hat
allerdings mit dem ursprünglichen Bau nicht viel zu tun. Nach
ihrer Zerstörung durch einen Brand 1169 wurde sie von Saladin
wieder aufgebaut, danach aber, bei einem Erdbeben, erneut zerstört. Der Neubau ist dann wiederum in den letzten 200 Jahren
sehr stark vernachlässigt worden und erst seit fünf Jahren wird
versucht, dem eingetretenen Verfall Einhalt zu gebieten. Einmal
im Jahr ist die Amr-Moschee Mittelpunkt eines großen Festes,

dann wenn der letzte Freitag des Fastenmonats Ramadan angebrochen ist. Die Moschee wird dann mit Lichterketten aus bunten Glühbirnen geschmückt, und die Gläubigen strömen ins Innere, wo eine Säule steht, die der Legende nach vom Kalifen Omar aus Mekka nach Kairo geschickt worden sein soll. Aus ihrer Maserung werden die Namen Allahs und Mohammeds herausgelesen; auch sollen an ihr »die Spuren der Peitsche des Propheten« erkennbar sein. Wer daran zu glauben nicht imstande ist, vermeide besser die Prüfung, die darin besteht, sich zwischen einer Doppelsäule durchzuzwängen. Nur rechtschaffene Menschen überstehen diesen Test, der auf diese oder eine andere Art häufig in Moscheen praktiziert wird.

Die Araber regierten ihr großes Reich nicht als Glaubensbekehrer. Zwar hatten sie es im Namen Allahs erobert, aber als Besatzer hielten sich zunächst von der einheimischen Bevölkerung fern. Sie ließen die nichtmoslemische Bevölkerung weitgehend ungeschoren; ihre Überzeugung, im alleinigen Besitz der Wahrheit zu sein, erfüllte sie mit so viel überheblichem Selbstvertrauen, daß sie keineswegs daran interessiert waren, ihren Glauben in missionarischem Eifer anderen aufzuzwingen. Hingegen verfolgten sie eine andere Praxis, welche dem Islam automatisch größeren Zulauf sicherte. Neben der allgemeinen Grundabgabe verhängten sie eine zusätzliche Kopfsteuer für alle Nichtmoslems. Das zu Beginn der arabischen Eroberung noch überwiegend christliche Ägypten wurde auf diese Weise rasch islamisiert. Mit der Konversion zum Islam ging die Verbreitung der arabischen Sprache einher, die zum Lesen des Korans nötig war; denn eine Übersetzung des Korans bedeutet nach strenggläubiger Auffassung ein Sichvergreifen an den heiligen Worten. Nur die Ahmedija-Sekte unter den Moslems verbreitet den Koran in Übersetzungen und missioniert für den Glauben. In Ägypten wurde arabisch bald auch von Nichtmoslems verstanden, und am Ende der Entwicklung stand seine Einführung als Amtssprache.

Die Tribute, die die Araber dem eroberten Land auferlegten, waren drückend, aber seine Einnahme aus der ägyptischen Provinz erschien dem Kalifen noch zu gering, weswegen der siegreiche Eroberer des Landes, Amr Ibn el As, abberufen wurde. Wenig später mußte ihn ein neuer Kalif allerdings wieder an den Nil entsenden, um eine Revolte größeren Ausmaßes in Alexandria niederzuschlagen. Daß dabei von den Moslems die berühmte Bibliothek der Stadt vernichtet worden sei, ist eine Propagandageschichte aus späteren Jahrhunderten. Tatsächlich waren die Bestände an Rollen, Palimpsesten und Manuskripten schon bei früheren Religionskämpfen zwischen Christen dezimiert worden. Zu seiner großen Verbitterung wurde Amr schließlich zum zweiten Mal als Statthalter Ägyptens abberufen. Erst als die Omaijaden im Araberreich regierten, wurde er wieder eingesetzt. Er ist in seinem inzwischen zu einer großen Siedlung angewachsenen Militärlager von Fustat, unweit der Feste Babylon, 664 gestorben.

Das arabische Reich hatte seine erste Blüte unter den Omaijaden, die von Damaskus aus herrschten. Bestimmend war die Militäraristokratie der Beduinenkrieger. Mit der fortschreitenden Organisation des Reichs – einheitliche arabische Verwaltungssprache, ein einheitliches Münz- und Geldwesen, sichere Nachrichtenverbindungen – wurden auch mehr und mehr Araber in den eroberten Gebieten seßhaft, und nachdem das Verbot, außerhalb der Militärlager zu wohnen, gefallen war, vermischten sie sich durch Heirat zunehmend mit der einheimischen Bevölkerung, die inzwischen zum Islam übergetreten war. Teilweise allerdings assimilierten im Laufe der Generationen sich die Eroberer an die Unterworfenen. So erklärt sich das heute sehr unterschiedliche Erscheinungsbild der arabischen Bevölkerung, soweit diese nicht auf der Arabischen Halbinsel wohnt, wo die Stämme kaum fremdem Bluteinfluß ausgesetzt waren. Das Erbübel während der arabischen und islamischen Geschichte, die schon unter den ersten Kalifen zu verzeichnende Unfähigkeit der Menschen hier, sich in einen größeren Rahmen einzuordnen, befiel das Reich auch in diesem Stadium. Auf ungebärdige Art wurden Einzelinteressen über gemeinsame Ziele gestellt und die von überschäumendem Temperament bestimmten Fehden höhlten

schon vor mehr als tausend Jahren das Omaijadenreich aus. Ein
zusätzliches Problem, die Trennung des Mittelmeerraumes in
einen christlichen Norden und einen islamisch beherrschten Süden, brachte den Handel zum Erliegen. Die Abbasiden stürzten
schließlich ihre Verwandten, die Omaijaden. Die vom Wohlleben
verweichlichten Omaijaden konnten den seit Jahrzehnten gegen
die regierende Verwandtschaft agierenden Abbasiden am Ende
wenig Widerstand entgegensetzen. Die Bewegung des Aufstands
formierte sich zunächst von Persien aus gegen die Besteuerungs-
politik der Omaijaden. Sie griff schnell um sich, und zuletzt
sorgte dann ein Abbasidenführer für die Ausrottung der Familie
der Omaijaden, entsprechend einem Muster, das in Kairo Jahrhunderte später wiederholt werden sollte. Achtzig Mitglieder des
Hauses der Omaijaden wurden bei einem Fest bis auf den letzten
Mann niedergemacht. Auf gleiche Weise räumte am 1. März
1811 der Albaner Mohammed Ali mit 480 ahnungslosen Mamelucken-Beys auf. Die Mohammed-Ali-Dynastie regierte dann bis
zum Sturz König Faruks 1952.

Die Abbasiden verlegten ihre Hofhaltung nach Bagdad, von wo
aus das Reich von persischen Wesiren regiert wurde. Die Märchen aus »Tausendundeiner Nacht« schildern die Zeitläufe, in
denen der Kalif Harun al Raschid – ein Zeitgenosse Karls des
Großen – seinen Untertanen, verkleidet, auf die unrechtmäßigen
Sprünge kam und für Gerechtigkeit sorgte.

Zur Blütezeit des arabischen Reichs war der Orient dem christlichen Westen bei weitem überlegen. Europa wurde von orientalischen Gelehrten, darunter vielen Juden, sehr stark befruchtet.
Chauvinistische Araber der Neuzeit und gläubige Bewunderer
des Arabertums im Westen neigen allerdings diesbezüglich zu
monströsen Übertreibungen. Die unter einem Minderwertig-
keitskomplex leidenden Araber, deren Intelligenz und Bildung
ausreichen, um zu erkennen, wie tief die Kluft zwischen ihrem
Anspruch auf Modernität und der gehobenen Realität heute ist,
sehnen sich nach einer Bestätigung aus der Geschichte. Findet
sich jemand, der ein Buch über eine derartige »arabische Geschichte« schreibt, über das, was die Welt dem Arabertum alles

verdankt, glauben die Araber, objektiv gewürdigt worden zu sein, obwohl solche einseitigen Darstellungen aber auch alles an den Haaren herbeigezogen haben, was der Verherrlichung dienen kann. Durch großzügige Einladungen revanchieren sich arabische Regierungen dann bei Verfassern oder Autoren solcher historischen Werke, und so sitzen denn in den Antichambres des Orients diese sogenannten Experten herum und schlürfen Kaffee. Mitunter betreiben sie auch noch andere trübe Geschäfte.

Die hohe Zeit der arabischen Kultur mit Weltgeltung liegt immerhin fast tausend Jahre zurück. Die in der Gegenwart laufend beschworene »Einheit aller Araber zwischen Atlantik und Persisch/Arabischem Golf« ist eine Fiktion, bestenfalls eine Selbsttäuschung. Ein Europäer sollte sich aber hüten, den Arabern daraus einen Vorwurf zu machen, denn mit der Einigung des europäischen Kontinents sieht es kaum besser aus. Der kleine, vielleicht der entscheidende Unterschied ist lediglich der, daß wenigstens die meisten – gewiß aber nicht alle – europäischen Politiker in der Regel doch etwas leiser auftreten, wenn von der »Einheit der Europäer« als Tatsache die Rede ist. Dies ist nicht so bei den Arabern. Je weniger einig sie untereinander sind, um so pathetischer wird von Einigkeit gesprochen.

Wie ein Dampfstrahl aus der Kehle

Das Arabische gehört zur Sprachfamilie des Semitischen. Als klassische Hochsprache geht es auf den Koran zurück und ist es die Sprache des heiligen Buches. Das Verständnis dieser Sprache setzt ein Studium voraus. Die einfachen Araber in den verschiedenen Ländern, oft genug Analphabeten, sprechen ihren jeweiligen Dialekt. Die Unterschiede zwischen dem Maghrebinisch eines Marokkaners, dem Ägyptischen, gesprochen in Kairo, dem singenden Dialekt der Syrer und der harten Sprache aus dem Hinterland der saudischen Halbinsel sind ebenso groß wie die zwischen dem bayerischem Idiom und dem plattdeutschem Zun-

genschlag. Auch »Hannoveraner« gibt es unter den Arabern. So
wie die Einwohner der niedersächsischen Landeshauptstadt sich
etwas darauf zugute halten, das reinste Deutsch zu sprechen,
glauben die Iraker in Bagdad, sie drückten sich gewissermaßen in
einem klassischen Arabisch aus. Dialektsprachen werden nicht
geschrieben, aber zwischen der Alltagssprache und überliefertem
Arabisch haben sich Neuhocharabisch und die Zeitungssprache
angesiedelt. Politiker verwenden bei ihren Ansprachen meist eine
gehobene Sprache, die moderne Ausdrücke aufgenommen hat.
Die Begriffe »Vereinte Nationen« oder »Düsenflugzeug« etwa
waren ja zur Zeit der Niederschrift des Korans so wenig bekannt
wie zu der Zeit des Kirchenlateins. Eine Zwischenform ist – wie
gesagt – die Zeitungssprache, zu deren Verständnis es nicht der
überaus diffizilen Feinheiten der hocharabischen Grammatik und
Syntax bedarf. Aber auch sie verlangt neben der Kenntnis der
Schrift ein Vokabularium und ein grammatikalisches Wissen, das
weit über das bei romanischen oder slawischen Sprachen Not-
wendige hinausgeht. Mit einem Satz: Arabisch ist eine der
schwierigsten Sprachen der Welt.

Die Redewendung, arabisch werde mit den Händen gesprochen, hat einen ernsten und sachlichen Kern. Sie nimmt eine
Teilerscheinung für das Ganze. Hinzu kommt, daß die Gestik der
Araber, wie die vieler Mittelmeeranrainern, nicht weniger frem-
dartig ist als ihre Sprache. Im Ausdrucksbild aber gehören beide
zusammen.

Um sich auf arabisch verständlich zu machen, bedarf es erheb-
lichen Aufwandes an Zungen-, Rachen- und Stimmbändergym-
nastik, denn das arabische Alphabet kennt Buchstaben und Laute,
die in den in Europa beheimateten Sprachen nicht vorkommen.
Ein Rachen-ch, wie es den Schweizern gern als Halskrankheit
angelastet wird, gehört zu den geläufigeren Umgangstönen. Wie
aber soll ein Fremder den Laut zustande bringen, »den ein Kamel
in der Erregung hervorstößt«? Dabei ist dieser »Ain« benannte
Buchstabe so wichtig, daß jeder Fremde, der ihn gern unterschlagen möchte, einfach nicht verstanden wird. Nichts hilft also, das
würgende Geräusch muß aus der Kehle herausgepreßt werden.

Ein Laut, der im Deutschen unbewußt gesprochen wird, stellt im arabischen eine eigene Einheit dar, die bewußt zu berücksichtigen ist. Der Explosionslaut »Hamza« kann auch für sich allein stehen, während er im Deutschen bei jedem anlautenden Vokal automatisch mitgesprochen wird, zum Beispiel bei »acht«. Wie das Ohr des Arabers hört, läßt sich am deutschen Wort »Postamt« exemplifizieren. Die normale Aussprache macht eine winzige Trennungspause zwischen Post und Amt. Diese Pause durch Absetzen der Stimme kann auch künstlich überspielt werden, dann hört sich das gesprochene Wort wie Po-stamt an. Derartige Feinheiten – und es gibt deren sehr viele – hört der Araber genau, und die unterschiedliche Aussprache gibt unterschiedlichen Sinn. Er unterscheidet nicht weniger als fünf verschiedene Formen des S, vom Lispellaut bis zum stimmhaften S, und er differenziert zwischen weniger oder stärker gehauchten H-Lauten. Der Araber hört weniger auf die Vokale, dafür stärker auf die Konsonanten.

Daß die Schrift von rechts nach links geschrieben wird und Bücher folglich »von hinten nach vorn« zu lesen sind, ist vielleicht noch nicht allzu schwierig. Aber 22 der 28 Buchstaben haben vier verschiedene Formen, je nachdem, ob sie am Anfang eines Wortes, in seiner Mitte, am Ende oder für sich allein stehen. Das macht 88 Buchstabenformen, zu denen dann noch die sechs Zeichen kommen, die nur zwei Formen kennen. Die arabische Schrift, die von einer größeren Zahl von Menschen benützt werden soll als die lateinische Schrift – wobei dahingestellt bleiben muß, ob diese Millionen wirklich alle Lesen und Schreiben können –, hat weitere Tücken. Normalerweise werden nur Konsonanten geschrieben. Wer die drei Buchstaben k, t und b aneinandergereiht sieht, hat die Qual der Lesewahl, ob er sie kataba, kitabu, kutiba oder in anderen Kombinationen aussprechen will. Bei den drei hauptsächlichen Kurzvokalen a, i und u (als Langvokale werden sie geschrieben) gibt das schon drei hoch drei Möglichkeiten. Man muß im arabischen Schriftraum aufgewachsen sein oder sich jahrelang mit dieser »Wissenschaft« beschäftigt haben, um wissen zu können, wann kataba, zu deutsch »schreiben«, gemeint ist.

Aus der Andersartigkeit der Schrift ergeben sich die Probleme der Übertragung der Sprache. Die Wissenschaft hat eigene Zeichen für die Transskription geschaffen. Bei der Normalschrift mit lateinischen Buchstaben tritt zusätzlich die Schwierigkeit hinzu, daß die Aussprache der Buchstaben verschieden ist. Ein Engländer spricht das j als dsch, der Deutsche – eben als j. Dementsprechend kann sich die Stadt Jidda oder Dschidda schreiben. Eine ähnliche Erscheinung findet sich auch im Arabischen. Der Ägypter spricht den Buchstaben gim wie g, die meisten anderen Araber sagen dagegen dsch. Deshalb heißt die Republik in Ägypten Gumhurija, in Syrien Dschumhurija. Den Buchstaben qaf, ein »rückwärts am Gaumensegel gesprochenes, hauchloses k«, spricht der Ägypter überhaupt nicht. Besucher in Kairo stoßen bald auf diese Erscheinung, die anfangs einige Schwierigkeiten bereitet, denn ein bekanntes Stadtviertel, in dem auch viele Botschaften liegen, heißt Dokki, arabisch Doqqi geschrieben, ägyptisch Do-i gesprochen. Zu den ungewöhnlichsten Buchstaben zählt auch ein nichtrollendes Gaumen-r, dessen Aussprache dem französischen r in dem Wort »Paris« entspricht. Meist wird es als gh transkribiert. Im Laufe der Zeit hat sich der Brauch abgeschliffen, und es erscheint schließlich als g, beispielsweise in Bagdad, Gaza oder Getto, obwohl der Originalbuchstabe nichts mit dem G gemein hat. Zu den verwirrendsten Verrenkungen führt der Name des libyischen Staatschefs. Er müßte eigentlich lateinisch Qadhdhafi übertragen werden, denn arabisch schreibt er sich mit qaf und doppeltem dhal. Gewöhnlich wird daraus ein Gadafi. Bei den Eigennamen spielt auch eine Rolle, daß eine Reihe von Buchstaben bei der arabischen Aussprache mit dem l des Artikels al (oder il oder el) assimiliert. Diese »Sonnenbuchstaben« (von asch-schams, die Sonne, dem Modellwort) führen dazu, daß mitunter Nuri es-Said, Gamel Abden-Nasser oder Anwar es-Sadat, entsprechend der Aussprache, geschrieben wird. Eingeführt hat sich die Schreibweise allgemein nur bei dem 1958 ermordeten irakischen Ministerpräsidenten Nuri es-Said. Bei Nasser und Sadat ist das el üblich.

Zu den sehr bedenklichen Auswirkungen des arabischen Nationalismus gehören Bestimmungen, die einige Staaten bezüglich ihrer Sprache erlassen haben. Fast überall wird verlangt, daß der Schriftverkehr mit Behörden auf arabisch abgefaßt sein muß. Das erscheint verständlich, denn kaum ein Beamter in Europa würde sich mit einer Amtskorrespondenz, abgefaßt in einer fremden Schrift, einverstanden erklären. Auch eine »Arabisierung« von Straßenschildern kann noch als Ausdruck eines nationalen Überschwangs belächelt werden, obwohl für den Fremden unlesbare Beschriftungen dem Tourismus und der internationalen Verständigung nicht gerade förderlich ist. Die Flexibilität Ägyptens, das auch lateinische Beschilderung zuläßt, zeigt ihren Pferdefuß in der Bestimmung, die lateinischen Buchstaben hätten weniger hervortretend zu sein als die arabischen. Ausgesprochen grotesk mutet allerdings die Praxis in Libyen an, wo nur arabisch geschriebene Reisepässe anerkannt werden. Im Winter 1973 sind Reisende zu Hunderten an der Einreise gehindert worden, obwohl die diplomatischen Vertretungen Libyens versicherten, ein dem Paß jeweils beigelegter Brief entbinde von dieser Verpflichtung. Wo Ignoranz, Chauvinismus und Ölreichtum zusammentreffen, kann offenbar eine Mischung entstehen, die zu dem Glauben verführt, man könne sich alles erlauben. Und wenn die Weltöffentlichkeit entsprechende Forderungen dann auch noch einfach hinnimmt, wird man in dieser Annahme zusätzlich bestärkt.

Eine weitere Eigenart zeichnet die Sprachgewohnheit des Arabers aus, von der Umständlichkeit, dem Formalismus und dem Blumenreichtum des Ausdrucks ganz abgesehen: Der Araber muß immer laut reden. Fast alle Politiker Arabiens leisten auf diesem Gebiet Beachtenswertes. Auch wenn Effendis auf den Straßen diskutieren, klingt es, als ob sie sich jeden Augenblick an den Hals springen wollten. Sie streiten aber gar nicht, das scheint nur so bei der Unterhaltung auf arabisch, in einer Sprache, die wie ein Dampfstrahl aus der Kehle schießt.

Die Möglichkeit, sich mündlich und schriftlich auszudrücken, hat für Araber eine Bedeutung wie für wenige Völker. Die Begeisterung für Literatur steht bei ihnen gleich neben den Gefühls-

ausbrüchen, die das gesprochene Wort hervorzurufen vermag.
Der Rhythmus der Sprache reißt mit, Sprachmelodie und Duktus
können Verzückung hervorrufen, auch wenn dabei der Sinn der
klassisch-arabischen Worte dunkel bleibt. Schon eine Andeutung
klassischer Zitate aus Gedichten und Gesängen begeistert die Zu-
hörer, die ungefähr so reagieren, wie das beim Publikum westlicher Schlagersänger der Fall ist, wenn diese eine populäre Melo-
die intonieren. Die Angewohnheit, sich an den eigenen Worten
zu berauschen, ist sicher nicht auf die arabischen Länder beschränkt, aber nirgendwo ähnlich stark verbreitet. »Die Schönheit des Mannes liegt in der Eloquenz seiner Zunge«, sagt eine
der unzähligen arabischen Spruchweisheiten. Als Folge seiner
besonderen Struktur eignet sich das Arabische vorzüglich für
eine bündige und markige Sprechweise. Der Koran kommt den
diesbezüglichen Eigenheiten von Sprache und Sprechern entgegen. Der Siegeszug des islamischen Glaubens ist deshalb auch
Sieg einer Sprache und eines Buches genannt worden.

Schon bei den Beduinen der vorislamischen Zeit standen
Dicht- und Sangeskünste in hohem Ansehen. Die literarischen
Wettstreite jener Epoche waren bedeutende Ereignisse, schließlich auch deswegen, weil die Zeit damals nicht gerade reich an
Ereignissen war. Gesänge von kriegerischen Heldentaten ver-
klärten die Erinnerung und verhalfen zu Ansehen, weitergetra-
gen durch die mündliche Überlieferung. Liebeslieder und
schlüpfrige Schnulzen besaßen den Unterhaltungscharakter,
über den heute das Fernsehen verfügt. Die Lobessprüche oder
Haßtiraden der damaligen Poeten werden heute von Journalisten
und Schriftstellern produziert. Schon in alter Zeit gab es den
Ausdruck »die Zunge abschneiden«, womit nicht körperliche
Verstümmelung gemeint war, sondern die bei den Mächtigen
beliebte Sitte, einen lästigen Dichter durch Geschenke zum
Schweigen zu bringen. Die Verfeinerung der Methoden führte
dazu, daß nicht nur verhindert werden konnte, was nicht genehm
war, sondern auch erzeugt wurde, was förderlich erschien. Die
öffentliche Meinung zu lenken, ist in arabischen Ländern seit
Jahrhunderten eine Tradition. Sie hat sich fortlaufend entwickelt,

und die Zungen in den Massenmedien, die in unserer modernen
Zeit zum Schweigen oder zum Reden gebracht werden, verfolgen
oft die gleiche Absicht wie damals die der Poeten der Beduinen.

Die zarteste Ausdrucksweise unter Verwendung verhüllter
Andeutungen ist dem Arabischen ebenso eigen wie die derbe und
ordinäre Direktheit. Araber sind großer Hingabe fähig, im Guten
wie im Bösen. Ihre Freundlichkeit ist groß, ihre Gastfreundschaft
einzigartig, ihre Liebe sitzt tief, ihr Haß ist unbändig, ihre Feindschaft zügellos. Spruchweisheiten passen, wie in allen Sprachen,
auf alle Lebenslagen. Da auch die gelehrtesten Arabisten unter
den Europäern das Arabische niemals so beherrschen können wie
ein Araber, drückt ein arabisches Sprichwort ebenso Sendungsbewußtsein wie Überlegenheit aus: »Vor drei Dingen nehme ich
Zuflucht zu Gott: dem Moslem, der trinkt – dem Christen, der
grammatikalisch korrekt sprechen will – dem Juden, der eine
Pilgerfahrt unternimmt«.

Die Redensarten des Alltags sind einfacher. Da ist eine Person
»schön wie der Mond« oder es gibt »einen Tag Honig, einen Tag
Zwiebeln«, was heißt, daß es mal gut, mal schlecht geht. Zu dem
ungeduldig Drängenden sagt der Ägypter: »Geduld ist gut « oder
auch, den Koran zitierend, »Geduld ist der Schlüssel zur Selig-
keit«. Das »bokra« (»Morgen«) entspricht dem, was der Spanier
mit »manana« meint, also der recht zweifelhaften Verweisung
auf später. Das weitverbreitete »bokra fil mischmisch« (»Morgen, wenn es Aprikosen gibt«) drückt aus, daß aus einer Sache
nichts wird, denn die Aprikosen werden sicher am nächsten Tag
nicht blühen. Von Europäern falsch verstanden wird dagegen
häufig das von Ägyptern gebrauchte »Inscha'allah«. Dieses
»Wenn Allah will« bedeutet nicht, Zweifel in ein auf die Zukunft
gerichtetes Versprechen oder eine entsprechende Absprache zu
setzen. Es ist vielmehr Ausdruck der Gläubigkeit, die nicht hof-
färtig sein will und die Bereitschaft zur Unterwerfung unter den
Willen Allahs bekundet. Alles in der Zukunft wird nur stattfinden, wenn es Allah gefällt. »Also, morgen um fünf Uhr«, »Nächste Woche ist die Reparatur fertig«, »Ich fahre im Juli nach Alexandria« – immer Inscha'allah, vorausgesetzt, Allah gefällt es so.

Die Begrüßung zwischen Ägyptern ist eine Zeremonie, die
Zeit und Gefühl beansprucht. Da wird nicht nur die Tageszeit
gewünscht, sondern eingehend und wiederholt nach dem Befinden gefragt. Da werden Hände geschüttelt, wird der Freude über
das Wiedersehen Ausdruck gegeben; man umarmt sich, und die
Akkolade wird verteilt und mit der rechten Hand zum Mund, zur
Stirn und zum Herzen gegriffen, als Zeichen des alle Sinne be-
wegenden Ereignisses und der Ergebenheit. Übrigens fragt man
nie nach dem Ergehen der Ehefrau. Das gilt, auch unter aufge-
schlossenen Ägyptern, als schlimmer Fauxpas. Die Begrüßungs-
worte sind, ebenso wie die Abschiedsworte, formelhaft erstarrt
und kaum ernst gemeint. Solche Rituale finden sich ja auch in
anderen Sprachen, wenn zum Beispiel der Engländer »How do
you do?« fragt und keine Antwort erwartet oder Süddeutsche
»Grüß Gott« sagen, ohne damit wirklich einen höheren Auftrag
zu vollziehen. Die langatmige Begrüßung unter Arabern bietet
zugleich die Möglichkeit, sich auf die neue Situation einzustellen, zu überlegen, wie der Person, die man so aufwendig begrüßt,
tatsächlich begegnet werden sollte, oder das so wichtige geistig-
seelische Gleichgewicht wiederzufinden. Für den kurzangebun-
denen Westler ist der Akt des Austauschs von Formalitäten beim
Telefonieren eine arge Geduldsprobe. Interessant ist, daß jüngere
Offiziere der Streitkräfte sich über die ausschweifenden Redege-
wohnheiten älterer, höherer Dienstgrade lustig machen. Die Jungen sind schon zu rationeller Effizienz erzogen. Anders als in den
übrigen arabischen Ländern ist der Friedenswunsch »Salam alai-
kum« in Ägypten nur unter Moslems angebracht. Andersgläu-
bige verwenden ihn nicht, jedenfalls nicht von sich aus. Die Erklärung hierfür kann sowohl in einer Diskriminierung Anders-
gläubiger, denen diese den Moslems vorbehaltene Formel nicht
zusteht, gesehen werden, als auch, im Gegenteil, in der gefühl-
vollen Rücksichtnahme auf das andere Religionsbekenntnis. Das
meist mit »Auf Wiedersehen« übersetzte »Ma'salama« (»Mit
Frieden«) gebraucht übrigens nur der am Ort Zurückbleibende,
nicht der sich Entfernende.
Zu den Besonderheiten zählen auch die arabischen Namen,

wie könnte es anders sein. Sie sind nicht Vor- und Zunamen in unserem Sinne, sondern eine Aneinanderreihung von Namen, die erst durch Kennzeichnung der Abstammung oder in Verbindung mit Eigenschaftswörtern zur Personenbezeichnung werden. »Ich habe Hussein getroffen« wird unweigerlich die Gegenfrage hervorrufen: »Hussein min?« – »Welchen Hussein?« »Kamal Hussein« zu antworten, wäre eine Möglichkeit der Identifizierung, Hussein Kamal eine andere. Verbreitet sind Ibn (»Sohn des...«), Abu (»Vater von...«) oder Abd (»Sklave«). Wie auch in anderen Sprachen, haben diese Ausdrücke ihren ursprünglichen Sinngehalt weitgehend verloren; sie führen heute ebenso ein Eigenleben wie der Name Gustavson in Schweden, der auch nicht in erster Linie daran denken läßt, daß er den Sohn des Gustav bezeichnet. Beim Namen des früheren Staatschefs Gamal Abdel Nasser müßte ein Ägypter wohl erst stutzen, um dann »Schöner Sklave des Siegers« zu übersetzen. Wie wenig es sich um Zu- und Vorname handelt, geht schon daraus hervor, daß der in aller Welt Nasser genannte Präsident in Ägypten Gamal gerufen wurde. Das Telefonbuch von Kairo führt seitenweise Hassan, Hussein, Ibrahim oder Mahmud auf. Mit dem erfolglosen Versuch, die richtige Rufnummer ausfindig zu machen, wird meist gar nicht erst begonnen, auch wegen des Umstandes, daß das Telefonnetz dieser Stadt wegen Überlastung und Verrottung praktisch kaum mehr benutzbar ist. Gläubige Moslems fügen ihren Namen meist auch Mohammed, den Namen des Propheten, hinzu, auch dann, wenn er ihnen nicht schon bei der Geburt mit auf den Lebensweg gegeben wurde. Jeder Ägypter ist unter einem Rufnamen bekannt. Der volle Name ist Fremden oft auch nach jahrelangem Vertrautsein nicht geläufig. Der Moslem liebt es nämlich, anonym zu bleiben. Für ihn ist der Name eher eine Möglichkeit, sich zu kaschieren, als sich zu deklarieren. Das hängt nicht zuletzt mit seinem Mißtrauen gegenüber der Obrigkeit zusammen und geht auf historische Wurzeln zurück. Die Einberufung zum Militär oder das Eintreiben von Steuern sind auch im Orient wenig geschätzte Erscheinungen, und je unklarer Personalverhältnisse bleiben, desto günstiger ist dies für den po-

tentiell Betroffenen. Jedem Namen ist auch meist das Glaubensbekenntnis abzulesen. Boutros (Peter) oder Girgis (Georg) sind
koptische Christen, Omar oder Ali Moslems, und die auf -ian
endenden Namen kennzeichnen Armenier, um nur wenige Beispiele anzuführen. Seit geraumer Zeit hat sich gelegentlich unter
Nichtmoslems der Brauch eingebürgert, möglichst neutrale und
nicht von vornherein abstempelnde Namen zu wählen. Da der
Islam Staatsreligion ist, fürchten zum Beispiel nichtmoslemische
Angestellte oder Beamte, im Staatsdienst benachteiligt zu werden. Sie vermeiden daher plakative Namen.

Eine blumenreiche Sprache, in der man sich »Dein Morgen sei
voll Glück« wünscht, was geziemend mit »Jasmin und seinen
Duft Deinem Morgen« erwidert wird, ist nicht weniger phanta-
siereich, wenn es um Verfluchungen geht. Die Bezeichnungen
»Hundesohn« oder »Junges eines räudigen Esels« zählt zu den
harmloseren Ausdrücken. Größerer Aufwand bei Proklamierung
einer bestimmten Abstammungstheorie wird etwa getrieben bei
dem Ruf »Dein Vater war ein Leichenwäscher« oder gar der
verbalen Erwähnung des Geschlechtsteils der Mutter. Dann wird
es ernst. Ein Schimpfname wird allerdings ausgerechnet in den
Ländern, in denen man dies erwarten könnte, nicht verwandt,
der des Kamels. Dafür gibt es aber eine hübsche Erklärung,
warum der Gesichtsausdruck des Kamels so hochmütig sei: Allah
hat hundert Namen, der Mensch weiß 99, und nur das Kamel
kennt auch den hundertsten. Die Beobachtungsgabe der Araber,
die zu Schlußfolgerungen führt, denen der Abendländer nicht
immer folgen kann, hat einen Spruch hervorgebracht, der in
richtiger Selbsteinschätzung die Bedeutung der Sprache charakterisiert: »In drei Dingen hat sich die Weisheit niedergeschlagen
– im Gehirn der Franken, in den Händen der Chinesen, und in
der Zunge der Araber«.

Der Prophet und seine Lehre

Neben der Sprache haben die arabischen Eroberer Ägyptens die Religion ins Land gebracht. Mit dem Schlachtruf »Allahu akbar« (»Allah ist größer«) pflanzten die Krieger der Kalifen die grüne Fahne des Propheten auf. Die Worte des Glaubensbekenntnisses: »La ilaha illa'llah wa Mohammedun rasulu'llah« — »Es gibt keinen Gott außer Allah und Mohammed ist sein Prophet« stehen am Anfang und Ende des Lebens eines jeden Moslems. Sie werden dem Neugeborenen ins Ohr geflüstert, und sie werden über seinem Grab gemurmelt. Dazwischen, während der ganzen Zeit seines Lebens, hat der Gläubige keinen anderen Satz so häufig gesprochen, wie diesen. Das Glaubensbekenntnis ist eine der Säulen des Islam. Islam bedeutet Hingebung an Gott, und diese Religion ist außerdem untrennbar mit der Person ihres Stifters, des Propheten Mohammed, verbunden.

Abul Kasim Mohammed Ibn Abd Allah, kurz genannt Mohammed, wurde vermutlich um 571 in Mekka geboren. Mekka war zu dieser Zeit die führende Siedlung im Hedschaz, der Provinzlandschaft am Roten Meer auf der Arabischen Halbinsel. Ihren Reichtum bezog die Stadt aus ihrer Funktion als Rastort der Karawanen und als Pilgerzentrum. In ihren Mauern wurden in der Kaaba, einem würfelförmigen Bau, der heute in der Mitte der Anlage der großen Moschee steht, verschiedenartige Heiligtümer — zeitweise sollen es mehr als dreihundert gewesen sein — verehrt. Die Vielgötterei schlug sich in der Anbetung von Steinen, Bäumen, Tieren und Statuen nieder. Auch der schwarze Stein soll damals schon existiert haben. Den durchreisenden Kaufleuten mit ihrem Karawanenpersonal wurde Unterhaltung mannigfacher, keineswegs immer frommer Art geboten. Auch die Pilger waren weltlichen Freuden nicht abgeneigt, und die Stadtbewohner verstanden es schon damals meisterhaft, den Besuchern das Geld aus der Tasche zu ziehen. Höhepunkte im Leben der Stadt mit weiter Ausstrahlung ins Land waren die jährlichen Festspiele mit dem Dichterwettstreit, bei dem die große Liebe der Araber zur Literatur ihren Ausdruck fand. Vergnügun-

gen aller Art garnierten diese Veranstaltungen, orgienhafte Ge-
lage waren an der Tagesordnung. Beherrscht wurde das bunte
Treiben in der Stadt vom Stamm der Quaraisch, dem die Aufsicht
über die Kaaba und das Pilgergeschäft oblag. Der Anführer dieser
seit 440 in Mekka führenden Großfamilie, Quassajj, galt als Ab-
kömmling von Abraham und Ismael. In der historischen Legende
um den Propheten wird Quassajj als Stammvater Mohammeds
und aller Kalifen geführt. Sein Großenkel war Omajja, Ahnherr
der ersten Kalifendynastie der Omaijaden. Auch für die Linie der
Abbasiden, die die Omaijaden stürzten, ist Quassajj Urvater.
Sein Enkel war Haschem, im Zusammenhang mit dem die Haschemiten ihre Abstammung direkt auf den Propheten, einen
Urenkel Haschems, zurückführen. Letzter regierender Hasche-
mit ist König Hussein von Jordanien, sein Haschemiten-Vetter
Feisal, König des Irak, wurde 1958 ermordet.

Mohammed entstammte den Beni Haschem, einem Unterklan
der Quaraisch. Haschems Sohn Abdalmuttalib war Wärter der
Kaaba, die damals noch aus Holz bestand. Dessen Sohn, Abdullah, war Mohammeds Vater; allerdings starb er noch vor der
Geburt des Sohnes. Die Witwe, die sich zu arm und krank fühlte,
um den Säugling durchzubringen, soll ihn kurz nach der Geburt
einer Beduinenfrau übergeben haben, ein zu damaliger Zeit nicht
ungewöhnlicher Vorgang. Mohammed könnte deshalb, soweit ist
das Dunkel um seine Jugend gelichtet worden, seine ersten sechs
Lebensjahre in einem Nomadenzelt in der Wüste zugebracht haben. Kurz nach seiner Rückkehr zur Mutter stirbt diese, wenig
später auch Großvater Abdalmuttalib, der sich des Waisen angenommen hatte. Mohammed kam unter die Obhut seines Onkels
Abu Talib, eines Steuereintreibers und Kaufmanns. Dieser nahm
den Jungen, als dieser etwa zwölf Jahre alt war, mit auf Reisen.
Im Verlauf einer solchen Reise soll der christliche Einsiedler Bahira in Bossra in Syrien die Berufung des Knaben erkannt haben.
Dem Mönch fiel, so die Legende, beim Vorüberziehen der Kara-
wane auf, daß über dem Kopf des Knaben eine weiße Wolke
schwebte. Er lud die Reisenden zum Verweilen ein und fand am
Körper Mohammeds das Zeichen der Auserwähltheit, ein Mut-

termal auf der Schulter. Dieser Bahira ist dann einerseits geistiger Führer für den Jungen geworden, andererseits will es die moslemische Tradition, daß der Knabe den Mönch beeinflußt haben soll. Obwohl Mohammed weder schreiben noch lesen konnte, war er ein kluger und scharfer Denker, dem das Leben und Treiben in seiner Vaterstadt Mekka zuwider war. Er folgte allerdings trotzdem dem Rat seines Onkels Abu Talib und wurde im Alter von 25 Jahren Kaufmann in Mekka. Glaubt man anderen Versionen, war er zunächst schlicht Kameltreiber in den Diensten einer vermögenden Witwe. Diese, Khadischa vom Stamm der Quaraisch, muß von seiner Erscheinung, obwohl Mohammed von kleiner Statur war, beeindruckt gewesen sein und heiratete den Fünfzehnjährigen. Solange Khadischa lebte – es soll ihre dritte Ehe gewesen sein – nahm Mohammed keine andere Frau. In vermögender Umgebung und materiell unabhängig, hatte Mohammed Zeit und Muße, sich den Neigungen seines lebhaften Geistes hinzugeben. Häufig zog er sich nach außerhalb der Stadt zurück und verbrachte die Zeit in der Einsamkeit einer Höhle in den Hügeln bei Mekka mit Fasten und Kontemplation. Etwa im Alter von vierzig Jahren erschien ihm 610 in der Höhle der Engel Gabriel, breitete ein Tuch vor ihm aus und befahl: »Lies!« Als sich Mohammed weigerte, würgte ihn der Engel mit dem Seidentuch. Erst nach dem zweiten Befehl las Mohammed. Er las die ersten Zeilen der 99. Sure des Koran: »Trag vor im Namen deines Herren, der erschaffen hat den Menschen!« Als Mohammed wieder bei Sinnen war, sah er den Erzengel am Horizont sitzen, und er hörte die Stimme: »O Mohammed, du bist der Gesandte Gottes«. Fortan folgte Mohammed den ihn immer wieder heimsuchenden Stimmen, die ihm befahlen, im Namen Allahs zu predigen. Die Berufung des Propheten durch diese wunderbare Lesung kam nicht von ungefähr. Die Juden hatten ein Buch, die Christen hatten ein Buch, nur die Araber hatten noch keines.

Mohammed lief aufgeregt nach Hause, legte sich nieder und bat seine Frau, ihn zuzudecken. Während er ruhte, befahl ihm eine zweite Erscheinung, sich wieder zu erheben und seine war-

nende Stimme zu gebrauchen (74. Sure). Mohammed vertraute
sich Khadidscha an, die dem Mohammed mehr oder weniger
fassungslos zugesehen hatte. Sie zog einen christlichen Weisen
zu Rate, der keinen Grund sah, an Mohammeds Erzählungen zu
zweifeln. Auf diese Weise bestärkt, fing Mohammed zu predigen
an, er beschränkte sich diesbezüglich aber, aus Furcht vor Lächer-
lichkeit und öffentlicher Schande, auf seine Familie und auf nahestehende Freunde. Die Reaktionen reichten sogleich von begei-
sterter Anhängerschaft bis zu offener Feindschaft. Im Jahr 612
befahl der Engel Mohammed, jetzt zu aller Welt zu predigen.
Mohammed beschloß, dem von ihm gelehrten Glauben den Namen Islam zu geben, nach dem arabischen Wort für Unterwerfung unter Gott, und die Gläubigen Moslems zu nennen – »die,
welche sich unterwerfen«. Während er seine Erscheinungen
hatte, fiel Mohammed mitunter in Ohnmacht, bekam er
Schweißausbrüche und Krämpfe. Wissenschaftliche Vermutungen, daß es sich dabei um epileptische Anfälle gehandelt haben
könnte, sind nicht bewiesen worden. Der Kern seiner Aussagen
war, daß es nur einen Gott gebe, den allmächtigen Schöpfer des
Universums, und daß eines Tages ein jüngstes Gericht stattfinden werde, das die Gläubigen ins Paradies, die Ungläubigen aber
in feurige Höllenverdammnis bringen werde. Obwohl Mohammed nicht selten Gelächter und die Aufforderung: »Bist du ein
Prophet, dann zeige uns Wunder, wie Moses und Christus sie
vollbracht haben«, hervorrief, wuchs die Zahl seiner Anhänger
beständig.

Der Omaijadenklan erkannte bald, daß eine nicht zu unter-
schätzende Gefahr für sein Geschäft mit Pilgern heraufziehen
könnte, wenn die neue Lehre mehr noch als bisher um sich greifen würde. Sie versuchten deshalb mit allen erdenklichen Mitteln, reichend von der Schikane bis zur Bestechung, die Familie
des neuen Religionsstifters und seine Anhänger zu vertreiben.
Vor dem damals nicht unüblichen Mittel, Mohammed zu beseiti-
gen, schreckten sie jedoch wegen der unmittelbaren Blutrache
und der sonstigen, nicht vorherzusehenden blutigen Folgen wegen zurück. Sie sprengten aber die Zusammenkünfte und schika-

nierten die Gläubigen. Mohammed wich nach Taif aus, aber die
Omaijaden verfolgten ihn, ließen ihn schließlich steinigen, was
glimpflich abgegangen sein muß, und sie erreichten, daß er auch
diesen Ort verließ. Im Jahr 615 schickte er seine Anhänger, die
Zahlen schwanken zwischen achtzig und zweihundert, zum
christlichen Negus von Abessynien ins Exil. Er selbst nahm Zuflucht in einer Wüstenfestung seines Onkels. Dort starben 617
seine Frau Khadidscha und weniger später sein Onkel Abu Talib.
Großen Eindruck machte die Tatsache, daß die Omaijaden einen
Handelsboykott über die mohammedanischen Haschemiten verhängten, den diese erfolgreich durchstanden. Eines Tages hatte
Mohammed die Vision, der Engel Gabriel habe ihn nach Jerusalem geführt, von wo aus er auf einer weißen Stute direkt in den
Himmel geritten sei vor Gottes Thron, der der Kaaba ähnelte.
Dort waren alle früheren Propheten – Adam, Noah, Aron, Moses, Abraham und Jesus – versammelt, und Gott selbst instru-
ierte Mohammed über die religiösen Pflichten eines Moslems. Da
er nach den Feststellungen seiner Umgebung, darunter seine
spätere Lieblingsfrau Aischa, die ganze Nacht tief geschlafen
hatte, war die neue Eingebung wenig geeignet, seiner Lehre weiteren Zulauf zu verschaffen. Für einige Zeit wurde es stiller um
ihn, aber drei Jahre später predigte er wieder vor einer Gruppe
von Pilgern aus der rund 300 Kilometer von Mekka entfernt
gelegenen Stadt Yathrib. Diese waren zum Dichterfestival gekommen und wurden außerordentlich von Mohammed beeindruckt. Nach Hause zurückgekehrt, berichteten sie den vielen
dort lebenden Juden, sie hätten den Messias getroffen, auf dessen
Erscheinen die Juden nach ihrem Glauben warteten. Eine Delegation aus Yathrib besuchte Mohammed, leistete ihm religiösen
Treueid und lud ihn namens der Stadt ein, sich in ihr niederzu-
lassen. Das war die Wende für Mohammeds Lehre. Mit etwa 200
Anhängern machte er sich auf nach Yathrib, wo er im September
622 Einzug hielt. Dieser Zeitpunkt der Auswanderung, fälschlich
oft als Flucht bezeichnet – arabisch Hidschara –, wurde später
vom Kalifen Omar zum Ausgangspunkt der mohammedanischen
Zeitrechnung bestimmt, und der Kalender der Moslems beginnt

seither mit diesem Ereignis, so wie die christliche Jahreszählung
mit der Geburt Christi beginnt. Hidschra wird im Arabischen
auch ein Umzug vom Land in die Stadt oder umgekehrt genannt,
wenn zu gewissen Jahreszeiten und aus klimatischen Gründen
eine Luftveränderung gesucht wird.

Mohammed ließ sich, jedem Luxus abhold, in einfachen Ge-
bäuden nieder. Für den Prediger zeichnete sich seine Verwand-
lung in einen politischen Führer und Machthaber ab. Er schloß
mit den Juden ein Bündnis, eine Art Nichtangriffspakt, und bestimmte, aus Rücksichtnahme, die Stadt Jerusalem zum Ort der
Gebetsverrichtung. Der wöchentliche Ruhetag war der Sabbat,
und zum Gebet wurde mit Trompeten und Glocken gerufen. Aus
Yathrib wurde Medinat al nabi, die Stadt des Propheten, Medina.
Dann geschah, was in der Wüste schon immer geschah. Moslems
aus Medina überfielen eine aus Syrien zurückkehrende Kara-
wane der Mekkaner. Zu Hilfe eilende Mekkaner schlugen die
Moslems. Der Glaubenseifer verlieh ihnen, auch in späteren
Kämpfen, selbst, wenn diese nicht immer siegreich verliefen für
die Anhänger Mohammeds, besondere Stärke. Neue Religion
und weltliche Macht gingen in Medina ineinander über. Am
deutlichsten kam dies zum Ausdruck in der Abwendung des Propheten von den Juden, die er der Zusammenarbeit mit dem Feind
bezichtigte. Bei Pogromen wurden 600 Mitglieder des örtlichen
Judenklans umgebracht. Mohammed bestimmte jetzt den Freitag
zum Feiertag, er verlegte die Gebetshaltung in Richtung auf
Mekka, und zum Gebet wurde nun von den Minaretten durch
Muezzins gerufen. In zahlreichen Kämpfen setzten sich die Moslems aus Medina und die Mekkaner auseinander, schließlich kam
es 627 zum Waffenstillstand. Im Jahr darauf zog Mohammed,
begleitet von 1400 Kriegern, wieder in seine Vaterstadt ein. Zwei
später bedeutende Feldherren der Quaraisch, Khalid Ibn Walid
und Amr Ibn el As, die vorher gegen Mohammed gewesen waren, bekannten sich nun zum Islam, der sich fortan ständig weiter ausbreitete. Im Januar 630 betrat Mohammed die Kaaba und
zerstörte viele der Götzenbilder. Der Religionsstifter hatte gesiegt. Er kehrte noch einmal nach Medina zurück und empfing in

der Folgezeit Treueid um Treueid von den verschiedensten Stämmen. Die wichtigste durch die neue Religion bewirkte Veränderung war die, daß sie die bisher so bedeutenden Stammesbande löste und an ihre Stelle das allumschlingende Band der Glaubensgemeinschaft, die zugleich eine Sozialordnung darstellte, setzte. Mohammed baute seine Lehre weiter aus, seine Eingebungen wurden niedergeschrieben. Er nahm noch zehn weitere Frauen, ein überlebender Sohn war ihm aber nicht beschieden. Am 8. Juni 632 starb Mohammed, der Prophet, der letzte der Propheten nach islamischem Glauben.

Das theokratische Gemeinwesen, das der Prophet geschaffen hatte, stand vor einem Problem, nachdem Mohammed keinen Sohn als Erben hinterließ. Zunächst wurde der allseits respektierte Abu Bakr als Nachfolger des Propheten, als Kalif, gewählt. Unter dem zweiten Kalifen Omar begann dann der bedeutsame Ausbruch der Araber aus ihrer Wüste mit der Eroberung Persiens, Syriens und Ägyptens. Nach der Ermordung Omars wurde der ältliche Osman gewählt, jener Kalif, der die auf Steine, Palmstengel, Gazellenhaut und tierische Schulterknochen niedergeschriebenen Fragmente von Mohammeds Eingebungen sammeln und systematisch ordnen ließ. Es entstand so, 19 Jahre nach dem Ableben des Propheten, der 114 Kapitel oder Suren, 6239 Verse, 77 934 Worte oder 323 621 Buchstaben enthaltende Koran in seiner authentischen Fassung. Alle anderen Versionen wurden vernichtet. Der nach islamischer Auffassung unmittelbar Gottes Wort darstellende Koran (»Vorlesung«) besteht aus Glaubensweisheiten, Sittenlehre, Vorschriften über den Ritus, Gebeten, juristischen und sozialpolitischen Angaben. Die Einheit von Glaube, Sozialordnung und Rechtswesen war und ist von hoher Bedeutung für den Ausbreitungserfolg des Islam. Allerdings wurden die Vorschriften für eine vormittelalterliche Gesellschaft geschaffen, die in der Wüste lebte, und es hatte danach einer nicht geringen Bereitschaft zur Anpassung an modernere Zeiten bedurft. Kennzeichen des Islam und der Wahrer seiner Tradition waren jedoch nicht Anpassung und Veränderung, sondern verkrustetes Beharren und konservative Rückständigkeit.

Der Kern der islamischen Religion ist der Glaube an einen Gott, der alles erschaffen hat und dessen Wille alles vorbestimmt. Ihm hat sich der Mensch bedingungslos zu unterwerfen. Die Vorbestimmung, das Kismet, wird fatalistisch hingenommen, so wie in den in Medina entstandenen Suren, dem zweiten Teil des Korans, vorgeschrieben. Die in Mekka geoffenbarten Suren, der erste Koranteil, werden zwar als Beweis dafür herangezogen, daß Mohammed den Menschen auch einen freien Willen zugebilligt habe, aber im Leben der Gläubigen spielt der Eigenwille keine Rolle. Viele religiöse Spaltungen und Reformbewegungen haben das Leben der islamischen Gesellschaft in Wirkungen und Zielen eingeschränkt und unterschiedlich ausgerichtet, aber der blinde Glaube wird immer und überall gefordert. Daraus ergibt sich eine fast blindwütige, jedenfalls meist fanatische islamische Theologie, die jeden Einfluß der Lehre des Aristoteles von Ursache und Wirkung abwehrt. In letzter Konsequenz wird behauptet, auch die physiklischen Gesetze seien ein Ausfluß von Allahs Willen und wenn er wolle, sei das Feuer kalt und das Wasser heiß. Die allgemeine menschliche Neigung, auf bequeme Weise eigene Verantwortung abzuschieben und sie Allah zuzuweisen, wird von einem Fatalismus, der sich aus dem Glauben an die Vorbestimmung ergibt, in einem grotesken Ausmaß gestärkt. Nicht nur das Walten der höheren Macht in der Natur (Wettererscheinungen, Erdbeben, Überschwemmungen) kommen »min Allah« – »von Allah«, sondern auch alle menschlichen Handlungsweisen, seien sie falsch oder richtig, schlecht oder gut. Ein Dieb kann also sagen, nicht er selbst habe stehlen wollen, sondern es sei Allahs Wille gewesen, daß er stehle. Ein Autofahrer kommt zu Tode, weil der Schlosser in der Werkstatt die Muttern am Rad nicht festgezogen hat: »Min Allah«. Am Ende wird ein Meineid, unter Anrufung Allahs, auch nur geschworen, weil Allah es so gewollt hat. Solche extremen Auslegungen eines theologischen Grundgedankens können religionsphilosophisch natürlich widerlegt werden. Aber die absichtlich übertrieben dargestellten Konsequenzen, die der islamische Glauben zeitigen kann, sitzen im Prinzip tief in den Seelen der Muselmanen und können eine

Erklärung geben für so vieles Unerklärbare, das der Ausländer im
Orient erlebt. In der Religion die alleinigen Wurzeln für die
zahllosen Merkwürdigkeiten zu suchen, die man im arabischen
Raum beobachten kann, wäre eine unerlaubte Vereinfachung,
aber der Islam ist von zentraler Bedeutung bei Erscheinungen,
die außerdem vom Klima, von soziologischen Strukturen, Le-
bensgewohnheiten und von der Geschichte geprägt sind. Die Re-
ligionswissenschaft unterscheidet die Exegese des Korans und die
Traditionslehre. Dogmatik und Rechtswissenschaften haben sich
diesen Grundpfeilern angeschlossen. Praktisch gibt es also nur
die Glaubenslehre und die von ihr abgeleitete und von ihr abhängige Rechtslehre. Die Glaubenslehre handelt von dem einen
Gott, seinen Eigenschaften, der Prädestination, dem jüngsten
Gericht und vom Propheten und seiner Sendung. Die Moslems
sind aufgespalten in die Mehrheit der Sunniten, die neben dem
Koran die Überlieferung als Glaubenslehre benützen, die Schiiten, die in Ali den allein rechtmäßigen Nachfolger des Propheten
sehen, und die Kharidschiten, eine kleinere, besonders fanatisch-
pietistische Richtung. In der Rechtswissenschaft gibt es vier
Richtungen. Zu den Spielarten des islamischen Kultes gehören
religiöse Bruderschaften wie die Heiligen, in Nordafrika auch
Marabuts genannt. Die leidenschaftliche Neigung, geheimen Organisationen und verschwörerischen Vereinigungen anzugehö-
ren, hat zu religiös-politischen Orden geführt, die seit alter Zeit
bekannt sind. Heute spielen vor allem die Moslembrüder eine
Rolle mit politischer Zielsetzung, derzufolge das öffentliche Leben an religiösen Maximen orientiert werden soll. Ortsheilige
werden in Ägypten zahlreich verehrt, die Bevölkerung pilgert zu
ihren Gräbern und feiert an ihren Festtagen Volksfeste.

Die Jenseitsvorstellung des Islam läßt Heilige und im »Heiligen Krieg« gefallene Märtyrer sofort in den Himmel eingehen.
Nicht zuletzt dieser Glaube erklärt die mitunter tollkühne Tap-
ferkeit moslemischer Soldaten. Fallen sie im Heiligen Krieg, dürfen sie im Jenseits in den Mägen von großen, grünen Vögeln
leben. Alle übrigen Toten müssen den Tag des Gerichts abwarten,
bei dem sie über eine messerscharfe Brücke zu wandeln haben.

Nur die Guten kommen hinüber und können sich, nachdem sie
eine Art von Fegefeuer durchgemacht haben, an den paradiesi-
schen Zuständen erfreuen, die vor allem durch junge, schöne
Frauen geschaffen werden, die immer wieder rein und unberührt
zu den Glückseligen in den acht Kreisen des Himmels zurückkehren, wo grüne Wiesen und klares Wasser im Überfluß vorhanden
sind. Die Bösen fallen von der Brücke in die Hölle, deren Gestaltung unseren im Mittelalter gepflegten Vorstellungen entspricht.
Zwischen Allah und den Gläubigen gibt es Mittler. Zu diesen
zählen übernatürliche Wesen wie Engel, Teufel und Geister aller
Art, außerdem kreatürliche Wesen wie Propheten und Heilige.
Bei der Schar der Engel, die alle Namen haben, steht der Erzengel
Gabriel an der Spitze, denn er hat Mohammed die Worte Gottes
diktiert. Den Menschen haben es aber auch Geister, die
Dschinns, angetan. Sie können überall und in mancherlei Gestalt
erscheinen. Die Furcht vor dem bösen Geist, dem Ifrit, ist in
Ägypten allgegenwärtig, geistige Wesen, die zu fürchten oder
um Beistand anzuflehen jedermann Anlaß haben kann, sind die
Wali. Diese Seelen frommer heiligmäßiger Männer haben Allahs
Erlaubnis, mit den Menschen in Verbindung zu treten. Zugleich
kennzeichnet der Begriff Wali im Rechtsleben einen nahen Verwandten, der eine Obhut gewährt. Am besten könnte Wali als
Nothelfer verstanden werden. Eine Stufe höher stehen die Propheten – Nabi – von denen es seit Erschaffung der Welt 124 000
gibt. Der Koran erwähnt nur 25. Übrigens will der Glaube, daß
Propheten Wunder wirken können. Mohammed selbst hat nie
Wunder vollbracht und sich auch nie entsprechende Fähigkeiten
zugeschrieben, aber die arabische Welt ist voll solcher Wunder,
jedenfalls solchen in der Art der Erzählungen von Tausendundeiner Nacht, und der einem Vorleser lauschende Analphabet kann
nie sicher sein, ob ihm Märchen oder eine Geschichte aus der
Wirklichkeit vorgetragen wird. Die Dinge werden unscharf, gehen ineinander über. Auch mystische Vorstellungen aus pharaonischer Zeit haben sich in Ägypten erhalten. In jedem Taxi und
an jedem Lastwagen finden sich, figürlich aufgehängt oder ange-
malt, Symbole zum Schutz gegen Gefahren. Frauen und Kinder

tragen Amulette, auch Tätowierungen mit Schutzsymbolen sind
häufig zu entdecken.

Am meisten verbreitet ist das Udschat-Auge, das seit der 5.
Dynastie an Schreintüren und Sarkophagen angebracht wurde.
Um für einen Verstorbenen voll wirksam sein zu können, mußte
von einem abstrakten Augenpaar ein Auge in Lapislazuli geschnitten und mit Gold ausgelegt, das andere aus Jaspis gemacht
sein. Die Augen tragen an der Unterseite Anhängsel, einen senk-
recht und einen schräg seitwärts verlaufenden Strich, der in einer
Spirale endet. So ein Auge wird wegen seiner Ähnlichkeit mit
den Augen des Falken auch Horus-Auge genannt. Von altägypti-
scher Herkunft sind auch die als Amulette getragenen Skarabäen.
Der Skarabäus oder Mistkäfer kann in der Wüste beobachtet
werden, wie er zum Beispiel aus dem Kot der Kamele kleine
Kugeln rollt, die fünf Zentimeter Durchmesser haben können.
Eingeschlossen in diese Kugeln sind die von dem Käfer gelegten
Eier. Skarabäen werden aus allen erdenklichen Materialien nach-
gebildet und die Unterseite mit zauberkräftigen Wortsymbolen
versehen. Sehr beliebt ist auch die Figur der flachen Hand, die
Schutz gewährt. Meist hängt eine Sammlung von Amuletten,
darunter auch das Ankh-Kreuz, am Rückspiegel eines Autos. Der
Handschuhkasten ist mit einem Koranspruch in weißer Ölfarbe
verziert, und der Mercedesstern auf dem Kofferraumdeckel einer
der Limousinen aus Untertürkheim ist unweigerlich mit heiligen
Worten ausgefüllt. Auf der Ablage im Fond des Wagens liegen
bestimmt Exemplare des Korans. Diese Koranbücher sind
schlagartig in den ägyptischen Taxis aufgetaucht, nachdem Anwar el Sadat als Nachfolger des im September 1970 gestorbenen
Gamal Abdel Nasser Präsident des Landes am Nil geworden war.
Lastwagen sind oft über und über mit Koransprüchen und Sym-
bolen bemalt. Die Furcht vor dem bösen Blick veranlaßt viele
Mütter, ihr Kind schützend zu verhüllen, wenn ein Fremder
vorübergeht.

Islamische Moral und Pflichtenlehre beruhen auf den fünf
Säulen Glaubensbekenntnis, Gebet, Armensteuer, Fasten und
der Wallfahrt nach Mekka. Die Abgabe der Glaubenserklärung,

daß es keinen Gott gebe außer Allah und daß Mohammed sein
Prophet sei, ist Voraussetzung für die Aufnahme in die Gemeinschaft der Gläubigen. Diese Worte kommen auch im Ruf des
Muezzins zum Gebet vor, sie sind das Bekenntnis zur Religion.
Fünfmal wird jeden Tag gebetet, vor Sonnenaufgang, mittags,
am Nachmittag, am Abend und nach Sonnenuntergang. Doch
der Ruf zum Gebet wird längst nicht mehr wie früher von einem
Muezzin, die Finger in den Ohren und in alle vier Windrichtun-
gen kunstvoll singend, abgegeben. Der Ruf dröhnt heute vom
Tonband abgespielt und durch Lautsprecher verstärkt in die Straßen. Der Gläubige breitet dann seinen Gebetsteppich aus – bei
armen Leuten ist es eine Zeitung –, nimmt Blickrichtung nach
Mekka ein und verrichtet die Gebetsübungen. Dabei darf er nicht
gestört werden. Zur Stunde des Gebets unterbrechen vielmehr
die Gläubigen überall ihre Arbeit. Hausmeister beten auf dem
Bürgersteig in Kairos Straßen, Bauhandwerker auf ihrer jeweiligen Baustelle, Parkwächter auf dem Rasen vor dem Hilton-Hotel, und selbst im Speisesaal des Sheraton-Hotels knien Kellner
auf einem versteckten Platz hinter einer Säule nieder. Es kann
passieren, daß ein Taxifahrer anhält und sich entschuldigt, weil
er jetzt beten müsse. Im dichten Straßenverkehr geht das natürlich nicht, aber in den Außenbezirken kommt so etwas vor. Am
Zigarettenkiosk warten die Kunden geduldig, bis der Verkäufer
sein Gebet beendet hat. Insgesamt kommt den strengen Regeln
jeweils nur ein winziger Bruchteil der Menschen nach. Sie könnten sonst in unserer modernen Zeit kaum ihrem Beruf nachgehen, und das Großstadtleben würde zusammenbrechen. Die
Moslems stellen ihre Frömmigkeit mit natürlicher Unbefangen-
heit zur Schau. Rund zwanzigmal am Tag zitiert der fromme
Moslem die Eröffnungsformel, mit der jedes Kapitel des Koran
beginnt. »Im Namen Allahs, des Barmherzigen und Allumfas-
senden«. Politiker beginnen ihre Reden mit dieser Formel, seitdem auch Sadat sein »Bismillah« erdröhnen läßt, im Parlament
spricht sie der Abgeordnete, bevor er gegebenenfalls zu schimp-
fen anfängt, und auch im geschäftlichen Schriftverkehr finden
sich diese Worte über jedem Brief. Zur Zeit Nassers war dies alles

nicht üblich, er selbst hat die Formel zu Beginn seiner Reden nie gebraucht. Von dieser Nichtachtung wich nur der Kultusminister Kamel Eddin Hussein ab, einer der Revolutionsoffiziere, der demonstrativ mit »Bismillahi rahmani rahimi« begann. Das Gebet ist ab dem zehnten Lebensjahr Verpflichtung. Frauen, die man nicht öffentlich beten sieht, müssen mit leiserer Stimme beten als der Mann. Das Freitagsgebet in der Moschee versammelt die Gemeinde. Vor dem Betreten der Moschee werden die Schuhe abgelegt, und der Moslem reinigt sich am Brunnen im Hof. Reinigungen haben im Islam große Bedeutung. Der Prophet hat dabei vieles vom Judentum übernommen. Allerdings sind Einzelheiten erst in späterer Zeit festgelegt worden, haben sich erst später eingebürgert. Vor dem Gebet, bei dem der Name Allahs ausgesprochen wird, sind Gesicht, Hände und Füße sowie alle Körperöffnungen zu säubern. Fehlt es an Wasser, wie in der Wüste, darf hierfür Sand verwendet werden. Auch von moralischem Makel hat man sich zu reinigen, etwa von der Berührung mit Unreinem. Zu diesem zählen Schwein, Hund, Wein, alle gegorenen Getränke, die Milch der Tiere, die zu essen verboten ist, menschliche Aussonderungen, ausgenommen der männliche Samen, jedes tote oder getötete Lebewesen, mit Ausnahme von Fisch, eßbarem Fleisch und der Heuschrecken, die Beduinen als Nahrung zu sich nehmen. Den Schiiten gilt überhaupt jeder Nicht-Mohammedaner als unrein im materiellen Sinn, für die Sunniten ist er es nur im moralischen Sinn. Eine leichte Verunreinigung entsteht durch körperliche Berührung, eine schwere Unreinheit durch Geschlechtsverkehr, Menstruation, Geburt und Tod. Zur Reinigung gehören die Waschung und, vor allen Dingen, der rechte Geist. Einen wichtigen Platz nehmen auch die Opferungen ein, wobei das Opfer der Gastfreundschaft am häufigsten vorkommt. Vor den Füßen des Gastes wird einem Hammel die Kehle durchgeschnitten. Geopfert wird aber auch beim Ehekontrakt, bei der Beschneidung, beim Hausbau oder als Dank für Rettung aus Krankheit und Gefahr.

Die Armensteuer, die früher als Kopfsteuer erhoben wurde, soll den vierzehnten Teil des Einkommens ausmachen. Ihr Wert

liegt in der Freiwilligkeit des Gebens, weshalb noch heute Almo-
sengeben religiöse Verpflichtung ist. Dieser wird in weitem Umfang nachgekommen, was die Zahl der berufsmäßigen Bettler
und der Gaben heischenden Frauen und Kinder auf den Straßen
nicht gerade mindert. In periodischen Zeitabschnitten nimmt in
Kairo die Plage der Bettler zu oder ab, je nachdem, ob und wie die
Polizei auf höhere Weisung hin eingreift. Auch die Bettler unterhalten eine mafiaähnliche Organisation, die etwa die Einteilung
der örtlichen Reviere regelt oder die Art der zur Schau zu stellen-
den Gebrechen bestimmt. Vom Krüppel, der einem Autofahrer
an einer Straßenkreuzung seinen krätzigen Armstumpf zum Au-
tofenster hineinhängt, bis zum Betrüger, der einen Arm auf dem
Rücken verbirgt und den leeren Ärmel mit der anderen Hand
schwenkt, sind alle erdenklichen echten und vorgetäuschten Leiden geeignet, dabei zu helfen, den Lebensunterhalt durch Bettelei
zu bestreiten. Unter Frauen gibt es ein regelrechtes Ausleihsy-
stem für Kleinkinder, wobei die Bettlerin vom Dienst für den
jeweiligen Säugling eine Leihgebühr zu entrichten hat.

Der neunte Monat des Mondjahres ist der Fastenmonat Ramadan. Wie alle Mondmonate wandert er durch alle Jahreszeiten; dabei entsprechen 33 moslemische Jahre 32 Sonnenjahren.
Der Beginn des Ramadan wird am letzten Tag des vorausgehen-
den Monats Schaban angezeigt, wenn »zwei verläßliche Zeugen
das Aufgehen der Mondsichel beobachtet« haben. In Kairo verkünden der Großscheich der Al-Azhar-Moschee und der Mufti
im Beisein von Hunderten von Gläubigen ihre Beobachtung. Mit
Telegrammen werden andere Länder verständigt, aber ein wol-
kenverhangener Himmel führt immer wieder dazu, daß der Fastenmonat in den verschiedenen Ländern mit einigen Tagen Verspätung beginnt. Jeder Fastentag, das ist jeder Tag des Fastenmonats, fängt an, »sobald ein weißer Faden von einem schwarzen
unterschieden werden kann«. Ein Böllerschuß kündet dies, lange
vor Sonnenaufgang, an. Der Gläubige darf dann bis zum Sonnenuntergang weder essen noch trinken oder rauchen, er darf
Wohlgrüche nicht atmen und muß sich geschlechtlichen Um-
gangs enthalten. Die Enthaltsamkeit geht so weit, daß der

Fromme »seinen Speichel nicht mit Bewußtsein schlucken darf«. Das Verbot, Flüssigkeit zu sich zu nehmen, ist eine schwere Kasteiung, wenn der Ramadan in die heiße Zeit fällt. Das Leben während des Ramadans schleicht tagsüber nur mühsam dahin. Die Ämter sind kaum besetzt, und die Unfälle im Straßenverkehr schnellen in die Höhe. In der Nacht aber entschädigen sich die Gläubigen für die Strapazen des Tages und holen das Versäumte ausgiebig nach. Die Zeit des Essens, Trinkens und der sonstigen Festlichkeiten geht meist erst lange nach Mitternacht zu Ende, aber gegen drei Uhr wird mit Trommeln und Lärm schon wieder zum Frühstück geweckt. Es wird viel zuwenig geschlafen während des Monats Ramadan, und als Folge hiervon geht die Produktivität stark zurück. Daher mehren sich auch im theologischen Lager die Stimmen, die diese Art, das Fasten zu begehen, für falsch halten. Das Id el fitr, das Fest des Fastenbrechens, leitet dann mit Volksbelustigungen und Jahrmärkten wieder zum Alltag über. Das jährliche Fasten erinnert an die erste Offenbarung, da »der Koran herabgesandt ward als eine Weisung für die Menschheit mit deutlichen Beweisen der Leitung und Unterscheidung«, wie es in der zweiten Sure heißt.

Einmal im Leben soll der Moslem nach Mekka pilgern, ein Ziel, für das Millionen erhebliche Opfer bringen. Zwar sind die Monate oder gar Jahre dauernden Pilgerreisen in Karawanen, quer durch die Kontinente, selten geworden, aber immer noch ziehen die heiligen Stätten zur Pilgerzeit den Verkehr wie bei einer Sternfahrt an. Die Kapazität des Flughafens Dschidda in Saudi-Arabien ist auf diesen Ansturm ausgelegt. In dichter Reihenfolge landen die Maschinen aus moslemischen Ländern und entlassen ihre Passagiere, die meist schon im Flugzeug das Pilgergewand angelegt haben, ein Überwurf ohne Nähte, der den Kopf, eine Schulter und die Hände freiläßt. Die Pilger waren schon eine Einnahmequelle für Saudi-Arabien, als das Öl noch nicht in dem gewaltigen Ausmaß floß und wie heute Milliarden ins Land brachte. Zur Pilgerzeit ist jedermann zwischen Dschidda, Mekka und Medina mit dem Pilgergeschäft befaßt. Die Massen lassen insgesamt beträchtliche Gelder zurück, auch wenn

es sich um arme Leute handelt. Wie bei vielen anderen Massen-
veranstaltungen mit Teilnehmern aus exotischen Ländern ist der
Ausbruch von Seuchen eine der kaum zu bewältigenden Gefahren. Trotz Impfungen, Untersuchungen und Vorbeugungsmaß-
nahmen kommt es bei Pilgern oft zu Ansteckungen, die von
diesen dann in ihre Heimatländer eingeschleppt werden. Die
Quarantäne-Vorschriften werden dort unterschiedlich gehand-
habt und werden meist nur beim Schiffsverkehr eingehalten. Der
berühmt-berüchtigte Quarantäne-Hafen für Pilger ist in Ägypten El Thor, ein einsamer Platz auf der Sinaiseite am Golf von
Suez.

An der Straße zwischen Dschidda und Mekka steht die oft
fotografierte Tafel mit dem Verbot für Nichtmoslems, ab hier
weiterzureisen. Saudische Militärpolizisten kontrollieren gelegentlich die Fahrzeuge. Stichprobenartig werden asiatische oder
europäische Reisende herausgegriffen und auf ihr Glaubensbekenntnis hin überprüft. Dabei muß der Probant Kenntnis der
Glaubensvorschriften und der Gebetsübung nachweisen. Film-
und Fernsehaufnahmen dürfen nur von moslemischen Kamera-
männern gedreht werden. Von solchen Aufnahmen her kennt die
Weltöffentlichkeit, wie die Schar der Gläubigen siebenmal die
Kaaba umrundet. Die Kaaba, der Würfel, hat eine Kantenlänge
von rund elf Metern. Der Holzbau war zu Lebzeiten Mohammeds abgebrannt und durch einen Neubau aus dem Zedernholz
gestrandeter byzantinischer Schiffe ersetzt worden. Um das Jahr
700 wurde der seither immer wieder renovierte jetzige Steinbau
errichtet. Das Innere ist leer bis auf drei Holzsäulen, welche das
Dach stützen, und einige Ampeln. Der heilige schwarze Stein,
den die Pilger küssen, ist an einer Außenwand angebracht und
geht bis auf heidnische Zeit zurück. Das rituelle Küssen hat ihn
poliert und eine kopfgroße Höhlung entstehen lassen. Er besteht
aus Lava- und Basaltstücken, die von einem silbernen Ring um-
schlossen werden. In zwei Meter Höhe liegt die Tür zum Inneren
der Kaaba, eine Holztreppe führt hinauf. Das Gebäude ist mit
einem schwarzen Überwurf bedeckt, der mit Koranversen be-
stickten »Kiswa«. Traditionell werden die Kiswa und die Stickerei

in Ägypten aus Goldfäden angefertigt, und Generation um Generation sind die gleichen Handwerkerfamilien damit beschäftigt, alljährlich den Kaaba-Überwurf neu herzustellen. Während des Jemen-Kriegs, bei dem der ägyptische Präsident Nasser auf seiten der Revolutionäre militärisch eingriff, während Saudi-Arabien den vertriebenen Immam und die royalistischen Stämme unterstützte, verweigerten die Saudis 1964 die Annahme der Kiswa. Die Beziehungen beider Länder waren damals auf einem Tiefpunkt angelangt; man stand kurz vor der Ausweitung der feindseligen Handlungen in einen regelrechten Krieg. Zu den Pilgerpflichten gehört auch das Trinken aus dem Brunnen Zem-Zem, gehört es, zwischen zwei Heiligtümern hin und her zu laufen, mit Kieselsteinen symbolisch nach Säulen zu werfen und ein Schaf zu opfern. Wer die Pilgerfahrt absolviert hat, führt von nun an den Titel Hadsch und heftet eine grüne Kordel an seinen Turban, oder er trägt grüne Kopfbedeckung, die zu tragen in manchen Ländern allerdings den angeblichen Abkömmlingen des Propheten vorbehalten ist. Nach Art der naiven Malerei sind viele Häuser und Hütten in Ägypten mit der Darstellung der Verkehrsmittel bedeckt, die auf der Reise nach Mekka benutzt wurden. Auch dadurch wird signalisiert: hier wohnt ein Hadsch.

Der Islam ist eine Glaubensgemeinschaft, nicht aber eine Kirche. Priester oder eine klerikale Hierarchie gibt es nicht, der Gottesdienst wird von einem besonders dazu befähigten Mitglied der Gemeinde geleitet, das als Imam oder Vorbeter auch fest angestellt sein kann. Neben den heiligen Glaubensstätten in Mekka existiert ein Weltzentrum islamischer Tradition mit der Al-Azhar-Universität in Kairo. Sie ist die älteste, größte und bedeutendste theologische Hochschule des Islam. Nach der Gründung der Stadt Kairo unter der Fatimiden-Dynastie (der Name Al Qahira bedeutet: die Siegreiche) wurde hier 970 mit dem Bau einer Moschee begonnen. Am 22. Juni 972, an einem Freitag und 7. Tag des Monats Ramadan nach moslemischer Zeitrechnung, verrichtete der Kalif Muezz das erste Gebet. Das tausendjährige Jubiläum wurde 1972 festlich begangen. Vom ursprünglichen Bau der Moschee Al Azhar – benannt nach Fatima

al Zahra, der Tochter des Propheten Fatima (der »Glanzvollen«) –
ist kaum noch etwas vorhanden, aber die Institution hat sich über
die Jahrhunderte und durch die Zeit der verschiedenen Doktri-
nen, Reformen und Gegenreformen erhalten. Studiengänge und
Lehrmethoden sind im mittelalterlichen Bann erstarrt. Das Be-
harrende im Islam, wie es sich in der Buchstabentreue zum
Koran ausdrückt, kommt auch in den Instituten, Vorlesungen
und der Organisation der Stifungen für Studierende zum Ausdruck. Schüler können aufgenommen werden, wenn sie wenigstens die Hälfte des Koran auswendig hersagen können. Dieses
Prinzip des Auswendiglernens und Zitierens charakterisiert das
Studium an den Grundfakultäten für Theologie, kanonisches
Recht und arabische Sprache. Absolventen nach vierjährigem
Studium, mit einem vom Lehrer ausgestellten Zertifikat versehen, nennen sich Scheich (gesprochen Schech). Sein Kennzeichen ist ein roter Fez, um den ein weißes Tuch gebunden ist.
Weitere zwei Jahre Studium bringen das Ulema-Diplom, während die höchste Qualifikation frühestens nach weiteren fünf bis
sechs Jahren Studium winkt, die Befähigung zum Lehramt an der
Al Azhar oder an einer staatlichen Universität. Obgleich westliche Wissenschaftler den Studier- und Lehrbetrieb an dieser Universität für veraltet halten, bringt die Ausbildung doch Persönlichkeiten hervor. So ein Scheich im wallenden Gewand, mit
Stock oder Sonnenschirm und dem Kranz der Gebetsperlen ausgerüstet, ist ein Führer, der den Gläubigen Weisheiten zu vermitteln weiß und im Dorf allen überlegen ist. Im Laufe der Jahrhunderte hat sich der Studienbetrieb räumlich von der Moschee
gelöst und moderne Gebäude in der Nachbarschaft bezogen, wo
auch weltliche, berufsbezogene Fächer, wenigstens in Grundzü-
gen, gelehrt werden. Trotzdem versammeln in der riesigen Säu-
lenhalle der Moschee immer noch Lehrer ihre Klassen um sich.
Die Lehrkräfte stehen an einer der 375 Marmorsäulen, die sie
auch als »Schwarzes Brett« benutzen. Der »Klassenraum« wird

Oben: Kairo mit Al-Azhar-Moschee
Unten: Al-Azhar-Moschee, Gebetssaal

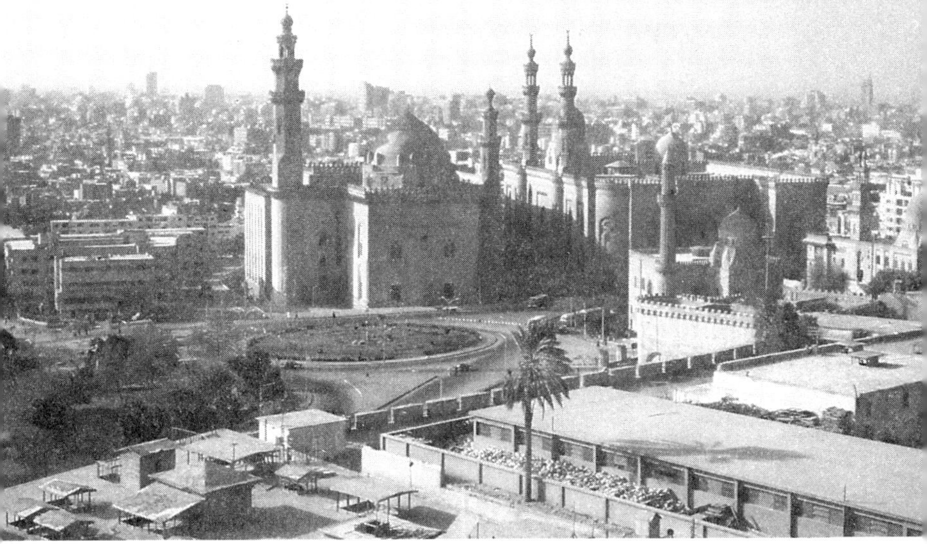
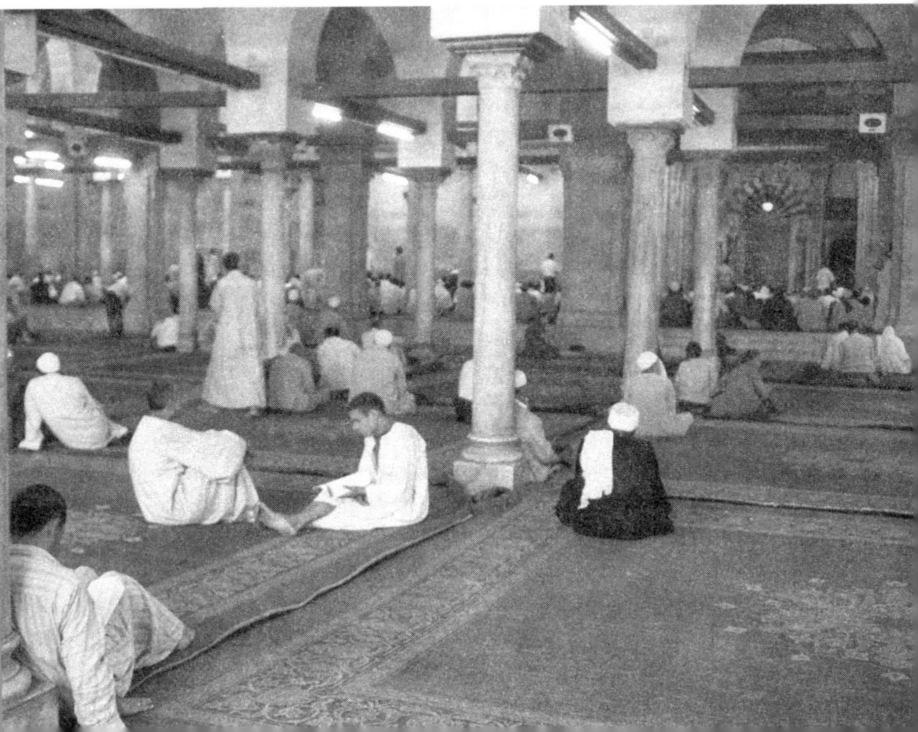

von den Grenzen der ihnen zugehörigen Teppiche gekennzeichnet. Nach einer unter Nasser verfügten Reform ist die Al Azhar
den staatlichen ägyptischen Universitäten gleichgestellt. Oberste
weltliche Behörde der Universität ist der Religionsminister, dem
der Rektor, der Großscheich, untersteht. Ein fünfzig Personen
umfassender Beirat, der zu einem Drittel aus Ausländern besteht, unterstützt den Rektor. Für die verschiedenen Fakultäten
gibt es Lehrkommissionen. In Fragen der arabischen Sprache gilt
die Al Azhar als Autorität. Zu öffentlicher religiöser Demonstration begeben sich an hohen Feiertagen auch der Präsident und
sein Gefolge dorthin zum Gebet. Auf dem Weg über die Themen
für die Freitagspredigten übt die Al Azhar auch politischen Einfluß aus, den die Staatsführung zu nützen weiß.

Die islamische Rechtsprechung, die Scharia, ist heute auf das
Familienrecht beschränkt. Konservative Bestrebungen zielen darauf ab, ihre Autorität auch wieder auf das Strafrecht auszudehnen, so wie dies in Saudi-Arabien immer der Fall war oder wie es
in Libyen wieder eingeführt wurde. Die islamische Rechtsprechung kennt für Diebe das Abhacken der Hand, für Ehebrecher
die Steinigung und auch die Strafe des Auspeitschens. Über das
öffentliche Leben im Lande wachen religiöse Zeloten, die sich
allerdings in Kairo kaum durchsetzen können. Doch auch nur die
Andeutung, ernsthaft etwa das Eherecht zugunsten einer Besser-
stellung der Frau entsprechend modernem Empfinden ändern zu
wollen, bringt sofort Hochschullehrer und Studenten der Al
Azhar auf die Straße. Sie demonstrieren, den Koran schwingend,
mit Spruchbändern und Sprechchören. Vor solchen Erfahrungen
war auch die für die weibliche Gleichberechtigung eintretende
Frau des Staatspräsidenten, Dschihan Sadat, nicht gefeit, als sie
in Interviews und öffentlichen Erklärungen ihre Ansichten
kundtat.

Die Vorstellung des Abendländers von der Frau im Orient ist
scheinbar untrennbar mit Begriffen wie Vielweiberei und Harem
verbunden. Tatsächlich sind das Verhältnis zwischen Mann und
Frau, die Stellung der Frau innerhalb der Familie und nach außen
in der Gesellschaft sowie die sehr weitreichenden, damit zusam-

menhängenden soziologischen und medizinischen Erscheinungen für die Zeitgenossen in den westlichen Gesellschaften unbegreiflich. Die in den als gebildet geltenden Schichten Ägyptens vorhandene weitgehende Anpassung an internationale Gepflogenheiten darf nicht über die fundamental andersartige Praxis unter der breiten Masse der Bevölkerung hinwegtäuschen. Hier zeigt sich in der Gegenwart, daß die Religionsstifter ihre Gebote auf ihre Zeit bezogen in der Vergangenheit entwickelt haben. Das beharrliche Festhalten am Buchstaben des göttlichen Gesetzes hat bei Moslems in stärkerem Maße zur Konservierung von Sitten und Gebräuchen geführt als beim Judentum und beim Christentum mit deren flexibleren Exegese. Trotzdem werden die Regeln und Anweisungen des Koran im modernen Leben einfach übergangen. Das Verbot des Korans, beim Geldverleih Zinsen zu nehmen, wird von Staatsbanken nicht eingehalten; die vom Propheten andererseits anerkannte Sklaverei ist in allen Ländern, wenigstens offiziell, verboten; in einigen Staaten ist auch die Polygamie, die der Koran erlaubt, untersagt. In Ägypten wird zwar seit Jahrzehnten heftig gegen die Vielweiberei angeschrieben, aber die Gesetzgebung hat es nie gewagt, sie abzuschaffen. In Sure 4 sagt der Vers 3: »Nehmt auch zu Weibern, die euch gut dünken, zwei oder drei oder vier.« Nun argumentieren viele Moslems, daß zum moslemischen Recht auf vier Ehefrauen auch der Satz gehöre, in dem Allah sagt: »Und so ihr fürchtet, nicht gerecht zu sein, heiratet nur eine oder was euere Rechte besitzt.« Mit »Recht besitzen« soll gemeint sein, daß der Moslem die ihm gehörenden Sklavinnen zu Konkubinen machen darf, deren Zahl nicht begrenzt ist. Aus der Überlegung, daß kein Mann imstande sein könne, gleichermaßen völlig gerecht zu mehreren Frauen zu sein, wird oft entschuldigend abgeleitet, die Polygamie sei in Wirklichkeit eben doch nicht durch den Koran gedeckt. Dann fragt sich aber, warum sie gesetzlich gestattet ist und nach wie vor, wenn auch seltener als früher, praktiziert wird. Die Einehe ist heute in Ägypten, jedenfalls in den Städten, die Regel; daß ein Mann mehr als zwei Frauen besitzt, kommt nur selten vor. Auf dem Land mag es anders sein, weil die Frau dort als Arbeitskraft

eine zusätzliche Rolle spielt. Statistiken gibt es nicht, und wenn
es sie gäbe, müßte ihnen mit der Zurückhaltung gegenübergetre-
ten werden, die sich bei Zahlen im Orient allgemein, besonders
aber im Zusammenhang mit dieser sentitiven Frage empfiehlt.

Die Problematik liegt auch weniger in der Polygamie als im
Ehe- und Scheidungsrecht. Dieses ist nach wie vor auf dem Ver-
stoßungsprinzip aufgebaut, und die Ehe gilt nach wie vor als
geschieden, wenn der Mann vor zwei Zeugen dreimal sein »Ich
verstoße dich« wiederholt. Ehebruch des Mannes kann es natur-
gemäß nicht geben. Die Frau hat kaum die Möglichkeit, eine
Scheidung durchzusetzen. Sie hat es schwer genug, nach einer
Verstoßung bei Gericht irgend etwas zu erreichen zugunsten des
Unterhalts für sich oder die Kinder. Der angebliche Schutz der
Ehefrau durch das Brautgeld hat nur auf dem Land noch Wert.
Ihren besten Schutz gewährt ihr heute eine einflußreiche Familie, die – Recht her, Recht hin – imstande ist, vieles zu erreichen.
Die bescheiden anmutenden emanzipatorischen Forderungen,
auch von Frau Sadat erhoben, beschränken sich darauf zu errei-
chen, daß die Frau wenigstens gefragt werden muß, wenn der
Mann eine weitere Frau zu nehmen wünscht. Aber der ausgeprägte Männlichkeitswahn, der Ägypter wie alle Araber beherrscht, läßt sich auch darauf noch nicht ein.

Ohne religiöse Empfindungen anzutasten, muß nüchtern festgestellt werden, daß die großen Religionen, die dem Orient entstammen, frauenfeindliche Grundtendenzen tragen. Bei den
Ägyptern hat die Lebenspraxis diese Einstellung nicht nur erhalten, sondern durch schauerliche Bräuche in unglaublicher Weise
verstärkt. An erster Stelle steht in diesem Zusammenhang die
weibliche Beschneidung. Sie ist nur in der dünnen aufgeklärten
Schicht der in den Städten wohnenden Bevölkerung nicht mehr
üblich. Die Mehrheit der Mädchen wird jedoch auch noch heute
im Alter von acht Jahren bei der Exzision verstümmelt. »Weise
Frauen«, zumeist Hebammen, entfernen unter unglaublichen
hygienischen Umständen die Klitoris teilweise oder ganz. Die
physisch-psychologischen Folgen sind tiefgreifend, auch für den
Mann. Die mangelnde Möglichkeit, beschnittene Frauen zu be-

friedigen, ist eine der Ursachen für die Volksseuche des Ha-
schisch-Konsums in Ägypten. Bei den Nubiern in Oberägypten
und im Sudan wird bei der Exzision den Mädchen sogar die Vulva
zugenäht, unter Belassung einer kleinen Öffnung für die Entlee-
rung. Bei einer Heirat müssen die Fäden erst entfernt werden,
was, im Beisein der weiblichen Dorfbewohner, im Rahmen einer
regulären Zeremonie vonstatten geht. Da die Wunde erst verhei-
len muß, dauert eine nubische Hochzeit an die drei Wochen.

Für die weibliche Beschneidung gibt es mancherlei Begründung. Das das weibliche Temperament anregende heiße Klima
wird angeführt, die Vorbeugung gegen leichtfertigen Lebenswandel betont, und in den äußerst raren intimen Gesprächen
wird sogar von der Hebung des männlichen Genusses als Folge
der Narbenbildung bei der Frau gesprochen. Dieser Brauch ist
stärker im östlichen Afrika – Ägypten, Sudan, Abessinien – als in
Nord- oder Westafrika oder in den auf dem asiatischen Kontinent
gelegenen arabischen Ländern zu verzeichnen. Er geht auf uralte
heidnische Riten zurück, was ihn nicht weniger barbarisch
macht. Ein Dekret, das 1960 in Ägypten die Exzision verbot,
wurde nicht befolgt. Solche obsoleten Gesetze und Verordnun-
gen gibt es in Hülle und Fülle; das Brauchtum und die Gewohnheit erweisen sich fast immer als stärker. Die einzige Veränderung unter den Gebräuchen, die sich während der letzten Jahrzehnte in Ägypten tatsächlich durchgesetzt hat, ist das weitgehende Verschwinden des Schleiers bei Frauen und des Tarbusch
bei Männern. Tarbusch wird am Nil der rote Fez genannt, der seit
der Offiziersrevolution von 1952 als Zeichen reaktionärer Gesin-
nung verstanden wird.

Der Harem, »ein verschlossener Ort«, ist der für Fremde ver-
schlossene Lebensbereich der Frauen, in dem sich auch die Kinder
aufhalten. Er ist zu dem Teil des Hauses geschrumpft, der auch in
europäischen Villen Außenstehenden nicht offen steht, Boudoir
und Schlafzimmer. Weitläufige Anlagen mit Eunuchen, wie die
Phantasie sie sich vorstellt, existieren am Nil nicht mehr, wohl
aber auf der Arabischen Halbinsel. Viele dieser Gewohnheiten
lassen sich nur damit erklären, daß sie helfen, das Besitzrecht des

Mannes an der Frau eifersüchtig zu wahren. Hier liegt auch einer
der Gründe für die monströse Überbewertung der Virginität. Ein
Mädchen, das verführt wird, hat die Ehre der Familie in den
Schmutz gezogen. Diese kann nur wiederhergestellt werden
durch den Tod. Und es sind meist die Brüder, die es übernehmen,
das Mädchen – nicht etwa den Verführer – umzubringen. Solche
Akte der Selbstjustiz werden von der staatlichen Justiz kaum
verfolgt, denn es fehlt, auch bei Polizisten, das Unrechtsgefühl.
Im Gegenteil, die Täter brüsten sich meist mit ihrem Mord, der
die Schande abgewaschen habe. Bis das 20. Jahrhundert auf diesem Gebiet einzieht, hat es noch gute Weile. Allerdings haben
lebenslustige junge Damen auch schon ihren Weg gefunden. Von
der Möglichkeit der chirurgischen Wiederherstellung des Hymen
wird Gebrauch gemacht, und ein Arzt, ein Spezialist, konnte
berichten, er verfüge über Patientinnen, bei denen ihm schon
sechsmal die Restitution gelungen sei.

Die arabischen Herrscher

Die Dynastien, die sich in der Herrschaft über das Arabische
Reich ablösten, erhoben zugleich Anspruch auf das rechtmäßige
Kalifat. Der Kalif, Nachfolger des Propheten und dessen Stellvertreter auf Erden, führte seine Abstammung auf Mohammed zurück und betrachtete sich als Erben Mohammeds. Nach der Herrschaft der Omaijaden in Damaskus folgte die der Abbasiden in
Bagdad. Ägypten wird in dieser Zeit von Statthaltern regiert, und
der Sohn des abbasidischen Kalifen Harun al Raschid, der am Nil
eingesetzte Mamun, verfolgt Kopten und Beduinen auf schreckliche Weise. Während der Zeit der Auflösung des Kalifats in Bagdad wird Ägypten vorübergehend selbständig, bevor ein trans-
oxanischer Türke, Ibn Tulun, seinen ägyptischen Gouverneur-
sposten dazu verwendet, aus eigener Machtvollkommenheit Syrien und Mesopotamien einzunehmen. Die Stadt Kairo existierte
damals noch nicht, aber die Siedlung Fustat bei der Feste Baby-

lon. Ibn Tulun ließ eine neue Siedlung, Al Qatai, anlegen und in ihrer Nähe eine riesige Moschee bauen. Die Ibn-Tulun-Moschee zeichnet sich noch heute im Häusermeer von Kairo als gewaltiges Viereck ab, wenn man von der Höhe der Mohammed-Ali-Moschee und der Zitadelle auf die Stadt hinunterblickt. Wie bei arabischen Epigonen üblich, mußte die Moschee doppelt so große Ausmaße haben wie die in der fernen Kalifenresidenz der Abbasiden in Samarra. Vom vierzig Meter hohen Minarett der Ibn-Tulun-Moschee, das durch eine Außentreppe bestiegen werden kann, ist ein faszinierender Blick auf das Leben und Treiben in den Gassen und Straßen dieses Viertels möglich.

Im Jahr 905 erobern die Abbasiden Ägypten wieder für sich zurück und regieren es weitere dreißig Jahre lang von Bagdad aus, mit Hilfe ihrer Statthalter. Das mißtrauische Konkurrenzdenken zwischen den beiden Zentren potamischer Kultur, zwischen Kairo und Bagdad, hat weit zurückreichende Wurzeln. Ibn Tulun allerdings, der sich Sultan nannte, hat nie nach der Kalifenwürde der Abbasiden gegriffen. Das taten erst hundert Jahre später die auf die Ikhschididen folgenden Fatimiden. Zwar erlebte auch Ägypten eine wirtschaftliche Blütezeit, aber 300 Jahre lang lagen die islamischen Zentren ausschließlich in Mekka, Damaskus und Bagdad. Bei den Menschen am Nil wirkte immer noch die pharaonische Vergangenheit nach, auch das Christentum der Kopten wurde nur langsam vom Islam verdrängt. Trotzdem aber setzte sich die neue Religion und mit ihr die Sprache unaufhaltsam durch. Das Koptische ist erst im 13. Jahrhundert erloschen, für die Niederschrift christlicher Texte wurde zunehmend das Arabische angewandt.

In Ägypten erwuchs den abbasidischen Kalifen neue Konkurrenz, die ursprünglich vom afrikanischen Westen her kam. Obaidallah el Mahdi dort führte seine Abstammung auf Mohammeds Tochter Fatima zurück und schickte Sendboten aus, die um Anhang für ihn werben sollten. Im arabischen Maghreb, dem heute Algerien, Tunesien und Marokko umfassenden westlichen Nordafrika, fanden sich Gefolgsleute unter den berberischen Stämmen; die Fatimiden-Dynastie entstand. Die Fatimiden, schiiti-

schen Glaubens, drangen nach Osten vor, und dem vierten Herrscher dieses Hauses, Al Muezz gelang es, Ägypten zu erobern.
(Er verrichtete als erster Kalif sein Gebet in der Al-Azhar-Moschee.) Eine weitere Siedlung neben Fustat und Al Qatai wurde
gegründet: Kairo. Unter der Herrschaft der Fatimiden erreichten
Handel und Wandel, Handwerk und Kunst in Ägypten eine hohen Stand. Doch auch diese Herrschaft erlebte das Schicksal aller
von Menschen begründeten Reiche: Auf die Gründung folgte
erst eine Zeit der Blüte, und danach kam wieder der Niedergang.
Im Zeitalter der Kreuzfahrer macht König Alarich von Jerusalem
und Zypern 1171 der Fatimiden-Herrschaft im Nahen Osten ein
Ende. Er fällt 1161 in das Nildelta ein und brennt Fustat nieder.
Ein fatimidischer Wesir (Statthalter), der Kurde Salah el Din, als
Saladin in die Geschichte eingegangen, beendet auch die Periode
der fatimisch-schiitischen Religion in Ägypten. Unter ihm, der
die Dynastie der Ajjubiden begründete, kehrt das Land zur sun-
nitischen Richtung zurück; die Al Azhar wird das bis heute erhaltene Zentrum des orthodoxen Islam. Saladin baut eine der
gewaltigsten Festungen damaliger Zeit, die Zitadelle von Kairo.
Nachdem er die Streitkräfte neu organisiert hat, führt er den
Dschihad, den Heiligen Krieg, gegen die Kreuzritter und gewinnt
das fränkische Königreich von Jerusalem – einen schmalen Streifen an der Levante – bei seinem Feldzug nach Syrien zurück.
Nach dem Tode des Gründers der Ajjubiden siegten noch einmal
die Kreuzfahrer, die 1218 im Delta ägyptischen Boden betreten
hatten. Drei Jahre später dann mußten sie das eroberte Städtchen
Damietta wieder aufgeben. Die in einigen Dörfern konzentriert
vorkommenden rotblonden und blauäugigen Fellachen sollen
ihre Herkunft auf die damaligen Ereignisse zurückführen können. Ludwig IX. von Frankreich nahm Damietta erneut in Besitz,
wurde aber auf seinem Weg nach Kairo bei Mansura vom letzten
Ajjubidenherrscher, Sultan Turan Schah, geschlagen und gefangengenommen. Dieses Ereignis ließ Nasser Ende der fünfziger
Jahre als Beweis für die uralte Überlegenheit einheimischer Nationalisten gegen fremde Usurpatoren feiern. Er wollte darin eine
Parallele zu seinem eigenen Kampf um den Suez-Kanal sehen.

Machtkämpfe der Mamelucken

Die Gefangennahme des französischen Königs aber sollte geschichtliche Bedeutung bekommen, denn bei dem Palaver, was mit dem Gefangenen zu geschehen habe, ermordete die Leibgarde des Sultans ihren Herrn. Die Leibgardisten waren Mamelucken, die sich wiederum nicht darüber einigen konnten, wer nun Nachfolger des Sultans werden sollte. Die Mutter des Ermordeten, Schagaret el Durr, konnte für kurze Zeit die Macht an sich reißen; sie war die einzige Sultana, die je im islamischen Ägypten regierte. Sie soll sich mit einem Mamelucken-Führer verheiratet haben. Ihr folgten von 1250 bis 1517 zwei Mamelukken-Dynastien, die bahritischen (1250 bis 1382) und die tscherkessischen (1382 bis 1517) Mamelucken. Ursprünglich waren die Mamelucken weißhäutige Sklaven aus dem Kaukasus und aus Mittelasien, die schon im Knabenalter militärisch gedrillt wurden, um später als Leibgarde dem Sultan zu dienen. Die Nachkommen dieser mamlik (Einzahl mumluk) genannten Turkmenen und Tscherkessen zeichnen sich heute noch durch die auffallende Schönheit ihrer Frauen aus. Warum die deutsche Schreibweise Mameluck mit ck schreibt, ist nicht bekannt, der Duden jedenfalls bestimmt es so. Die Bahri-Mamelucken wohnten auf der Nilinsel Roda (bahr: Nil, Meer), während die Tscherkessen auch Burgi-Mamelucken heißen, weil sie auf der Zitadelle (burg = Burg) lebten.

Die Muselmanen im Vorderen Orient waren zwar die christlichen Kreuzfahrer losgeworden, aber im folgenden Jahrhundert standen ihnen mit den Mongolen unvergleichlich gefährlichere Feinde ins Haus. Diese Mongolen zogen zunächst auf einem nördlichen Kurs, aber Haluga nahm 1258 Bagdad und machte der Abbasidendynastie, und damit dem Kalifat, endgültig den Garaus. Erst kurz vor dem Mittelmeer konnten die ägyptischen Mamelucken die Mongolen aufhalten. Schließlich flutete aber doch Tamerlan mit seinen Horden über die Länder hinweg, die nach ihrer Zerstörung in einem Ausmaß verödeten, das noch bis heute nachwirkt. Tamerlan zerstörte auch in Kleinasien einen Herrschaftsbereich, der sich gebildet hatte, als suldschukische von ottomanischen Türken verdrängt worden waren. Nach ihrem Stammvater Osman erhielt das Osmanische oder Ottomanische Reich seinen Namen. Anders als die Völker an Euphrat und Tigris erholten sich die Ottomanen wieder von den Mongolenstürmen. Die eroberten 1453 Byzanz und dessen Metropole Konstantinopel, was sie schlagartig in das Rampenlicht der Weltgeschichte hob.

In Ägypten rissen sich die Mamelucken die Macht gegenseitig aus den Händen. Nur fünf der 25 Bahri-Sultane regieren länger als zehn Jahre, alle anderen werden ermordet. Die Burgi-Mamelucken beenden das Kreuzfahrerkönigreich und weiten unter Baibar ihr Herrschaftsgebiet bis Mekka aus. Sultan Kalun stellt Beziehungen zu König Rudolf von Habsburg her. Das vom Mongolensturm verschont gebliebene Ägypten nimmt viele Flüchtlinge aus den zerstörten Ländern auf. Die religiöse Szene ist von Intoleranz und der Verfolgung Ungläubiger gekennzeichnet. Christen müssen dunkelblaue Kaftane und am Hals schwere Holzkreuze tragen, den Juden ist gelbe Kleidung und eine Kugel am Hals vorgeschrieben. Die komplizierte Staatsordnung der Mamelucken beruhte letztlich auf einer militärischen Hierarchie, die ihren personellen Nachschub von den Sklavenmärkten Anatoliens bezog. In der Zeit der 23 burgitischen Mamelucken wird der Sultan zur reinen Repräsentationsfigur, während die Emire herrschen. Sie bringen nahezu allen Bodenbesitz an sich und erlauben den hemmungslosen Raubbau und die Ausbeutung der Landwirtschaft durch ihre Günstlinge. Von Hungersnöten und schweren Pestepidemien ausgelöst, zeigt sich schon in jenen Jahrhunderten die Landflucht, ziehen Fellachen in die Städte. Wie in der Gegenwart war auch damals das Land die Quelle des Reichtums, während sich in den Städten die politische und wirtschaftliche Macht und das gesellschaftliche Leben konzentrierten. Obrigkeitliche Eingriffe in das bis dahin freie Wirtschaftsleben waren immer häufiger zu verzeichnen und führten in der ausgehenden Mameluckenperiode zu rücksichtslos durchgesetzten Monopolen, wie zum Beispiel bei der Herstellung von Zucker oder beim Handel mit Gewürzen. Verschiedene Faktoren trugen zum Niedergang des Mameluckenreichs bei: Der Seeweg um Südafrika herum wurde von den Portugiesen entdeckt, was zum Verfall von Handel und Wirtschaft führte; Pest und Cholera, räuberische Beduinen, die Machtkämpfe zwischen Sultanen und Emiren und, vor allem, der Aufstieg des Ottomanischen Reiches taten ihr übriges.

Kalifat und Osmanisches Reich

Während die Mamelucken die Feuerwaffen für unehrenhafte Mittel hielten und sie verachteten, setzten die Osmanen Flinten und Geschütze ein. Ein Verrat des Gouverneurs von Aleppo öffnete den Ottomanen den Weg nach Kairo. Nach einem Marsch, der fast hundert Tage dauerte, eroberten die osmanischen Türken im Januar 1517 Kairo. Der letzte Mameluckensultan, Toman Bey, wurde auf der Flucht mit einem Lasso eingefangen und gehängt. Da die Bevölkerung nicht an den Tod des Sultans glauben wollte, stellten die Türken den Leichnam am Stadttor Bab el Zuweila zur Schau. Der Haken, an dem die Sultansleiche hing, wird noch heute gezeigt. Ein Reich, das turkmenische und türkische Abkömmlinge einmal in Ägypten geschaffen hatten, wurde von anderen Türken zerstört. Ägypten wurde Paschalik, eine Provinz mit einem Pascha an der Spitze. Eine Periode, die stark in die Gegenwart hineinwirkte, begann. Ägypten blieb türkischer Souveränität unterworfen, vom Zeitpunkt der Eroberung durch Sultan Selim I. an bis zur Landung Napoleons, formell darüber hinaus.

Der osmanische Sultan usurpierte den Kalifentitel, der von da an in Konstantinopel den Herrscher des Ottomanischen Reiches zierte. Erst der Sultan Abdülhamit II. (1876 bis 1909) versuchte, das Kalifat mit Leben zu erfüllen. Er setzte den religiösen Titel als Mittel einer panislamischen Politik ein, der jedoch ebenso wenig Erfolg beschieden war wie den verschiedenen Aufrufen zum Hei-

ligen Krieg, die seit 1914 ergingen. Unter dem Schöpfer der modernen Türkei, Mustafa Kemal Atatürk, beschloß die türkische
Nationalversammlung 1924, das Kalifat für erloschen zu erklären. Seither hat es ein paar Versuche gegeben, die nostalgischen
Gefühle um diese Einrichtung in Macht umzumünzen, aber der
Islamische Kongreß von 1926 in Kairo kam zu keinem Ergebnis.
Das Kalifat ist untergegangen. Es wäre vorstellbar, daß im Zug
der durch die arabischen Länder gehenden Welle religiöser Besin-
nung eine neue Bewegung zugunsten eines Kalifen entfacht
würde. Aussicht auf Erfolg könnte ihr nicht eingeräumt werden,
denn bei dem engen Zusammenhang zwischen Kalifat und Ab-
stammungsproblematik wären erbitterte Streitereien vorauszusehen. Über soviel Reichtum durch Öl könnte ein Kalif gar nicht
verfügen, daß er unumstritten wäre.

Das Zentrum des Osmanischen Reichs war die Metropole am
Bosporus, die ihren Namen von Byzanz in Konstantinopel und
schließlich in Istanbul wechselte. Die ferne Provinz Ägypten
wurde langsam, aber stetig durch Mißwirtschaft, Korruption und
Unfähigkeit der Herrschenden ruiniert. Daran änderte auch
nichts, daß schon immer wieder einmal bedeutende Persönlichkeiten in dem raffiniert ausgedachten Verwaltungssystem wirkten. Der Pascha wurde nur auf ein Jahr ernannt, damit nicht eine
übertrieben starke Hausmacht ausgebaut werden und Gelüste
nach Unabhängigkeit sich entwickeln konnten. Seine natürlichen
Gegner waren der Vorsitzende im Diwan, der Versammlung der
Räte, der oberste Steuereintreiber und die Kommandeure der
Truppen. Diese unterstanden dem Sultan in Konstantinopel direkt. Zwar wurde auf diese Weise wechselseitig Macht kontrolliert und in der Provinz das Entstehen einer starken, dem Sultan
gefährlichen Konkurrenz verhindert. Zugleich förderte dieses
System aber dafür viele lokale Herrschaftsinteressen und den
Ausbau zahlreicher Privilegien, die schließlich immer zu eigenen
Machtpositionen ausgebaut wurden. Die von der Herrschaft vertriebenen Mamelucken penetrierten die Verwaltung und eigne-
ten sich eine derartige Macht, auch in den Streitkräften, an, die
sie unter der zentralen Führung eines Bey zu Herrschaftsberei-

chen ausbauten. Untereinander waren sie in Gruppen aufgespalten, die einander erbittert bekämpften. Seuchen und Epidemien
kamen hinzu und ließen das Land im Chaos versinken. Schließlich waren es die Mamelucken-Beys Murad und Ibrahim, die sich
die Macht im Lande zu der Zeit teilten, als Napoleon seinen
ägyptischen Feldzug begann. Napoleon konnte sich damals als
Freund der Muselmanen bezeichnen, der sie von dem Joch einiger dahergelaufener Sklaven befreien wollte.

Ägypten erweckt Aufmerksamkeit und Interesse Europas

Der Feldzug Napoleons nach Ägypten rückte das Land stärker als
bisher in das europäische Bewußtsein und bedeutete für die gesamte arabische Welt einen historischen Einschnitt. Seit der
Herrschaft der Mamelucken und auch unter den Osmanen war
Ägypten isoliert geblieben von den kulturellen Strömungen in
Europa. Die Handelsbeziehungen waren zwar lebhaft, aber ein
Austausch auf geistigem und kulturellem Gebiet folgte ihm
nicht. Die französische Invasion aber und die nur drei Jahre wäh-
rende Besetzung Ägyptens, vom Juli 1798 bis September 1801,
rüttelte das Land aus dem Zustand des Dämmerschlafs und der
Nabelbeschau auf. Der Grundstein für die weitere Entwicklung
wurde von Napoleon gelegt, der Gründer einer neuen Dynastie,
Mohammed Ali, baute darauf auf.

Napoleon war die treibende Kraft für den Ägypten-Feldzug.
Schon im August 1797 schrieb er an das Direktorium: »Die Zeit
ist nicht mehr fern, wo wir einsehen werden, daß wir uns notwendigerweise Ägyptens bemächtigen müssen, um England
wirklich zu vernichten.« Ein solches Unternehmen sollte sich
also in erster Linie gegen England und dessen Handel mit dem
Nahen Osten richten. Darüber hinaus sollten dem britischen Empire Schwierigkeiten in Indien bereitet werden. Schließlich galt
es, den französischen Handel mit dem Orient wieder zu beleben.
Die Franzosen nahmen an, die Mamelucken hätten bisher, von

den Briten dazu veranlaßt, die französischen Interessen gestört. Die Engländer dagegen wußten, daß die Mamelucken Ausländern von sich aus und ohne Ansehen der Nationalität voll Hochmut und Ablehnung gegenüberstanden. Bei Napoleons Plänen wird wohl auch die Vision eines großen französischen Reiches eine Rolle gespielt haben. Zum Zugriff verlockten ihn die gemessen an europäischen Verhältnissen unzulängliche militärische Kraft Ägyptens und die Hoffnung, daß die Bevölkerung die Franzosen als Befreier von der blutsaugerischen Herrschaft der Beys begrüßen würden. Was die Hohe Pforte, den Sultan in Konstantinopel, betraf, so konnten sich die Franzosen der Hoffnung hingeben, der Sultan werde einen Angriff auf die Provinz des Osmanischen Reiches hinnehmen, wenn die Franzosen dafür sorgten, daß die Tribute aus dem aufständischen Ägypten weiter nach Konstantinopel flössen. In Paris war das Direktorium zufrieden, den ehrgeizigen General Napoleon Bonaparte in tröstlicher Entfernung zu wissen. Am 18. Mai 1798 lichtete eine Expeditionsflotte in Toulon die Anker. Napoleon führte 32 000 Mann an, darunter 143 Gelehrte, Wissenschaftler und Künstler des Institut National. Auf dem Weg nach Ägypten wurde Malta eingenommen, am Abend des 1. Juli begann die Ausschiffung der Invasionstruppen in Ägypten, auf Höhe des Forts Marabu. Im Tagesbefehl Napoleons, den er an Bord der »Orient« verfaßte, hieß es: »Ihr unternehmt jetzt eine Eroberung, deren Wirkungen auf die Zivilisation und den Handel in der Welt unabsehbar sind. Ihr werdet England den empfindlichsten Schlag versetzen.« Zugleich mahnte der Feldherr seine Soldaten, daß sie als Freunde der Moslems kämen und sich rücksichtsvoll gegenüber den Muftis und Imamen und gegenüber den religiösen Gewohnheiten des Landes zu betragen hätten. Er warnte vor Vergewaltigung und Plünderung. In den frühen Morgenstunden des 3. Juli 1798 marschierte das erste Kontingent der Truppen nach Alexandria. Die Stadt wurde besetzt. Das Ziel aber war Kairo, und so fuhr eine Einheit kleinerer Schiffe nilaufwärts. Nach Scharmützeln und Gefechten kam es zur »Schlacht bei den Pyramiden«, wie es gewöhnlich heißt. Tatsächlich fand sie dort statt, wo heute der Stadtteil Embaba mit seinem Sportflugplatz liegt, also rund 15 Kilometer von den Pyramiden entfernt. Die historischen Anfeuerungsworte des Generals: »Soldaten, vierzig Jahrhunderte schauen auf euch herab!« sind also sicher nicht im Schatten der Pyramiden gesprochen worden. Von den beiden Mamelucken-Beys stellte sich Murad den Franzosen, während Ibrahim mit seinen Streitkräften auf dem anderen Nilufer in Reserve lag. Die tapfer anstürmende Kavallerie Murads wurde im Feuerhagel der französischen Infanteristen völlig geschlagen und zum Großteil vernichtet. Murad zog sich mit dem Rest seiner Truppe, von den Franzosen verfolgt, bis nach Oberägypten zurück, Ibrahim flüchtete zunächst ins Delta und dann weiter nach Syrien.

Unmittelbar nach Eintreffen der Nachricht von Napoleons Landung in Ägypten hatte London diplomatische Verhandlungen mit Konstantinopel aufgenommen, die zum anglotürkischen Pakt führten. Am 25. Juli 1798 zog Napoleon in Kairo ein, aber sieben Tage danach wurde seine Landungsflotte bei Abukir von Nelson fast völlig vernichtet; nur zwei Schiffe konnten entkommen. Die Katastrophennachricht, nach der er nunmehr von allen Verbindungen abgeschnitten war, erreicht Napoleon am 13. August. Der Korse begann daraufhin sofort damit, die Verwaltung des Landes, in dem französische Truppen mit General Desaix an der Spitze nilaufwärts dem flüchtenden Bey Ibrahim nachsetzten, nach seinen Vorstellungen zu organisieren. Ein halbes Jahr lang wirkten die Experten Napoleons auf allen Gebieten und legten die Basis für den Neuaufbau und die Reorganisierung Ägyptens. Dem Diwan des Paschas wurden französische Kommissare beigegeben. In den Palästen der Mamelucken-Beys wurden Spitäler eingerichtet, die Wasserversorgung wieder in Gang gesetzt und die Nilschiffahrt neu in Schwung gebracht. Erstmals wurden die Straßen nachts beleuchtet, die Steuereintreibung wirklich organisiert, ein postalischer Kurierdienst installiert und, für die Einheimischen völlig unverständlich, in den Städten und Dörfern streng auf Sauberkeit geachtet, um Pest und Cholera einzudämmen. Auf mitgebrachten Druckpressen wurden Proklamationen, Magazine und Bücher gedruckt, erstmals erschien eine Zeitung.

Entsprechend der Weisung, die das Direktorium Napoleon mit auf den Weg gegeben hatte, veranlaßte er, daß der Ingenieur und Architekt Lepère das Projekt eines Kanals zwischen dem Mittelmeer und dem Roten Meer bei Suez untersuchte. Lepère, der die Spuren des entsprechenden pharaonischen Kanals entdeckte, kam nach seinen Vermessungsarbeiten zu dem Schluß, daß ein Kanalbau wegen des Niveauunterschieds zwischen den beiden Meeren von neun Metern unmöglich sei. Lesseps bewies sechzig Jahre später das Gegenteil.

Am 1. Januar 1799 erreichte Desaix im Zuge der Verfolgung von Murad den Ort Assuan, und ein halbes Jahr später war das ganze Land unter französischer Kontrolle. Es gab allerdings immer wieder Unruhe und Aufstände. Nachdem die Türken im September 1798 Frankreich den Krieg erklärt hatten – es bedurfte dazu britischen Drucks –, brach im Oktober in Kairo ein Aufstand aus, den Napoleon in wenigen Tagen niederschlagen konnte. Mit Dekret vom 22. August 1798 hatte Napoleon zuvor das Institut d'Égypte gegründet, das heute noch besteht. Es wurde rasch zum Zentrum der gelehrten und künstlerischen Aktivitäten in Ägypten. Die großformatigen Bände »Description de l'Égypte«, in die man jahrzehntelang fleißige Arbeit investierte, wurden zu einer einmaligen Bestandsaufnahme und Beschreibung des Landes. Erst 1825 lagen alle 22 Bände des Werkes vor. Einem Zufallsfund von Soldaten verdanken wir eine der großen kulturhistorischen Erkenntnisse der Menschheit. Im Nilschlamm bei Rosetta war ein schwarzer Basaltstein gefunden worden, der Inschriften in Hieroglyphen, in demotischer und griechischer Schrift aufwies. Napoleon ließ die Hieroglyphen kopieren, bevor der Stein beim Abzug der Franzosen den Engländern übergeben wurde. Jean-François Champollion in Paris gelang es, den Text zu entziffern, und der Schlüssel zur Entzifferung der Hieroglyphen, eine der Grundlagen der Ägyptologie, war gefunden. Besagten Stein brachten die Engländer nach London, wo er heute im Britischen Museum aufbewahrt wird.

Als Napoleon Nachrichten erreichten, daß osmanische Truppen auf dem Weg nach Ägypten seien, entschloß er sich, dem

Feind entgegenzuziehen. Im Februar 1799 brach er zur Expedition nach Syrien auf. Er nahm El Arisch, Ghaza und Jaffa. An der Festung Akka (Akkon bei Haifa), wo die türkischen Kräfte von britischen Schiffen unterstützt wurden, scheiterte er. Schließlich kehrten die von Pest und Krankheiten geschwächten Franzosen im Mai nach Ägypten zurück. Am 14. Juli landeten türkische Truppen, zu denen auch – was später wichtig werden sollte – ein albanisches Korps gehörte, bei Abukir. Napoleon brachte diesen Truppen eine vernichtende Niederlage bei. Aus Zeitungen, die von den britischen Schiffen Napoleon gezielt zugespielt worden waren, erfuhr der General von der für Frankreich düsteren Lage in Europa. Die Verbündeten Österreich und Rußland waren dort erfolgreich, und die französische Nation rief nach dem Sieger des italienischen Feldzugs. Napoleon erkannte, daß er zum Untergang verurteilt war, wenn es ihm nicht gelang, seine Basis in der fernen Heimat zu retten. Zudem war er das unruhige Land am Nil leid. Unter strikter Geheimhaltung verließ er am 24. August 1799 Ägypten für immer, den General Kléber als Kommandeur zurücklassend. Er traf im Oktober wieder in Frankreich ein.

Während die britischen Schiffe den Nachschub aus Frankreich für Ägypten blockierten, näherten sich türkische Streitkräfte mit dem Großwesir an der Spitze auf dem Landweg El Arisch. General Kléber sah, daß er sich, allein auf sich gestellt, auf Dauer nicht würde halten können und schloß mit Türken und Briten die Konvention von El Arisch. Darin wurde den Franzosen freier Abzug aus Ägypten, unbelästigt von den Türken, und freie Fahrt über das Mittelmeer, unbelästigt von den Engländern, zugesichert. Die Londoner Regierung allerdings fürchtete die Stärkung, die die Streitkräfte Napoleons in Europa durch die Rückkehr der Truppen aus Ägypten erfahren würden, und verzögerte die Ratifizierung. Die Kämpfe brachen wieder aus, zumal im Lande an verschiedenen Stellen französische Truppenkontingente sich wie Inseln hielten. Kléber wurde in Kairo von einem Syrer ermordet. Um zu verhindern, daß die Franzosen den Türken weitere Niederlagen beibringen könnten, schickten die Engländer ein Expeditionskorps von zwanzigtausend Mann nach Ägypten. In verlustreichen Kämpfen für beide Seiten unterlagen die Franzosen schließlich bei Alexandria. Die französischen Generäle kapitulierten unter ehrenvollen Umständen und vereinbarten einen Abzug mit Waffen und Fahnen. Nach einigem Hin und Her wurde auch den französischen Wissenschaftlern, Technikern und Künstlern mit ihrer Ausrüstung die Abreise gestattet. Man zählte das Jahr 1801, als die Franzosen Ägypten ganz den Türken übergaben. Der türkische Pascha wurde von Konstantinopel aus wieder eingesetzt und auch die Mamelucken trieben wieder ihr Spiel in dem Land, in dem sich auch noch die Engländer aufhielten. Diese mußten aber 1803 abziehen. Eine kleine Invasionstruppe, die im März 1807 noch einmal zurückkehrte, wurde von dem neu aufgehenden Stern, Mohammed Ali, geschlagen.

Mohammed Ali gründet die letzte Dynastie

Auf den Schiffen des türkischen Expeditionskorps, das am 14. Juli 1799 bei Abukir landete, war auch ein Mann, der das weitere Geschick Ägyptens entscheidend beeinflussen sollte, eine Persönlichkeit von Format. Unter den Albanern war ein dreißig Jahre alter Offizier, als türkischer Untertan 1799 in Kawalla in Mazedonien als Sohn eines Tabakhändlers geboren, Mohammed Ali mit Namen. Napoleon schlug die Invasionstruppen, aber Mohammed Ali gehörte zu den Soldaten, die sich retten konnten. Schwimmend erreichte er ein britisches Schiff, das ihn aufnahm. Als die französiche Herrschaft in Ägypten zu Ende ging, marschierten die Albaner zwei Jahre später mit den Türken nach Kairo. Mohammed Ali zeichnete sich aus und war jetzt schon Regimentskommandant. Als der Anführer des Albanerkorps ums Leben kam, nahm Mohammed Ali 1803 dessen Stelle ein. Während des blutigen Durcheinanders der folgenden Jahre trennte er

Mohammed-Ali-Moschee in Kairo

sich von den Türken, ging Bündnisse mit Mamelucken ein und
taktierte so geschickt zwischen den verschiedenen Gruppen, daß
ihn 1805 die Ulemas der Al Azhar zum Statthalter wählten,
worauf er sich selbst zum Pascha ernannte und zugleich die
Oberhoheit des Sultans anerkannte, so daß der Hohen Pforte
kaum etwas anderes übrigblieb, als ihn zu bestätigen. Da er imstande war, eine Tributzahlung aufzubringen, die ein Rivale
nicht bieten konnte, blieb er auch bei einem Ränkespiel siegreich,
das von Kräften beeinflußt wurde, zu denen immer noch die
Mamelucken-Beys gehörten. Murad war mittlerweile gestorben,
aber Ibrahim quicklebendig geblieben. Neben ihm herrschten
Hunderte von Mamelucken in ihren Reservaten. Viele waren mit
den Engländern verbündet. Mohammed Ali gelang es, sie in
feindliche Lager aufzuspalten und zwischen ihnen die Fäden zu
spinnen. Im Jahr 1811, am 1. März, lud er die Mamelucken zu
einem Festbankett in seinen Palast auf der Zitadelle von Kairo.
Die nichtsahnenden Beys und Stammeshäuptlinge, es sollen 486
gewesen sein, wurden von den Leibwachen Mohammed Alis allesamt niedergemacht. Die Geschichte von Hassan Bey, dem es
gelungen sein soll, auf sein Pferd zu springen und zu flüchten, ist
eine Touristenlegende. Keiner entkam dem Gemetzel. Hassan
Bey war nicht zu dem Fest erschienen, weil er krank im Bett lag.
Aber auch das dürfte ihm nichts genützt haben, denn Mohammed Ali entfesselte eine wilde Verfolgungsjagd im Lande. Ibrahim Bey, der vor Napoleons Soldaten nach Syrien entwichen
war, floh nach Süden, verfolgt von einem anderen Ibrahim, dem
Adoptivsohn Mohammed Alis. Als kleine Kolonie im Exil ließen
sich die letzten Mamelucken später bei Dongola nieder, wo Ibrahim Bey 1816 mit achtzig Jahren gestorben ist.

Nach der Vernichtung der Mamelucken war Mohammed Ali
der alleinige, unumschränkte Herrscher Ägyptens, der dem türkischen Sultan nur noch nominell unterstand, obwohl er dessen
Souveränität nie bestritten hat. Er erwies sich als genialer Orga-
nisator und Reformator, als ein Mann, der den Franzosen die
Vorzüge europäischer Verwaltung, Technik und Produktions-
weise abgeschaut hatte, der zugleich ein rücksichtsloser Orientale

und ein weitschauender Herrscher war. Zu den Aufgaben, die er in Angriff nahm, gehörte die Reform der Armee. Die Soldaten wurden mit modernen europäischen Waffen ausgerüstet. Der zum Islam übergetretene französische Colonel Seves, der sich Soliman Pascha nannte, fungierte als Chefberater. Die Aufforderung des Sultans, Mohammed Ali möge doch die fanatische Sekte der Wahhabiten bekämpfen, die sich der heiligen Stätten bemächtigt hatte und aus der Arabischen Halbinsel heraus nach Syrien und Irak vorgedrungen war, kam dem Pascha in Ägypten gerade recht. Er sah die Möglichkeit, nicht nur seine militärische Stärke zu erproben, sondern auch seinen Machtbereich durch einen Feldzug zu erweitern – und auf Befehl seines obersten Herrn. Die Wüstenkrieger und Anhänger des verstorbenen puritanischen Predigers Abdul Wahhab konnten zwar zurückgedrängt, aber nie entscheidend besiegt werden. Der Sohn Mohammed Alis, Tussun, ein Jüngling noch, führte den Feldzug (1809 bis 1815), in dessen Verlauf große Teile des heutigen Saudi-Arabien von Kairo aus verwaltet wurden. Tussun starb während dieser Expedition an der Pest, vier Fünftel der Soldaten kamen ums Leben, Mohammed Ali jedoch konnte sich als Sieger fühlen. Sofort rüstete er zu einem Feldzug nach Süden, wo zwar, entgegen aller Hoffnung, nicht Gold gefunden wurde, aber riesige Ländereien – Nubien, Sennar und Kordofan – von einem anderen Paschasohn, Ismail, erobert wurden. Bei einem Brand in seinem Militärlager kam Ismail elend ums Leben. Das aus Rache unter zwanzigtausend Nubiern angerichtete Blutbad verbreitete Angst und Schrecken; die ägyptischen Streitkräfte stießen kaum noch auf Widerstand. Zum ersten Mal hatten die Araber unter den Negern jenen gefährlichen Ruf erhalten, den arabische Sklavenhändlern später noch auf schreckliche Weise bestätigten. Der Haß auf die Hellhäutigen ist seitdem tief in die Herzen der Schwarzen eingegraben. Er hat zu endlosen Auseinandersetzungen und blutigen Kriegen geführt. Der Mahdi konnte diesen Haß religiös aktivieren, als England gemeinsam mit Ägypten den »anglo-ägyptischen Sudan« verwaltete. Noch in unserem Jahrhundert gab es im Sudan Bürgerkrieg zwischen dem schwarzen,

heidnisch-christlichen Süden und dem braunhäutigen, mohammedanischen Norden, wo auch die Regierung ihren Sitz in Khartum hat.

Kaum war der nördliche Sudan unter der Herrschaft Mohammed Alis, brachte ihm ein Aufstand gegen die Türken, der auf der
Insel Kreta ausgebrochen war, die Chance, seinen Machtbereich
erneut zu erweitern. Das Angebot des Sultans, 1822, die Insel
dem ägyptischen Paschalik zuzuschlagen, wenn die Rebellion
niedergeschlagen würde, nahm Mohammed Ali an. Zwei Jahre
später gehörte ihm Kreta. Nun formierte sich der griechische
Nationalismus auch auf dem Festland. Wieder wandte sich der
Sultan von Konstantinopel an den ägyptischen Pascha um Hilfe.
Dieser zögerte wieder nicht lange und zog zu Felde, angeblich
gegen das Versprechen des Sultans, mit Syrien belohnt zu werden. Athen wurde 1824 vom Paschasohn Ibrahim erobert. Jetzt
mischten sich England und Frankreich ein. Nachdem diplomatische Verhandlungen nichts eingebracht hatten, erschienen ihre
Kriegsschiffe im Oktober 1927 vor dem Hafen Navarino und
vernichtete die türkisch-ägyptische Flotte. Mohammed Ali gab
den Türken die Schuld an diesem Desaster und trat von da an in
offene Gegnerschaft zum Sultan. Dazu glaubte er um so mehr
berechtigt zu sein, als der Sultan sich weigerte, seine Zusage
einzulösen und ihm, beziehungsweise seinem Sohn Ibrahim, Syrien zum Lehen zu übergeben. Im Jahr 1831 ließ Mohammed Ali
seine Truppen in Syrien einrücken und stieß in einem gewaltigen
Feldzug bis auf nur zweihundert Kilometer vor Konstantinopel
vor. Die Hohe Pforte setzte formell den aufrührerischen Pascha
ab und ließ namens des Sultans und Kalifen in allen Moscheen
verkünden, Mohammed Ali und seine Fmilie gehörten von nun
an zu den Unreinen. Im Gegenzug sorgte Mohammed Ali dafür,
daß der seit dem Wahhabiten-Feldzug von ihm abhängige Scherif
von Mekka den Sultan-Kalifen als Feind des Islam und des Propheten brandmarkte. Auf seiten der Türken kämpfte damals ein
Hauptmann von Moltke, der spätere Feldmarschall. Seine Rat-
schläge wurden allerdings meist nicht befolgt. Von Mohammed
Ali bedroht, dessen Truppen die Hauptstadt des Osmanischen

Reichs ziemlich wehrlos ausgeliefert war, wandte sich der Sultan an Großbritannien, das ihm aber die Unterstützung verweigerte. Dagegen war Rußland dem Hilfeersuchen gegenüber aufgeschlossen und schickte umgehend Streitkräfte nach Kleinasien. Mohammed Ali schien die Grenzen seiner Möglichkeiten abschätzen zu können, denn er drang nie ganz bis Konstantinopel vor. Er wartete auf die Reaktion der europäischen Großmächte, die auch nicht ausblieb. Vom Vordringen Rußlands nach Süden aufgeschreckt, übten England und Frankreich Druck auf Mohammed Ali aus, vor allem Lord Palmerston in London. Die ägyptische Streitmacht zog sich nach Syrien zurück, wo Ibrahim die Herrschaft übernahm. Aus Dankbarkeit dafür, nicht selbst gestürzt worden zu sein, schwenkte der Sultan gegenüber seinen rebellischen Untertanen um, erkannte die Herrschaft Ibrahims in Syrien an und setzte auch Mohammed Ali wieder als Pascha von Ägypten ein. Die Union von Syrien und Ägypten dauerte damals sieben Jahre. Die gleiche Vereinigung 1958 sollte nur drei Jahre Bestand haben. Um die Gunst Mohammed Alis entwickelte sich ein Wettlauf zwischen den Mächten, und der Pascha versuchte eine Schaukelpolitik zwischen England und Frankreich, ähnlich der, die 120 Jahre später Gamal Abdel Nasser zwischen Ost und West praktizierte. Aber die europäischen Mächte wollten das Osmanische Reich – den »kranken Mann am Bosporus«, wie später gesagt wurde – nicht in die Hände Mohammed Alis fallen lassen. Im Dezember 1840 stellten England, Österreich, Preußen und Rußland dem Ägypter das Ultimatum, Syrien zu räumen und die zu ihm übergelaufene türkische Flotte zurückzugeben. Dafür sollte ihm die vererbbare Paschawürde in Ägypten zugesprochen werden. Nachdem vier Wochen vorher britische Kriegsschiffe unter Napier in Alexandria gelandet waren und türkisch-österreichische Streitkräfte die Feste Akkon in Syrien genommen hatten, willigte Mohammed Ali ein. Er räumte Syrien und Kreta und gab die türkischen Schiffe zurück. Am 13. Februar 1841 machte ihn der Sultan zum König von Ägypten und verlieh ihm die erbliche Paschawürde. Die Dynastie Mohammed Ali war damit in Ägypten gegründet. Am 26. Juli 1952 sollte der letzte

Herrscher dieses Hauses albanischen Ursprungs, König Faruk, von Alexandria aus ins Exil gehen – nach Europa.

Zwar hatten die Kriege Mohammed Alis die ägyptische Wirtschaft schwer belastet, aber insgesamt brachte sein Aufbau- und Fortschrittseifer dem Land enormen Fortschritt. In der Landwirtschaft wurde das Prinzip der Multazimin, der Pächter, abgeschafft und alles Land zum Staatseigentum erklärt. Die bisherigen Pächter konnten es weiter bearbeiten und später, wenn sie ihre Abgaben – jetzt an den Staat – pünktlich zahlten, Eigentümer werden. Einen Teil des Landes nahm Mohammed Ali für seine Familie und seine Höflinge in Anspruch. So entstanden die »Kharadsch«-Ländereien (Eigentum nach dauernder Bearbeitung) und das »Ushuri«-Land (Eigentum, verliehen für Verdienste um den Staat, verbunden mit Halbierung der Steuerlast). Eine Verwaltung wurde eingesetzt mit Beamten, die für Steuereintreibung und Überwachung der Bewässerung zuständig waren. Das Land wurde eingeteilt in Provinzen, Kreise und Gemeinden. Die Bewässerungsanlagen wurden repariert, neue Kanäle und Dämme gebaut, die Erfindung der Dampfpumpen ausgenützt und dabei der Übergang von der jahrtausendealten Bekkenbewässerung zur Dauerbewässerung eingeleitet. Das Anpflanzen der Baumwolle wurde aufgenommen, später Einnahmequelle des Landes auf Generationen. Ebenso wie Tabak, Indigo und andere neu in Ägypten eingeführte Erzeugnisse wurde auch die Baumwolle unter Staatsmonopol exportiert.

Nach der Erfindung des Dampfschiffs führte eine der schnellen Routen von England nach Indien über Ägypten. Dabei mußte allerdings die Reise zwischen Alexandria und Suez noch über Land zurückgelegt werden. Der Engländer Waghorn richtete 1834 einen regelmäßigen Transitdienst auf dieser Strecke ein. Die drei Tage dauernde Tour vom Mittelmeer zum Roten Meer wagten 1840 275 Passagiere, fünf Jahre später wurden 2300 Personen befördert und 1846 schon dreitausend. Die Bedeutung dieser Strecke war offenkundig. Das Denkmal des Leutnants Waghorn in Port Taufik bei Suez ist 1956 während der ersten Suezkrise in die Luft gesprengt worden.

In der Landwirtschaft lehrten die ausländischen Experten, die der Pascha ins Land holte, wie in dem klimatisch begünstigten Land durch Fruchtwechsel auf den Feldern der Ertrag gesteigert und dadurch die Versorgung der Bevölkerung mit Nahrungsmitteln verbessert werden konnte. Mit einer »Öffnung nach Westen«, ähnlich, wie sie Sadat 1974 proklamierte, betrieb Mohammed Ali die Industrialisierung des Landes. Mit Ausnahme bei einigen Textilfabriken stellte sich allerdings schon seinerzeit heraus, was sich in der Mitte des zwanzigsten Jahrhunderts wiederholte: Das Verhältnis der Ägypter zur Technik macht es schwer, Fabriken zu betreiben. Schon vor gut hundert Jahren verrosteten und verkamen hier aus Europa gelieferte technische Anlagen. Die Fabriken hatte man zwar, aber niemand konnte sie bedienen. Ausgebildete Ingenieure, Mechaniker und Arbeiter fehlten. Obwohl Ausländer in großer Zahl gerufen wurden und das Schul- und Ausbildungswesen reformiert wurde, fehlte der einheimischen Bevölkerung aufgrund ihrer Fellachenmentalität, die ganz auf Landwirtschaft und Handel eingestellt war, das innere Verständnis und das Organisationsvermögen, eine industrielle Produktion auf die Beine zu stellen. Zwar wirkte Mohammed Ali wie ein aufgeklärter, moderner Herrscher, aber er blieb zugleich bei den brutalen Formen der Zwangsarbeit. Unbezahlte Frondienste waren die damals allgemein übliche Art, Leistungen zu erzwingen. Nicht zuletzt wegen der ständig steigenden Steuern war das Leben der Fellachen während der Zeit des Mohammed Ali schließlich doch um nichts besser, als es unter den ausbeuterischen Mamelucken-Beys gewesen war. Bei der Steuereintreibung wurde die Kurbasch, die Peitsche mit Riemen aus Nilpferdhaut, geschwungen und die Bastonade, die Prügelstrafe, verabreicht. Auf religiösem Gebiet jedoch war Mohammed Ali tolerant, seine Aufgeschlossenheit gegenüber der Technik und gegenüber der Hilfe aus dem Ausland machte ihn zu einem Herrscher, der als »Schöpfer des modernen Ägypten« und als »Erwecker Ägyptens aus jahrhundertelangem Schlaf« gerühmt wird. Interessanterweise wird er von den Geschichtsschreibern insgesamt unterschiedlich beurteilt. Engländer neigen dazu, die bru-

tale Seite seines Wesens herauszustellen und ihm weniger Bedeutung zuzumessen als Franzosen. Die politische Interessenlage
jener Jahre zeigt sich noch in der Betrachtungsweise von heute.
Die britische Politik stand zu seiner Zeit eher auf seiten der
Mamelucken und des Sultans, während die französische Politik
damals mehr an Mohammed Ali interessiert war.

Im Alter verfiel Mohammed Ali in geistige Umnachtung. Mit
Zustimmung des Sultans übernahm Sohn Ibrahim 1848 die Regierung. Ibrahim starb jedoch schon vier Monate später, der gei-
steskranke Vater überlebte ihn, er verschied am 2. August 1849.
Er ist in der von ihm nach dem Vorbild der Blauen Moschee von
Konstantinopel erbauten und nach ihm benannten Moschee beigesetzt. Die Mohammed-Ali-Moschee auf halber Höhe der Mo-
kattam-Berge neben der Zitadelle ist eines der bekanntesten
Wahrzeichen Kairos.

Die Nachkommenschaft des Mohammed Ali stellte bis 1952
neun weitere Herrscher über Ägypten. Ihre Titel sind zugleich
kennzeichnend für die jeweilige politische Periode Ägyptens und
für das Verhältnis des Landes zu den Kräften der Umwelt. Mohammed Ali erhielt die erbliche Würde eines »Paschas«
(1805–1848) vom Sultan, das Land war Provinz des Osmanischen
Reichs. Die Erbfolge regelte sich nach türkischem Recht, wonach
das älteste männliche Familienmitglied die Herrschaft antritt.
Sohn Ibrahim war Pascha von Syrien, später von Ägypten
(1831–1840). Auch Abbas Hilmi I. (1848–1854) und Mohammed
Said (1854–1863) waren Paschas. Ismail (1863–1879) erkauft sich
vom Sultan den Titel »Khadive« (Oberherr, Vizekönig). Die Erbfolge ist nach fränkischem Recht geregelt, der älteste Sohn erbt.
Taufik (1879–1892) und Abbas Hilmi (1892–1914) sind Khediven,
ihr Land ist osmanische Provinz mit britischer Besetzung. Im
Ersten Weltkrieg steht die Türkei auf seiten der Mittelmächte,
und die Engländer lösen praktisch die staatsrechtliche Zugehörigkeit Ägyptens zur Türkei. Hussein Kamal (1914–1917) heißt
»Sultan von Ägypten«, ebenso Ahmed Fuad von 1917 bis 1922,
solange Ägypten britisches Protektorat ist. Auf Druck der mäch-
tig angewachsenen nationalistischen Bestrebungen wird er ab

1922 als Fuad I. »König von Ägypten«. Nominell ist Ägypten selbständiges Königreich, aber die Engländer sind weiter im Land. Nach seinem Tod folgt 1937 König Faruk, der im Juli 1952 von der Offiziersrevolution gestürzt wird. Er dankt als »König von Ägypten und Souverän des Sudan« zugunsten seines Sohnes Fuad II. ab und verläßt das Land. Am 18. Juni 1953 wird die Monarchie in Ägypten offiziell abgeschafft und die Republik proklamiert.

Die 150 Jahre der Dynastie Mohammed Ali sind gekennzeichnet vom Erwachen des ägyptischen Nationalismus, vom Bau des Suezkanals, von der Besetzung Ägyptens durch die Engländer, der eigenartigen Konstruktion des britisch-ägyptischen Kondominiums über den Sudan, von der Unfähigkeit und Kurzsichtigkeit der Herrscher während dieser Zeit und der im Luxus schwelgenden Oberschicht.

Ibrahim regierte das Erbe seines noch lebenden Vaters nur vier Monate. Der Feldherr und Administrator, der sein Können auf Kreta und in Syrien unter Beweis gestellt hatte und von dem man sich auch in Ägypten viel versprach, wurde nur 59 Jahre alt. Der Nachfolger Abbas Hilmi I., Enkel Mohammed Alis vom Sohn Tussun, wies so ziemlich alle schlechten Eigenschaften auf, die Orientalen nachgesagt werden, während er die guten Seiten vermissen ließ. Die am weitesten reichende Auswirkung hatte seine Ausländerfeindlichkeit. Er schickte die vom Großvater ins Land geholten Europäer wieder nach Hause mit entsprechenden Folgen für Wirtschaft und Verwaltung. Bezeichnend ist, daß unter Mohammed Ali 24 Textilfabriken mit zwanzigtausend Arbeitern Uniformen und Gallabiahs, die nachthemdartigen einheimischen Gewänder, herstellten. Drei Jahre nach dem Tod Mohammed Alis arbeiteten davon noch drei Fabriken.

Andererseits brachte es der Einfluß der Levantiner, die sich in Handel und Wandel und im Geldgeschäft eingenistet hatten, fertig, Abbas zur Aufhebung der Staatsmonopole im Handel und zur Abschaffung der Kopfsteuer zu bewegen. Unter diesem Pascha kam der spätere Entdecker von Ursachen und Zusammenhängen bei der ägyptischen Volksseuche, der Hakenwurmkrank-

heit, Dr. Theodor Bilharz, ins Land, gerufen von dem Tübinger
Leibarzt des Herrschers, Dr. Griesinger. Im Juli 1854 starb Abbas
unter mysteriösen Umständen. Die Gerüchte über eine angebli-
che Ermordung wurden aber nie verifiziert. Abbas' Onkel, ein
Sohn Mohammed Alis, Mohammed Said, trat die Nachfolge an.
Er warf das Steuer wieder herum, holte Ausländer in Scharen
an den Nil und förderte die Einwanderung in einem solchen
Ausmaß, daß bei seinem Tod, nach neunjähriger Herrschaft, die
Zahl der Ausländer mit etwa siebzigtausend sich versiebenfacht
hatte.

Said hatte eine Vorliebe für Eisenbahnen, entfacht durch die
Bahnstrecke von Kairo nach Alexandria, die sein Vorgänger hatte
bauen lassen. Das Erlebnis der schnellen Fahrt mit dem Dampf-
roß beeindruckte Said, und er veranlaßte, daß Kairo auch mit
Suez verbunden wurde. Die Eisenbahnen warfen Gewinne ab,
und der Pascha sah seinen Weitblick bezüglich der modernen
Verkehrsmittel bestätigt. Denn, wie überall, hatten auch in
Ägypten konservativ-religiöse Kräfte vor dem Fortschritt vermittels der »Räder auf Flügeln« gewarnt. Said war schließlich
auch unschwer für die Pläne des Franzosen de Lesseps einzunehmen, der einen Schiffskanal zwischen Mittelmeer und Rotem
Meer vorschlug.

Schicksalsweg Ägyptens: Suezkanal

Die erste bekannte Verbindung zwischen Mittelmeer und Rotem
Meer folgte dem Nil flußaufwärts und führte dann durch einen
Kanal, der unter Pharao Necho im 7. Jahrhundert v. Chr. begonnen und von Darius I. vollendet worden war. Dieser Wasserweg
durch das Wadi Tumulat verfiel, wurde von Ptolemäus im 3.
Jahrhundert v. Chr. neu gegraben und wiederum erneuert vom
arabischen Eroberer Ägyptens, Amr Ibn el As. Unter den Fatimiden wurde die Verbindung zum Roten Meer wieder vergessen.
Schließlich gingen die Wissenschaftler von Napoleons Expedition
auf Forschungsreise. Sie stießen – wie schon erwähnt – auf Über-

reste des pharaonischen Kanals. Als Folge von ungenauer Vermessung, die bei den damaligen Methoden nicht auszuschließen waren, glaubten die Planer an einen Unterschied im Niveau von Mittelmeer und Rotem Meer. Die errechnete Differenz von neun Metern hätte den Durchstich durch den 170 Kilometer langen Isthmus von Suez verhindert. Seitdem aber ließ das Projekt der Verbindung beider Meere Experten und Abenteurer nicht mehr los.

Schon 1834 suchte der Franzose Fournel bei Mohammed Ali um die Konzession nach, den Kanal bauen zu dürfen. Er wurde abschlägig beschieden. Nicht anders erging es einer von Monsieur Enfantin gebildeten Société pour le Canal de Suez. Mohammed Ali war gegen den Kanalbau, weil er vorausschauend genug war, zu erkennen, daß ein Ägypten mit einer für die Schiffahrt der europäischen Länder wichtigen Wasserstraße zum Objekt immerwährender Auseinandersetzungen werden könne. Nicht anders dachte sein Enkel Abbas, der 1852 eine Studie ablehnte, die ihm vom holländischen Generalkonsul auf Betreiben von de Lesseps vorgelegt worden war. Dagegen war Abbas' Nachfolger Said allem aufgeschlossen, was ausländisch war. In Paris aufgewachsen, hatte der dickliche Said einen etwas kindlichen Sinn für alles, was sich bewegte. Zu den Bekannten aus seiner Jugend gehörte auch der Sohn des französischen Generalkonsuls in Kairo, Ferdinand de Lesseps. Dieser war in den diplomatischen Dienst getreten, hatte in Ägypten als Konsul Dienst getan, war aber als Gesandter in Rom zwischen die Mühlsteine der Interessen von vatikanischer und französisch-republikanischer Politik geraten. Aus nicht völlig durchsichtigen, jedenfalls aber als unrühmlich empfundenen Gründen wurde de Lesseps vom Dienst suspendiert und zog sich auf seine Besitzung in Frankreich zurück. Während seiner Kairoer Zeit hatte de Lesseps in den Bänden »Description de l'Egypte« der napoleonischen Expedition auch von den Kanalplänen gelesen. Von diesem Zeitpunkt an ist er von dem Gedanken elektrisiert und hält sich für berufen, diesen Kanal in die Realität unzusetzen. Ihm sind auch grundlegende Arbeiten des Österreichers Alois Negrelli, Generaldirektor der Eisenbahnen der Donaumonarchie, in die Hände gefallen. Sie geben ihm die Grundlage zu eigenen Ausarbeitungen, teilweise soll er sie auch als Ergebnisse eigener Arbeit ausgegeben haben; gewiß ist jedenfalls, daß er immer bestrebt war, den Wert von Negrellis Leistung herunterzuspielen. Negrelli hat festgestellt, daß die Vermessungen der napoleonischen Ingenieure nicht stimmten und daß es keinen Unterschied im Niveau zwischen beiden Meeren gibt, der einen Kanalbau verhindern würde.

Der ägyptische Pascha lädt viele europäische Bekannte zum Besuch nach Ägypten ein, darunter de Lesseps. Dieser hat, besonders nach seinem Abgang aus dem auswärtigen Dienst, Zeit und Muße, seinen Lieblingsgedanken zu verfolgen und nichts ist ihm willkommener, als die Bekanntschaft mit Said ausnützen zu können. Er tut das mit solchem Erfolg, daß der Pascha ihm Unterstützung zusagt. Der internationalen Bedeutung des Projekts wegen informiert Said die in Kairo akkreditierten Vertreter – in der ägyptischen Provinz des Osmanischen Reichs waren Generalkonsuln tätig, die Botschafter residierten beim Sultan in Konstantinopel – über die Bauabsichten. Das Interesse aller Schifffahrtsnationen wurde sofort hellwach. Die Engländer standen Plänen eines Franzosen mißtrauisch gegenüber, und sie machten all ihren Einfluß beim Sultan geltend, um den Kanalbau zu verhindern.

Die Erinnerung an die napoleonische Zeit war noch lebendig, als erwogen worden war, den Kanal zu bauen, damit schneller ein militärischer Schlag gegen die britische Besitzung in Indien geführt werden könne. Schließlich hatte es vor sechzig Jahren nur an der falschen Vermessung gelegen, daß diese Pläne nicht weiter gediehen waren. Für England konnte das Kanalprojekt nichts Gutes bedeuten, und London war also strikt dagegen, daß der Sultan das Vorhaben ratifiziere.

Trotzdem unterschrieb Said am 30. November 1854 die erste Konzession für den Suezkanal und Lesseps machte sich daran, sein Vorhaben zu finanzieren. Zwar behandelte der Sultan die Genehmigung der Konzession auf britische Vorstellungen hin nach wie vor dilatorisch, aber am 15. Dezember 1858 wurde in

Paris die Compagnie Universelle du Canal de Suez gegründet. Vom öffentlich aufgelegten Kapital von 200 Millionen Francs, gestückelt in 400 000 Aktien zu je 500 Goldfrancs, wurde über die Hälfte in Frankreich gezeichnet. In anderen Ländern war die Zeichnung eine Pleite. Preußen erwarb fünfzehn Aktien. Die Mitwirkung der großen Bankhäuser, allen voran die von Rothschild, hatte Lesseps abgelehnt, weil ihm deren Provisionsforderung zu hoch erschienen war. Jetzt drohte der Mißerfolg bei der Finanzierung alle seine Pläne zu gefährden. In dieser Situation griff der, wenn es sein mußte, wenig wählerische Lesseps zu einem Mittel, dessen Finanzleute sich schon immer bedient haben. Er streute das Gerücht aus, der ägyptische Pascha habe die nicht verkauften Anteile übernommen. Said, dessen finanzielle Situation prekär war, dementierte diese Behauptung in einer Zirkularnote an die Konsuln in Kairo und wies de Lesseps erneut darauf hin, daß vor Beginn der Arbeiten die Ratifikation des Sultans eingeholt werden müsse. Diese Ratifikation erlebte Said zunächst einmal nicht mehr, er starb 1863.

Aber auch ohne die Genehmigung aus Konstantinopel werden am 25. April 1859 die Bauarbeiten aufgenommen. Sie hängen im Anfang nur mittelbar mit dem Ausschachten des Kanalbetts zusammen. Der wasserlosen Gegend muß Süßwasser zugeführt werden. Vom Zagazig-Kanal am Ostrand des Deltas wird ein Süßwasserkanal abgezweigt. Dort, wo später im Zusammenhang mit dem Kanalbau eine Siedlung entsteht, die heutige Stadt Ismailia, spaltet sich der Süßwasserweg nach Norden, dorthin wo die Hafenstadt Port Said (benannt nach dem Pascha) gegründet wird, und nach Suez im Süden. In einem Geheimabkommen mit der Suezkanal-Gesellschaft hat sich Ägypten verpflichtet, die Arbeitskräfte für den Kanalbau zu stellen. Wie üblich, erfolgte diese Bereitstellung dann durch die zwangsweise Rekrutierung der Fellachen zur Corvée. Die Fron und deren Begleitumstände nahm England zum Anlaß für Proteste in Kairo und Konstantinopel, und die Arbeiten kamen bis 1853 praktisch zum Stillstand. Nach dem Tod Saids übernahm Ismail die Herrschaft. Er erwarb von der Kanalgesellschaft 96 516 Aktien, darunter jene, die, nach der

Behauptung Lesseps', Said zu kaufen versprochen hatte. Für
Ägypten zog das ein finanzielles Desaster nach sich.

Die Eröffnung des Suezkanals gestaltete sich zum »Fest des
Jahrhunderts«. Der zum Khedive gewordene Pascha Ismail sah
Gelegenheit, sich vor aller Welt als unabhängiger Herrscher dar-
zustellen und im Kreis der europäischen Monarchen als einer der
ihren aufzutreten. Er unternahm eine Rundreise zu den Höfen
Europas und lud die gekrönten Häupter zur Kanaleröffnung ein.
Den einzigen, den er ostentativ überging, war sein Oberherr in
Konstantinopel, der Sultan. Nicht alle Herrscher waren von der
Aussicht angetan, es mit der Hohen Pforte zu verderben. Bis-
marck durchschaute das orientalische Ränkespiel, und auf seine
Empfehlung hin läßt sich der preußische König durch Kronprinz
Friedrich Wilhelm vertreten.

In Ägypten werden außerordentliche Vorbereitungen zur Versammlung der erlauchten Häupter getroffen. Für die Kaiserin
Eugénie von Frankreich, die Lesseps immer wieder unterstützt
hatte und die für seine Interessen bei ihrem Gemahl, Napoleon
III., eingetreten war, wird ein Palast in Heliopolis gebaut. Das
spätere Palast-Hotel wird von Nasser beschlagnahmt und zu einem Bürohaus für die wuchernde Staatsbürokratie umgebaut.
Später unter Sadat findet dort ein Prozeß gegen den abgesetzten
ägyptischen Ministerpräsidenten Ali Sabri und dessen Mitverschwörer statt. Heute ist der Palast Sitz einer Beamtenversamm-
lung, die sich mit der Verwaltung der längst zu den Akten gelegten Vereinigung aus den Ländern Ägypten, Syrien und Libyen
beschäftigt.

Der Khedive läßt auch eine Straße zu den Pyramiden bauen,
damit die Kutschen der Monarchen die Sehenswürdigkeiten bequem erreichen können. Das alles kostet phantastische Summen.
Zu den Kosten trägt auch der Bau eines Opernhauses am Esbe-
kieh-Park in Kairo bei. Der mit dem Programm betraute Direktor
der Pariser Oper schlägt vor, eine gewaltige Schau aller namhaf-
ten Komponisten jener Zeit aufzuführen. Richard Wagner, Charles Gounod und Guiseppe Verdi sollen ein gemeinsames Werk
schaffen. Daraus wird nichts. Schließlich läßt Verdi sich von der

Woge des Interesses an altägyptischen Motiven, die durch die
Veröffentlichungen der napoleonischen Gelehrten hervorgerufen
worden ist, einfangen und verspricht eine Pharaonenoper. Aber
sie wird nicht fertig. Anstelle von »Aida«, wie das Werk später
getauft wird, eröffnet die Kairoer Oper mit »Rigoletto«. »Aida«
wird erst am 8. Februar 1872 in der Mailänder Scala uraufge-
führt. Das Kairoer Opernhaus mit seinem Palmenholzgestühl,
ausgeschlagen mit rotem Samt und über Generationen hinweg
von Flöhen bevölkert, ist 102 Jahre lang Treffpunkt der Oberschicht geblieben. Zum Standardrepertoire des mit wechselnden
Ensembles arbeitenden Hauses, meist solchen italienischer oder
levantinischer Herkunft, gehörte selbstverständlich jetzt die
»Aida«. Gewisse Heiterkeitserfolge bei allzu kühn gestalteten
Dekorationen und Ausstattungen konnten bei dem in dieser Hinsicht sachverständigen Publikum allerdings mitunter nicht ausbleiben. Mit der goldverzierten Königsloge, den Lüstern und
Wandverkleidungen und dem mit allegorischen Darstellungen
bemalten Vorhang hatte die Oper einen unnachahmlichen
Charme, auch noch in den Zeiten, als längst elektrische Lampen
die ursprüngliche Petroleumbeleuchtung abgelöst hatten.

Der Bau stand im Oktober 1971, im Fastenmonat Ramadan,
plötzlich in Flammen. Die Ursache ist nie bekanntgegeben worden, doch lautet die allgemeine Version, eine Katze habe den
Petroleumkocher umgestoßen, auf dem Nachtwächter ihre
nächtliche Mahlzeit vor dem Morgengrauen des nächsten Fasten-
tages zuzubereiten pflegten. Mit brennendem Fell sei die Katze
durch den ausgedörrten Holzbau gerast, der wie Zunder brannte.
Die Zerstörung war vollkommen. Das Gelände, schräg gegenüber
dem Continental-Hotel, wurde eingeebnet und ist zum Parkplatz
geworden. Seitdem wird die Lücke von früheren eifrigen Besuchern der Oper, darunter von Präsident Sadat, als schmerzlich
empfunden, und es geistert deshalb auch immer wieder der Ge-
danke an einen Neubau dieses Kairoer Opernhauses durch die
hohe Politik. »Die Deutschen bauen es wieder auf«, hieß es,
nachdem die diplomatischen Beziehungen zwischen der Bundesrepublik Deutschland und Ägypten – vorher abgebrochen als

Folge der Anerkennung der DDR durch Kairo und der Aufnahme diplomatischer Beziehungen zwischen Bonn und Israel – wieder hergestellt worden waren. Der Berliner Architekt Bornemann entwarf ein modernes Kulturzentrum, das nicht nur einer an europäischer Oper interessierten Minderheit dienen sollte, dem vielmehr auch vielfältige Funktionen zugunsten breiterer Schichten zugedacht waren. Die veranschlagten Kosten von 35 Millionen Mark verhinderten jedoch das Projekt. Zur allgemeinen Überraschung tauchte das Thema Oper später wieder auf, im offiziellen Kommuniqué nach dem Besuch des amerikanischen Präsidenten Nixon am Nil im Juni 1974. Mit einem diskreten Seufzer der Erleichterung übermittelte daraufhin der deutsche Botschafter seinem amerikanischen Kollegen die entsprechenden Unterlagen. Sie wurden mit dem Eingeständnis entgegengenommen, daß noch keine rechte Vorstellung darüber vorhanden sei, wie dem amerikanischen Steuerzahler ein solches Geschenk erklärt werden könne. Neuerliche Auferstehung feierte das Vorhaben bei einem Besuch Sadats im Herbst 1974 in Frankreich. Diesmal versicherte das von ägyptischen Waffenkäufen mittels saudischem Geld animierte Paris, der Kairoer Oper Hilfe angedeihen zu lassen. Das Opernkarussell drehte sich ein Jahr später noch einmal, als in Kairoer Zeitungen zu lesen war, die Amerikaner würden den Lieblingswunsch Sadats erfüllen und eine neue Oper stiften. Im Januar 1979 schließlich ordnete Sadat »sofortigen Wiederaufbau« an, trotz vordringlicher wirtschaftlicher Probleme.

Von den Zuständen, die anläßlich der Kanal-Eröffnung am 17. November 1869 herrschten, berichten zeitgenössische Beobachter. Die Khediven und ihre Höflinge hätten während jener Wochen in einem Traumland ständiger Feiern und Feste gelebt. Bälle wechselten ab mit Pferderennen, Opernaufführungen, Banketten und Feuerwerk. Diese permanenten Feierlichkeiten hätten jedoch in schroffstem Gegensatz zur allgemeinen Armut und dem schrecklichen Elend des Volkes, das unter täglich neuen Steuern zu leiden hatte, gestanden.

Die strengen Ermahnungen des Sultans, dem diese Zustände

am Nil nicht verborgen bleiben, fruchten allerdings nichts. Ägypten treibt unaufhaltsam dem finanziellen Ruin entgegen. Dies um so mehr, als aus dem Suezkanal zunächst keineswegs ein großes Geschäft geworden ist. Die Reedereien zögern, die gewohnten Routen zu ändern. Im Jahr 1870 fährt täglich nur ein Schiff durch den Kanal. Die Gesellschaft kann keine Dividenden zahlen, der Kurswert der Aktien sinkt ständig. Der Khedive, dessen Land mit 15 Prozent am Kanalgeschäft beteiligt ist, sieht sich gezwungen, weitere Schulden zu machen, damit wenigstens der Zinsendienst geleistet werden kann. Als die Compagnie die Berechnungsgrundlagen für die Passagegebühren durch den Kanal ändert und den Preis um dreißig Prozent anhebt, veranlaßt England eine internationale Konferenz.

Die finanzielle Schwäche als Folge verschwenderischer Haushaltsführung hat ausländischen Einfluß in Ägypten immer stärker werden lassen. Die Ausländer erfreuen sich der Kapitulationen; das sind Vorrechte, aufgrund derer sie von Steuern befreit sind und nur von eigenen Konsulargerichten abgeurteilt werden können. Französische und britische Berater haben das Sagen im Lande und kritisieren ungeniert, zum Ärger einheimischer Offiziere, die Unfähigkeit des Khediven und seiner Beamten. Im April 1876 mußte Ägypten die Zahlungen für seine Schatzanweisungen einstellen. Ein Engländer untersucht die Finanzlage des Landes. In der Folge bestellt der Khedive, auf ausländischen Druck hin, eine internationale »Kasse der Finanzen«, besetzt mit einem Engländer, einem Franzosen, einem Italiener und einem Österreicher. Diese Einrichtung erhält die Vollmacht, die Regelung der ägyptischen Schulden in die Hand zu nehmen. Die Gläubigerstaaten haben Ismail jetzt in der Hand; durch diese Kontrolle seiner Finanzen ist er politisch entmündigt worden. Im Frühjahr 1879 übersteigt allein die Last der Zinsen die Summe sämtlicher Staatseinnahmen Ägyptens. Auf Vorstellungen Englands und Frankreichs setzte der Sultan mit einem Firman, einem Dekret, am 25. Juni 1879 den Khediven Ismail ab und bestimmt dessen ältesten Sohn Taufik zum Nachfolger. Am 27. Juni 1879 trägt die Staatsjacht »Al Mahroussa« Ismail ins Exil. Vom glei-

chen Pier in Alexandria legt 73 Jahre später eine andere »Al
Mahroussa« ab – mit König Faruk an Bord. Der widersprüchliche
Charakter Ismails zeigt sich darin, daß er Fellachen auspeitschen
ließ, um ihnen den letzten Piaster abzupressen, zugleich aber
dem Analphabetentum zu steuern suchte. Er bekämpfte den
Sklavenhandel im Sudan – ein Thema, das in der zweiten Hälfte
des vergangenen Jahrhunderts weltweites Interesse hatte –, verlangte aber bedenkenlos Zwangsarbeit auf seinen Ländereien. Er
trug zum Fortschritt des Landes bei und hat im wörtlichen Sinn
sein Land verkauft. Es zeigte sich hier ein Beispiel der in Ägypten
häufig anzutreffenden Schizophrenie aus orientalischem Despo-
tentum und Barbarei auf der einen, verfeinerter Lebensweise und
kultivierter Geistigkeit auf der anderen Seite.

Khedive Taufik konnte in der gegebenen Situation nichts anderes sein als eine Puppe in dem anglo-französischen Spiel um und
mit Ägypten. Die internationale Kommission beherrschte die Finanzen des Landes. Diese Tatsache und die Absetzung Ismails
rief zunehmend nationalistische Empfindungen bei den Ägyptern hervor. Der erste Aufstand des erwachenden Nationalismus,
von Offizieren um Ahmed Orabi angeführt, erfolgte 1882.

Das Schicksal des Suezkanals läßt sich mit den Worten charakterisieren: »Gebaut, verkauft, nationalisiert«. Der Konzessions-
vertrag sah die Verpachtung auf 99 Jahre, bis 1968, vor. Trotz des
beträchtlichen Ausmaßes der ägyptischen Leistungen beim Bau
und obwohl Ägypten den Grund und Boden für den Kanal zur
Verfügung gestellt hatte, sollte das Land für die Konzession mit
nur 15 Prozent am Reingewinn der internationalen Gesellschaft
beteiligt sein. Zweifelsohne war dies eine Abmachung, deren
Tragweite und Einseitigkeit von den Khediven entweder nicht
erkannt worden ist oder die sie eingehen mußten, weil ihnen,
denen das Wasser bis zum Hals stand, nichts anderes übrig blieb.
Nach einiger Zeit erkannte aber England, welche Bedeutung dem
Suezkanal zukam. Die Macht, die ursprünglich alles getan hatte,
um den Bau zu verhindern, schwenkte um und kaufte dem ägyptischen Khediven kurzentschlossen seine Beteiligung ab, als dieser verzweifelt suchte, einen Abnehmer zu finden. Premiermini-

ster Disraeli läßt den Verkauf von 177 642 Aktien für vier Millionen Pfund Sterling über das Bankhaus Rothschild abwickeln. Diese Transaktion verschafft dem Khediven zwar auch nur für kurze Zeit Luft, aber der neue Aktionär England erhält 1876 drei Sitze im Direktorium der internationalen Suezkanal-Gesellschaft. Gegen seine Interessen kann der Kanal nicht mehr betrieben werden. Die Wasserstraße entwickelt sich zu einem der bedeutendsten Schiffahrtswege der Welt, die Kontinente in Ost und West verbindend. Engländer, für deren Empire der Kanal eine Lebensader darstellt, prägen die Redensart: »Östlich von Suez«. Für sie beginnt jenseits des Städtchens Suez die Welt des Ostens. Das Kanalgeschäft blüht, allerdings versteht es die Gesellschaft, die in Paris ihren Sitz hat und in der Suezkanal-Zone in Ägypten eine Art eigener Kolonie betreibt, zwischen 1880 und 1937 keinerlei Gewinn an Kairo abliefern zu müssen. So lange dauert die Verrechnung der Schulden der verschwenderischen Khediven. Die Ägypter fühlen sich behandelt wie unmündige Kinder. Diese Verhaltensweise im Kolonialzeitalter sollte Konsequenzen haben.

Der Kanal erschien den Schiffahrtsnationen so wichtig, daß sie am 29. Oktober 1888 einen Vertrag schlossen, der zukünftig die freie Benutzung des Suezkanals durch alle Mächte und zu allen Zeiten garantieren sollte. Diese »Konvention von Konstantinopel«, unterzeichnet von Deutschland, Österreich, Spanien, Frankreich, Großbritannien, Italien, Rußland, Luxemburg, den Niederlanden und der Türkei, legte »die Freiheit des Verkehrs in Friedens- und Kriegszeiten sowie die Neutralität der Suezkanalzone« fest. Trotz dieser Konvention sperren die Engländer in beiden Weltkriegen den Kanal und Nasser macht ihnen Entsprechendes im Anschluß an die Beschlagnahme des Kanals 1956 nach. Er läßt keine Güter von und nach Israel mehr passieren.

Die schicksalhafte Bedeutung des Kanals für Ägypten erweist sich im Ersten Weltkrieg. Großbritannien löst Ägypten endgültig von der Türkei und macht das von ihm besetzte Ägypten zu einem britischen Protektorat. Eine andere Taktik wurde 1935 eingeschlagen, nachdem Ägypten mittlerweile Königreich geworden war. Die Spannungen, die der Krieg zwischen Italien und

Abessinien hervorruft, führt zu einem Vertrag zwischen Ägypten und Großbritannien. Darin wird England die Stationierung von Streitkräften in der Kanalzone erlaubt, »bis zu einer Zeit, da die Hohen vertragschließenden Teile übereinstimmen werden in der Auffassung, daß die ägyptische Armee in der Lage ist, mit ihren eigenen Mitteln die Freiheit und völlige Sicherheit der Schiffahrt auf dem Kanal zu gewährleisten«. Der Artikel 8 des Vertrags von 1936 beginnt mit den bedeutungsvollen Worten: »Angesichts der Tatsache, daß der Suezkanal, während er integrierter Bestandteil Ägyptens ist . . .« Nicht zuletzt auf diesem Anerkenntnis, daß der Kanal untrennbarer Bestandteil Ägyptens sei, basiert die juristische Argumentation, mit der Gamal Abdel Nasser später in kühnem Handstreich den Suezkanal nationalisiert und die erste Suezkrise vom Zaun bricht. Mit der Beschlagnahme des Kanals wurde die Welt an den Rand eines großen Krieges gestoßen. Zum ersten Mal brach in Ägypten voll durch, was in einem Jahrhundert gewachsen war und sich nun imstande zeigte, weltweite Erschütterung herbeizuführen: der Nationalismus.

Die Wurzeln des Nationalismus

Die nationalistische Bewegung in Ägypten hat drei historische Wurzeln. Aus diesen wird der Nationalismus auch heute noch gespeist, wobei die jeweiligen Zeitumstände die jeweiligen Erscheinungsformen und deren Ausprägung bestimmen. Moderne Revolutionäre und Gesellschaftsveränderer mit marxistischen Vorstellungen bedienen sich aller drei Grundströmungen, um ihre Ziele zu erreichen, woraus die widersprüchlich erscheinenden Verbindungen von Gruppen entstehen, deren Grundanschauungen an sich miteinander unvereinbar sind. Geeint kämpfen sie zunächst gemeinsam gegen die bestehende Ordnung. Gelingt es ihnen, die Macht zu erringen, wenden sie sich früher

Stufenpyramide des Königs Djoser in Sakkara bei Kairo

oder später gegeneinander, und die Fraktionskämpfe und Richtungsstreitereien führen über bürgerkriegsähnliche Zustände zu Unterdrückung und, häufig genug, zur Ausrottung früherer Kampfgefährten. Die Revolutionen fressen ihre Kinder, eine Erscheinung, die in Afrika und Asien mit zahlreichen Beispielen zu belegen ist.

Eine der Wurzeln des Nationalismus in Ägypten ist religiöser Natur und entspringt dem Islam. Die Fundamentalisten fordern die Renaissance des Islam, die bedingungslose Rückkehr zu den Vorschriften des Korans und die Ausschaltung aller Faktoren, die die Einheit der Gläubigen in einer Nation verhindern. Als geistige Väter dieser Richtung gelten Gamal Eddin el Afghani und sein Schüler, Scheich Mohammed Abdu; beide predigten sie dieses Programm während des vergangenen Jahrhunderts. Ihre Denkweise hat Ausfluß im Orabi-Aufstand gefunden, als dessen Folge die Engländer Ägypten besetzten. Diese religiöse Wurzel hat Triebe verschiedener Spielarten hervorgebracht. Sie reichen von extrem-konservativ bis zu religiös-liberal. Organisatorisch manifestiert sich religiöser Nationalismus mit Vorliebe in Geheimbünden. Die Moslembrüder zählen in der Gegenwart zu den bekanntesten. Die Spannweite dieses religiösen Nationalismus schließt übrigens auch die persischen Mullahs ein, die in ihrem Land den Kampf gegen den Schah führten, wobei sie behaupteten, gegen die Diktatur zu sein und für demokratische Rechte einzutreten. In anderen Fällen – sie sind häufiger – wenden sich religiöse Nationalisten gegen demokratische Parteien, welche die Einheit der Gläubigen ja verhindern, und fordern die Diktatur des Korans. Fast immer zeichnet sich islamischer Nationalismus durch heftige Opposition gegen Modernisierung und die sogenannte westliche Lebensweise aus.

Im vergangenen Jahrhundert entwickelte sich ein religiös geprägter Nationalismus aus der Auflehnung gegen die Herrscherfamilie und gegen die Oberschicht heraus. Einen sich ständig erneuernden Einfluß und weite Verbreitung gewann er im Lehr-

Felsentempel Deir el Bahri

und Unterrichtsbetrieb der Al Azhar. Scheich Mohammed Abdu wurde nach Rückkehr aus dem politischen Exil deren Rektor.

Eine weitere Quelle des Nationalismus in Ägypten ist die Ausländerfeindlichkeit. Historisch rankte sie sich ausgerechnet an der in Europa erzogenen bürgerlichen Schicht empor, die, unter ihrer Unzulänglichkeit bei der Bewältigung des ägyptischen Alltags leidend, den Einfluß der Europäer bekämpfte und dadurch ihre Minderwertigkeitskomplexe abzureagieren suchte. Die aus Europa heimgekehrten Studenten erlebten Selbstbestätigung in der Aufwiegelung der leicht zu begeisternden, ungebildeten Massen. Organisatorischen Ausdruck fanden diese Nationalisten in politischen Parteien, den einflußreichsten in der Wafd-Partei.

Die dritte den Nationalismus entscheidend fördernde Richtung, weil unmittelbar an den Instrumenten der Macht und in sich organisiert, personifizierten und personifizieren noch heute die Offiziere. Ursprünglich fühlten sie sich im Vergleich zu Türken, Albanern, Tscherkessen und anderen Nationalitäten im eigenen Land zurückgesetzt. Der Khedive Ismail unterdrückte sie mit Härte und brachte sie vorübergehend zum Schweigen. Um so kräftiger traten sie unter dem schwachen Nachfolger Taufik hervor. Die hochbezahlten europäischen Experten und der Mißbrauch der Vorrechte durch die Ausländer schürten ihre Unzufriedenheit. Später wurde der Kolonialismus der europäischen Mächte eine der Hauptursachen für den nationalistischen Kampf. Eine geschickte, von der kommunistischen Welthälfte gesteuerte Regie brachte »Ausländer«, »Kolonialisten«, »Imperialisten« im Bewußtsein der Nationalisten immer mit dem »Westen« in Verbindung. Während die westliche Welt nach dem Ende des letzten Weltkriegs, 1945, glaubte, im Nationalismus ein Erbübel erkannt zu haben und Anstrengungen unternahm, engstirnige Xenophobie zu überwinden, schossen nationalistische Bewegungen in den unterentwickelten Ländern erst empor. Die nationalistischen Grundrichtungen treten für sich abgegrenzt auf, zugleich aber überschneiden sich auf vielfältige Weise die Richtungen, die den drei Wurzeln entsprungen sind.

Ihren ersten Niederschlag fand die Nationalbewegung des mo-

dernen Ägyptens im »Orabi-Aufstand«. Ahmed Orabi stammte
aus Oberägypten, sein Geburtsdatum ist nicht bekannt. Der
Sohn eines kleinen Grundbesitzers studierte an der Al Azhar
Theologie, wurde dann Offizier und machte sodann Karriere. Der
Oberst mit der Beredsamkeit eines islamischen Predigers wurde
bald zum Wortführer einer sich rasch ausbreitenden Opposition
gegen die ausländische Bevormundung. Die um Orabi gescharten
Offiziere, die das dumpfe Gefühl der Massen artikulierten, erzwangen schließlich vom Khediven den Wechsel des Kriegsministers und des Premierministers. Die »Kammer der Notabeln«,
eine Art Volksvertretung, und das Offizierskorps forderten gemeinsam, die Streitkräfte zu verstärken. Gegen diese Solidarisie-
rung der Kräfte waren die ausländischen Finanzkontrolleure, die
Drahtzieher hinter dem Thron des Khediven, machtlos. Orabi
wurde 1881 Kriegsminister im Kabinett Mahmud Sami. Daß sich
später türkische Offiziere gegen den neuen ägyptischen Minister
verschworen, erhöhte nur das Ansehen Orabis. Die Parole
»Ägypten den Ägyptern« stilisierte Orabi zum Nationalhelden
hoch, dem gegenüber sich der Khedive aus Ängstlichkeit und
aufgrund seines Herkommens auf die Seite der europäischen
Mächte schlug. Die Forderung Englands und Frankreichs, den
Kriegsminister Orabi Pascha zu entlassen, wurde mit einer Flot-
tendemonstration vor Alexandria verbunden. Das brachte die
Massen in der Hafenstadt auf die Straße. Viele Europäer wurden
ermordet, die entsprechende Zahl ist umstritten. Jedenfalls nahm
Großbritannien diese Bluttaten und die Befestigungsarbeiten, die
Orabi Pascha demonstrativ in Alexandria vornehmen ließ, zum
Anlaß, am 11. Juni 1882 die Stadt beschießen zu lassen und
Truppen zu landen. »Zum Schutz britischer Staatsangehöriger
vorübergehend« ins Land gekommen, bleiben die Engländer 74
Jahre in Ägypten. Das britische Landungskorps verfolgt die Sol-
daten Orabis und schlägt sie am Ostrand des Deltas, bei Tell el
Kebir, einer Siedlung auf dem Weg zum Suezkanal. Angehörige
des Commonwealth sind dort auf einem Friedhof begraben.
Orabi wird gefangengenommen, vom Khediven zum Tode verur-
teilt, auf englische Intervention hin aber nicht hingerichtet. Er

wird nach Ceylon verbannt und darf zwanzig Jahre später nach
Ägypten zurückkehren, wo er 1911 gestorben ist. Nach dem
Orabi-Aufstand wird 1883 Sir Evelyn Baring, der spätere Lord
Cromer, als britischer Agent und Generalkonsul nach Ägypten
geschickt. Er wird später Hochkommissar und regiert das Land
praktisch bis 1907.

Ein Engländer bringt Ordnung

Die Ära des Lord Cromer in Ägypten ist prägend für die Neuzeit
dieses Landes gewesen. Daß sie den Namen eines Engländers und
nicht den eines Khediven trägt, sagt schon alles über die Macht-
verteilung in jenen Jahrzehnten. Lord Cromer gehörte zu jener
Mischung aus Offizier, Geheimdienstbeamten und Diplomat, die
Engländer erfolgreich werden ließ, welche Aufgabe auch immer
ihnen übertragen worden sein mag. Nachdem Evelyn Baring,
Major der Artillerie, als Adjutant britischer Hochkommissare auf
den Ionischen Inseln und auf Jamaica Dienst getan hatte, während des Bürgerkriegs in Amerika gewesen und die Militärakademie absolviert hatte, fand er im Geheimdienst Verwendung. In
Indien arbeitete er als Privatsekretär seines Vetters, Lord North-
brook. Dann wurde er, 1887, britischer Vertreter bei der öffentlichen Schuldenverwaltung in Ägypten. Dort stellte er schnell
seine Befähigung unter Beweis, mit dem Ergebnis, daß er nach
der von England erzwungenen Abdankung des Khediven Ismail
britischer Generalkontrolleur in der von England und Frankreich
geleiteten Finanzkontrolle über Ägypten wurde. Drei Jahre als
Finanzberater des britischen Vizekönigs in Indien schlossen sich
an, bevor der mit dem Titel Sir ausgezeichnete Evelyn Baring im
Oktober 1883, nach dem Orabi-Aufstand, die führende Diploma-
tenrolle in Ägypten übertragen bekam, was gleichbedeutend damit war, das Land regieren zu können. Zunächst sah sich der
spätere Lord Cromer dem Sudan-Problem gegenüber.
    Der Sudan war vom Roten Meer her von den Arabern erobert

worden. Ursprünglich von Gold und Elfenbein angelockt, fanden Araber bald lohnendere Beute unter den Menschen. Sklavenjägerei und der Handel mit Sklaven lagen fast ausschließlich in arabischen Händen und reichten vom Persischen Golf über Südarabien bis weit nach Ostafrika hinein. Das »schwarze Elfenbein« wurde auf grausamste und barbarischste Weise »gewonnen«. Junge Burschen wurden kastriert, und die Eunuchen fanden Verwendung als Haremswächter; arbeitsfähige Männer wurden als Sklaven, junge Mädchen als Konkubinen verkauft. Alte Männer und Frauen brachte man unbarmherzig um. Mohammed Ali schickte seinen Sohn Ismail 1820 mit einer Expedition nach dem Sudan, er wollte den Feldzug des vorher umgekommenen Ibrahim weiterführen. Als der Sultan 1842 den Pascha von Ägypten, Mohammed Ali, als Vizekönig für den Sudan anerkannte, gehörte der Sudan von nun an zum Osmanischen Reich, verwaltet vom Paschalik Ägypten. Die ägyptischen Besatzer und Beamten, korrupt und habgierig, steckten fortan nicht nur mit Sklavenhändlern unter einer Decke, sie betrieben oft auch selbst das Geschäft, für dessen Ware Mensch zu Hause lebhafte Nachfrage bestand. Sie preßten das Land auf jede erdenkliche Weise aus. Die Narben der Erinnerung sind heute noch vorhanden, und das spätere Schlagwort von der »Einheit des Niltals« sollte sich deshalb auch nie mit Leben füllen. Bei einer von Gamal Abdel Nasser erzwungenen Abstimmung über eine Vereinigung von Ägypten und Sudan antworteten die Sudanesen mit einem klaren »Nein«.

Ismail besetzte den Sudan, das größte Land Afrikas, fast in seiner ganzen heutigen Ausdehnung. Nach damaliger Sitte wurden einheimische Soldaten rekrutiert, als aber sudanesische Truppen 1865 meuterten, wurde die ägyptische Okkupation unter dem Vorwand, den Sklavenhandel bekämpfen zu wollen, weiter und weiter nach Süden vorgeschoben. Britische Offiziere in ägyptischen Diensten gingen auch tatsächlich gegen den Sklavenhandel vor, aber ägyptische und türkische Administratoren duldeten für ein Bakschisch oder gegen Beteiligung weiterhin, daß die schwarzen heidnischen Nilotenstämme systematisch ver-

schleppt und die sudanesischen Dörfer dezimiert wurden. Zum
Generalgouverneur des Sudan war vom Khediven 1876 der englische General Charles Gordon ernannt worden. Fünf Jahre später,
im Juli 1881, entfesselte Mohammed Ahmed, ein fanatischer religiöser Eiferer, einen Aufstand gegen alle Fremden im Land. Er
vermochte seinen Anhängern einzureden, er sei der Mahdi, der
Gesandte Allahs. Was Europäer, darunter der Österreicher Slatin
und der Deutsche Neufeld, als Erlebnisse niederschrieben (Slatin
war fünfzehn Jahre lang Gefangener der Aufständischen), gehört
zu den aufschlußreichsten Berichten über jene Epoche. Lord Cromer, 1883 nach Kairo gekommen, setzte zunächst durch, daß der
ägyptischen Regierung jegliche Verantwortung für den Sudan
abgenommen wurde. Er wollte die Einmischung der ägyptischen
Beamten und Offiziere in die sudanesischen Machenschaften beenden. Dafür wurde Großbritannien, gegen den Willen der Londoner Regierung, immer tiefer in die fünfzehn Jahre dauernden
Kriege im Sudan verwickelt. Zum ersten Feldzug gegen die Mahdisten wurde in Kairo gerüstet, wo sich der Gouverneur des Sudan, General Gordon gerade aufhielt. Die Expedition endete in
einem Desaster. Gordon wurde von den Mahdisten, die seine
Truppen in Khartum belagerten, enthauptet, wenige Stunden,
bevor die Entsatztruppen aus Ägypten eintrafen. Diese Kräfte
wären allerdings sowieso zu schwach gewesen und wurden von
den Mahdisten ebenfalls geschlagen. Im Gegensatz zu London
hatten die in Kairo residierenden Engländer immer viel getan,
um in dem ihnen am Herzen liegenden Amtsbereich die britischen Interessen hinreichend zu vertreten. Aus London aber kamen widersprüchliche Weisungen. Dort hatte man andere Sorgen als den fernen Sudan, in dem ein paar anscheinend wildge-
wordene Derwische eine Schreckensherrschaft ausübten. Der Tod
Gordons wurde aber trotzdem als Katastrophe empfunden, als
Herausforderung für ein Imperium, dessen Repräsentant dahin-
geschlachtet worden war. Während der Herrschaftszeit des
Mahdi und seines Nachfolgers, des Khalifa Abdullahi, suchten
sich die Italiener von Eritrea aus, die Belgier vom Kongo und die
Franzosen von ihren zentral- und westafrikanischen Besitzungen

her, Stücke aus dem riesigen Territorium des Sudan herauszu-
schneiden. Lord Cromer erkannte jetzt die Situation, änderte
seine Position der Nichteinmischung und setzte den zwei Jahre
dauernden Feldzug des Lord Kitchener im Sudan durch. Unter
den Teilnehmern damals befand sich der junge Winston Churchill. In der Schlacht von Omdurman, der Zwillingsstadt von
Khartum am Zusammenfluß von Weißem und Blauem Nil, wurden am 2. September 1898 die Mahdisten vernichtend geschlagen. Ein Vierteljahr später, am 19. Januar 1899, schlossen Großbritannien und Ägypten die Sudan-Konvention, eine einzigartige
völkerrechtliche Konstruktion. Der Sudan wurde als britisch-
ägyptisches Kondominium regiert. Überall im Sudan wehten gemeinsam die rote Fahne mit dem ägyptischen Halbmond und der
Union Jack. Der Generalgouverneur wurde vom ägyptischen
Herrscher auf Vorschlag der britischen Regierung ernannt. Er
verkörperte die oberste militärische und zivile Autorität im Sudan. Das Kondominium, dem eine Einigung zwischen England
und Frankreich über Teile des Sudan vorausgegangen war, bedeutete, daß Großbritannien den Sudan treuhänderisch für
Ägypten verwaltete. Vom zerfallenden Osmanischen Reich war
nicht mehr die Rede. Die vorher nie definierte Grenze zwischen
Ägypten und dem Sudan wurde mit dem Lineal gezogen, entlang
dem 22. Breitengrad, der Nubien teilt und durch Wadi Halfa
führt.

Die Vorgänge um den Sudan, die von London keineswegs immer in Sinne der Vorstellungen Lord Cromers entschieden wurden (er hielt wenig von General Gordon und war auch mit dem
ägyptischen Befehlshaber, dem »Sirdar« Kitchener nicht einverstanden), hielten ihn nicht davon ab, in Ägypten aufopfernd zu
wirken. Nach dem Tod des Khediven Taufik, 1892, bestand Gefahr für dessen Sohn und Erben, der als Minderjähriger das The-
resianum in Wien besuchte. Cromer holte Abbas Hilmi II. nach
Ägypten, bevor der Sultan in Konstantinopel sich einmischen
konnte, und erklärte den Neunzehnjährigen für mündig. Die
neunzehn Lebensjahre waren nach dem Mondkalender mit einem Trick errechnet worden, in Wirklichkeit war Abbas jünger.

Der neue Khedive dankte Cromer die Unterstützung nicht, sondern versuchte, ein Kabinett zu bilden, ohne den »Ratschlag« des britischen Vertreters einzuholen. Das brachte die Konfrontation mit Cromer. Verstärkt wurden die schlechten Beziehungen durch die Versuche des Herrschers, mit ägyptischen Nationalisten in Verbindung zu treten. Abbas Hilmi II. erkannte dabei nicht, daß er selbst, nach den Briten, die am meisten gehaßte Institution in Ägypten war. Ein Zwischenfall in Denschawai im Jahr 1906, bei dem ein britischer Offizier getötet worden war, und das nachfolgende Strafgericht hatten in nationalistischen Kreisen nachhaltige Wirkung hinterlassen. Präsident Sadat spricht in seinen 1977 erschienenen Memoiren davon, wie er als Knabe von den Erzählungen über die ägyptischen Helden von Denschawai, einem Dorf nur fünf Kilometer von Sadats Heimatdorf entfernt, beeindruckt worden ist.

Cromer wirkte 24 Jahre in Ägypten. Zweifellos diente er dabei in erster Linie britischen Interessen, aber das kam kaum weniger dem ägyptischen Fortschritt zugute. Ihn, den damals wahren Herrn des Landes, zum Schuldigen zu stempeln für die Rückständigkeit, in der sich Ägypten gegenüber Europa seinerzeit befand und noch heute befindet, heißt, die Perspektive des Komplexes der Minderwertigkeit einzunehmen. Ihr sind schon oft Autoren erlegen, die in übergroßem Verständnis für das Vorbringen ägyptischer Nationalisten einseitig Stellung beziehen. Die Ägypter jener Zeit waren noch weniger als ihre Nachkommen heutzutage imstande, sich selbst effizient zu verwalten. Unter Cromer und durch die Engländer ist eine funktionierende Verwaltung geschaffen worden. Sie war die Voraussetzung für die langsame, aber stetige Abtragung des aufgehäuften Schuldenbergs und für eine Fortentwicklung des Landes überhaupt. Die Ernteerträge bei Baumwolle, Zuckerrohr und Mais vervielfachten sich; allerdings auch die Bevölkerung. Cromer wurde von britischen Experten unterstützt, die sich aufopfernd für ihre Sache in Ägypten einsetzten. In erster Linie förderte er den Ausbau der Bewässerungsanlagen, die eine zentrale Bedeutung im Land des Nil haben. Der Staatssekretär im Ministerium für öffentliche

Anlagen, Sir Colin Scott-Montcrieff, setzte die Reparatur des
damals heruntergekommenen Systems durch. Britische Bewässe-
rungsingenieure und Fellachen verstanden sich damals auf eine
Weise, die heute durchaus Partnerschaft genannt werden würde.
Oft genug standen ägyptische Beamte zwischen ihnen – als Hindernisse. Der Bau der Delta-Barrages, dreißig Kilometer nördlich
von Kairo, war unter Mohammed Ali zwar begonnen, später aber
vernachlässigt und schließlich sogar vergessen worden. Die beiden Stauwehre, Mohammed-Ali-Barrages genannt, hatten Franzosen in den letzten Regierungsjahren des Paschas dort fertiggestellt, wo die beiden Nilarme sich trennen und beginnen, das
Delta zu bilden. Das Nilwasser wird dort gestaut, um für die
Niedrigwasserzeit während der Sommerzeit eine hinreichende
Bewässerung zu sichern. Ohne die dazu gehörenden Kanäle aber
sind Stauwehre sinnlos. Die drei Kanäle der Barrages boten sich
vor dem Eingreifen der Engländer so dar: der Minufia-Kanal war
zwar gebaut, aber verschlammt; der Behera-Kanal war ebenfalls
fertiggestellt, wegen Wassermangels aber nie benutzt worden;
und der Taufikia-Kanal war überhaupt nicht gegraben worden.
Aber auch ohne eine Funktion für die Bewässerung ausüben zu
können, war die weitläufige Anlage der Barrages mit ihren Gär-
ten und Bäumen ein Ausflugsziel für die Bevölkerung geworden.
Scott-Montcrieff nahm die Instandsetzung der Barrages energisch in Angriff und erreichte immerhin ein Funktionieren des
fertiggestellten Systems. Die Barrages spielen auch heute noch,
obwohl veraltet, eine Rolle in der unterägyptischen Wasserwirt-
schaft. Nach wie vor bilden ihre Parks eine Attraktion vor den
Toren der Großstadt Kairo, und das dortige Landhaus der ägyptischen Präsidenten ist unter Anwar el Sadat ein Treffpunkt der
hohen Politik geworden. Neben den Barrages waren zu Cromers
Zeiten nicht weniger wichtig die Dammbauten in Assuan, Assiut
und Zifta.

Bei den Engländern mußte damals unterschieden werden, ob
sie im Dienste Großbritanniens, wie die Diplomaten, oder in
Diensten des Khediven standen. Die englischen Staatsbeamten
Ägyptens pflegten, wie die meisten Ausländer, sich den Gebräu-

chen ihrer ägyptischen Kollegenschaft anzugleichen und auch
den Tarbusch, den roten Fez mit schwarzer Quaste, zu tragen.
Das war nicht als karnevalsmäßige Aufmachung, aus dem Gefühl
der Überlegenheit heraus getragen, zu verstehen, wie Kritiker
des Imperialismus meinen, sondern Ausdruck der Hingabe an
eine Aufgabe, der man sich zutiefst verpflichtet fühlte. Die
Ägypter anerkannten auch, daß im ausgehenden 19. Jahrhundert
die Engländer als maßgebliche Mitarbeiter in den Ministerien
vorzügliche Arbeit leisteten. Die Finanzkontrolle ermöglichte es,
für alle Ausgaben einen realen Gegenwert erwerben zu können;
Geld wurde nicht mehr völlig sinnlos zum Fenster hinausgewor-
fen. Auf den Gebieten Militär, Bewässerung und in der Landwirtschaft wurden erhebliche Fortschritte gemacht. Gewiß, die
Textilindustrie in England war an ägyptischer Baumwolle interessiert. Aber der Baumwollexport kam auch den Ägyptern zugute, und ohne ihn wäre es Ägypten schlecht ergangen. Weniger
anerkannt wurden die Engländer, soweit sie im Justizwesen und
im Bereich der inneren Verwaltung tätig waren. Hier vertrugen
sich orientalische Tradition und westliches Denken oft nicht.
Hinzu kam, daß einige Engländer in der ägyptischen Verwaltung
nicht mit dem starken Mann, Lord Cromer, übereinstimmten. So
wurde gestritten und intrigiert zwischen dem Khediven und seiner Hofhaltung, der Regierung mit dem Verwaltungsapparat,
Lord Cromer und seinem Stab und dem fernen London.

Von tiefgreifenden Fehlern und schwerer Vernachlässigung
auf den Gebieten des Erziehungswesens und der Rechtsstellung
der Ausländer, die im Verlauf jener Periode zu verzeichnen waren, sind noch spätere Generationen stark beeinflußt worden.
Das Erziehungssystem beruhte auf den Koran-Schulen in den
Moscheen, wo außer Lesen und Schreiben kaum etwas gelehrt
wurde. Das Studium beschränkte sich auf die Theologie an der Al
Azhar. Eine Universität wurde in Kairo erst 1926 gegründet. Wer
etwas werden wollte, mußte im Ausland studieren. In den Städten wurden Regierungsschulen nach französischem Muster eingerichtet. Die Engländer versuchten, das religiös orientierte alte
Schulsystem mit dem neuen System der relativ anspruchsvollen

Regierungsschulen zu verbinden. Das Ergebnis war, daß über Jahrzehnte zu viel Wert auf oberschulähnliche Stufen gelegt wurde, während die Analphabeten in der Masse der Bevölkerung, die Universitäten und vor allem jegliche technische Ausbildung vernachlässigt wurden. In der breiten Masse auf dem Lande gab es überhaupt keine Bildung, das Verständnis dafür fehlte völlig. Die ausländischen Missionsschulen konnten nur von Kindern der Oberschicht besucht werden. Über lange Zeiträume wurden Abiturienten herangezüchtet, die keine wirkliche Qualifikation besaßen, für körperliche Arbeit aber auch nicht mehr in Frage kamen. Der Typus des »Effendi« entwickelte sich, lautstark, politisch engagiert, aber nur viertelgebildet. Diese Schicht bildete den Boden, in dem nationalistische Parolen Wurzeln schlagen konnten, und sie stellte die Gefolgschaft von Politikern auf der Straße.

Im ägyptischen Gerichtswesen, das an Hand verschiedener Rechtsordnungen urteilte, hatten Ausländer Vorrechte, die nur aus dem Geist der Zeit zu verstehen sind und die sich historisch von der Zugehörigkeit Ägyptens zum Osmanischen Reich ableiteten. Überall im Osmanischen Reich war es zu Unzuträglichkeiten gekommen, weil Christen mit dem islamischen Recht, mit einer ihnen fremden Rechtsordnung kollidierten und zudem Benachteiligungen unterworfen waren. Besonders trat dies in Jerusalem mit seinen für die Christenheit heiligen Stätten zutage. Europäische Mächte intervenierten bei der Hohen Pforte, um die Sicherheit ihrer christlichen Schutzbefohlenen besorgt. Frankreich trat so zugunsten der Katholiken auf den Plan. Rußland sah eine Gelegenheit, die Interessen der orthodoxen Christen zum Anlaß für eine politische Einmischung in Konstantinopel zu nehmen. Dies wiederum mißfiel, im Machtkampf um den jeweils stärkeren Einfluß im Vorderen Orient, den Mitteleuropäern. Das Ergebnis von Verhandlungen und Konferenzen waren Reformedikte des türkischen Sultans, durch die sein Reich zunächst in einen Rechtsstaat nach europäischen Vorstellungen umgewandelt werden sollte (Hatti-Scherif von Gülhane, 1839), aufgrund derer später eine eigene Gerichtsbarkeit für Christen eingeführt

wurde (Hatti-Humanyun-Edikt, 1856). Aus dieser entwickelten
sich in Staatsverträgen die verschiedenen Konsulargerichtsbar-
keiten für Ausländer. Bei einem Rechtsstreit zwischen einem
Einheimischen und einem Ausländer war das Konsulargericht
zuständig. Ausländer konnten auch nicht von Staats wegen vor
die Strafgerichte des Gastlandes gestellt werden. Sie genossen,
wie heute noch Diplomaten, eine Immunität. In Ägypten wandten siebzehn Konsulargerichte das jeweilige Recht ihres Heimat-
landes an. Bald wurde allerdings offenkundig, daß dabei mehr die
Interessen der Ausländer geschützt wurden als daß Recht gesprochen wurde. Schlimmer Mißbrauch wurde vor allem mit Schutz-
briefen getrieben, die Konsuln auch für andere Staatsangehörige,
ja selbst für Ägypter, ausstellten. Diese geschützten Personen
waren von der Steuer befreit und der heimischen Gerichtsbarkeit
entzogen. Mit solchen Manipulationen verstanden es manche
Konsuln, ein Vermögen zu erwerben. Derartige Übelstände sollten beseitigt werden durch die Gemischten Gerichte, die in
Ägypten zwischen 1830 und 1876 entwickelt wurden. Diese Tri-
bunaux mixtes waren für die Rechtsentwicklung im Land rich-
tungweisend. Sie urteilten in zivil- und handelsrechtlichen Fällen
zwischen Ausländern oder bei Beteiligung eines Ausländers. Die
Kammern waren mit drei Richtern besetzt, mit zwei Ausländern
und nur einem Ägypter. Auch in der Berufungsinstanz mit fünf
Richtern waren die Ägypter mit zwei Vertretern in der Minderheit. Die mißliche Benachteiligung der unter Protektion eines
ausländischen Staates stehenden Ägypter blieb also bestehen,
auch lagen Strafsachen weiterhin in der Zuständigkeit der Konsulargerichte. Abgesehen davon richtete sich das Personenstatus-
recht, also Familien- und Erbrecht, nach der jeweiligen Religion.
Hier urteilten die von den Kirchen der verschiedenen Konfessio-
nen, den jüdischen Gemeinden und der islamischen Scharia-
Rechtsprechung eingesetzten Gerichte. Das verwirrende Durcheinander im Rechtswesen ist allen Nachfolgestaaten auf dem Gebiet des Osmanischen Reichs bis heute geblieben. Auch heute
noch richtet sich die Personengerichtsbarkeit in Ägypten nach
dem islamischen Recht, das als allgemeines Recht des Landes

angesehen wird. Für ausländische Frauen, die Ägypter geheiratet haben, ist dies von weitreicher Bedeutung, die bei der Heirat selten vorausgesehen wird. Die Vorrechte der Ausländer, die Kapitulationen, haben dem erwachenden Nationalismus außerordentlichen Auftrieb gegeben und waren immer ein Motiv für die Fremdenfeindlichkeit. Die Konsulargerichtsbarkeit wurde 1922 aufgehoben, die Gemischten Gerichtshöfe erst am 15. Oktober 1949.

Patrioten formieren die Opposition

Die also immerhin beachtlichen Erfolge der Engländer während der Cromer-Ära begünstigten ein Regime, das nur Fassade war. Der Khedive gab sich nach außen als Träger der Autorität, aber in Wirklichkeit zogen hinter den Kulissen die Engländer die Fäden. Der Zorn der gegen das Herrschaftssystem eingestellten Nationalisten richtete sich konsequenterweise im Rahmen der allgemeinen Fremdenfeindlichkeit gegen die Engländer und alle mit den Briten kooperierenden Gruppen und Personen. Die Unfähigkeit der ägyptischen Ministerialbürokratie wurde den Engländern zur Last gelegt.

Die englischen Bemühungen, die Verwaltung des Landes zunehmend Ägyptern zu übergeben, waren zwar die grundsätzliche Linie der Politik, sie hatten aber in der Praxis nur sporadische Fortschritte zu verzeichnen. In erster Linie lag das an der Frontstellung Frankreichs gegen die britische Vorherrschaft in Ägypten. Den Franzosen das Feld am Nil und am Suezkanal zu überlassen, waren die Engländer unter keinen Umständen bereit. Dieser Wettkampf der europäischen Mächte auf diplomatischem Parkett, hier das Ringen um Einfluß und Gefolgschaft in Ägypten, wurde erst im Vorfeld des Ersten Weltkrieges beendet, als England und Frankreich 1904 die Entente Cordiale schlossen. Die in Ägypten lebenden Engländer schienen auch ansonsten nicht übermäßig begierig, ihre Positionen zugunsten von Ägyptern zu räumen. Cromer hat für die Ausübung der Macht, die er den Händen des Khediven entrang, nie ein ägyptisches Gremium installiert, und wer in den Ministerien als britischer Pascha oder Bey Dienst tat, war überzeugt davon, daß die Fähigkeiten der Ägypter nicht ausreichten, ihn zu ersetzen. Immer wieder lieferten zudem die antibritischen Kundgebungen und Ausschreitungen den Engländern das in London überzeugende Argument, angesichts dieser Situation sei eine weitergehende Ägyptianisierung der Verwaltung nicht zu verantworten.

Unter den Persönlichkeiten, die nach Orabi und Afghani, aus dem Lager der Nationalisten hervortraten, waren der Schüler Afghanis, Scheich Mohammed Abdu, und der Politiker Mustafa Kamil. Abdu war nach dem Orabi-Aufstand verbannt worden, durfte aber zurückkehren und wurde sogar Rektor der Al Azhar. Der Rechtsanwalt Mustafa Kamil organisierte Kundgebungen gegen die Engländer ab 1897. Er forderte volle Unabhängigkeit und Souveränität für Ägypten sowie den Abzug der britischen Truppen. Zu diesem Zweck wollte er das nationale Bewußtsein der Ägypter wecken und Unterstützung aus Europa erreichen. Große Hoffnungen setzte er dabei auf Frankreich, wie aus einem Aufruf an seine Landsleute hervorgeht: »Ihr braucht nicht einmal außergewöhnliche Anstrengungen machen, um das Land zu retten, denn es liegt auch im Interesse Europas, daß das Land gerettet wird.« Im Alter von 22 Jahren unternahm er eine Werbereise durch Europa und kam 1896 auch nach Berlin, wo er vor der Presse – offizielle Gesprächspartner verweigerten sich ihm – die Parole der Patriotischen Union »Freiheit für alle, Gastfreundschaft für alle« erläuterte. In weiteren Besuchen in der deutschen Reichshauptstadt im April und Juli 1897 und 1899 suchte er wieder Verständnis für seine Sache zu erreichen. Der Ausgleich zwischen England und Frankreich in der Entente Cordiale war für diesen Patrioten ein schwerer Rückschlag. Er konne kaum länger aus der Zwietracht der beiden Mächte Vorteile für sich erhoffen.

Der Zwischenfall von Denschawai verstärkte die patriotischen Gefühle der Ägypter und lagerte wie ein Schatten nicht nur über den letzten Amtsjahren von Lord Cromer in Kairo. Er verdü-

sterte das Verhältnis zwischen Ägyptern und Engländern insgesamt sehr nachhaltig. Eine Gruppe britischer Offiziere machte
sich am 13. Juni 1905 eine Vergnügen daraus, auf den Feldern
um das Dorf Kafr Danschawai am Westrand des Nildeltas Tauben
zu schießen. Nun sind Tauben für die Ägypter eine beliebte Deli-
katesse (ein Taubenrestaurant am Nilufer gehörte in Kairo einmal zu den Spezialitäten der Stadt), und überall im Land fallen
die großen, merkwürdig geformten Taubenhäuser auf. Die Fellachen von Denschawai protestierten daher gegen das Taubenschie-
ßen, rotteten sich zusammen, griffen die englischen Offiziere an
und verprügelten sie. Einer der Offiziere kam dabei ums Leben;
er sei an Sonnenstich gestorben, behauptete später die Verteidigung. Ein Gericht, besetzt mit drei britischen und zwei ägyptischen Richtern, sprach harte Urteile aus. Vier Fellachen wurden
zum Tode verurteilt, zwei zu lebenslangem Zuchthaus, sechs zu
sieben Jahren Zuchthaus, drei zu einem Jahr Zwangsarbeit und
zu fünfzig Stockhieben. Um eine möglichst abschreckende Wirkung zu erzielen, fand die Vollstreckung öffentlich in Denschawai statt. Vor der versammelten Bevölkerung wurden die Delin-
quenten gehängt und in den Hinrichtungspausen die Stock-
schläge verabreicht. Die schauerliche Szenerie prägte sich bei den
Ägyptern symbolhaft für die Unterdrückung durch die Erng-länd-
der ein. Der stellvertretende Justizminister Boutros Ghali, der die
Urteile bestätig hatte, wurde als Ministerpräsident am 20. Februar 1910 von einem nationalistischen Attentäter, der in Genf
studiert hatte und einem Verschwörerzirkel angehörte, ermordet.

Im gleichen Jahr, da Lord Cromer abgelöst wurde, gründete
Mustafa Kamil 1907 als Sammlung für die ständig weiter wach-
sende Opposition Al Hizb el watani, die Vaterländische Partei, die
nach dem Ersten Weltkrieg von der Wafd-Partei abgelöst wurde,
theoretisch aber noch bis 1953 bestand. Wenige Monate nach
dem Gründungskongreß starb Mustafa Kamil. Sadat berichtet in
seinen Memoiren unter anderem von den Geschichten, die seine
Großmutter ihm, dem kleinen Buben, immer vor dem Einschla-
fen erzählt hat. Darunter jene von der Vergiftung Mustafa Ka-

mils durch die Engländer, die dessen Kampf gegen die Okkupation Ägyptens ein Ende setzen wollten. Die jungendliche Phantasie des Präsidenten aus dem Fallachendorf Mit Abul Kom entzündete sich damals an den patriotischen Balladen von den im
Nachbardorf Denschawai Hingerichteten und von den heldischen
Vorbildern Orabi Pascha, Mustafa Kamil und dem späteren Reformator der Türkei, Kemal Atatürk.

Im September 1910 fand in Brüssel ein Kongreß ägyptischer
Patrioten statt, an dem eine deutsche Beobachterdelegation teil-
nahm. Der Reichstagsabgeordnete Professor Hauptmann sprach
Grußworte. Der Nachfolger Kamils, Mohammed Farid, wurde
von der Deutschen Bank, die ihren Rechtsberater Dr. Weigelt
zum Brüsseler Kongreß entsandt hatte, nach Berlin eingeladen.
Dort wurde ihm im Oktober 1911 von den Behörden allerdings
die Erlaubnis verweigert, einen Parteikongreß in der deutschen
Hauptstadt zu veranstalten. Ständiger Vertreter der ägyptischen
Nationalopposition in Berlin war von 1908 bis zu seinem Tod
1913 Labib Moharram. Im Weltkrieg setzten die Ägypter ihre
Hoffnungen auf einen deutschen Sieg. Ein »Junges ägyptisches
Nationalkomitee«, das von Mohammed Farid, Mansur Rifaat
und Mohammed Fahmi gegründet worden war, stand in Gedan-
kenaustausch mit dem Auswärtigen Amt und der politischen Ab-
teilung des Generalstabs. Die Ägypter forderten eine Garantie
für ihre Unabhängigkeit und unterstützten als Gegenleistung die
deutsch-türkischen Pläne eines Vorstoßes auf den Suezkanal sowie die etwas nebulosen Vorstellungen der Deutschen, der ägyptische Khedive möge den Heiligen Krieg gegen die Engländer
ausrufen und einen Aufstand inszenieren. Dafür waren dem
Khediven Abbas Hilmi II. und dem National-Komitee-Vorsitzen-
den Fahmi vier Millionen Goldfrancs zur Verfügung gestellt worden. Ein Sonderkommando »Pascha« mit dem Major Rochus
Schmidt vom Reichskolonialamt war zur Erkundung an die ägyptische Grenze vorausgeschickt worden.

Das Techtelmechtel des ägyptischen Khediven mit Exilpoliti-
kern und mit dem Deutschen Reich, das allerdings nicht zu weit
gehen konnte, um den türkischen Oberherren in Konstantinopel,

den Verbündeten Deutschlands, nicht zu verprellen, blieb den Engländern nicht verborgen und sollte seine Auswirkungen haben.

Schon Lord Cromer war ein junger Rechtsanwalt aufgefallen, der wie Orabi vom Land kam und der für die Verwaltung geeignet schien. Saad Zoghlul, so hieß der Anwalt, wurde auf Veranlassung Cromers Erziehungsminister. Nach der Affäre Denschawai und im Zusammenhang mit Verhandlungen um eine Verlängerung der Suez-Konzession, die nach 99 Jahren 1968 abgelaufen wäre, kam es zum Mord am Ministerpräsidenten. Der Regierungschef, Boutros Ghali, koptischer Christ, verlängerte gegen die Zahlung von vier Millionen Pfund Sterling und einen Anteil am Gewinn die Betriebskonzession des Kanals um vierzig Jahre. Am nächsten Tag wurde Boutros, der zuvor, als er noch im Justizdienst stand, die Urteile von Denschawai bestätigt hatte, von Nasif el Wardani, Mitglied der terroristisch-nationalistischen Geheimorganisation »Tadaman«, ermordet. Der Mörder wurde gefaßt und hingerichtet. Im neuen ägyptischen Kabinett amtierte Saad Zoghlul – jetzt als Justizminister. Als dieser beim Khediven in Ungnade fiel und entlassen wurde, ohne daß die Engländer sich für ihn verwendeten, konnte er das nie vergessen. Saad Zoghlul wechselte die Front und wurde einer der führenden nationalistischen Oppositionellen.

Die Persönlichkeiten des ägyptischen Nationalismus wurden also von sehr unterschiedlichen Motiven geleitet. Sie bezogen Front gegen die Engländer, die Khediven und gegen die Türken. Mustafa Kamil, dem vorgeworfen wurde, vom Sultan den Paschatitel angenommen zu haben, galt als wankelmütiger Opportunist. Er setzte auf ausländische Hilfe bei der Erringung ägyptischer Unabhängigkeit. Saad Zoghlul war vom Khediven und den Engländern gekränkt worden und setzte auf die innere Stärke Ägyptens. Zwischen beiden changierten zahlreiche Abstufungen. Gewisse Ähnlichkeiten mit Unabhängigkeitskämpfern, Freiheitsbewegungen und Terroristen der Gegenwart, die im Zusammenhang mit Staatsgründungen in Afrika und Asien in Erscheinung treten, drängen sich auf.

Obwohl Lord Cromer die Zügel der politischen Macht in Ägypten fest in seinen Händen hielt, ließ er der Presse uneingeschränkten Raum zur freien Meinungsäußerung. Pressefreiheit gehörte zu den Steckenpferden, die sich der englische Liberalismus leistete. Wer das nötige Geld hatte, konnte eine Zeitung herausbringen und darin ungehindert seine Meinung verbreiten. Die Patrioten machten davon ausgiebig Gebrauch, und die englische Besatzungsmacht wurde ständig mit einer Flut von Angriffen und Beschuldigungen eingedeckt. Nachfolger Cromers wurde 1907 Sir Eldon Gorst, der die britische Politik des Übergangs der Verwaltung auf die Ägypter dadurch verwirklichte, daß er eine Reihe von Rechten, die Cromer an sich gezogen hatte, an den Khediven zurückgab. Abbas Hilmi II., schon immer ein Gegner der Engländer, strebte danach, unumschränkter Herr Ägyptens zu werden, und konspirierte mit den Nationalisten. Beim plötzlichen Tod von Gorst, 1911, war das Land dem Chaos nahe, die Engländer hielten mühsam die Ordnung aufrecht. Der in seinem Londoner Ruhestand an seinen Memoiren arbeitende Cromer mußte mit ansehen, wie der von ihm wenig geschätzte Lord Kitchener in den weißen Palast des britischen Residenten im Kairoer Stadtteil Garden City am Nil einzog. Kitchener schränkte die Befugnisse der ägyptischen Regierung mehr und mehr ein, bis diese die politischen Strömungen im Lande nicht mehr repräsentierte. Der Nationalismus breitete sich in der Opposition aus. Saad Zoghlul wurde der Führer einer gegen den Khediven und gegen die Engländer gerichteten Bewegung, die 1919 erstmals mit revolutionären Aktionen hervortreten sollte.

Beim Ausbruch des Ersten Weltkrieges 1914 verbrachte Lord Kitchener gerade seinen Urlaub in England, der Khedive weilte zur üblichen Sommerkur in Konstantinopel. Nach der englischen Kriegserklärung an Deutschland verbot die ägyptische Regierung in einer Proklamation, herausgegeben auf Veranlassung der britischen Vertretung in Kairo, alle finanziellen und kommerziellen Geschäfte mit den Gegnern Englands. Da Ägypten immer noch eine Provinz des Osmanischen Reichs war und der Khedive unter der Souveränität des Sultans stand, wäre bei einer entsprechen-

den Kriegserklärung der Türken auch Ägypten rechtlich in einen
Kriegszustand gegen Großbritannien eingetreten; ein Aufruf
zum Heiligen Krieg hätte zudem gewiß die ägyptischen Moslems
angesprochen. Aus diesen Überlegungen heraus erklärte Großbritannien am 19. Dezember 1914 in einem einseitigen Akt
Ägypten zum britischen Protektorat. Wenn auch Kriegsleistun-
gen von Ägypten nicht gefordert wurden, die Nationalisten fühlten sich maßlos herausgefordert durch das Protektorat, zumal die
Briten es mit dem arabischen Wort »Himaya« bezeichneten, mit
dem gleichen Wort, das auch für den Status christlicher Minori-
täten unter dem Schutz einer europäischen Macht verwandt
wurde. Das ägyptische Außenministerium wurde aufgelöst, die
entsprechenden Funktionen gingen auf den britischen Hochkommissar über. Der türkenfreundliche Khedive Abbas Hilmi II.
wurde abgesetzt und als sein Nachfolger der mit dem von den
Engländern verliehenen Titel Sultan ausgestattete Prinz Hussein
Kamal eingesetzt. Zunächst ging das Leben in Ägypten, unter
Kriegsrecht und unter dem Hochkommissar Sir Henry MacMa-
hon, weiter (Kitchener war Oberkommandierender auf dem europäischen Kriegsschauplatz geworden). Die Sorgen um den Ab-
satz der wirtschaftlichen Produkte nahmen allerdings ständig zu.
Die ägyptischen Beamten nutzten das Kriegsrecht zu jeder erdenklichen Art von Unterdrückung der Bevölkerung. Die Verlegung britischer Einheiten aus anderen Teilen des Commonwealth
nach Ägypten für den Feldzug in der Türkei und in Palästina
machte das Land zu einem Heerlager, bei dem die Landesbewoh-
ner Zuschauer waren. Ähnlich sollte sich die Situation im Zweiten Weltkrieg wiederholen. Die Geheimdienste scharten sich um
die drei am Nil stationierten Generalhauptquartiere und strahl-
ten Nachrichten in den nahöstlichen Raum aus (»Lawrence von
Arabien«). Schließlich wurden, entgegen den ursprünglichen Zu-
sicherungen, ägyptische Truppen und Einrichtungen doch zum
Kriegsdienst eingesetzt. Sultan Hussein starb im Oktober 1917,
Nachfolger wurde sein Bruder Ahmed Fuad, und am 11. November 1918 wurde in Europa der Waffenstillstand mit dem Deutschen Reich geschlossen.

Nur zwei Tage später zog Saad Zoghlul an der Spitze einer
Delegation (arabisch »Wafd«) zur britischen Residenz in Garden
City und forderte, das Protektorat aufzuheben und Ägypten die
volle Unabhängigkeit zu gewähren. Sir Reginald Wingate, mittlerweile Hochkommissar, erklärte, diese Forderung müsse zur
Prüfung und Beantwortung nach London weitergeleitet werden.
Ohne an die ägyptische Regierung, den offiziellen Gesprächspartner der Engländer, zu denken, hatte Sir Reginald diesen Be-
scheid gegeben, was den »Sprecher des Volkes«, Saad Zoghlul
wiederum veranlaßte, sofort zu verlangen, daß seine Delegation
nun auch nach London reisen dürfe. Die britische Regierung wies
dieses Verlangen aber ab. Daraufhin mobilisierte Zoghlul das
Volk durch Veranstaltung Demonstrationen und Unterschriften-
sammlungen. Die ägyptische Regierung, der ebenfalls eine Reise
zu Verhandlungen mit den britischen Stellen in London nicht
erlaubt worden war, trat im März 1919 zurück und Unruhe breitete sich mehr und mehr aus. London hatte jedoch nach Kriegsende andere Sorgen als die in bezug auf Ägypten, dessen
Wunsch, an der Neuregelung der Nachkriegswelt beteiligt zu
werden, den Briten nicht vordringlich erschien. Der Hochkommissar wurde nach London gerufen. Einige Tage später appellierte Zoghlul an den Sudan. Die Engländer warnten ihn davor,
seine auf Lahmlegung der Verwaltung abzielenden Aktivitäten
fortzusetzen. Als dies nichts nutzte, wurde er, zusammen mit
drei Gefolgsleuten, am 8. März 1919 nach Malta deportiert. Tags
darauf brachen schwere Unruhen in ganz Ägypten aus, die von
britischen Truppen unterdrückt wurden. Der britische Premierminister Lloyd George wechselte seinen Hochkommissar für
Ägypten aus und schickte Sir Edmund Allenby nach Kairo. Dieser gab wenige Tage nach seinem Eintreffen die Freisetzung der
Deportierten bekannt. Die freigelassene Delegation reiste von
Malta nach Paris, in der Hoffnung, dort ihre Stimme bei den
Versailler Friedensverhandlungen zur Geltung bringen zu können. Die Ägypter fürchteten die Anerkennung des britischen
Protektorats durch den amerikanischen Präsidenten Wilson, der
es mit seinem 14-Punkte-Programm für vereinbar hielt. Groß-

britannien hatte Wilson zunächst versichert, daß statt der Beibe-
haltung des Protektorats die Macht an die Ägypter zurückgegeben werden sollte. Zu den eifrigen Aktivitäten der ägyptischen
Nationalisten gehörte damals auch eine Veranstaltung am 30.
April 1919 in Berlin. Im Hotel Adlon warben die Ägypter dort
für ihre Sache.

Um Vorschläge für die weitere Entwicklung in Ägypten, die
sukzessive Machtübertragung betreffend, zu machen, reiste eine
Kommission aus London unter Lord Milner an den Nil. Das von
Zoghlul-Anhängern rasch organisierte »Unabhängigkeitskomi-
tee« rief jedoch erfolgreich zu einem Boykott dieser Kommission
auf, so daß außer der Regierung und dem Sultan kein ägyptischer
Politiker mit den Engländern sprach. Unverrichteterdinge reisten
sie im März 1920 wieder nach Hause. Später kam die Zoghlul-
Delegation nach London, und im Grundsatz, in unverbindlicher
Form wurde über die Beendigung des Protektorats Einigung er-
zielt. Allerdings herrschten große Meinungsunterschiede über
Modalitäten und Einzelheiten.

Immerhin war dies ein derartiger Erfolg Zoghluls, daß seine
politische Partei, die er in Anlehnung an die Delegation Wafd-
Partei nannte, auf Jahre hinaus die Vormachtstellung unter den
ägyptischen Nationalisten innehatte. Nach langen Verhandlungen wurde das Protektorat schließlich am 28. Februar 1922 beendet. Nominell wurde Ägypten wieder ein unabhängiger Staat, die
Periode britischer Besetzung war vorüber.

Die Bilanz der britischen Okkupation zeigt, daß dort, wo die
Engländer selbst die Verwaltung in Händen hatten, wo Engländer
planten, ausführten und kontrollierten, das Ergebnis positiv war,
so zum Beispiel bei den Finanzen und den öffentlichen Einrichtungen. Auch da, wo die britischen Fachleute sich nur auf die
Überwachung der ägyptischen Verwaltung beschränkt hatten,
waren die früheren Mißstände immerhin beseitigt worden. Eine
durchgreifende Reform der Verwaltung hatte es jedoch nicht gegeben. Sie blieb bürokratisch und unfähig und hatte durch den
britischen Überbau lediglich einen Sündenbock geliefert bekommen, auf den alles abgeschoben werden konnte, was in Wirklich-

keit die Folge eigenen Versagens war. Ausländerfeindliche, religiöse und patriotische Motive verwickelten sich zusammen mit der Unfähigkeit zu einem unauflöslichen Knäuel. Soweit die Engländer Erfolge erzielt hatten, blieben sie immer nur unvollkommen, weil deren Ergebnisse nicht genutzt wurden. Zum Beispiel wurde der Ausbau der Bewässerung nicht hinreichend zur Landgewinnung genutzt. Für die breiten Massen gab es keinen sozialen Fortschritt. Sie lebten während der Zeit des britischen Protektorats nur armselig, danach sanken sie ins Elend ab. Gleichzeitig wurden die Reichen zunehmend reicher und die großen wohlhabenden Familien, deren Landbesitz auf Mohammed Ali zurückging, etablierten sich mit Vermögen von orientalischen Ausmaßen, deren Größe mit europäischen Vorstellungen kaum zu erfassen war.

Mit dem Ende des Weltkrieges und der Zerschlagung des Osmanischen Reichs trat die Rivalität im Nahen Osten zwischen Großbritannien und Frankreich wieder deutlich hervor. Frankreich sicherte seinen Einfluß in Syrien und im Libanon, England in den haschemitischen Königreichen Transjordanien und Irak. Für Ägypten war schon das Protektorat die unmißverständliche Bekundung des britischen Interesses gewesen. Die Deklaration von 1922, mit der das Protektorat formal aufgehoben wurde, suchte nun vermittels Elementen der Selbstbestimmung die Nationalisten zu besänftigen und dabei doch den Herrschaftsanspruch des Empire zu berücksichtigen. Auf Dauer konnte das nicht gutgehen. Ägypten war wieder für seine internen Angelegenheiten zuständig geworden. Das Land war vierzig Jahre vorher bankrott gewesen, jetzt waren die Staatsfinanzen in Ordnung. Die Bevölkerung hatte sich von sieben auf zwölf Millionen Menschen erhöht, zugleich war die Produktivität der Landwirtschaft als Folge des Übergangs vom Prinzip der Überflutung zur Dauerbewässerung gestiegen. Politisch waren der Herrscher und die Paschas gegenüber den Nationalisten gestärkt worden, und der Nationalismus identifizierte Großbritannien jetzt mit Reaktion und Konservativismus.

Am 15. März 1922 wurde Sultan Ahmed Fuad zum König

Fuad I. von Ägypten proklamiert, auch die außenpolitischen Angelegenheiten gingen nun auf die Ägypter über. Bei der Ausarbeitung einer Verfassung ergab sich ein Tauziehen in Dreierfor-
mation. Der königliche Palast suchte sich möglichst viele konsti-
tutionelle Rechte gegenüber der Nationalversammlung und den
Notabeln zu sichern, die Regierung schielte politisch auf die Nationalisten und die Engländer waren darauf bedacht, ihre ganz
eigenen Interessen zu wahren. Der König forderte, sich als Herrscher »von Ägypten und dem Sudan« bezeichnen zu dürfen, ein
Titel, den England nicht anerkennen wollte. Die Könige aber
beharrten auf dieser Bezeichnung, und selbst König Faruk unterschrieb seine Abdankungsurkunde 1952 erst, nachdem er – eine
Marotte in den Augen der Revolutionsoffiziere – auch als Souverän des Sudan tituliert worden war. Die Verfassung wurde am
20. April 1923 verabschiedet, anschließend das Kriegsrecht aufgehoben und politische Straftäter begnadigt. Das Wahlrecht zur
Nationalversammlung sah eine indirekte Wahl in zwei Stufen
vor. Zunächst wurden Wahlmänner gewählt, die dann ihrerseits
die Abgeordneten bestimmten. Der Wafd hatte schon vorher zu
Gewalttaten gegen die Engländer aufgerufen, mehrfach waren
britische Soldaten ermordet worden. Saad Zoghlul war 1921 aus
der Verbannung nach Malta zurückgekehrt, wegen seiner ständigen nationalistischen Aktivitäten erneut verhaftet worden. Zunächst wurde er nach Aden und dann auf die Seychellen ver-
bracht. Im September 1922 wurde er nach Gibraltar verlegt und
seiner gesundheitlichen Verfassung wegen im April 1923 dort
freigelassen. Nach Aufhebung des Kriegsrechts konnte er nach
Ägypten zurückkehren, rechtzeitig zu den Wahlen, die im Januar
1924 dem Wafd 190 von 214 Sitzen der Nationalversammlung
einbrachten. Großbritannien wünschte jetzt Verhandlungen mit
dem Ziel, die britischen Truppen abzuziehen und dafür ein militärisches Bündnis mit Kairo zu schließen. Man schlug den Ägyptern einen entsprechenden Übergangzeitraum von zwölf Jahren
vor. Ministerpräsident Zoghlul reiste nach London, aber seine
heftige, unkonziliante Art ließ Verhandlungen dort gar nicht erst
aufkommen. Ohne irgendein Ergebnis fuhr er vier Wochen spä-

ter wieder ab. Die Aktivitäten des Wafd verlegten sich jetzt auf
die Sudanfrage. Bei Demonstrationen wurde die Einheit des Niltals unter Kairoer Führung gefordert. Am 19. November 1923
wurde in Kairo der Generalgouverneur des Sudan und Oberbe-
fehlshaber (»Sirdar«) der britischen Armee dort, Sir Lee Stack
ermordet. Im Parlament daraufhin übereichte in einem dramati-
schen Akt der britische Resident, Lord Allenby, dem ägyptischen
Premier Zoghlul ein Ultimatum: Bestrafung der Mörder, Geld-
strafe von einer halben Million Pfund Sterling, Abzug aller ägyptischen Offiziere und Truppen aus dem Sudan innerhalb von 24
Stunden, Unterdrückung aller politischen Demonstrationen,
Wiedereinsetzung der britischen Finanz- und Justizberater und
des Chefs des europäischen Departements im Innenministerium.
Zoghlul trat zurück, der von der Empörung über die Mordtat
erneut entfachte britische Machtanspruch hatte sich durchgesetzt. Die politischen Parteien, die sich als Gegengewicht zum
Wafd bildeten, wobei die Engländer diskret Anregungen gaben,
waren zu schwach für die ihnen zugedachte Rolle. Bei den Neuwahlen nach der Parlamentsauflösung erreichte der Wafd trotzdem nicht mehr die Hälfte der Sitze, gegenüber den Liberalen,
der Ittihad-Partei und den Unabhängigen, den nicht parteigebun-
denen Grundbesitzern. Zum Präsidenten des Parlaments wurde
Zoghlul gewählt, worauf der Ministerpräsident zurücktrat und
die Nationalversammlung erneut aufgelöst wurde. Ein politisches Intrigenspiel zwischen königlichem Palast, Parteien und
Engländern setzte ein. Lord Lloyd wurde durch Lord Allenby
ersetzt, und bei den Wahlen im Mai 1925 erreichte der Wafd
wieder 144 von 201 Sitzen. Zoghlul wurde wieder Parlamentspräsident und der Wafd duldete den Liberalen Adly Pascha als
Premier. Die ständige Einmischung des Wafd in die Verwaltung
bereitete der Regierung in der Folgezeit jedoch große Schwierigkeiten.

Die ägyptischen Nationalisten hielten 1924 in Berlin ihren
Kongreß ab, auf dem sie für Unabhängigkeit des Niltals, die

Gemüsehändler

Übergabe der Verwaltung des Suezkanals an Ägypten – ein britisches Vorrecht – und für die grundsätzliche Ablehnung aller Verhandlungen, solange britische Truppen am Nil stünden, eintraten. Das deutsche Reichsinnenministerium beschloß, die Aktivitäten der ägyptischen Nationalisten zu überwachen, zumal Kairo gefordert hatte, bestimmte Ägypter wegen ihrer Beteiligung an einer Verschwörung in Deutschland verfolgen zu lassen.

Während König Fuad auf Staatsbesuch in London weilte, starb am 23. August 1927 die Symbolgestalt des ägyptischen Nationalismus, der Wafd-Gründer, Saad Zoghlul. Sein politischer Erbe wurde Mustafa Nahas Pascha. Die folgenden Jahre dann waren gekennzeichnet durch Auseinandersetzungen, Kämpfe und Verhandlungen über eine ägyptische Verfassung im Innern und, mit der Konstitution des Landes eng zusammenhängend, über einen Vertag mit Großbritannien zu den Fragen Unabhängigkeit, Souveränität und Truppenabzug. Die britischen Vorbehaltsrechte aus dem Übereinkommen von 1922 bedeuteten praktisch, daß London die Macht am Nil jederzeit hätte vollständig an sich ziehen können. Hier eine Änderung zu erreichen, war das mit unterschiedlichen Mitteln verfolgte Ziel der ägyptischen Politiker. Außer Zoghlul verdienten eine solche Bezeichnung allerdings nur vier Persönlichkeiten, die den gemäßigten Liberalen angehörten: Adly, Sidki, Sarwat und Mahmud. Alle vier lösten sich an der Regierungsspitze ab. Der Wafd war zwar stärkste Partei, war aber durch eine Koalition gegen sich daran gehindert, selbst die Regierung zu übernehmen oder sich an ihr zu beteiligen. Insgesamt regierte der Wafd nur sieben Jahre lang in verschiedenen Zeitabschnitten zwischen 1924 und 1952.

Mustafa Nahas stellte sich als ebenso korrupt wie verantwortungslos heraus. Eine Enthüllung führte zu seinem Sturz, ohne ihn jedoch aus der politischen Szene zu entfernen. Als Vizepräsident des Parlaments hatte er, zusammen mit anderen Deputierten, einen Handel mit der Mutter des Prinzen Seif Eldin, des geistesgestörten Halbbruders des Königs, abgeschlossen. Ihr sollte die Treuhänderschaft über das Vermögen des Prinzen, das der König verwaltete, übertragen werden, wofür die Politiker

130 000 Pfund Sterling erhalten sollten. Die ungeschickterweise schriftlich fixierte Vereinbarung fiel den Anhängern des Königs in die Hände, als Nahas gerade Premier war. Der König schloß eine geheime Abrede mit dem einzigen liberalen Minister im Kabinett, Mahmud Pascha, aufgrund derer dieser zurücktrat. Das Dokument über den korrupten Premier Nahas wurde Zeitungen zugespielt, Nahas daraufhin entlassen und der zuvor zurückgetretene Mahmud Pascha zum Regierungschef berufen. Zwei Tage später wurde das Parlament aufgelöst. Zum zweiten Mal in vier Jahren war das Kabinett eines Wafd-Premiers gestürzt, zum zweiten Mal in vier Jahren die Verfassung vorübergehend außer Kraft gesetzt worden. Ein typisches Beispiel für das Ränkespiel zwischen den Kräften am Nil und die ausgeprägte Neigung, die sich übrigens auch später unter Nasser und Sadat zeigte, immer neue Verfassungen und Parteigrundgesetze zu erlassen.

Bei den Verhandlungen über einen britisch-ägyptischen Vertrag brachten die oppositionellen Wafdisten immer wieder alle Entwürfe zum Scheitern und als Folge davon, traten immer wieder Regierungen zurück. Schließlich kam es zum Zusammenstoß zwischen Mustafa Nahas und dem Königspalast wegen eines Gesetzes, das jeden Minister unter eine schwere Strafe stellte, der die Verfassung verletze. Das in europäischen Augen seltsame Gesetz richtete sich eigentlich gegen den König, der nicht mehr direkt mit den Ministern zugunsten seiner eigenen despotischen Machtansprüche intrigieren können sollte. Blutige Unruhen brachen in Kairo und Alexandria aus, britische Kriegsschiffe liefen in die Häfen ein. An die Stelle der suspendierten Verfassung von 1923 trat eine neue Konstitution. Für die latente Bereitschaft zu Gewalttätigkeiten im politischen Leben Ägyptens stellte die Anwesenheit britischer Truppen jetzt ein Hindernis dar. Die Briten verhinderten sowohl einen königlichen Despotismus als auch die blutige Politik der Parteidemagogen auf der Straße, beides mögliche Quellen für eine revolutionäre Entwicklung.

Eine komplizierte Situation zog mit den italienischen Feldzug gegen Abessinien herauf. König Fuad und sein Hof waren traditionell italophil eingestellt. Großbritannien zählte dagegen im

Völkerbund zu den Nationen, die Mussolinis Pläne eines faschistischen römischen Imperiums zu verhindern suchten. Italien hatte im Krieg mit der Türkei, 1911/12, in Libyen Tripolis und die Cyrenaika erobert. Damals war Ägypten vom britischen Hochkommissar, Lord Kitchener, zu strikter Neutralität gezwungen worden. Daß England jetzt, während der italienischen Eroberung Äthiopiens, das Hauptquartier der britischen Mittelmeerflotte von Malta nach Alexandria verlegte, ohne die Ägypter auch nur zu informieren, und daß der britische Außenminister, Sir Samuel Hoare, in einer Rede trocken feststellte, England habe derzeit andere Sorgen als den britisch-ägyptischen Vertrag, rief antienglische Ausschreitungen am Nil hervor und trieb die zerstrittenen ägyptischen Politiker zu einer »Vereinigten Front« zusammen. Sie forderten, die Verhandlungen weiterzuführen, was nach dem Sturz von Sir Samuel Hoare auch geschah. Kurz vor ägyptischen Neuwahlen, die für Mai 1936 angesetzt waren, starb König Fuad. Sein Sohn Faruk war noch minderjährig. Die Wahlen brachten den Wafdisten eine große Mehrheit, und wieder wurde Mustafa Nahas Premier. Allerdings beraubte die Konsolidierung Mussolinis in Äthiopien die Ägypter der Möglichkeit, das einen Krieg im Mittelmeer fürchtende Großbritannien unter Druck zu setzen. Die Verhandlungen zwischen Kairo und London mündeten im anglo-ägyptischen Vertrag vom 26. August 1936. Er bestimmte, daß an die Stelle der militärischen Besetzung Ägyptens ein militärischer Beistandspakt für zwanzig Jahre trete; die auf zehntausend Mann begrenzten britischen Streitkräfte wurden beiderseits des Suezkanals stationiert; acht Jahre lang stand der Hafen von Alexandria als Marinebasis den Engländern zur Verfügung; die Royal Air Force durfte ohne Einschränkungen über Ägypten fliegen. Die ägyptische Regierung stellte Kasernen in der Suezkanalzone bereit, baute bestimmte strategische Straßen und wurde für den Kriegsfall verpflichtet, jede mögliche Hilfe und Unterstützung zu gewähren. Großbritannien übernahm die Verpflichtung, Ägypten gegen Angriffe von außen zu schützen, sowie die Streitkräfte des Landes auszurüsten und zu versorgen. Die anglo-ägyptische Konvention von 1899 über den Sudan wurde bestätigt, ägyptische und britische Truppen dem Generalgouverneur von Khartum zur Verfügung gestellt und eine unbeschränkte Einwanderungsmöglichkeit der Ägypter in den Sudan vereinbart. Die Kapitulationen wurden abgeschafft, die Gemischten Gerichtshöfe nach einer Übergangszeit aufzulösen beschlossen. Der Vertrag wurde in London ohne Gegenstimmen, in Kairo mit 202 gegen 11 Stimmen in den Parlamenten ratifiziert. Die Zeit der britischen Besetzung, die mit der Landung nach der Beschießung Alexandrias 1882 begonnen hatte, war nach 54 Jahren ihrem Ende wieder einen Schritt näher gekommen. Beim Abschluß des Vertrags stand Premierminister Nahas im Zenit seiner Laufbahn. Zwei Jahre später aber war das Land, das den Vertrag jubelnd begrüßt hatte, über dieses Papier wieder tief gespalten. Mit dem Heranwachsen des Königs Faruk formierte sich wieder die Polarität zwischen Palast und Regierung. Ende 1937 trat Nahas zurück, bei den Wahlen im April 1938 erlitt der Wafd eine schwere Niederlage. Andere politische Parteien hatten sich formiert, und das Land wurde danach in wechselnden Koalitionen regiert.

Obwohl Rudolf Heß aus Alexandria stammte . . .

Während der Zeit des Dritten Reiches klafft in den Beziehungen zwischen Deutschland und Ägypten eine tiefe Lücke. Teilweise mit großer Akribie wird in der Literatur beschrieben, daß bereits im Mittelalter Deutsche in Ägypten ansässig waren, daß unter Mohammed Ali mit anderen europäischen Fachleuten auch Deutsche ins Land kamen. Es ist dort zu lesen über die Bildung der deutschen Kolonien in Alexandria und Kairo, die vielfältigen Verdienste von Medizinern, Archäologen und anderen deutschen Wissenschaftlern und über das Schicksal der unter kaiserlicher Flagge fahrenden Schiffe, die beim Ausbruch des Ersten Weltkrieges im Suezkanal lagen. Dann werden die Quellen rarer, versiegen sie nahezu völlig für die Jahre zwischen 1933 und 1945

– obwohl doch der Stellvertreter Hitlers, Rudolf Heß, aus Alexandria stammte – und setzen erst wieder ein mit der Gründung der Bundesrepublik Deutschland. Lediglich der Diplomat Dr. Fritz Grobba hat aus seinem ehemaligen Amtsbereich in Afghanistan und im Irak berichtet, wobei der fehlgeschlagene Aufstand des Rashid Ali el Ghailani gegen die Engländer und ein Teil der vielgesichtigen Rolle des Großmufti Hadsch el Husseini beschrieben werden.

Wie munter es in Ägypten zugegangen sein muß, ergibt sich aus der Darstellung von Wolfgang Diewerge, der 1934 als Sonderberichterstatter des »Völkischen Beobachter« in Kairo zum sogenannten Judenprozeß geschickt worden war. »Zu den Ländern, in denen sich das Judentum mit seiner Greuelpropaganda und Hetze und seinen Aufrufen zum wirtschaftlichen Boykott des neuen Deutschland besonders hemmungslos austobte, gehörte von Anfang an Ägypten«, beschreibt er die Ausgangslage. Die Proteste gegen das NS-Deutschland schlugen sich nieder in Versammlungen, Zeitungsartikeln und offenen Briefen. Auch im Gottesdienst und auf Sportplätzen wurde gegen die neue deutsche Regierung Hitlers, die Verfolgen von Juden und politisch Andersdenkenden protestiert. Mitglieder der deutschen Kolonie in Ägypten, die die Angriffe auf die Nazis als Verunglimpfung des Deutschtums überhaupt empfanden, publizierten eine Broschüre, in der sie laut Diewerge »die Gründe klarlegten, die die nationalsozialistische Regierung zur Ariergesetzgebung veranlaßt hatten«. Diese Schrift, voll von Parolen über die angebliche Verjudung in Deutschland, betrachtete der Vorsitzende der Weltliga zur Abwehr des Antisemitismus in Ägypten, der Rechtsanwalt Léon Castro, als Grund, beim Gemischten Gerichtshof eine Klage einzubringen; formell klagte er wegen Beleidigung des italienischen Wechselagenten Umberto Jabès. Beklagt waren der Vorsitzende des Deutschen Vereins, Willi van Meeteren – erster Präsident der deutsch-ägyptischen Handelskammer – und der Druckereibesitzer Safarowski. Die Verteidigung hatte vorbereitet der Anwalt und »Parteigenosse« Fritz W. Dahm, dem das im Zentralverlag der NSDAP erschienene Buch »Judenprozeß« ge-

widmet wurde. Dahm konnte wegen Krankheit nicht vor Gericht
auftreten, er starb kurz nach dem Verfahren. Der Reichstagsabgeordnete, Universitätsprofessor und ebenfalls Parteigenosse Dr.
Friedrich Grimm aus Essen kam nach Ägypten und leitete die
Verteidigung. Am 21. Januar 1934 wies das Gericht die Klage ab.
»Eine größere Niederlage hätte sich das Weltjudentum nicht holen können«, triumphierte der Berichterstatter. »Der Kairoer Judenprozeß hat die Bestätigung der nationalsozialistischen Gesetzgebung gebracht.« Solch propagandistischer Unfug war damals an der Tagesordnung, zu einer Zeit, als Schreiber wie Diewerge sich noch belustigten »über die Greuelmärchen, die be-
haupten, in Nazi-Deutschland würden die Juden schlimmer als
Tiere behandelt«.

Bei Ausbruch des Zweiten Weltkrieges bekannte Ägypten sich
offiziell zu seinen Verpflichtungen und identifizierte sich nach
außen mit Großbritannien, ohne allerdings Deutschland formell
den Krieg zu erklären. Die jungen Offiziere der ägyptischen
Streitkräfte, die antibritisch eingestellt waren, zeigten auch keine
Neigung, gegen die Achsenmächte in den Krieg zu ziehen.
Grundsätzlich wurde die allgemeine Stimmung im Lande von
deutschen Siegen oder Fehlschlägen beeinflußt. Anfangs gab es
hinreichend Grund, auf seiten der Deutschen zu jubeln.

Ähnlich wie der Zwischenfall von Denschawai eine Generation
früher, wirkte im Januar 1942 eine britische Intervention bei
König Faruk. Der britische Botschafter, Sir Miles Lampson, fuhr,
begleitet von Panzern, zum königlichen Stadtpalast, dem Abdin-
Palast, und betrat mit einer Gruppe von Offizieren, die die Pistolen gezogen hatten, das Schloß. Unter Gewaltandrohung wurde
der widerstrebende König gezwungen, den damals amtierenden
Ministerpräsidenten zu entlassen und Nahas Pascha mit einer
Wafd-Regierung einzusetzen. Daß ausgerechnet die Engländer
sich einen Wafd-Premier wünschten, gehört zu den Ironien der
Geschichte. Der Wafd konnte sich ausrechnen, daß im Falle eines
Sieges der Achsenmächte in Ägypten kaum gute Aussichten bestanden haben würden für jene politische Gruppe, die den Vertrag mit den Engländern von 1936 unter Dach und Fach gebracht

hatte. Aus dem nationalistischen Wafd waren Politiker geworden, die von einer anderen Spielart neu heranwachsender Nationalisten als korrupte Verräter gebrandmarkt wurden. Diese britische Intervention hat nach dem Zeugnis von Nasser und Sadat
die ägyptischen Offiziere zutiefst empört und ihrer freiheitsdur-
stigen Bewegung großen Auftrieb verliehen.

König Faruk verspielt den Thron

Kronprinz Faruk, ein achtzehn Jahre alter Jüngling, hielt sich auf
der Militärakademie von Woolwich in England auf, als sein Vater, König Fuad, starb. Einem Beschluß des ägyptischen Kabinetts folgend, das die Land-See-Reise für sicherer hielt als die mit
einem Flugzeug, fuhr Faruk mit der Eisenbahn nach Marseille,
wo er sich auf einem englischen Dampfer einschiffte. Begleitet
von einem aus Höflichkeit dem Thronfolger detachierten britischen Kriegsschiff fuhr er nach Alexandria, nahm dort den Sa-
lonwagenzug nach Kairo und fuhr vom Bahnhof der Hauptstadt
direkt zur El-Rifai-Moschee, wo sein Vater bereits beigesetzt
worden war. Der klimatischen Verhältnisse wegen besteht eine
religiöse Regel, wonach Tote innerhalb von 24 Stunden begraben
werden müssen; sie wurde und wird strikt angewendet. Vor einer
gemeinsamen Sitzung der beiden Häuser des Parlaments legte
der neue Herrscher den Eid auf die Verfassung ab, der Kriegsminister überreichte ihm als Zeichen der obersten Befehlsgewalt
über die Streitkräfte einen Marschallstab und auf dem Platz vor
dem Abdin-Schloß gelobten in einer feierlichen Zeremonie Offiziere aller Truppenteile dem König Treue und Gehorsam. Der
blendend aussehende junge König war der Schwarm seines Volkes. Wo immer er auftrat, wurde ihm zugejubelt, sein Bild
schmückte Paläste und Hütten, und es hing – echtes Anzeichen
für Bedeutung und Beliebtheit – in den Läden des Suq, wie der
Basar (persisch) auf arabisch heißt. Auch Reformer und Nationalisten setzten eine Zeitlang ihre Hoffnungen auf Faruk. Das sollte
sich in wenigen Jahren ändern.

Zunächst war es nur bei den Hofschranzen und in Kreisen der oberen Gesellschaft ein Gerücht, später allgemein Gegenstand diskreter Vermutungen, am Ende aber überall, auch im Ausland, verbreitete Gewißheit: Der König war weibstoll, ging hemmungslos seinen Begierden nach, spielte die Rolle eines Playboys und verfolgte alle seine Unternehmungen rabiat und reichlich niveaulos. Faruk legte eine Mischung aus ungeduldiger Brutalität und verklemmter Unsicherheit an den Tag, über die in späteren Jahren manche Schönheit aus Nachtlokalen plauderte. Diese Lebensführung änderte sich auch nicht, nachdem ihm einer der höchsten Richter des Landes, Mohammed Zulficar, seine Tochter Safinaz zur Frau anvertraut hatte. Nach der Gewohnheit des Hauses, die schon widerstrebend König Fuad kultiviert hatte, alle Vornamen mit einem F beginnen zu lassen, wurde die Königin Ägyptens in Farida umbenannt. Unglücklicherweise gebar sie dem König keinen Sohn, sondern, nach muselmanischer Auffassung »nur«, drei Töchter. Die Ehe muß für sie eine Leidenszeit gewesen sein, denn der erotische Appetit des Herrschers nahm ständig zu. In bestimmten Nachtklubs und Bars machten es sich die Oberkellner zur Gewohnheit, ständig einen Tisch reserviert zu halten, für den Fall, daß der König auftauchen sollte; und die Besitzer der Etablissements priesen sich glücklich, wenn es ihnen gelungen war, eine Tänzerin oder Sängerin zu engagieren, die die Aufmerksamkeit Faruks fand. Nachdem in interessierten Kreisen bekannt geworden war, daß voluminöser weiblicher Umfang den König zu besonders zu animieren pflegte, setzte förmlich eine Jagd nach entsprechenden Damen in den Kabaretts und Nachtlokalen von Beirut, Istanbul, Paris und London ein. Seinen Vertrauten, einen Italiener namens Antonio Pulli, rüstete der Monarch mit dem Titel eines »Königlichen Ministers für persönliche Angelegenheiten« aus, was Ägypten in aller Welt in den Ruf brachte, das einzige Land zu sein, wo Zuhälterei im Ministerrang betrieben wurde. Pullis vornehmste Aufgabe war es, für den König Verabredungen mit jenen Damen zu treffen, die das Wohlgefallen des Staatsoberhaupts gefunden hatten; und bei der unersättlichen Gier Faruks waren dies keineswegs nur Künstlerinnen der Bühne, sondern oft auch Weiblichkeiten aus dem Publikum. Die Peinlichkeiten, wenn ehrbare Ehefrauen aus der Gesellschaft, Ausländerinnen oder Diplomatenfrauen den Annäherungen des Königs ausgesetzt waren, kannten keine Grenzen. Skandale wurden mit Geld, Versetzungen oder Beförderungen der Ehemänner überspielt. Viele derartige Geschichten wurden nach dem Sturz des Königs in der Kairoer Gesellschaft enthüllt. Unter der pornographischen Sammlung, die in den Geheimtresors königlicher Paläste gefunden wurde, war auch manche kompromittierende Aufnahme. Ein ahnungsloser Hofbeamter entdeckte ein Bild seiner Frau in eindeutiger Situation. Er wurde einer der treuesten Anhänger des Revolutionärregimes und diente jahrelang dem Protokoll des Präsidenten Nasser.

In der Politik erwies sich Faruk als nicht ungeschickt. Er erkannte, daß er gegen die Engländer nichts unternehmen konnte, zugleich aber verschanzte er sich hinter den Kräften des Landes, die gegen die Engländer aufmuckten, eine Methode, die schon seine Vorfahren, insbesondere der Khedive Abbas, angewandt hatten. Faruk träumte davon, Kalif zu werden, und hoffte, sich diesen Traum dadurch erfüllen zu können, daß er plante, verschiedene nützliche Ehen zu stiften. Seine Schwester Fawsia wurde denn auch dem persischen Thronfolger, Resa Pahlewi, angetraut, obwohl Faruk den etwa gleichalten Kronprinzen aus Teheran nicht ausstehen konnte. Eine andere Schwester sollte später den Thronfolger in Jordanien ehelichen, und für den irakischen König war einmal Ferial, die eigene Tochter Faruks, vorgesehen. Am Ende kam von diesen politisch motivierten Heiratsplänen nur die Ehe mit Schah Resa Pahlewi zustande. Der diesbezügliche Kontrakt wurde am 15. März 1939 feierlich im Abdin-Palast in Kairo geschlossen, und durch die Eheschließung wurde auf jeden Fall einmal das schon immer schlechte Verhältnis zwischen Faruk und seiner Mutter Nazli zur Feindschaft. Ansonsten soll Faruk später derart erfolgreich intrigiert haben, daß die Ehe des Schahs mit der ägyptischen Prinzessin wieder geschieden wurde. Es fand sogar eine orientalische Doppelscheidung statt: Am gleichen Tag nämlich, im November 1948, als sich der Schah

in Teheran der Zeremonie der Scheidung unterzog, verstieß in
Kairo König Faruk seine Frau Farida. Faruk heiratete dann am 6.
Mai 1951 die Tochter eines Ministeriumsbeamten, Narriman Sa-
dek, die ihm einen Sohn, Fuad, schenkte. Sie teilte mit ihm später
das Exil, verließ ihn aber am Ende, ohne danach besonders ver-
mißt zu werden. Sie wurde nach ihrer Rückkehr in das republika-
nische Ägypten problemlos geschieden, bevor sie nach einigen
Jahren einen Zahnarzt in Alexandria ehelichte.

Faruks Lebenswandel, der zwischen Sex, Spiel und Politik verlief, war von unbeschreiblichem Aufwand ebenso wie von billiger
Knauserigkeit gekennzeichnet. Ihm wird kaum Unrecht getan,
wenn er als zutiefst unmoralisch, verdorben und durch und
durch korrupt bezeichnet wird. Neben den Nachtlokalen gehörte
zu seinen bevorzugten Aufenthaltsorten der Automobilklub in
der Kasr-el-Nil-Straße, der heute noch dort, wenige Schritte neben dem Café Groppi, seinen Sitz hat. In diesem exklusiven Klub
pflegte König Faruk, häufig in Gesellschaft des Exkönigs Zogul
von Albanien, um riesige Summen zu spielen. Beim Kartenspiel
soll Zogul, der immer nur kleine Einsätze machte, einmal gesagt
haben, beim Pokern könne man oft, einen Thron aber nur einmal
verlieren, was König Faruk, so heißt es, zu der Erwiderung ge-
reizt habe: »In zehn Jahren gibt es sowieso nur noch fünf Könige
auf der Welt: Außer den vier Königen im Kartenspiel den König
von England.« Noch in den sechziger Jahren behauptete ein ural-
ter Klubdiener, er selbst habe dieses Bonmot des Königs gehört.
Aus der Fülle dubioser Geschäfte, die Faruk nachgesagt werden,
gehören der Verkauf seiner Privatyacht an die Regierung seines
Landes zu einem stark überhöhten Preis und die Reparatur der
Staatsyacht »Al Mahroussa« zu den herausragenden Kunststück-
chen. Diese Yacht wurde für acht Millionen Mark auf einer italienischen Werft renoviert, wobei sich der König zehn Prozent
der Auftragssumme heimlich zurückvergüten ließ. In dieses Bild
paßt, daß bei der Beisetzung des in Südafrika verstorbenen Vaters von Schah Resa Pahlewi ein kostbares Schwert verschwand.
Den seinerzeit im Exil verstorbenen Perser zu Hause zu beerdi-
gen, erschien wegen der politischen Lage dort nicht zweckmäßig,

so daß er vorläufig in Kairo begraben wurde. Vor der Bestattung
hatte man den Toten im Abdin-Schloß aufgebahrt, im Glanz
seiner Orden und juwelengeschmückten Insignien, darunter einem Reichsschwert. Am Grab ließ der persische Botschafter in
Kairo den Sarg noch einmal öffnen, um die Identität des Toten
bezeugen zu können: Sämtliche Juwelen waren verschwunden.
Der Skandal war ungeheuer und die auf diplomatischen Kanälen
ausgetragene Auseinandersetzung zwischen den, wie sie sich zu
titulieren pflegten, »lieben Vettern« Faruk und Reza endete ohne
Ergebnis. Zu der Verfeindung hatte auch beigetragen, daß Faruks
Schwester Fawsia nach ihrer Scheidung auf Weisung des Bruders
Wertgegenstände von Teheran nach Kairo hatte transportieren
lassen, die zum persischen Kronschatz gehörten und von Resa
Pahlewi vergeblich zurückgefordert worden waren. Diese Stücke,
darunter auch der während einer Audienz verschwundene edel-
steinbesetzte Dolch eines jemenitischen Prinzen, sind nach Faruks Absetzung in den Tresoren seiner Paläste gefunden und
ihren Besitzern zurückgegeben worden.

Daß sich Faruk mit geradezu ordinären Methoden bereicherte,
scheint sicher, wenn auch bedacht werden muß, daß die Revolutionsoffiziere nach 1952 ein großes Interesse daran gehabt haben,
die Person des gestürzten Herrschers und die ganze Dynastie
Mohammed Ali zusätzlich herabzuwürdigen. Für die Verbreitung der königlichen Schandtaten sorgten nach der Revolution
Publizisten aus verschiedenen Lagern. Die Versteigerung des
Teils des Privatvermögens, das Faruk trotz seines Exilgepäcks von
rund fünfhundert Koffern nicht hatte mitnehmen können, war
ein Ergebnis für Sammler und Kenner. Wer größere Beträge
anlegen konnte, durfte die Sammlung besichtigen, die im Kubbeh-Palast aus den verschiedenen Palästen zusammengetragen
worden war. Neben erotischen Kunstwerken aus aller Welt und
allen Kulturen bestand die auf mehrere Säle verteilte Kollektion
vornehmlich aus billigem Kitsch.

Der Einblick in die königlichen Paläste, der seither der Öffent-

Nillandschaft

lichkeit ermöglicht wurde, zeigt eine Anhäufung von orientalischer Pracht, die den Reichtum ahnen läßt, der diese Bauten und ihre Ausstattung ermöglichte. Zugleich führen für europäisches Stilempfinden geradezu ungeheuerliche Geschmacklosigkeiten vor Augen, wie hier abendländische Kulturen nur als dünner Firnis aufgetragen worden waren. Manche Prachträume in verschiedenen Palästen sind original erhalten und werden vorzüglich gepflegt. Soweit die Paläste aber nicht als Museen oder für Repräsentationszwecke der Regierung verwendet werden, sind sie heruntergekommen. Teile des historischen Manial-Palastes auf der Nilinsel Roda sind Mediterrannée-Club-Hotel geworden, der von Mohammed Ali benützte Bau wurde Museum. Der riesige Kubbeh-Palast mit vierhundert Zimmern war nach der Revolution offizieller Sitz des Präsidenten, jedoch hat Gamal Abdel Nasser den Prachtbau, der in einem herrlichen Park mit einer riesigen Umfassungsmauer steht, nur zu besonderen Gelegenheiten benutzt. Er wohnte mit seiner Familie dort nur wenige Tage, dann zogen die Nassers wieder in ihr Haus im Stadtviertel Manschiet el Bakri. Überhaupt nicht benutzt hat Nasser das Stadtschloß der ägyptischen Könige, den Abdin-Palast. Präsident Sadat dagegen hat diesen Palast wieder zu einem der Sitze des Staatsoberhauptes gemacht, an dem er auch Arbeitsbesuche empfängt. Ein von König Faruk als Liebesnest am Nilufer, an der Autostraße nach Heluan, errichteter Bau, »Rockn Faruk«, ist jetzt ein öffentliches Lokal.

Ein Juwel unter den ehemals königlichen Palästen ist der Tahra-Palast. Er gehörte ehemals einer der zweihundert großen Familien des Landes. Unter königlichem Druck, der eher eine Erpressung war, mußte ihn der damalige Besitzer, Mohammed Taher Pascha, für ein Spottgeld an Faruk verkaufen, der ihn der Königin zum Geschenk machte. In diesem Palast werden besonders bedeutende Staatsgäste untergebracht. Als erster Deutscher ist Ludwig Erhard, damals Bundeswirtschaftsminister, 1960 mit diesem Logis geehrt worden. Die unzureichende Heizungsanlage des Tahra-Palastes trug dem deutschen Vizekanzler allerdings eine so schwere Erkältung ein, daß er in Kairo zurückbleiben und das Bett hüten mußte, während seine Delegation nach Syrien und dem Sudan weiterreiste. Auch Willy Brandt als Bundeskanzler wohnte schon im Tahra-Palast. Wie die meisten Angehörigen der reichen Grundbesitzerfamilien, verließ Mohammed Taher Pascha unter dem Offizierregime Ägypten. Obwohl er einmal unermeßliche Werte besessen hatte, darunter das Pferdegestüt von Ain Schams, lebte er bis zu seinem Tode vereinsamt und verarmt in Wien. Lange Zeit unterhielt er sich durch den Verkauf eines umfangreichen goldenen Tafelservices, das er für sich gerettet hatte.

Rommel kam nicht bis Kairo

Während des Zweiten Weltkrieges von 1939 bis 1945 waren die Sympathien des politischen Ägyptens in ein probritisches und in ein den Achsenmächten freundlich gesinntes Lager geteilt. Kluge Leute, zu denen der König gehörte, setzten heimlich auf einen deutschen Sieg, beziehungsweise hielten sich die Möglichkeit offen, jederzeit zu jeder erfolgreichen Partei umschwenken zu können. Grundsätzlich waren die Nationalisten, die immer schon in der Auseinandersetzung mit Großbritannien ihre Kräfte gemessen hatten, auf seiten der Deutschen. Das war den Engländern natürlich bekannt, und sie hielten ein scharfes Auge auf diese verdächtigen Ägypter.

Als Faruk den Thron bestieg, war Mustafa Nahas Ministerpräsident. Die Tendenz des Walfd-Führers, den Machtanspruch des Monarchen zu begrenzen, machte Nahas und den König zu natürlichen Gegnern. Als Nahas sich weigerte, seine nach dem Muster von Hitlers Braunhemden und Mussolinis Schwarzhemden gebildeten ägyptischen Blauhemden aufzulösen, entließ ihn der König und berief Mohammed Mahmud. Die widersprüchliche Entwicklung trat ein, daß der einmal im Widerstand gegen die Engländer geborene Wafd und dessen Vorsitzender Mustafa Nahas im Krieg zu den Vasallen Großbritanniens in Ägypten gehörten. Als Konkurrenz zum Wafd wurde eine nach dem Wafd-Gründer Saad Zoghlul benannte Partei gegründet, die Saadisten. Da gegen die stärkste Partei, den Wafd, regiert wurde, nahmen die innenpolitischen Gegensätze an Schärfe ständig zu. Der achsenfreundliche Ali Maher wurde 1939 Premierminister. Er brach am 4. September 1939 die diplomatischen Beziehungen zum Deutschen Reich ab, erklärte ihm aber nicht, wie es England sicher gern gesehen hätte, den Krieg. Die militärischen Erfolge der deutschen Blitzkriege waren zunächst nicht dazu angetan, die insgeheime Bewunderung für die Deutschen im offiziell neutralen, praktisch aber von England besetzten Ägypten, zu verdrängen. Die Regierungschefs wechselten, wobei ein ständiges Spannungsfeld zwischen den Massen auf der Straße, die traditionell antibritisch agierten, und den mit England zusammenarbeitenden Ministerpräsidenten entstand. Nach dem erfolgreichen Vorstoß des deutschen Afrikakorps unter Rommel, das Anfang Februar 1942 über Benghasi hinaus nach Osten vorgedrungen war, forderten die Engländer die Entlassung des deutschfreundlichen Ali Maher und die Berufung von Mustafa Nahas.

Ende Juli 1942 brachte die Kriegführung den Tiefstand für Großbritannien. Das Afrikakorps hatte El Alamein erobert und stand kaum hundert Kilometer vor Alexandria. Die Engländer trafen Vorbereitungen, Alexandria und Kairo zu evakuieren. Der ehemalige ägyptische Ministerpräsident Ali Maher, der insgesamt viermal die Regierung geleitet hatte (1936, 1940 und zweimal 1952) und letzter Premier des Königreichs bis zur Juli-Revolution von 1952 war, erzählte im Sommer 1956 einem deutschen Journalisten während der Überfahrt von Venedig nach Alexandria auf der »Esperia«, ägyptische Offiziere und Politiker hätten während des Krieges enge Verbindungen zum deutschen Geheimdienst unterhalten. Er nannte den ägyptischen Stabschef General Asis Masri, den Offizier Abdel Latif Boghdadi, den Gründer und Chef der Moslem-Bruderschaft Hassan el Banna, sich selbst und Anwar el Sadat. »Wir sind alle deutsche Agenten gewesen«. Das Gespräch an Deck des italienischen Schiffes zu vertiefen, ergab sich keine Gelegenheit mehr. Ali Maher stand

damals unter Überwachung durch die Geheimpolizei, auf seinem
Landgut waren nachts alle wertvollen Mangobäume gefällt worden, und es wurde auch sonst dafür gesorgt, daß ihm, wie auch
anderen Politikern aus der vorrevolutionären Zeit, die Lust an
Politik gründlich verging. Daß Hassan el Banna unmittelbar Verbindungen zu deutschen Kontaktpersonen gehabt hätte, ist sonst
nicht bekannt geworden, aber dieses weite Feld von Spionage und
Gegenspionage, Aufklärung und Abwehr zwischen Deutschen
und Ägyptern liegt überhaupt im dunkeln – bis auf den Fall des
Spions Eppler, der zu Anwar Sadat Verbindung hatte.

Nachdem durch die persönliche Intervention des britischen
Botschafters Mustafa Nahas Ministerpräsident geworden war,
wurde dieser auch aus den Reihen der eigenen Partei angegriffen.
Makram Obeid Pascha veröffentlichte ein Schwarzbuch, das einen großen Skandal entfesselte. Pikante Einzelheiten von Ver-
fehlungen des Wafd-Politikers Nahas wurden enthüllt. Er hatte
eine öffentliche Schule im besten Wohnviertel Garden City beschlagnahmen und auf Regierungskosten zu seiner Residenz um-
bauen lassen. Auf dem Dienstweg des Außenministeriums orderte er mittels chiffriertem Telegramm Pelze für seine Frau im
Wert von 35 000 Mark, und einem Millionär kaufte er einen
Rolls-Royce für 40 000 Mark ab. Da Nahas behauptete, neben
seinen offiziellen Einnahmen kein Vermögen zu besitzen, waren
das unerklärliche Ausgaben, denn er bezog im Jahr nur 15 000
Mark. Große Grundstücksspekulationen in seiner Familie und
die ertragreichen Börsenmanöver seiner ehrgeizigen, offenkundig mit staatlichen Insider-Informationen versehenen Frau
Zenab wurden Nahas vorgehalten. Die ersten im Orient mit modernen Mitteln gestalteten Zeitungen der Zwillingsbrüder Ali
und Mustafa Amin griffen begierig die Kampagne auf. Dies alles
geschah mit Billigung und zur Freude der königlichen Kamerilla
im Hintergrund. Nahas vermied geschickt eine Auseinandersetzung vor Gericht. Statt dessen beteuerte er unter Tränen seine
Schuldlosigkeit im Parlament, wo die Wafd-Abgeordneten mit
ihrer Mehrheit ihn reinwuschen. Makram Obeid dagegen wurde
aus dem Wafd ausgeschlossen.

Auf dem Kriegsschauplatz wandelte sich die Lage bald grundsätzlich. Im Oktober 1942 schlug Montgomery das Afrika-Korps
von El Alamein zurück, der Kessel von Stalingrad läutete den
deutschen Rückzug aus der Sowjetunion ein, die Siegesaussich-
ten des Deutschen Reiches schrumpften mehr und mehr zusammen. Die Gefahr einer deutsch-italienischen Besetzung war ge-
bannt, obwohl ein »Gauleiter Ägypten« schon ins Auge gefaßt
worden war und Mussolini einen Schimmel für den triumphalen
Einzug in Kairo schon nach Libyen hatte fliegen lassen. Als die
militärische Bedrohung Ägyptens vorüber war, hatten die Engländer an einem Ministerpräsidenten Nahas kein Interesse mehr.
Zur Beruhigung der innenpolitischen Auseinandersetzung erhoben sie keine Einwände gegen die Ablösung Nahas' durch den
Liberalen Ahmed Maher, dessen Bruder Ali Maher als Feind
Englands im Gefängnis gesessen hatte. Am 24. Februar 1945
erklärte Ahmed Maher vor dem Parlament Deutschland und Japan den Krieg. Unmittelbar danach wurde er von dem Attentäter
Mahmud Issawi auf dem Korridor des Parlamentsgebäudes erschossen. Die Ermordung soll nicht in direktem Zusammenhang
mit der Kriegserklärung gestanden haben, angeblich vielmehr ein
Racheakt der Geheimorganisation der Moslem-Brüder gewesen
sein. Die Kriegserklärung Ägyptens erfolgte einen Tag, nachdem
auch die Türkei dem schon geschlagenen Deutschen Reich den
Krieg erklärt hatte. Es handelte sich in beiden Fällen um Versuche, bei Kriegsende auf der richtigen Seite zu stehen, was nicht
nur als Opportunismus ausgelegt werden darf, weil diese Ent-
scheidungen auch weitreichende Folgen für die künftige internationale Stellung der betreffenden Länder im allgemeinen hatte.
Die Kriegserklärungen waren Voraussetzungen für die Aufnahme beider Länder in die neu gegründeten Vereinten Nationen
– als selbständige Staaten.

Traum von arabischer Einheit

Die Neuordnung des Vorderen Orients nach dem Zweiten Weltkrieg stand im Zeichen des Strebens der politischen Kräfte dieses Raumes nach völliger Unabhängigkeit, welches wiederum gebremst wurde von den Interessen der europäischen Kolonialmächte Frankreich und England. Große Bedeutung hatten ferner die im Krieg an Juden und Araber gegebenen, miteinander nicht zu vereinbarenden territorialen Versprechungen und das zwar dauerhafte, aber mit periodisch unterschiedlicher Ernsthaftigkeit und deshalb bisher ohne Erfolg betriebene Bemühen der arabischen Länder um einen Zusammenschluß. Auf britische Anregung hin, waren zwei Jahre lang Konsultationen geführt worden wegen der Gründung der Arabischen Liga. Die Regierungschefs von Ägypten, Nahas, und des Irak, Nuri es Said, zeigten sich als Befürworter; sie galten allerdings zugleich als eng mit Großbritannien liiert. Im Oktober 1944 trafen sich die Delegationen der arabischen Staaten in Alexandria. Es herrschte großes Mißtrauen, weil die Idee, die hier behandelt werden sollte, ursprünglich von England gekommen war. Dazu gesellte sich Eifersucht wegen des Verdachts, Ägypten wolle der Anführer des arabischen Zusammenschlusses werden. Die Christen des Libanon konnten sich in einer panislamisch orientierten Konferenz nicht behaglich fühlen. König Ibn Saud blickte scheel auf die mit ihm verfeindeten Verwandten der Haschemiten von Transjordanien und des Irak, die Syrer wiederum nicht gerade voll Vertrauen auf die ihnen suspekten Haschemiten, Wahhabiten und Wafdisten. Schon die Geburtsstunde der Arabischen Liga stand also im Zeichen allgemeinen Mißtrauens, das diese Organisation seither keine Stunde verlassen hat. Das einzige konkrete Ergebnis, das die Liga jemals hervorgebracht hat, war eine aus der Feindschaft gegen die Juden in Palästina und gegen den Zionismus insgesamt entwickelte Israel-Politik. Die antizionistische Einstellung war die einzige Gemeinsamkeit, die die Gründung der Arabischen Liga überhaupt ermöglicht hatte. Im Laufe der Jahrzehnte sollten die Könige, Präsidenten und Regierungen der arabischen Welt die Gefangenen ihrer eigenen, radikalen und haßerfüllten Propaganda und Politik werden, bis hin zu den Verhandlungsrunden zwischen Ägypten und Israel 1978, bei denen der zum Frieden bereite Ägypter Sadat die Interessen seines eigenen Landes hintanstellen mußte zugunsten palästinensischer Zielvorstellungen. Das Sekretariat der Arabischen Liga wurde in Kairo eingerichtet, zum ersten Generalsekretär bestimmte man den Ägypter Abdel Rahman Azzam. Aus dem ursprünglichen Palast in der Bustan-Straße ist die Liga 1959 in einen Neubau neben dem Hilton-Hotel umgezogen, vor dem malerisch die Fahnen der dreißig Mitgliedsstaaten wehen. Die Arabische Liga wurde bald als eines jener bei Arabern schon immer beliebten Foren betrachtet, vor denen man sich in Szene setzen kann, langatmige Theorien ausarbeitet und jeden Blutstropfen für die gemeinsame Sache zu vergießen verspricht in der Gewißheit, daß die Gefahr, aus der Theorie könne Realität werden, gering ist. Die Überheblichkeit der aus diesen Sätzen sprechenden europäischen Betrachtungsweise hat allerdings spätestens von dem Zeitpunkt an vollends ihre Berechtigung verloren, seit dem die Europäer in die Bemühungen verstrickt sind, ein einiges Europa zu schaffen.

Zwischen Ägypten und Palästina hat es in der Geschichte keine über die arabische Sprache und die gemeinsame Religion des Islam hinausgehenden emotionalen Beziehungen gegeben im Sinne einer gemeinsamen Nation oder Kultur. Auch fühlten sich die Ägypter, trotz der Propaganda über vier Jahre hinweg, bestenfalls in zweiter Linie als Araber, als am 15. Mai 1948 die arabischen Staaten nach der Proklamation des Staates Israel in Palästina angriffen. Die ägyptischen Streitkräfte waren schlecht gerüstet und miserabel geführt. Und Ägypter und Transjordanier sahen bald Grund, den anderen jeweils hauptsächlich für einen Versager und weniger für einen arabischen Bruder zu halten. Saudi-Arabien war übrigens auf ägyptischer Seite, mit einer nur symbolischen Streitmacht vertreten. Die Ägypter rührten sich zunächst nicht von der Stelle, als die Israelis alle ihre Kräfte gegen die Arabische Legion des transjordanischen Königs Abdullah einsetzten, worauf dieser die »Zusammenarbeit« mit Ägypten einstellte und sich erfolgreich darauf beschränkte, nur in der Altstadt Jerusalems zu kämpfen. Die Israelis konnten sich daraufhin voll gegen die Ägypter wenden und ihnen vernichtende Niederlagen beibringen, so daß für die Israelis der Weg in die Negev-Wüste bald frei war. Unter den Widerstandsnestern der Ägypter befand sich der Ort Faludscha; hier zeichnete sich ein Hauptmann Gamal Abdel Nasser aus, dem deshalb später der Titel »Tiger von Faludscha« zugesprochen wurde. Die ägyptischen Truppen konnten keinen großen Sinn in ihrem Kampf sehen, denn sie verschossen in großer Zahl Granaten, die nicht explodierten, oder sie waren mit Gewehren ausgerüstet, die sozusagen nach hinten losgingen. Auch die Rüstung war nämlich damals eines der großen Geschäfte des König Faruk und seiner Hintermänner gewesen. Der ehemalige königliche Chauffeur – in späteren Jahren Mitglied der syrischen Delegation bei den Vereinten Nationen – war der Waffeneinkäufer, und für die europäischen Waffenhändler brachte es hohen Gewinn, veraltete und unzulängliche Waffen zu verkaufen, auch wenn sie gezwungen waren, statt Qualitätsprüfungen Überweisungen auf ägyptische Nummernkonten bei Schweizer Banken vorzunehmen. Erlebnisse in diesem Zusammenhang trugen zur späteren revolutionären Entschlossenheit des ägyptischen Offizierskorps bei.

Junge Offiziere hatten sich seit 1938 in verschwörerischen Zirkeln getroffen, hatten in langen Gesprächen an nächtlichen Lagerfeuern, auf einsamen Wüstenposten ihrer Abneigung gegen die Engländer und gegen ihre älteren Vorgesetzten, die den britischen Offizieren ziemlich liebedienerisch verbunden waren, Ausdruck gegeben. Einer ihrer Wortführer wurde General Masri, der ägyptische Stabschef. Er hatte Verbindungen zum deutschen Geheimdienst und sollte während des Krieges einmal mit einem deutschen U-Boot, ein anderes Mal mit einem deutschen Flugzeug abgeholt werden. Beide Versuche, die Fronten zu wechseln, scheiterten jedoch. Eine jener Offiziersgruppen, die sich die »Freien und reinen Offiziere« nannte, wurde dann zum Kern der im Juli 1952 erfolgreich durchgeführten Revolution. Ihr gehörten Gamal Abdel Nasser und Anwar el Sadat an.

Aus religiösen Wurzeln entwickelte sich die 1928 in Ismailia
von dem Lehrer und Prediger Hassan el Banna gegründete Geheimorganisation »Ichwan el Muslimin«, die Moslembrüder. In
Zellen aufgegliedert, die gegeneinander abgeschottet waren, ver-
urteilten die Moslembrüder westliche Lebensformen und westlichen Materialismus, wie sie die ägyptische Oberschicht mit ihrem aufdringlichen Luxus kennzeichneten. »Das Reich Gottes ist
unser Vaterland, der Koran unsere Verfassung, der Prophet unser
Führer, der Heilige Krieg unser Weg«, lautete ihr Motto, das
auch von persischen Mullahs bei ihrem Aufstand gegen den
Schah gepredigt wurde. Die Moslembrüder verlegten ihren Füh-
rungsstab 1934 nach Kairo und stellten eine Geheimarmee auf.
Ihre Zellen verbreiteten sich über Ägypten hinaus auch in andere
Länder. Ende 1948 fiel der ägyptische Ministerpräsident Mahmud Nokraschi einem Attentat zum Opfer. Die Regierung griff
scharf durch und am 12. Februar 1949 wurde wiederum Hassan
el Banna ermordet. Allerdings behauptete man auch, daß die
Schlägertruppe König Faruks ihre Hand im Spiel gehabt hätte.
Die Bruderschaft erwies sich jedoch als zählebig. Nicht zuletzt
gewisse Riten, wie der jede Woche neu abzulegende Eid, sprechen
die Verschwörerinstinkte der Mitglieder an. Sadat war Verbin-
dungsmann der Revolutionsoffiziere zu Hassan el Banna, von
dem er noch heute mit Hochachtung als »dem Meister« spricht.
Zur Zeit Nassers waren die Moslembrüder schweren Verfolgungen ausgesetzt, die Elite ihrer Mitglieder soll im Gefängnis von
Tura bei Kairo ermordet worden sein, als die Engländer während
der ersten Suezkrise 1956 Ziele im Raum Kairo bombardierten.

Die wahren Vorgänge im Palästinakrieg 1948 wurden der
ägyptischen Öffentlichkeit mit Hilfe der Zensur zunächst ver-
heimlicht, nur scheibchenweise drangen damals die Nachrichten
von der Niederlage durch. Die sonst unvermeidlich gewesenen
Reaktionen der Straße blieben deshalb aus. Das Ganze wurde als
Machination der Großmächte empfunden und im Volk verstärkte
sich das Gefühl, Ägypten sollte sich auf die eigenen nationalen
Interessen konzentrieren und Palästina sein lassen, was es war –
eine ferne, unbekannte Gegend. Am Ende des Palästinakrieges

waren 750 000 Flüchtlinge heimatlos. Viele hatten das Land schon früher verlassen und waren in den Gastländern seßhaft geworden. Die meist weniger intelligente und bewegliche Landbevölkerung, deren Flucht von den Israelis kräftig nachgeholfen worden war, und arme Schichten aus den Städten fanden sich in Lagern von Syrien, Jordanien und im ägyptischen Ghaza-Streifen konzentriert. Diese Palästinaflüchtlinge wurden nicht integriert, weil die jeweiligen unterentwickelten Volkswirtschaften dazu nicht imstande waren. Später hielten die arabischen Regierungen die Flüchtlinge als Faustpfänder, um eine Regelung der Palästinafrage erzwingen zu können, unter der sie sich lange Zeit nur ein »die Juden ins Meer treiben« vorstellen konnten. Unter diesen Flüchtlingen kam, ohne daß die Welt eingeschritten wäre, der palästinensische Terrorismus auf.

Zu den Faktoren, die die vorrevolutionäre Zeit in Ägypten bestimmten, gehörte auch die Sudan-Problematik, das Erbe des anglo-ägyptischen Kondominismus. Im Juli 1945 schickte der ägyptische Premier eine Note an den britischen Botschafter mit den Forderungen vom April 1941: Abzug der britischen Truppen und »Vereinigung des Niltals«, d. h. Zusammenschluß von Ägypten und Sudan. Obwohl der Krieg vorbei war, machten die Engländer keine Anstalten, den Vertrag von 1936 zu erfüllen und ihre Truppen aus den Kasernen rund um Kairo in die Suezkanalzone zu verlegen. Ihre Bereitschaft wurde auch nicht gerade dadurch gefördert, daß die Ägypter jetzt über den Vertrag von 1936 hinausgehende Forderungen stellten und die Lage im Innern des Landes zu der betreffenden Zeit unsicher war. Auf eine nur unverbindliche, vage Erklärung antworteten die Studenten und Nationalisten, in dem sie auf die Straße gingen. Erst die Übergabe der Zitadelle an ägyptische Truppen im Juli 1946 und die Ankündigung, das britische Hauptquartier an den Suezkanal zu verlegen, schafften Luft für Verhandlungen. Während eines Besuchs des ägyptischen Ministerpräsidenten in London wurde ein Protokoll unterzeichnet, das in Kairo fälschlich als Dokument für eine »Vereinigung des Niltals aus Ägypten und Sudan« bezeichnet wurde. Das Londoner Dementi und die Erklärung, der Rückzug

der Engländer hänge von einer Einigung über die Revision des
Vertrages von 1936 ab, veranlaßte Ägypten, sich im Juli 1947 an
den Sicherheitsrat der Vereinten Nationen zu wenden. Unter
Verwendung feindseliger Töne vertrat Premier Nokraschi die Sache Ägyptens auf äußerst dürftige Weise in Lake Success, wo die
Vereinten Nationen damals noch ihren Sitz hatten. Der Sicherheitsrat appellierte an Ägypten und Großbritannien, erneut Verhandlungen aufzunehmen und überwies den Fall an die General-
versammlung, wo er langsam in Vergessenheit geriet. Eine Cho-
leraepidemie am Nil lenkte die Aufmerksamkeit von der internationalen Szene ab und der Palästinakrieg mit seinem Fiasko tat
ein übriges, der Niltalfrage die aktuelle Schärfe zu nehmen. Die
Schlagworte »Abzug der Engländer« und »Einheit des Niltals«
blieben aber erhalten, zumal man in Kairo den Verdacht hegte,
London und Khartum arbeiteten insgeheim zusammen, um die
Ägypter von der Herrschaft im Sudan auszuschließen. Die Beziehungen zwischen Ägypten und Großbritannien gerieten zunehmend in eine Sackgasse. Am Suezkanal entwickelte sich eine Art
Guerillakrieg gegen die Engländer, und in den Streitkräften formierte sich die Verschwörung der Freien Offiziere. Ein neuer
Zwischenfall, ähnlich jenem von Denschawei, goß Öl ins Feuer.

Der Brand von Kairo

Die nationalistische Agitation gegen England hatte unter der Bevölkerung im Herbst 1951 ein solches Ausmaß erreicht, daß Ministerpräsident Nahas glaubte, etwas unternehmen zu müssen.
Er kündigte, gedeckt von der Nationalversammlung, den Vertrag
von 1936 und beendete damit die Zeit des anglo-ägyptischen
Kondominiums über den Sudan. Am 16. Oktober wurde Faruk
zum König von Ägypten und Sudan ausgerufen. Großbritannien
erkannte die einseitige Vertragsaufkündigung nicht an und be-
harrte in kurzsichtiger Verkennung der Situation auf Rechten,
die Ägypten wiederum nicht länger hinzunehmen bereit war.

Antibritische Ausschreitungen, gewalttätige Demonstrationen und allgemeine Ausländerfeindlichkeit mußten sich notwendigerweise einstellen. In jenen Monaten entwickelte sich die Bereitschaft von Studenten, Gelegenheitsarbeitern, Nichtstuern, kleinen Angestellten und Handwerkern sowie des unbestimmbaren Bodensatzes der Großstadtbevölkerung, blitzschnell auf die Straßen zu gehen und risikolos, ja ungehindert Steine zu werfen, Schaufenster einzuschlagen und Geschäfte zu plündern. Die ägyptischen Polizisten waren so gut wie machtlos, und britische Einheiten beschränkten sich auf den Schutz ausländischer Einrichtungen. Der Galgenhumor ließ griechische Ladenbesitzer sagen, es sei ihre Rolle, sich bei antibritischen Ausschreitungen totschlagen zu lassen. Der praktisch veranlagte Ägypter vergreife sich zuerst am Geschäftsmann an der Ecke, bei dem er Schulden habe, und jede antibritische Demonstration biete dazu die günstige Gelegenheit. In der Suezkanalzone entfachten Moslembrüder und Schuljugend einen regelrechten Guerillakrieg mit Brükkensprengungen, Bau von Straßenbarrikaden und Überfällen auf Militärlager und Depots. Am 25. Februar 1952 wurde in Ismailia ein Bataillon ägyptischer Hilfspolizei, das im Verdacht stand, die Guerillas zu unterstützen, von den britischen Truppen umzingelt und aufgefordert, Waffen und Munition abzuliefern. Auf Anordnung des ägyptischen Innenministers weigerten sich die Hilfspolizisten. Daraufhin setzten die Engländer Panzer und leichte Artillerie ein. Bei der Erstürmung des Polizeilagers durch die britischen Soldaten wurden fünfzig Ägypter getötet. Die Nachricht von diesem Geschehen zündete am nächsten Tag im Pulverfaß Kairo. Die Massen stürmten im Zentrum zusammen und zogen brandschatzend, plündernd und mordend durch die Straßen. Das berühmte Shepheard's Hotel in der Nähe des Bahnhofs wurde niedergebrannt. Zum ersten Mal in der langen Geschichte der Ausschreitungen beschränkte sich der Pöbel nicht darauf, Geschäfte zu demolieren und zu plündern, Autos in Brand zu setzen und alle Passanten, die wie Fremde aussahen, zu jagen. Die Gewalttäter drangen auch in die Häuser ein, brachen Wohnungen auf und legten Feuer in den Hochhäusern, indem sie Brandsätze mit den Aufzügen nach oben beförderten. Vor allem die Taktik und das auffällige Vorgehen von Trupps, die gezielt auf Objekte losgingen, hat den Verdacht aufkommen lassen, das am »schwarzen Freitag« angerichtete Chaos sei planmäßig vorbereitet worden. Wie viele Menschen ums Leben kamen, ist nie genau festgestellt worden. Im vornehmen Turf-Club wurden zwölf Ausländer umgebracht, darunter der kanadische Handelsattaché und seine Frau, die von der rasenden Menge in das brennende Gebäude zurückgetrieben wurden. Die politischen Interessengruppen versuchten später, sich gegenseitig die Schuld zuzuschieben. Die mit Kommunisten Hand in Hand arbeitenden Moslembrüder wurden ebenso verdächtigt wie Aktivistengruppen der extremen Rechten oder Geheimagenten des Königs. Soweit nachfolgend Gerichtsverfahren durchgeführt wurden, um die Schuldigen zu ermitteln, fanden sie geheim statt. Ein Interesse an den Ausschreitungen konnte allen Gruppierungen unterstellt werden. Die größte Wahrscheinlichkeit hat die Überlegung für sich, daß zunächst irgendwie alle versucht haben, auf der Welle der Wut und des Hasses zu reiten, daß aber die Aktionen am Ende nicht mehr gesteuert werden konnten und, besonders bei schauerlichen Bluttaten der entfesselten Verbrecherhorden, schließlich außer Rand und Band gerieten. Zum ersten Mal wurde den nationalistischen Politikern aller Schattierungen bewußt, welche Gefahren in der von ihnen in der Vergangenheit immer wieder praktizierten Volksaufwiegelung steckten. Ägyptische Truppen stellten die Ordnung in der Stadt wieder her. König Faruk entließ die Wafd-Regierung und berief Ali Maher zum Premier.

In den folgenden Monaten zerfiel die ägyptische Staatsstruktur zusehends im Kampf aller gegen alle: König gegen Paschas und Parteien, Parteien gegen Parteien, jeweils unter Zuhilfenahme geheimer Sympathisantenorganisationen und innerhalb wechselnder Bündnisse und Interessenverbindungen. Und schließlich kämpften Ägypter gegen Engländer. Die Situation war inzwischen reif für einen grundlegenden Wechsel, den zu bewerkstelligen diejenigen berufen waren, die über Machtinstrumente direkt geboten, die Offiziere.

Die Revolution der Offiziere

Während des heißen ägyptischen Sommers pflegten König und Regierung für einige Monate in das kühlere Alexandria umzuziehen. Die Mitglieder der wohlhabenden Gesellschaft verbrachten diese Zeit in Europa oder ließen sich im Gefolge des Königshofes ebenfalls an den Stränden des Mittelmeeres nieder. Im Sommer 1952 lebte Faruk im Montasah-Palast, einer seiner Sommerresidenzen am Ostende der Corniche von Alexandria. Die innenpolitische Atmosphäre war von der Vorahnung einer sich anbahnenden Katastrophe beherrscht. Der letzte Akt des Dramas um die Dynastie Mohammed Ali sollte sich zwischen den Endpunkten der Corniche, der Prachtstraße entlang dem Mittelmeer abspielen, und zwar zwischen dem Montasah-Palast und dem am westlichen Ende auf einer Halbinsel am Hafen gelegenen Ras el Tin-Palast. Die Politiker wußten seit langem von der Unzufriedenheit und der verschwörerischen Aktivität in den Streitkräften. Automatisch bekam deshalb das Amt des Kriegsministers innerhalb der rasch wechselnden Kabinette (eine der Regierungen amtierte nur ganze fünf Stunden!) immer größere Bedeutung. Während der letzte Ministerpräsident vor der Revolution, Halili Puscha, diesen Posten des Kriegsministers mit General Mohammed Nagib besetzen wollte, bestand König Faruk in einem unbegreiflichen Akt von Instinktlosigkeit auf seinem Schwager. Als also am 23. Juli 1952 um 18 Uhr Halili Pascha dem König im Thronsaal des Montasah-Palastes sein neues Kabinett vorstellte und die Herren dem Monarchen die Hand küßten, erwies auch der Ismail Scherim seinem König und Schwager diese Referenz. Die Nachricht, daß der König seinen Schwager zum Kriegsminister gemacht hatte, traf eine Stunde später im Kairoer Offiziersklub ein, dessen Vorstandswahl der König übrigens vergeblich zu manipulieren versucht hatte. In dem Offiziersklub auf der Nilinsel Zamalek war ein Dutzend Verschwörer versammelt, die jetzt das Signal zum Aufstand gaben. In aller Stille bemächtigten sich die Offiziere, von denen mit Ausnahme des Generals Nagib keiner älter als vierzig Jahre alt war, der Kasernen um Kairo, sperrten

die ahnungslosen ranghöheren Offiziere in ihre Zimmer ein und
gingen auch sonst nach einem Plan vor, den sie in langen Jahren
erarbeitet hatten.

Als die ersten vagen Nachrichten von dieser Aktion der Offiziere nun wiederum den König erreichten, begab sich dieser in
den Ras-el-Tin-Palast, und in dem Bemühen, Klarheit über die
Lage zu gewinnen, telefonierte der Ministerpräsident mit General Nagib, der sich unwissend stellte und schriftliche Befehle
erbat. Die Befehlszentrale und der Rundfunksender in Kairo waren aber bereits besetzt. Die erste Stimme der Revolution, die die
Bevölkerung Ägyptens dann vernahm, war die des Oberstleutnant Anwar el Sadat, der im Radio die Proklamation der Revolutionsoffiziere verlas. Die Menschen in Kairo jubelten den Truppen zu, die am 24. Juli durch die Straßen von Kairo paradierten.
In seinem Palast in Alexandria wurde König Faruk von den Offizieren über ihre Forderungen unterrichtet. Nach einigem Gefeil-
sche über die Konditionen unterzeichnete Faruk dann seine Abdankungsurkunde – als »König von Ägypten und Souverän des
Sudan« – zugunsten seines Lohnes. Schon zwei Tage später, am
26. Juli 1952 um 18 Uhr legte die Staatsyacht »Al Mahroussa«
mit dem letzten ägyptischen König vom Pier des Ras el Tin-
Palastes ab. Der neue Ministerpräsident Ali Maher und der amerikanische Botschafter Jefferson Caffrey, der schon seit einiger
Zeit Verbindungen zu den Revolutionären unterhielt und ihnen
Sympathie entgegenbrachte, sahen den letzten Herrscher der
Mohammed-Ali-Dynastie in See stechen. General Nagib traf zu
spät von Kairo ein. Sein Fahrer hatte sich in dem weitläufigen
Hafengelände verfahren.

Faruk wählte als Exil zunächst die Insel Capri, später verlegte
er seinen Wohnsitz nach Rom. Nach seiner Scheidung von Narriman, die nach Ägypten zurückgekehrt war, nahm er das Leben
eins Playboys wieder auf. Die schätzungsweise zweihundert Millionen Mark, die er ins Ausland verschoben hatte, gestatteten

Oben: Traditionelle Gelassenheit
Unten: Revolutionärer Eifer in Ägypten

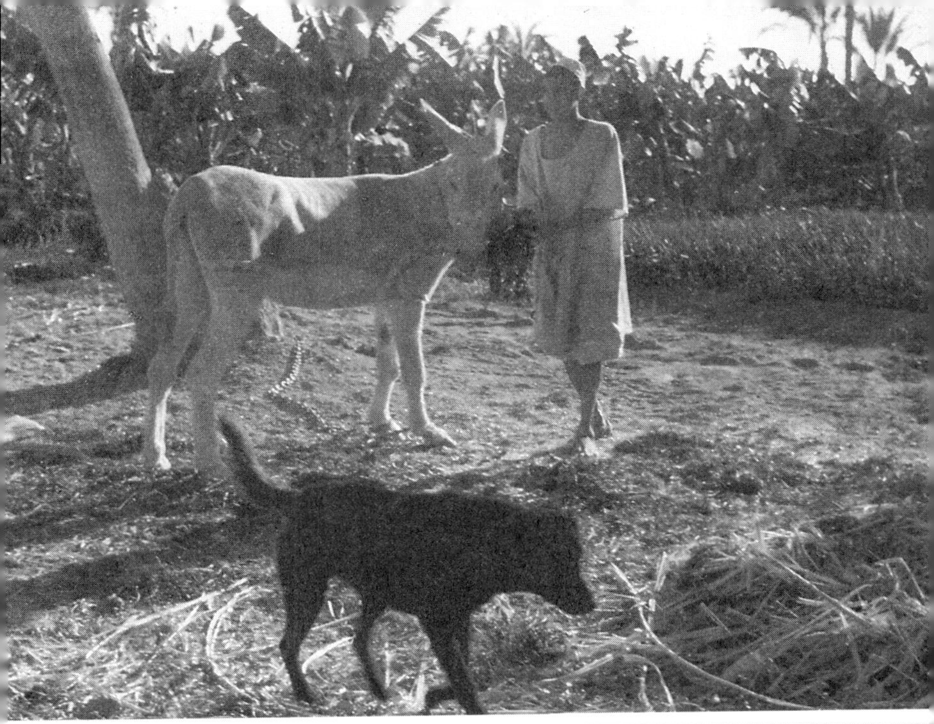

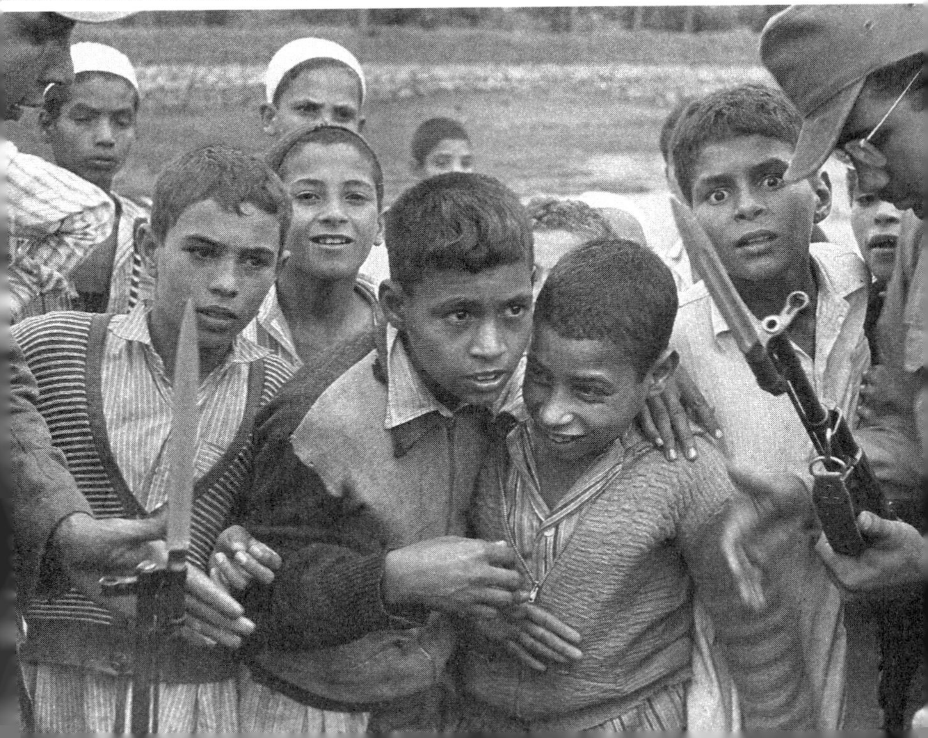

ihm, die 13 Jahre seines Exils nach seinem Gusto zu verbringen. Sein Ende war seinem Leben ebenbürtig. Einen Monat nachdem er 45 Jahre alt geworden war, am 18. März 1965, sackte er nach einer Freßorgie in einem römischen Luxuslokal, begleitet von einer Friseuse, morgens um 2 Uhr tot in seinem Sessel zusammen. Sein Sarg wurde im Flugzeug nach Ägypten übergeführt und in aller Heimlichkeit in der Rifai-Moschee in Kairo beigesetzt.

Ein unbekannter Offizier betritt die weltpolitische Bühne

Mit der Machtübernahme durch das »Komitee der Freien Offiziere« wurde nicht nur ein König gestürzt. Wie sich in Kürze herausstellen sollte, folgte auf den unblutigen Staatsstreich eine soziale Umschichtung, die den Ausdruck Revolution für die Vorgänge um den 23. Juli 1952 rechtfertigte. Der bis dahin maßgebenden Oberschicht des Landes, einer Klasse von Großgrundbesitzern und bürgerlichen Politikern, brachte sie die totale Entmachtung, teilweise die Verarmung, für die in den Kategorien des Klassenkampfes denkenden Marxisten war sie allerdings nichts als eine kleinbürgerliche Veränderung, im Verlauf derer nicht die Arbeiterklasse, sondern Offiziere die bisherigen Funktionen in Politik, Wirtschaft und Kultur übernahmen; ein Vorgang, der nach marxistisch-leninistischer Auffassung keine wirkliche Revolution darstellte. Von den verschiedenen Richtungen der ägyptischen Nationalbewegung, die einmal aus der Moslembruderschaft, zum anderen aus einer amorphen, schwer faßbaren und in ihrer Anhängerschaft fluktierenden »Vereinigten Nationalen Front« mit kommunistischem Einfluß sowie den Offiziersverschwörern bestand, hatten nun die Offiziere das Ziel erreicht. Der religiöse und der marxistische Teil der Nationalisten war zunächst auf der Strecke geblieben. Da die Offiziere aber nur Techniker des Umsturzes waren und sich nicht von ideologischen Vorstellungen hatten leiten lassen, suchten die religiösen und die

marxistischen Kreise jetzt, ihren Einfluß über die neuen Offi-
ziersmachthaber zur Geltung zu bringen. Soweit sie dabei in
Frontstellung zum Regime gerieten, bekam ihnen dies schlecht.
In den Textilwerken von Kafr el Dawar im Delta brachen im
August 1952 unter der Arbeiterschaft Unruhen aus, die von der
Armee mit scharfen Schüssen unterdrückt wurden. Die Offi-
ziers-Junta verstand diesen Arbeiteraufstand als Signal. Moslembrüder und Kommunisten wanderten zu Tausenden in die Gefängnisse und in Konzentrationslager, aber von ihren Vorstellungen wurden doch viele, soweit dies in der gegebenen Situation
zweckmäßig erschien, später durch die neue Staatsführung ver-
wirklicht. Die in diesem Zusammenhang wesentlichen Erscheinungen waren die Durchführung einer Landreform und die Stärkung der Industrialisierung. Die Persönlichkeiten einiger der Revolutionsoffiziere geben Hinweise auf das breite Spektrum der
im Revolutionsrat herrschenden Ideen und auf die Rolle, die
diesen zu spielen erlaubt war.

Sadat bezeichnet sich selbst als Gründer und ersten Anführer
der Geheimorganisation der Freien Offiziere aus den Jahren
1938/39. Da er wiederholt verhaftet worden war und zweimal in
Gefängnissen saß, habe Nasser seine Führungsrolle übernommen. Aus Sadats Memoiren geht hervor, daß keineswegs immer
Einvernehmen unter den Verschwörern geherrscht habe, und es
scheint, daß Sadat nur mühsam unterdrückt, was doch zwischen
den Zeilen steht, nämlich, daß der Umsturz im wesentlichen sein
Werk gewesen sei. Ohne Zweifel haben sich alle Szenen und
Vorgänge, die Sadat in seinem Buch »Unterwegs zur Gerechtigkeit« (englischer Titel: »In Search of Identity«) schildert, so zu-
getragen, sind sie in seiner Erinnerung richtig haften geblieben.
Ob sie auch in ihrer Bedeutung richtig bewertet werden, steht
dahin. Orientalen fehlt im allgemeinen die Fähigkeit, ihr subjek-
tives Erleben, beziehungsweise überhaupt einen miterlebten
Vorgang wie ein Unbeteiligter zu schildern. Ihr Erleben ist für sie
das Wichtigste an einem Ereignis. Auch sagt ein altes Bonmot
gewiß nicht ohne Berechtigung, daß die größten Geschichtsfäl-
scher jene seien, welche Geschichte gemacht haben. Im Detail

liegt deshalb das, was sich vor und während der Revolution abgespielt hat, noch im Nebel. Der damalige Offizier der Nachrichtentruppe, Sadat, war im Ghasa-Streifen stationiert, als Nasser
das Signal zur Erhebung gab. Am 21. Juli wurde Sadat gerufen,
nach Kairo zu kommen. Da er am nächsten Tag auf dem Bahnhof
von niemandem abgeholt wurde, ging er zunächst nach Hause
und abends gar mit seiner Frau ins Kino. Erst als man von dort
zurückkehrte, fand das Ehepaar beim Hausmeister die Nachricht
vor, Sadat möge zu Abdel Hakim Amer, einem Mitverschwörer,
kommen. Sadat schildert, wie ihn der Posten nicht in das schon
vom Revolutionsrat abgesperrte Kasernengelände einlassen
wollte, bis Abdel Hakim Amer, späterer Feldmarschall und Vizepräsident, in der Dunkelheit Sadats Stimme erkannte. Sadat besetzte die Nachrichtenzentrale des Hauptquartiers. Er berichtet,
daß erst in den Morgenstunden, nachdem sämtliche Militärein-
heiten »Alles in Ordnung« gemeldet hätten, General Mohammed Nagib in einem Panzerwagen von seiner Wohnung abgeholt
worden sei. Ohne die Revolutionsoffiziere oder sich selbst zu
identifizieren, verbreitet Sadat am Morgen des 23. Juli 1952 eine
Proklamation des Revolutionsrates über den Rundfunksender.

Das Rätselraten, wer hinter dem Putsch stecke, war bei Diplomaten und Journalisten zunächst groß. Sadat behauptet, über
den Chef des Geheimdienstes der Luftwaffe, Ali Sabri, sei der
amerikanische Botschafter verständigt worden, der die Offiziere
schon zu einem Zeitpunkt zum Essen eingeladen habe, zu dem
die Engländer noch nicht imstande waren, die Revolutionäre
überhaupt zu identifizieren. Auch von amerikanischer Seite verlautete, man hätte schon vorher Beziehungen zu dem Kreis um
Nasser unterhalten. Fest steht, daß Botschafter Caffrey damals
den politischen Kurs Nassers allzu positiv unterstützt und amerikanische Waffenlieferungen an Kairo befürwortet hat, weswegen
er von Washington nach Südafrika versetzt wurde.

Die auf dem politischen Parkett, vor allem auf dem internationalen, unerfahrenen jungen Offiziere machten General Mohammed Nagib zur Galionsfigur der Revolution. Der in Khartum
geborene und Pfeife rauchende Vatertyp wird als Präsident und

Regierungschef schnell populär. Den stellvertretenden Premier
und Innenminister Nasser, der sich im Hindergrund hält, kennt
noch niemand. Der 35 Jahre alte Nasser ist kein guter Redner, bei
seinen seltenen öffentlichen Auftritten wirkt er linkisch. Einen
Einblick in die Zustände und nach dem Umsturz vorherrschende
Mentalität hat Nasser selbst in dem einzigen von ihm hinterlas-
senen kleinen Buch »Die Philosophie der Revolution« gegeben.
Er beschreibt dort, was die Revolutionsoffiziere nach dem 23. Juli
1952 empfanden: »Vor dem 23. Juli hatte ich mir eingebildet, die
ganz Nation stehe gewissermaßen in den Startlöchern, bereit zur
Aktion, und sie warte nur auf einen Stoßtrupp, der den Sturm
auf die Außenmauern unternehmen würde, um dann in ge-
schlossenen Reihen vorzubrechen und gläubig dem großen Ziel
entgegenzumarschieren . . . Nach dem 23. Juli war ich entsetzt
von der Wirklichkeit. Der Stoßtrupp hatte seine Aufgabe erfüllt,
die Mauern der Tyrannenfestung waren gestürmt, Faruk war zur
Abdankung gezwungen worden – und nun stand diese Vorhut da
und wartete auf das Eintreffen der Massenformationen. Sie wartete und wartete. Schließlich kamen die Massen dann auch, in
endlosen Haufen. Aber wie anders war die Wirklichkeit, verglichen mit unserer Vision . . . Jeder führende Kopf, an den wir uns
wandten, verlangte vor allem einmal, daß sein Rivale umgebracht werde. Jede Idee, die wir uns anhörten, war nur ein Angriff auf eine andere Idee . . . Hätte man mich damals gefragt,
was ich mir am meisten wünsche, so wäre meine Antwort die
gewesen, endlich einen Ägypter hören, der einem anderen Ägypter wenigstens mit einem Wort Gerechtigkeit widerfahren läßt«.
Diese harte Kritik des späteren Volktribunen an seinem Volk
zeugt für Nassers kritischen Blick und seine Befähigung zu ana-
lytischem Denken, Qualitäten, die ihn allerdings in den folgenden Jahren nicht auszeichneten. Sonst beweist die »Philosophie
der Revolution« nur, daß es sie nicht gegeben hat. Im Laufe der
Zeit hat vielmehr die von Ideologie bestimmte Außenpolitik des
Kreml es verstanden, ihre Chancen zu nützen und das Ägypten
des Gamal Abdel Nasser immer stärker in ihre Umarmung zu
ziehen. Nasser muß diese Drohung empfunden haben. Er ver-

suchte lange Zeit erfolgreich, eine Schaukelpolitik zwischen Ost
und West zu treiben, während er im Innern die eigenen Machtpositionen durch Einrichtung eines Polizei- und Überwachungs-
staates ausbaute. Um dem Staat und seiner Einheitspartei ideolo-
gische Korsettstangen einzuziehen, lieh er sich von Tito jugosla-
wische Berater, deren Wirken hinter den Kulissen viel zu Nassers
eigenem Weg zum Sozialismus beigetragen haben.

Gamal Abdel Nasser, ein großgebauter, breitschultriger Mann
mit starken Kinnladen, Hakennase und kalten Augen, scheint die
führende Persönlichkeit im Revolutionsrat gewesen zu sein. Sein
Patriotismus war pragmatischer Art, allerdings soll er vorübergehend Beziehungen zu den Moslembrüdern unterhalten haben.
Sein Denken zielte ab auf Machterwerb und Machtausübung und
war durchdrungen von dem Sendungsbewußtsein, daß alles, was
er tat, gut und richtig für Ägypten sei. Stärkere Bindungen an die
Moslembruderschaft hatten ursprünglich Abdel Hakim Amer
(treuester Vasall Nassers, der als Kriegsminister und Feldmarschall für die Niederlage im Sechs-Tage-Krieg vom Juni 1967
verantwortlich gemacht und abgesetzt wurde und sich anschließend – nach offizieller Version – selbst das Leben genommen
hat), Kamal Eldin Hussein (Kultusminister, Parteifunktionär, demonstrativ fromm) und Hussein el Schafai (Landwirtschaftsminister, Parteifunktionär). Zum Kreis der Grünhemden, einer Na-
tionalistenpartei der dreißiger Jahre, hatten Kontakte die Luft-
waffenoffiziere Gamal Salem und sein Bruder Salah Salem (Informationsminister), Anwar el Sadat (Informationsminister, Zeitungsherausgeber, Parlamentspräsident, Vizepräsident) und Hassan Ibrahim (Luftwaffenchef). Zu den Marxisten und Kommunisten mit ziemlich eindeutigen politischen Vorstellungen gehörten »der rote Major«, Khaled Mohieddin (Zeitungsherausgeber,
Innenminister), Kamal Rifaat (wiederholt Minister verschiedener
Ressorts, Parteifunktionär) und Jussuf Siddik (Parteifunktionär).
Die Mitglieder der Verschwörung nahmen nach der Revolution
zunächst unterschiedliche Funktionen ein. Teils bewährten sie
sich dort, teils wechselten sie von einer Stellung in die andere,
von der Regierung in die Verwaltung oder in die Wirtschaft oder

in Parteiämter; ein Teil von ihnen versank auch in Obskurität. Auf jeden Fall aber trat ein, was nach Revolutionen selten auszubleiben pflegt: der Kampf um die Spitzenposition. Er findet vor einem Hintergrund statt, den unterschiedlichste politische Gruppierungen abgeben.

Das neue Regime beweist, daß es ihm nicht nur um die Vertreibung des Königs und um eine nur patriotische Aktion gegangen ist, sondern um eine Reform der Gesellschaft. Die Agrarreform, die im September 1952 verabschiedet wird, bringt eine derart radikale Beschränkung des Rechtes auf Landbesitz, daß sie praktisch die Enteignung der Großgrundbesitzer und die der vielen Städter mit geringerem Landbesitz bedeutet. Die vermögenden Familien schreien auf, vorsichtshalber nicht allzu laut, aber desto eingehender hinter vorgehaltener Hand. Unter den Hunderttausenden, die von den Reichen abhängen, den Verwaltern, Dienern, Angestellten, Handwerkern und Beamten, werden Unruhe und Unsicherheit erzeugt. Frühere politische Parteien und Gruppen glauben, diese Unstabilität der Stimmung für sich nützen zu können. Aber das Regime mit Innen- und Polizeiminister Nasser schlägt rasch zu. Alle früheren Parteien werden aufgelöst und eine »Freiheitsfront« als Einheitsbewegung etabliert; die Verfassung wird suspendiert. Im großen Stil werden Kommunisten verhaftet. Die Aktion geht reibungslos über die Bühne, es gibt keine Schwierigkeiten, niemand geht auf die Straße, die Kräfte der Vergangenheit haben ihre Stärke überschätzt.

Nur mit den Moslembrüdern bahnt sich eine längere Auseinandersetzung an. Die Anhänger der Moslembrüder sitzen im einfachen Volk. Im Kleinbürgertum hat die Geheimsekte nie richtig Fuß fassen können. Die Offiziersrevolutionäre kommen aber, unbeschadet ihrer politischen Ambitionen aus diesem Kleinbürgertum. Fälschlicherweise glauben die Führer der Moslembrüder bald, ihre Stunde sei gekommen. Es kommt an der Kairoer Universität zu Kämpfen zwischen Moslembrüdern und Mitgliedern der »Freiheitsfront«, und der Revolutionsrat löst die Bruderschaft auf. Ihr Chef, Hassan Hodeibi, und achtzig führende Köpfe werden von der Polizei Nassers verhaftet. Anscheinend sind die Moslembrüder von General Nagib nicht gerade entmutigt worden, ihre Aktivitäten zu verstärken. Nasser bringt diesen Umstand im Revolutionsrat zur Sprache, und zum ersten Mal dringt daher im Februar etwas von Machtkämpfen innerhalb dieses Gremiums nach außen: Informationsminister Salem teilt mit, Präsident Nagib sei zurückgetreten und Nasser habe seine Stelle eingenommen. Die Nachricht vom Rücktritt des populären Nagib schafft Unruhe unter den Streitkräften und in der Bevölkerung. Zwei Tage später ist Nagib wieder auf seinem Posten. Vor Pressevertretern sagt er: »Die Meinungsverschiedenheiten waren ein Sturm im Wasserglas«. Mit zunehmender Deutlichkeit bilden sich jetzt jedoch zwei Lager, die Anhänger Nagibs nämlich und die Nassers. Der auf Staatsbesuch in Kairo weilende König von Saudi-Arabien, Saud Ibn Abdel Asis, der die Kairoer Königsstürzer aus eigenem Ansehen kennenlernen will, sucht zu vermitteln. Bei der Abschiedszeremonie auf dem Kairoer Flughafen fällt Nagib in Ohnmacht. Zum zweitenmal innerhalb von zwei Monaten wird Nasser daraufhin Regierungschef, Nagib bleibt lediglich Staatspräsident. Die inneren Spannungen bleiben ungelöst, Streiks und Demonstrationen wechseln miteinander ab. Am 26. Oktober 1954, während einer Rede in Alexandria, wird auf Nasser geschossen. Der Attentäter gesteht, von Moslembrüdern gedungen worden zu sein, und es kommt eine Konspiration ans Licht. Ein Gerichtshof des Volkes verhängt Todesurteile, Tausende wandern in Gefängnisse und Internierungslager. Am 14. November 1954 schließlich setzt der Revolutionsrat den Präsidenten Nagib ab und verbannt ihn auf sein Landgut von El Marg bei Kairo, und zwar zunächst unter strengem Hausarrest. Jahre später, als sicher ist, daß der alte Mann keine politischen Ambitionen mehr verfolgt, wird die Ausgangssperre gemildert. Nasser ist aus dem Machtkampf als alleiniger starker Mann Ägyptens hervorgegangen. Er legt die Uniform ab und trägt künftig nur noch Zivil.

Nach der Ausschaltung der innenpolitischen Widersacher wendet er sich den alten außenpolitischen Problemen Ägyptens, der Räumung der Suezkanalzone von den britischen Truppen

und der Sudanfrage, zu. Man einigt sich im Verlauf langer Verhandlungen, die englischen Soldaten aus der Kanalzone zu evakuieren. Zivile Techniker halten zukünftig die Befestigungsan-
lage und die Depots instand, und Ägypten garantiert England die
Benützung der Kanalzone im Falle eines »Angriffs von außerhalb
des Nahen Ostens«. Ägypten verpflichtet sich darüber hinaus
ausdrücklich, an den bestehenden Verträgen über den Suezkanal
nichts zu verändern, und stellt deren Verlängerung für die Zeit
nach Ablauf der Konzession in Aussicht. Daß Nasser diese Zusagen 1956 gebrochen hat, indem er den Kanal nationalisierte, und
er danach, trotz einer militärischen Intervention Großbritanniens und Frankreichs und trotz des verlorenen Suezkrieges gegen Israel, am Ende triumphieren konnte, beweist sein geradezu
sagenhaftes Geschick. Es wollte schon etwas heißen, als unbe-
kannter Oberstleutnant auf die Bühne der Weltpolitik zu springen und sich dort durchzusetzen. Zu seinen Gunsten wirkte hier
zweifelsohne der damals beginnende »Aufbruch der Zeiten«, die
ständig stärker werdenden Nationalbewegungen in fast allen Besitzungen der vom Zweiten Weltkrieg geschwächten Kolonialmächte England und Frankreich. Ägypten war das erste Land, das
den Großmächten die Stirn bot. Die Nationalisten überall
schauen jetzt nach dem neuen Fixstern am Himmel der Dritten
Welt, nach Kairo. Nasser reist zur Konferenz der »Neutralen«
nach Bandung und schließt Freundschaft mit Tito, Nehru und
Sukarno. Auf der Reise wird er von einem Reporter begleitet, der
zur Stimme seines Herrn werden sollte, Mohammed Hassanein
Heikal.

Während die Ägypter bei ihren Verhandlungen mit Großbritannien jahrelang die Probleme der Suezkanalzone und des Sudan als unteilbare Einheit behandelt hatten, trennte der im Sudan geborene, dunkelhäutige Nagib das Paket auf. Er erklärte die
ägyptische Bereitschaft, den Sudanesen das Selbstbestimmungs-
recht zuzuerkennen. Nach dreijähriger Übergangzeit sollten die
Engländer den Sudan verlassen und eine sudanesische Regierung
über einen Anschluß an Ägypten entscheiden. Die Ägypter reden
von nun an wieder mit großem Propagandaaufwand von der

»Einheit des Niltales«. Das Bild des ägyptischen Ministers Salah Salem beim Tanz vor einem nackten nilotischen Stamm – der Minister selbst auch unbekleidet – geht um die Welt. Aber alle Mühe ist vergeblich. Die Sudanesen entscheiden sich für die Unabhängigkeit. Das Scheitern der ägyptischen Pläne wird in Kairo überspielt mit den auf Jahre hinaus die Politiker beschäftigenden Verhandlungen über die Aufteilung des Nilwassers.

Arabischer Sozialismus

Nachdem sich Nasser praktisch zum Alleinherrscher aufgeschwungen hatte, verkündete er erstmals im März 1955 ein politisches Programm. Die »Sechs Prinzipien der Revolution« kennzeichnen den Geist der Zeit und die Denkweise des Regimes: 1. Liquidierung des Kolonialismus, 2. Liquidierung des Feudalismus, 3. Beendigung der Herrschaft des Kapitals über die Staatsmacht, 4. Soziale Gerechtigkeit, 5. Bildung von starken Streitkräften, 6. Gesunde Volksherrschaft. Am 23. Juli 1956 wurde Nasser zum Präsidenten gewählt, der Revolutionsrat aufgelöst, eine neue Verfassung in Kraft gesetzt, in der die Bildung eines Parlaments vorgesehen war, und statt der »Freiheitsfront« die »Nationale Union« als neue Einheitsorganisation gebildet. Zu den Kennzeichen der politischen Entwicklung während der folgenden zehn Jahre gehören immer wieder neue Verfassungen und die Formierung immer wieder neuer Einheitsparteien, die im wesentlichen die Funktion der Massenlenkung haben. Eine neue »Nationale Union« wurde im Mai 1957 gebildet, wobei Staats- und Parteiführung im wesentlichen in den Händen der gleichen Personen lagen. Der Nasserismus begann sich herauszubilden. Nasser war zugleich Staatspräsident und Vorsitzender der Nationalen Union, deren Generalsekretär Anwar el Sadat wurde. Die Schaffung einer sozialistischen, demokratischen und kooperativen Gesellschaft, frei von politischer, sozialer und wirtschaftlicher Ausbeutung wurde, ohne diese Gesellschaftsform näher zu definieren, proklamiert. Bei der Vereinigung mit Syrien 1958 wurden Verfassung und Einheitspartei wieder umformiert, ebenso nach dem Auseinanderbrechen der Vereinigten Arabischen Republik drei Jahre später, wobei die Idee der »Einheit aller Araber vom Atlantik bis zum Arabischen Golf« beibehalten wurde. Der panislamische Anspruch hatte aus dem Persischen den Arabischen Golf gemacht. Im Herbst 1961 wurde unter Assistenz der jugoslawischen ideologischen Berater der Arabische Sozialismus erfunden, eine entsprechende National-Charta verabschiedet. In den folgenden Jahren verstaatlichte man die Wirtschaft Stück für Stück. Eine provisorische Verfassung verkündete man 1964, und eine Marionetten-Nationalversammlung begann mit der Ausarbeitung einer endgültigen Verfassung, die schließlich 1971, nach Nassers Tod, fertiggestellt wurde. Die Arabische Sozialistische Union war mit dem Charakter einer Staatspartei ab 1962 die neue Einheitsorganisation. Immer tiefer in sozialistische und staatswirtschaftliche Formen hineinführende Neuerungen spiegelten den Mißerfolg der bisherigen Wirtschaftspolitik und die politischen Verwirrungen wieder, die sich eingestellt hatten. Das Prinzip, mit der Bildung neuer Organisationen Hoffnung auf Besserung der Verhältnisse zu wecken und so Personen auf elegante Weise austauschen zu können, von alten und gescheiterten Plänen und Vorstellungen zu neuen Ufern aufzubrechen, war zugleich Ausdruck der orientalischen Neigung, die Funktionsfähigkeit von Theorien durch bürokratische Maßnahmen sichern zu wollen. Die sorgsam geschützte Konzentration aller Macht in den Händen eines Mannes blieb immer erhalten, eine wesentliche Effizienz der politischen Aktivität kam jedoch nicht zustande. Die Entschuldigung und Rechtfertigung dafür wurde immer wieder in der außenpolitischen Entwicklung, in den internationalen Krisen und in Kriegen gesehen. Am Ende des Niedergangs stand dann der Oktoberkrieg von 1973, von dem Präsident Sadat selbst einmal eingestand, er habe ihn, wenn es nicht auch andere Gründe gegeben hätte, schon allein deswegen führen müssen, weil das Land wirtschaftlich keinen anderen Ausweg mehr gehabt habe.

Bei der ersten Landreform im September 1952 wurde der
Landbesitz auf 200 Feddan (1 Feddan = 4 200 Quadratmeter),
für jedes Kind auf weitere fünfzig, für eine Familie insgesamt
aber auf höchstens 300 Feddan beschränkt. Für das beschlagnahmte Land erhielten die Besitzer – mit Ausnahme der königlichen Familie, deren Besitz entschädigungslos enteignet wurde –
Staatspapiere mit einer Laufzeit von dreißig Jahren bei drei Prozent Zinsen. Das Aufbrechen der verkrusteten, jahrhundertealten
landwirtschaftlichen Struktur schien dem Regime das not-
wendige Mittel zu sein, die gewünschte Veränderung der Gesellschaft herbeizuführen, wobei die Offiziere nicht nur den bis dahin ausgebeuteten Fellachen Grundbesitz zukommen lassen
wollten, sondern auch hofften, das Kapital werde in die geplante
Industrialisierung strömen. Die sozialen Unterschiede in der
Agrarwirtschaft waren 1952 enorm. Kleine Eigentümer, die weniger als fünf Feddan ihr eigen nannten und deren Besitz als
nicht ausreichend für den Unterhalt einer Familie gelten mußte,
machten 94,3 Prozent aus. Sie besaßen 35,4 Prozent des bebaubaren Landes. Zwischen fünf und fünzig Feddan besaßen 5,2 Pro-
zent der Grundbesitzer, sie verfügten zusammen über 30,4 Pro-
zent der Gesamtfläche. Großgrundbesitzer waren nur 0,5 Pro-
zent, aber sie besaßen 34,2 Prozent des Bodens. Die Landaristo-
kratie, die reichsten 280 Familien stellten nur 0,01 Prozent aller
Grundbesitzer, sie hatte aber über 21 Prozent der Bodenfläche in
ihrem Besitz. Allein die königliche Familie verfügte über mehr
als 150 000 Feddan, mit einem jährlichen Ertrag von rund
750 000 ägyptischen Pfund (LE), nach damaligem Stand umge-
rechnet etwa 8,5 Millionen Mark.
Durchschnittlich betrug der Gewinn aus einem Feddan jährlich
18 LE, wobei große Ertragsunterschiede aufgrund unterschiedlicher Anbaumethoden zu verzeichnen waren und die Einnahmen,
beispielsweise für Baumwolle, immer vom Weltmarkt abhingen.
Das Prinzip der Landbewirtschaftung von Großgrundbesitz bestand vereinfacht dargestellt, in der pauschalen Verpachtung,
wobei die Pächter die Fellachen unerbittlich ausbeuteten. Das
unter die Agrarreform fallende Land verteilte der Staat in Losen

zu fünf Feddan an die Bauern. Die Zeremonien der Landverteilung wurden dabei zu propagandistischen Paradestücken des Regimes. Das Problem des Grundbesitzes war schon vor Jahrzehnten in allen Teilen der Erde erkannt worden, und man hatte Vorschläge mannigfacher Art auch in der Öffentlichkeit diskutiert. Schnell jedoch stellte sich auch hier heraus, daß es mit der Zerschlagung des Großgrundbesitzes und dessen Verteilung nicht getan war. Die unwissenden Fellachen hatten weder die Mittel, noch die Kenntnisse, eigenes Land erfolgreich zu verwalten. Agrargenossenschaften sollten dem Mangel abhelfen. Mehr als 250 Kooperativen entstanden. Das Ziel, den Lebensstandard der Fellachen zu heben, wurde aber trotzdem nicht erreicht. Nach der amtlichen Statistik von 1962 wurden von der Gesamtfläche von knapp 6 Millionen Feddan bebaubaren Bodens rund 650 000 Feddan an 225 000 Familien neu verteilt. Zugleich aber war, wie zu Zeiten Mohammed Alis, der Staat der größte Großgrundbesitzer geworden. Und er nur zog 1955 aus mehr als 230 000 Feddan einen Gewinn – rund 2,8 Millionen LE (rund 30 Millionen Mark). An dieser Tatsache vermochte auch die zweite Agrarform, die den Gesamtbesitz je Familie auf 200 Feddan beschränkte, nichts zu ändern. Die Aufblähung der landwirtschaftlichen Verwaltungsmaschinerie, die sich am Ende in einer Mammutorganisation mit autonomer Rechnungsführung darstellte, half noch weniger weiter. Die landwirtschaftliche Produktion in Ägypten hat insgesamt zwar ihren Standard gehalten – was ja allein schon nicht gerade Erfolg bedeutet –, wegen der rapiden Vermehrung der Bevölkerungszahl ist der Pro-Kopf-Anteil aber mehr und mehr gesunken, und die Folgen davon sind katastrophal. Ägypten muß Jahr für Jahr Grundnahrungsmittel einführen und hat selbst während der Zeit heftigster antiamerikanischer Demagogie von Getreidelieferungen der USA – gegen Kredit – Gebrauch machen müssen. Aus der Kornkammer des römischen Reiches ist das Armenhaus des Vorderen Orients geworden.

Hand in Hand mit der Agrarreform – also ebenso langsam – kamen die Pläne zur Industrialisierung des Landes voran, die entsprechend einer Mode der fünfziger Jahre als Sesam, öffne dich! dafür angesehen wurde, den Lebensstandard der höher entwickelten Staaten zu erreichen. Eisen- und Stahlwerke, als Grundlage der Industrialisierung, wurden an den ungünstigsten Standorten errichtet. Die Story vom Stahlwerk in der Wüste oder im Busch machte zwar einen guten Zeitungsartikel, über die betriebs- und volkswirtschaftliche Zweckmäßigkeit eines solchen Projektes sagte sie aber nicht a priori etwas aus. Die Geschichte des Eisen- und Stahlwerks von Heluan ist dafür typisch. Nur mit Mühe gelang es dem Vorstand der deutschen DEMAG, eine ägyptische Offiziersdelegation zu überzeugen, daß nicht das modernste, vollautomatische Werk die zweckmäßigste Anlage sei für ein Land, dem Fachkräfte völlig fehlten und das Wert auf die Schaffung von Arbeitsplätzen legen müsse. Eine geeignetere Anlage wurde ausgesucht. Als Standort für diese hatten die Ägypter das 25 Kilometer nilaufwärts von Kairo gelegene Heluan ausgesucht. Das Erz sollte von den Lagerstätten bei Assuan kommen und mit den Erzzügen von dort die Rentabilität der Eisenbahnlinie nach Oberägypten verbessert werden. Der Koks von Übersee war per Schiffstransport auf dem Nil einzuführen. Die Produkte von Heluan konnten dann in den um Kairo angesiedelten Fabriken weiterverarbeitet werden. Eine gemischte deutsch-ägyptische Gesellschaft, die Socefa, wurde gegründet, was den Ägyptern die Garantie dafür zu bieten schien, daß die Deutschen nicht nur die Anlage liefern, sondern auch, der eigenen Beteiligung wegen, für einen rentablen Betrieb sorgen würden. Schon priesen die Zeitungen in den höchsten Tönen die industrielle Autonomie, die sich für Ägypten damit abzeichne. Während des Aufbaus des Werks aber wurde plötzlich entdeckt, daß die von Oberägypten herführende Eisenbahnlinie auf dem Westufer des Nil verläuft, Heluan aber auf dem Ostufer liegt und die einzige Eisenbahnbrücke in Kairo nach Auskunft der Bahnverwaltung dort nicht imstande sein würde, zusätzlich die Erzzüge zu bewältigen. Prompt wurde eine Eisenbahnbrücke über den Nil bei Heluan geplant. Der Bau wurde aufgrund einer internationalen Ausschreibung den Ungarn übertragen. Während das Werk an-

schließend langsam wuchs, blieb die Brücke jedoch erheblich in
Verzug, was zum Teil auf den Ungarnaufstand von 1956 zurückzuführen war. Schnell wurde der Erztransport wieder neu geplant. Jetzt sollte das Erz auf Felluken, den Nilfrachtschiffen befördert werden. Auch diese Idee zerschlug sich, denn der Tief-
gang von Schiffen mit Erzladungen erlaubte eine Fahrt auf dem
Nil nicht, angesichts der Sandbänke und Untiefen, deren Positionen sich zudem mit der alljährlichen Nilflut immerzu änderten.
Zu Verzögerungen kam es weiter während der Suezkrise von
1956. Der leitende deutsche Ingenieur machte vor der Evakuierung leichtfertige Bemerkungen, was die Ägypter veranlaßte,
schnell entschlossen die Büroräume mit den Werksplänen durch
Soldaten besetzen zu lassen. Schließlich wurde das Stahlwerk in
der Wüste mit einem seiner beiden Hochöfen angeblasen, als die
ungarische Brücke kaum zur Hälfte den Nil überspannte. Bei
gedrosselter Anlieferung mußte das Erz eine zeitlang doch über
die Kairoer Eisenbahnbrücke rollen. Die gemeinsame ägyptisch-
deutsche Betriebsgesellschaft scheiterte. Die Ägypter suchten
sich daraufhin neue Partner, zunächst Amerikaner, dann wieder
eine, aber eine andere deutsche Firma und schließlich die Sowjets. Das Ergebnis: Das Stahlwerk ist, trotz der Heluan-Eisen-
bahnbrücke und eines zusätzlichen Transportweges mit Schub-
schiffen auf dem Nil, bis heute unwirtschaftlich geblieben. »Die
Ägypter hätten für das gleiche Geld mehr als die doppelte Menge
an Eisen und Stahl einwandfreier Qualität einführen können«,
sagte ein Fachmann Mitte der siebziger Jahre.

Ein Beispiel positiver Art dagegen ist die Automobilproduktion
am Nil. Sie hat nach dem Prinzip begonnen, Einzelteile zu kaufen
und zu montieren und nach und nach die eingeführten Teile
durch Eigenproduktion zu ersetzen. Zunächst wurden Omnibusse geliefert, die nur zu lackieren waren. Dann wurden auch
die Polsterarbeiten an den Sitzen vorgenommen, anschließend
die Sitze selbst hergestellt, die Karosserien zusammengesetzt, die
Karosserien schließlich an Ort und Stelle gepreßt – und so weiter. Auf ähnliche Weise ging in Zusammenarbeit mit deutschen
und italienischen Unternehmen der Aufbau der Nasser-Auto-

werke vor sich, deren Personenwagen mittlerweile brauchbare
Produkte sind, bei denen sogar Motoren und Getriebe im Land
produziert werden.

Die Schwierigkeiten, in einem agrargeprägten Land eine industrielle Produktion aufzubauen, wurden erheblich vergrößert
durch die »Ägyptianisierung«, die nach der ersten Suezkrise mit
deutlich ausländerfeindlichen Zügen einsetzte. Im Januar 1957
wurden alle Handelsbanken, Versicherungen und ausländischen
Handelsagenturen in ägyptische Gesellschaften unter ägyptischer Verwaltung umgewandelt. Britische, französische und türkische Banken wurden unter Sequester gestellt und schließlich
zwangsweise an ägyptische Banken verkauft. Der Staat setzte
eine Oberste Planungsbehörde und eine staatliche Holdinggesell-
schaft ein, die Economic Agency. Erste Maßnahmen, die bis dahin selbständig tätigen ausländischen Firmenvertretern die weitere Tätigkeit im Lande verboten und in alle führende Positionen
Ägypter statt der Libanesen, Italiener, Griechen, Zyprioten und
der Fachleute anderer Nationalitäten einsetzten, waren das erste
Signal für Kapitalbesitzer, die Flucht ins Ausland anzutreten.
Spätestens von diesem Zeitpunkt an wurden auf verschiedenste
Weise Vermögen ins Ausland verschoben. Außer daß eine »Kapi-
talausfuhr« nach verschiedensten Transfer- und Verrechnungs-
methoden praktiziert wurde, sind Millionen Pfundnoten schlicht
geschmuggelt worden. Dabei haben Diplomaten, unter Mißbrauch ihrer Vorrechte, mit einem solchen Kurierverkehr große
Summen verdient. Das Pfund, das offiziell um 11 Mark wert war,
wurde illegal mit drei Mark und weniger gehandelt. Um den
Geldschmuggel zu erschweren, kamen Finanzminister und No-
tenbankpräsident auf die Idee, die Hundert-Pfund-Noten, den
größten Schein, kurzfristig außer Kurs zu setzen. Ausländische
Notenbanken organisierten daraufhin eine Art Luftbrücke und
transportierten die Banknoten aus ihrem Besitz vor dem Verfalls-
termin nach Kairo. Nicht einmal dieser Idee war also großer
Erfolg beschieden.

Die Zwangsverwaltung und Beschlagnahmung von ausländischen Firmen brachte Offizieren häufig Positionen in der Wirt-

schaft ein, in denen sie das Mehrfache ihrer sonst schmalen Bezüge erzielen konnten. Offiziere, die sprachkundig waren, drängten sich in Kürze in leitende Stellungen. Ihnen wurde nachgesagt, sie seien jedenfalls immer imstande gewesen, von den früheren Direktoren Büro, Wohnung und – Auto zu übernehmen. Bei dieser Entwicklung war es nicht weiter verwunderlich, daß das Kapital schon gar nicht die Neigung zeigte, sich nun etwa auch noch in neuen Industrievorhaben zu engagieren. Die letztlich einschneidendsten Eingriffe in die Wirtschaftsordnung setzten aber erst mit der Verstaatlichung der Banken 1960 ein, und im Herbst 1961 wurden dann noch die Gesellschaften des sogenannten öffentlichen Sektors 38 Wirtschaftsorganisationen unterstellt, insgesamt einer Mammutbürokratie, deren innerer Reibungswiderstand bis zu ihrer Lahmlegung führte. Den Vorsitz im Höheren Wirtschaftsrat führte Nasser, die Wirtschaftsorganisationen wurden nach Branchen den jeweiligen Ministerien zugeteilt. Die vollständige Staatskontrolle über die Wirtschaft war erreicht. Da die mühsame Bürokratie kaum mehr etwas bewegen konnte, war schon früh für einen Sektor, dem Verzögerungen nicht zugemutet werden sollten, eine eigene Produktion eingerichtet worden. Militärfabriken, zunächst auf Rüstung und Versorgung der Streitkräfte beschränkt und in einem eigenen Ministerium zusammengefaßt, hatten vergleichsweise unbeschränkt Devisen zu ihrer Verfügung und konnten, ihrer Sonderstellung wegen, effektiver arbeiten als alle Staatsindustrien. Die Nöte bei der Versorgung der Zivilbevölkerung führten schließlich dazu, daß die Militärfabriken für den zivilen Sektor Eisschränke, Gasherde und andere Gegenstände des Bedarfs herstellten. Die Mischung von nationalem Aufbau und orientalisch-bürokratischem Sozialismus führte immer tiefer in die wirtschaftliche Misere. Ständig neue Rückschläge erlitt die Volkswirtschaft durch die Kriege und Krisen.

Herausforderung der Großmächte

Die erste Suezkrise 1956 entstand, als Nasser am 26. Juli unter Bruch aller Verträge, den Suezkanal verstaatlichte. Er gab dies bekannt, nachdem der Außenminister der USA, John F. Dulles, in brüskierender Weise eine Beteiligung an einer zunächst ins Auge gefaßten Finanzierung des Hochdammes von Assuan abgelehnt hatte und Großbritannien zu einem ähnlichen Beschluß gekommen war. Vorausgegangen waren nach der Revolution von 1952 Bemühungen des Offiziersregimes, im Westen Waffen zu kaufen. Da es sich nach dem Eindruck der Westmächte vornehmlich um Waffen handelte, die einem Angriffskrieg gegen Isreal gedient hätten, wurde das Ersuchen abgelehnt. Nicht zuletzt fiel die Entscheidung negativ aus, weil Ägypten sich dem Ansinnen des Westens, vor allem dem Amerikas, hartnäckig widersetzte, einem Verteidigungspakt beizutreten. Im gleichen Maße, wie die Beziehungen zum Westen sich verschlechterten, verstärkten sich die Bande Ägyptens zum Ostblock. Auf der vor dem Kairoer Abdin-Palast errichteten Tribüne saß am 24. Juli 1955 bei der Parade anläßlich des Jahrestages der Revolution ein wenig beachteter Mann: der spätere stellvertretende sowjetische Außenminister Dimitrij Schepilow. Dem unauffälligen Besucher folgten kurz darauf Waffenlieferungen, mit denen auch sowjetische Experten ins Land kamen. Das Personal der sowjetischen Botschaft in Kairo schwoll von vierzig auf 150 Angehörige an, und ägyptische Offiziere wurden insgeheim auf einem Übungsplatz des Warschauer Pakts in Polen an sowjetischem Kriegsgerät ausgebildet. Im September 1955 gab Nasser öffentlich bekannt, was als Gerücht bereits im Umlauf war: der ägyptische Waffenkauf in der Tschechoslowakei. Der Umfang dieses Waffengeschäftes, für das Ägypten seine Baumwollernte auf Jahre hinaus verpfänden mußte, war mit 450 Millionen Dollar so gewaltig, daß Nasser sich auf diese Weise dem Osten ziemlich ausgeliefert hatte. Und zu einer Zeit, als die Westmächte noch gewohnt waren, mit Hilfe ihrer Waffen junge Staaten zu dirigieren, bedeutete Nassers entsprechende Entscheidung denn auch einen schweren Schock. Der junge Mann am Nil bezog nicht nur als erster Waffen vom Ostblock, er forderte darüber hinaus im Mai 1956 demonstrativ die Großmacht USA heraus und – er erkannte Peking völkerrechtlich an. Nasser stellte sich also bewußt und vorsätzlich gegen die von Washington dekretierten Grundlinien der Weltpolitik. Senatoren und Abgeordnete begannen die Augenbrauen hochzuziehen, wenn von Krediten die Rede war, die Nasser gegeben werden sollten. Schließlich lehnte der Westen insgesamt es ab, die internationale Finanzierung des Baus des Hochstaudamms von Assuan zu unterstützen. Die Ablehnung verletzte den Stolz Nassers, denn er war nicht der Mann, der Erniedrigungen hinzunehmen bereit war. In seiner Ansprache in Alexandria, in der er die Nationalisierung des Suezkanals verkündete, gab er also an, die Einnahmen würden künftig verwendet, den Assuan-Damm zu bauen. Während Nasser sprach, hörte der Pionier-Oberst Mahmud Yunis in Ismailia aufmerksam am Autoradio zu. Zweimal erwähnte Nasser auffällig den Kanalerbauer, Ferdinand de Lesseps. Das Stichwort für Yunis war gefallen. Er löste die militärische Besetzung der Büros der Kanalgesellschaft aus. Yunis wurde Chef der neuen ägyptischen Kanalbehörde.

Auf die Beschlagnahme des Suezkanals reagierte der Westen mit bemerkenswerten Fehleinschätzungen. Aus dem Ostblock kam Beifall erst, nachdem im August die Sowjetunion das Signal gegeben hatte. Amerika, Frankreich und England blockierten die ägyptischen Guthaben, setzten Streitkräfte zum östlichen Mittelmeer hin in Marsch und formierten in London eine Konferenz von Benutzern des Suezkanals. Der Vereinigung gehörte auch die Bundesrepublik an. Allgemein wurde die grundfalsche Meinung vertreten, Ägypten werde nicht fähig sein, den Kanal in eigener Regie zu betreiben. Die ausländischen Lotschen vom Suezkanal wurden abgezogen in der Annahme, der Betrieb werde dann zusammenbrechen. Alle diese Hoffnungen trogen. Als einzige Delegation in London beurteilten die Norweger die Lotsenfrage am Suezkanal realistisch. Die Delegierten begaben sich vom Beratungstisch weg zum Londoner Hafen und befragten erfahrene Kapitäne von einem Dutzend Schiffen. Die Kapitäne waren ein-

hellig der Meinung, sie würden sich notfalls zutrauen, auch ohne
Lotsen den Suezkanal zu befahren. Daraufhin begann Norwegen,
die Londoner Vereinigung nicht mehr ernst zu nehmen.

Der fähige und energische Mahmud Yunis heuerte auf der
ganzen Welt Lotsen an, damit die englischen und französischen
Lotsen ersetzt werden konnten. Mit Hilfe von Russen, Skandinaviern und Deutschen aus West und Ost gelang es, zusammen mit
den im Dienst verbliebenen Griechen und Italienern sowie jungen ägyptischen Marineoffizieren, in aufreibenden Dauerschich-
ten, den Kanalbetrieb aufrechtzuerhalten. Ägypten bewies, daß
es den Betrieb des Suezkanals gewährleisten kann. Ein Vorwand,
militärisch einzugreifen, war zusammengebrochen. Dieser Vorwand wurde, auf dem Wege einer Zusammenarbeit mit ver-
schwörerischem Charakter von England, Frankreich und Israel
geschaffen. Die Aktivität palästinensischer Untergrundkämpfer –
der Fedayin –, die seit Jahren, auch von Ägypten aus heimlich
nach Israel schlichen und in Israel Terrorakte verübten, boten
Israel Anlaß, am 29. Oktober 1956 in den Sinai einzurücken. Wie
geplant, richteten Engländer und Franzosen ein gemeinsames Ultimatum an Israelis und Ägypter, innerhalb von zwölf Stunden
die Kämpfe einzustellen und sich beiderseits des Suezkanals auf
einen Abstand von 16 Kilometern zurückzuziehen. Die Israelis,
die den Kanal schon erreicht hatten, stimmten sofort zu, die
Ägypter lehnten ab. Engländer und Franzosen landeten Truppen
bei Port Said am Nordausgang des Kanals. Die als Polizeiaktion
getarnte Invasion diente zwar offiziell dem Ziel, die kämpfenden
Parteien zu trennen. Diese Behauptung war aber so durchsichtig,
daß niemand sie ernstnehmen mochte. Vor allem die Amerikaner
fühlten sich hintergangen. Die britisch-französischen Truppen
stießen bei ihrem Vormarsch entlang des Kanals aus Gründen der
politischen Zweckmäßigkeit nicht mit voller Wucht, sondern nur
zurückhaltend und langsam vor. Als der Sicherheitsrat der Vereinten Nationen schließlich alle Beteiligten aufforderte, die
Kampfhandlungen einzustellen, standen die Invasionstruppen
Englands und Frankreichs bei Kantara, 44 Kilometer südlich von
Port Said. Nasser beorderte seine sowieso vor den Israelis flie-

henden Soldaten aus Sinai zurück, am Tag nach der Feuereinstellung trafen sie bei Kantara ein. Das langwierige Feilschen um Räumung und Rückgabe der von Israel eroberten Gebiete setzte ein, und zum ersten Mal in der Geschichte wurde eine internationale Polizeitruppe der Vereinten Nationen aufgestellt.

Als erster Soldat der UNEF – United Nations Emergency Forces – setzte am 15. November 1956 der dänische Oberleutnant Axel Boysen vom 7. Königlichen Infanterieregiment aus Fredericia seinen Fuß auf ägyptischen Boden. Ihm folgten die 45 Soldaten seines Zuges, die eine Swiss-Air-Maschine von Capodichino bei Neapel zum ägyptischen Flugplatz Abu Suweir bei Ismailia geflogen hatte. Der dänische Offizier meldete die in Reih und Glied angetretenen Soldaten dem ägyptischen Verbindungsoffizier, Brigadier Helmi el Thani, der den UN-Ausweis jedes einzelnen Soldaten prüfte. Nachdem diesem Akt ägyptischer Hoheitsdemonstration Genüge getan war, durfte die Truppe dem unermüdlichen UN-Generalsekretär Hammarskjöld salutieren. Er hatte dem widerstrebenden Nasser mühsam die mündliche Zusage zur Stationierung der UNO-Blauhelme abgerungen. Die internationalen Einheiten aus Indern, Jugoslawen, Kanadiern und Skandinaviern bezogen Stellung zwischen den kriegerischen Parteien am Kanal und auf Sinai. Den sich zurückziehenden Truppen folgten die UNEF, hinter der die Ägypter herzogen. Auf diese Weise wurden Zwischenfälle vermieden und die Ägypter konnten, ohne einen Schuß abzugeben, in der Sprache der Kairoer Propaganda formuliert, ihr Gebiet »zurückerobern und den Sieg triumphal vollenden«. Amerika hatte Nasser durch die Einschaltung der UNO gerettet. Die späteren sowjetischen Interventionen mit der Raketendrohung Chruschtschows kamen, als längst über den Rückzug entschieden worden war. Das bestätigt auch Sadat in seiner Darstellung, in der zugleich zugegeben wird, daß Nasser in der Vorstellung lebte, er habe die westlichen Großmächte besiegt. Tatsächlich hatte nur die Gunst der Umstände dem militärisch geschlagenen Ägypten einen diplomatischen Sieg beschert. Von nun an ergriff den Diktator eine Überlegenheitsvorstellung, die in Cäsarenwahnsinn endete.

Zum ersten Mal in seiner Geschichte war der Suezkanal 1956/
57 für längere Zeit – für fünf Monate – geschlossen gewesen. Die
Kanalräumung verzögerte sich aus politischen Gründen um Wochen. Nasser stellte Bedingungen, weil er glaubte, die internationale Schiffahrt erpressen zu können und die Vereinten Nationen
beeilten sich auch, den Wünschen der Ägypter nachzukommen.
Unter der blauen Flagge der Vereinten Nationen waren 23 Spezialschiffe aus sechs Nationen gechartert worden, um im Kanal
liegende vierzig Wracks und Hindernisse zu entfernen. Laut offizieller Sprachregelung Kairos handelte es sich bei allen um
Kriegsschäden, und um ein Haar wäre es zu einem Zwischenfall
gekommen, als der Räumungsbeauftragte, der amerikanische
Generalleutnant Raymond A. Wheeler, die Zerstörung der Eisenbahnbrücke über den Kanal bei El Ferdan mit den Worten
»Anscheinend hat dort jemand Sprengstoff verwendet« be-
schrieb. Tatsächlich war die Masse der Boote, Bagger und Kräne,
die den Kanal blockierte, von den Ägyptern selbst zu Verteidi-
gungszwecken versenkt worden. Das zuzugeben, verbot Nassers
Stolz; außerdem wollte er alle Kriegsschäden, die entstanden
waren, unabhängig davon, wer sie unmittelbar verursacht hatte,
ersetzt haben. Unter der Räumungsflotte waren auch die lei-
stungsfähigsten Hebeschiffe der Welt, »Energie« und »Aus-
dauer« der Hamburger Bugsier-Reederei und Bergungs-AG.
Nach manchen Eifersüchteleien von Bergungskonkurrenten verschiedener Nationen durchfuhr am 29. März 1957 wieder der
erste Schiffskonvoi den Kanal. Nasser hatte den Suezkanal jetzt
endgültig in Besitz. Unter den 220 arbeitenden Lotsen befanden
sich Ende der fünfziger Jahre sechzig Ausländer, darunter zwei
Dutzend Deutsche. Sie hatten Verträge nach dem Muster der
früheren Internationalen Kanalgesellschaft erhalten, als Ägypten
sie dringend brauchte. Nachdem diese Notzeit vorüber war,
brach die ägyptische Kanalbehörde einseitig die Verträge und
setzte die Lotsenbezüge herab. Da die deutsche Botschaft in Kairo
sich in die Privatverträge nicht einmischen wollte, beziehungsweise eine Belastung des deutsch-ägyptischen Verhältnisses
fürchtete, kehrten die Lotsen, die, wie sie sagten, »nicht auf dem

Altar der höheren Interessen des Vaterlandes geopfert werden«
wollten, nach und nach in die Bundesrepublik zurück.

Nassers Ansehen war nach dieser, der ersten Suezkrise international auf dem Höhepunkt. Er hatte den Kolonialisten und
Imperialisten getrotzt, ihnen den Suezkanal entrissen und war
jetzt absoluter Herrscher im Land. Zum ersten Mal wurde Ägypten von Ägyptern, die dies auch ihrer Abstammung nach waren,
regiert. Sein Ruf nach Vereinigung aller Araber führte zum
ägyptischen Führungsanspruch in der arabischen Welt, der durch
die Vereinigung von Ägypten und Syrien zur Vereinigten Arabischen Republik (VAR) seinen Ausdruck zu finden schien. Tatsächlich hatten die Syrer den zögernden Nasser zu der Staaten-
vereinigung überredet. Am 1. Februar 1958 riefen der syrische
Staatspräsident Schukri el Kuwatli, der alljährlich seinen Urlaub
am Bodensee in Bad Schachen zu verbringen pflegte, und Nasser
auf dem Balkon des Parlamentsgebäudes in Kairo den Zusammenschluß ihrer Länder aus. Die übliche Volksabstimmung bil-
ligte die Vereinigung, deren Präsident Nasser wurde. Der neue
Einheitsstaat mit zwei weit voneinander getrennten Landesteilen
hatte seine Zentrale am Nil, in Damaskus residierte Marschall
Abdel Hakim Amer als Stadthalter. Am 28. September 1961
putschten Teile der syrischen Streitkräfte, nahmen den Ägypter
gefangen und schickten ihn nach Hause. Die VAR war zerbro-
chen. Von diesem Zeitpunkt an ließ Nassers Begeisterung für die
arabische Einheit, der er fortan nur noch Lippendienste erwies,
mehr und mehr nach.

Nach der Suezkrise von 1957 steuerte Nasser zunehmend einen antiwestlichen Kurs. Kairo war das Mekka aller Exilpolitiker
aus Afrika und Asien geworden, und die Befreiungsbüros schossen dort aus dem Boden. Der staatliche Rundfunk gestattete Sen-
dungen einer »Stimme Afrikas«. Der Neutralismus als politisches Bekenntnis war schon früher durch »positiven Neutralismus« ersetzt worden. Als der indische Ministerpräsident Nehru
auf dem Kairoer Flughafen von Reportern gefragt wurde, was
unter diesem Begriff zu verstehen sei, antwortete er: »Da müssen Sie schon Nasser selbst fragen«, eine Bemerkung, die der

Ägypter übelnahm. Die nächste Häutung machte Ägypten zu
einer »Blockfreien Nation«. Eine besondere Rolle spielte in diesem Zusammenhang die erste Solidaritätskonferenz der afro-
asiatischen Völker im Saal der Kairoer Handelskammer 1958. Die
sowjetische Delegation bei dieser Versammlung wurde vom
späteren Botschafter der Sowjetunion in Damaskus geführt, einem Mann namens Muhitdinow, der russifizierten Form des arabischen Mohieddin. Das Generalsekretariat richtete man in der
Villa einer ägyptischen Prinzessin auf der Nilinsel Roda ein. Als
Generalsekretär amtierte der spätere ägyptische Minister Jussef
Sebai, der im Februar 1978 von einem palästinensischen Mord-
kommando auf Zypern umgebracht werden sollte. Nasser selbst
reiste erstmals am 29. April 1958 in die Sowjetunion. Eine sowjetische Düsenmaschine vom Typ Tupolew holte ihn in Ägypten
ab. Da die Landebahnen in Kairo noch nicht für derartige Düsenflugzeuge ausreichten, wurde vom Militärflughafen Abu Suweir
abgeflogen. Die Spitzen von Staat und Partei verabschiedeten
Nasser, auch sein Vater, ein pensionierter Postbeamter, der zur
allgemeinen Überraschung einen Tarbusch, den roten Fez mit
schwarzer Quaste, trug. Während seines vierzehntägigen Aufenthalts in der Sowjetunion, dem ungezählte weitere folgen sollten, trat Nasser als der Sieger der Suezkrise auf, der dem mächtigen Verbündeten Dank sagte. Er hat aber, wie Sadat berichtet,
mit dem ihn auszeichnenden Instinkt auch gefühlt, daß die Sowjets nicht weniger als westliche Mächte daran interessiert waren, Ägypten an ihre Leine zu legen. Nasser jedoch glaubte, die
Sowjets auf außenpolitischem Gebiet für sich einspannen zu können. Im Inneren, dessenungeachtet, ging er gegen Kommunisten
vor wie gegen alle, die seine Machtausübung in Zweifel setzten.
Im Mai 1959 kritisierte Chruschtschow denn auch den »zornigen
Heißsporn am Nil« und seinen antikommunistischen Kurs.

Niedergang der Nasser-Ära

Die erste Hälfte der sechziger Jahre war von den Schlagworten »politische Freiheit«, »soziale Freiheit« und »arabische Einheit« bestimmt. Jede seiner Reden begann Nasser mit »Yechya muwatinun«, einer Anrede, die mit »Volksgenossen und Volksgenossinnen« verglichen werden kann. Ständig neue Maßnahmen, Erklärungen und Enthüllungen sollten das Volk beschäftigen, bei der Stange halten und es von der bedrückenden wirtschaftlichen Misere ablenken. Ähnlich, wie immer wieder eine neue Verfassung geschaffen und die Einheitspartei neuformiert wurde, ersetzte das Regime auch einen Wirtschaftsplan durch einen anderen, sobald die Versorgungsschwierigkeiten überhand nahmen. Der erste Fünfjahresplan, im Januar 1958 mit großem Propagandaaufwand gestartet, wurde schon nach elf Monaten zu einem Dreijahresplan gestrafft. Vom August 1960 an zielte ein Zehnjahresplan auf »Verdoppelung des Einkommens«. Ein derartiges Ziel führte Nasser von da an ständig im Mund. Plötzlich wurde der Zehnjahresplan auf die Hälfte der Zeit gekürzt, wobei versichert wurde, auch nach jetzt fünf Jahren werde das Einkommen verdoppelt sein. Dann wurde ein weiterer Fünfjahresplan verabschiedet. Das Ergebnis all dieser Pläne war jenes verwirrende Dickicht von Zahlen, Daten und Bezugspunkten, das orientalische Bürokraten über alles schätzen.

Während die Wirtschaft mit rüden Methoden auf einen sozialistischen Weg geschubst wurde, erließ das Offiziersregime die ersten Sozialgesetze für die breiten Massen. Für Arbeitnehmer wurden Krankengeld, eine Altersrente sowie ein Invaliden- und Unfallschutz gesetzlich eingeführt. Diese sozialen Bestimmungen können als der einzige Fortschritt betrachtet werden, der dem Nasser-Regime gelungen ist. Daß dabei viele Regelungen Theorie blieben und nur eine umfangreiche, sich selbst genügende Verwaltung hervorriefen, steht auf einem anderen Blatt. Die materielle Not jener Jahre zwang die Beamtenschaft regelrecht zur Korruption, wenn sie mit ihren Familien überleben wollten. Wer direkten Umgang mit dem Publikum hatte, tat sich

leichter. Glücklich konnten sich die Dienststellen mit Ausländer-
verkehr preisen. Das Heer der Angestellten und Beamten an den
Schreibtischen brachte allerhand Erfindungsgabe auf, um ein
paar Pfunde nebenher einstreichen zu können. Die Ausübung
von zwei Berufen wurde fast zur Regel.

Die proklamierte Zusammengehörigkeit aller Araber lag dem
Regime so am Herzen, daß Ägypten sich weiterhin als »Verei-
nigte Arabische Republik« bezeichnete, obwohl nach dem Abfall
Syriens nichts mehr vereinigt war. Der dritte Partner in den
»Vereinigten Arabischen Staaten«, der Jemen, hatte nur insofern
eine Rolle gespielt, als daß er einen dritten Symbolstern für die
rot-weiß-schwarze Fahne Ägyptens lieferte. Eine Zeitlang war
der Zusammenschluß arabischer Staaten also große Mode, aber
mit gleicher Geschwindigkeit zerfielen diese theoretischen Vereinigungen wieder, wie auch die verschiedenen Verbindungen
aus Syrien, Irak und Ägypten in den Jahren 1963/64. Je weniger
ernsthaft diese Beschwörungen der arabischen Einheit waren,
desto lautstarker wurden sie verkündet und mit Schwüren besie-
gelt.

Ein von Nasser immer wieder im Brustton der Entrüstung
verbreiteter Vorwurf gegen fremde Staaten war jener von der
»Einmischung in die inneren Angelegenheiten« anderer. Seine
verbalen Bemühungen, die Souveränität und Unabhängigkeit
junger Staaten auf diese Weise zu verteidigen, fand allenthalben
verständnisvolle Zustimmung. Das hielt Nasser aber nicht davon
ab, seine eigenen Agenten und Agitatoren in alle arabischen Länder zu schicken und sie im Sinne seiner revolutionären Vorstellungen wirken zu lassen. Die Königreiche und Scheichtümer auf
der Arabischen Halbinsel, die zur Hebung des eigenen Bildungs-
niveaus Scharen von ägyptischen Lehrkräften und andere Gast-
arbeiter vom Nil importierten, registrierten dies mit großer Be-
sorgnis und fühlten sich unter anderem deshalb nicht zu einer
arabischen Einheit hingezogen, die von einem sozialistischen
Umstürzler ausging, der bereits eine Monarchie beseitigt hatte.

Am Anfang des neuen Ägypten: Gamal Abdel Nasser

Äußerlich, bei Staatsbesuchen und Veranstaltungen der Arabischen Liga, machten sie gute Miene zum bösen Spiel und hielten bei den Versicherungen unverbrüchlicher Brüderlichkeit mit. Dem »Einigkeitsspiel« versetzte Nasser aber selbst und endgültig den Todesstoß, als er militärisch zugunsten der Revolutionsoffiziere eingriff, die im September 1962 mit einem Staatsstreich die Monarchie im Jemen beseitigt hatten, als er sich in dem mittelalterlich rückständigen Lande an einem zwischen den Stämmen ausgebrochenen Bürgerkrieg beteiligte. Das ägyptische Expeditionskorps, das zeitweise 70 000 Mann stark war, erlitt in dem vor sich hinschwelenden Konflikt schwere Verluste. Anzeichen für die bedrohliche Höhe der Verluste war das von der Zensur verhängte strikte Verbot, in den Kairoer Zeitungen Todesanzeigen von den gefallenen Soldaten zu veröffentlichen. Die miteinander zutiefst verfeindeten arabischen Staatsoberhäupter wichen auf der Gipfelkonferenz von Alexandria 1964 auf das einzige Feld aus, auf dem sich arabische Einigkeit herstellen und demonstrieren ließ, das der Feindschaft gegen Israel und das der Palästinafrage. Sie gründeten die PLO, die Palästinensische Befreiungsorganisation, und machten Ahmed Schukeiri zum Chef der palästinensischen Truppen. Schukeiri, früher Vertreter Saudi-Arabiens bei den Vereinten Nationen, zwängte sich aus dem gepflegten Zivilanzug in eine martialische Uniform und sprach die berühmten Worte »Wir werden die Juden ins Meer werfen«. Im Juni-Krieg 1967 aber versagten diese Palästinenser völlig, Schukeiri verschwand von der Bildfläche und widmete sich fortan in seiner Villa in Beirut der Rosenzucht. Bei Besuchsreisen in Kairo war er regelmäßig Gast des vornehmen Gesirah-Klubs, wo er auf dem Rund der Pferderennbahn seine Spaziergänge absolvierte.

Nassers politischer Kurs vergiftete mehr und mehr das Verhältnis zwischen Kairo und dem Westen. Der »rote Pharao am Nil« war nicht nur bis an die Zähne von der Sowjetunion aufgerüstet worden, wobei er für die Waffen teuer bezahlen sollte, er holte auch zunehmend Experten aus Moskau, für alle Gebiete, ins Land. International steuerte er regelmäßig auf Kollision mit den Vereinigten Staaten, besonders beim Kongo-Konflikt, als er

ein ägyptisches Fallschirmjägerbataillon unter dem späteren
Stabschef Saad Eldin Schazli mit eindeutiger Parteinahme für
Patrice Lumumba entsandte. Als die Vereinigten Staaten daraufhin ihre Weizenlieferungen für Ägypten stoppten, beleidigte er
die USA bei einer Ansprache in Port Said mit dem Ausruf: »Die
können Meerwasser trinken! Wenn ihnen das Mittelmeer nicht
reicht, gibt es auch noch das Rote Meer«. Er war bereits in einer
psychologischen Situation, in der er blindwütig um sich schlug.
Das galt auch für seine Politik im Inneren des Landes, wo er
»Komitees zur Ausrottung des Feudalismus« auf willkürliche
Weise Vermögen beschlagnahmen, Familien aus ihren Villen vertreiben und Menschen beliebig ermorden ließ. Selbst der ägyptische Präsident Sadat empört sich über diese »Volksgerichte«, wobei er allerdings die diesbezügliche Schuld allein seinem Feind,
dem Vizepräsidenten Abdel Hakim Amer, in die Schuhe schiebt.
Nasser zeigte sich damals auf allen Gebieten überheblich, radikal
und cholerisch. Die Art, wie er den Krieg von 1967 vom Zaun
brach und wie er sich – beispielsweise – gegenüber der Bundesrepublik verhielt, können als typisch gelten.

Zweimal Schwarz-Rot-Gold am Nil

Kairo war die einzige Stadt der neutralen Welt, die schon 1959
zwei schwarz-rot-goldene Fahnen zugelassen hatte. Nach einem
Handelsabkommen zwischen der Bundesrepublik Deutschland
und dem Königreich Ägypten (unterzeichnet am 21. April 1951,
in Kraft getreten am 1. Juni 1951) nahmen Bonn und Kairo nach
der Juli-Revolution am 16. Oktober 1952 diplomatische Beziehungen auf. Das Konsulat in Alexandria wurde 1954, das Wahl-
konsulat in Port Said ein Jahr später eröffnet. Die Bundesrepublik hatte damit, wie überall auf der Welt mit Ausnahme des
Ostblocks, einen Vorsprung vor der anderen Hälfte des geteilten
Landes, die damals noch als Ostzone oder Sowjetzone bezeichnet
wurde. Nach der ersten Suezkrise 1956 und der Verschlechterung

der Beziehungen zwischen Nasser und dem Westen kam auf leisen Sohlen ein ostdeutscher Vertreter an den Nil. Der Ausdruck »leise Sohlen« kennzeichnet das Auftreten des sächselnden Herren, der sich, auf ägyptischen Wunsch hin, ohne Publizität in Kairo niederließ. Im Stadtviertel Zamalek mietete er zunächst ein Stockwerk mit separatem Eingang. Offiziell handelte es sich bei diesem Herrn um den Handelsbeauftragten Enkelmann. Gegen ihn konnte die Botschaft der Bundesrepublik auch nichts einwenden. Im weiteren Verlauf jedoch wurde die Geschichte der deutsch-ägyptischen Doppelbeziehungen zu einem Paradebeispiel für Glanz und Niedergang der sogenannten Hallstein-Doktrin.

Diese Doktrin, die mit dem Namen des brillanten Völkerrechtlers Walter Hallstein geschmückt ist, obwohl der Professor die Vaterschaft bestritten hat, war ein hervorragendes Mittel, den bundesdeutschen Alleinvertretungsanspruch zu untermauern und durchzusetzen. Die Doktrin postulierte, daß ein Land, das mit Bonn zwischenstaatliche Beziehungen unterhalte, nicht zugleich solche auch mit Ost-Berlin haben könne. Mit dieser Theorie konnten die Bonner Diplomaten zunächst auf Verständnis bei den jungen Nationen der dritten Welt rechnen, denn daß nach einem verlorenen Krieg ein gespaltenes Land seine Wiedervereinigung anstrebte, erschien diesen Ländern nur natürlich. Außerdem waren die Vertreter aus Bonn die Abgesandten des Wirtschaftswunders. Ausnahmen von der Hallstein-Doktrin gab es in Moskau mit zwei deutschen Botschaften und in Finnland, wo zwei deutsche Generalkonsulate existierten. Beide Ausnahmen konnten erklärt werden. Bei zunehmender Aktivität der DDR in den neutralen Staaten und aufgrund der Abnutzung, welche politische Grundsätze bei starrer Anwendung immer im Laufe der Zeit unterliegen, fiel es Bonn zunehmend schwerer, sich auf Dauer mit der Hallstein-Doktrin durchzusetzen.

Der Auftrag, den westdeutsche Diplomaten mitbekamen, wenn sie ihre Posten bezogen, lautete, sie sollten in ihrem Amtsbereich die Anerkennung Ostdeutschlands verhindern. Das gab den Gastländern den Hebel in die Hand, Bonn elegant unter

Druck zu setzen. Man brauchte nur ein wenig mit Ostdeutschland zu liebäugeln, und schon öffnete sich am Rhein die Schleuse
der Hilfsgelder. Drastisch ausgedrückt: die Westdeutschen waren
erpreßbar. Das führte auch zu einer Erscheinung, die schon Ha-
rold Nicolson als die klassische Diplomatenkrankheit gebrandmarkt hat. Im Bestreben, erfolgreich auf seinem Posten zu wirken, läuft ein Diplomat Gefahr, weniger die Interessen seines
eigenen Landes durchsetzen zu wollen, als vielmehr zum Für-
sprecher der Wünsche und Interessen des Gastlandes bei seiner
heimatlichen Zentrale zu werden. Wer aus dem reichen Bonn viel
Geld für ein Gastland herausholen konnte, war am Dienstort
angesehen, konnte darauf zählen, daß bei Besuchen aus Bonn die
einheimischen Herren zahlreich am roten Teppich aufgereiht
standen, was wiederum den Eindruck bei Ministerialen und Par-
lamentariern vermittelte, der fragliche Diplomat sei ein ausneh-
mend tüchtiger Mann. Diesem fatalen Kreislauf erlagen Bonner
Diplomaten mitunter in erschreckendem Maße. Mit dem Vordringen der DDR-Diplomatie und dem Abbröckeln der Hallstein-
Doktrin mußte Bonn denn auch immer tiefer in die Tasche
greifen.

Im Falle Ägypten gab es für Bonn neben dem Konkurrenz-
druck durch die Ostdeutschen noch einen weiteren Grund, sich
aufgeschlossen für Kairoer Wünsche zu zeigen. Dieser lag in den
offiziell verheimlichten Waffenlieferungen an Israel. Anscheinend hatte man es in Bonn für eine diplomatische Meisterlei-
stung gehalten, in Kairo von der deutsch-arabischen Freundschaft schwafeln zu lassen und zugleich hinter dem Rücken der
Araber Waffen an Israel zu liefern. Als dieses Doppelspiel auf-
flog, war dem Ansehen der Deutschen in der arabischen Welt ein
schwerer Schlag versetzt worden. Dieses Ansehen war in den
Augen der Araber sowieso schon beschädigt gewesen, wegen des
deutschen Wiedergutmachungsabkommens mit den Juden und
Israel. Für dieses Abkommen fehlte in primitiven Kreisen der
Araber, verstärkt durch den Antisemitismus ehemaliger, in den
Nahen Osten geflüchteter Nazis, das moralische Verständnis.
Aber die offene, freimütige Haltung, die Wiedergutmachung sei

eine nach deutschem Verständnis zwingende moralische Schuld,
wurde von den letztlich entscheidenden Stellen doch hingenommen. Das wäre auch bei Waffenlieferungen möglich gewesen;
aber, daß die Deutschen die Sache heimlich betrieben, machte
den Vorgang über den Anschein hinaus suspekt. Für Nasser, der
es liebte, komplizierte Vorgänge auf einfache Grundtatsachen
zurückzuführen, war auch die deutsche Frage einfach. Westdeutschland war für ihn eine amerikanische, Ostdeutschland eine
russische Kolonie. Die beiden Länder würden nichts tun oder
unterlassen, was der große Bruder in Washington oder Moskau
nicht wünschte. In dieser Auffassung mußte er bestärkt werden
durch Äußerungen, von denen sein Hofjournalist und Berater,
Mohammed Hassanein Heikal in »Das Kairoer Dossier« (Fritz
Molden Verlag, 1972) berichtet. Der deutsche Botschafter, so
Heikal, soll zu Nasser gesagt haben, als es einmal um das Wie-
dergutmachungsabkommen zwischen der Bundesrepublik und
Israel ging: »Sie müssen verstehen, Exzellenz, daß dies nicht
dem Willen Westdeutschlands entspricht, sondern, daß es sich
dem Diktat der Alliierten, besonders Amerikas, beugt. Sie dürfen
nicht vergessen, daß die Bundesrepublik besetzt ist«. Die Kenntnis von Redensarten und Geschicklichkeit gewisser deutscher Diplomaten in Kairo während jener Zeit lassen die Authentizität
dieses Zitats als wahrscheinlich erscheinen. Nicht anders ist daher geredet worden, als die geheimen Waffenlieferungen an Israel platzten. Heikal berichtet, daß Eugen Gerstenmeier, der zu
Nasser geschickt worden war, dort erklärt habe, Kennedy habe
Adenauer praktisch befohlen, die Waffen an Israel zu liefern.
Warum das den Arabern nicht schon früher diskret gesteckt worden war, vermochte auch der Bonner Sondermissionar nicht zu
erklären.

Nachdem sich die Ostdeutschen in Zamalek eingerichtet hatten, traf 1958 ein Mann ein, der das Nachbarhaus der DDR-
Handelsmission mietete und das Messingschild der Diplomaten
mit der Inschrift auf deutsch und arabisch anbringen ließ: »Son-
derbeauftragter der DDR für die arabischen Länder«. Dieser
Mann, früher DDR-Botschafter in Peking, Richard Gyptner,

hantierte eifrig mit seinem persönlichen Titel »Botschafter« und erweckte in Zeitungsberichten den Eindruck, er sei akkreditierter Diplomat. Theoretisch Privatperson, wurde Gyptner praktisch offiziell im Außenministerium empfangen, übermittelte er politische Schriftstücke, führte mit Botschaftern anderer arabischer Länder in Kairo Gespräche und verschickte innerhalb des diplomatischen Korps die sogenannten Zirkularnoten, in denen Alltagsnotizen über Urlaub, Vertretungen und Ähnliches zur Kenntnis gebracht wurde. Die Empfänge Gyptners unterschieden sich in nichts von den Festivitäten anderer Diplomaten. Den größten Vorteil aus der Konkurrenz der feindlichen deutschen Brüder zogen ägyptische Zeitungen und Journalisten. Wer einen Artikel über Westdeutschland brachte, konnte damit rechnen, einen ähnlichen Aufsatz über Ostdeutschland angetragen zu bekommen und umgekehrt. Bei der Honorierung zeigten sich west- und ostdeutscher Presseattaché gleichermaßen großzügig, wenn es den Zeitungsleuten nicht sogar gelungen war, die beiden gegeneinander auszuspielen und das Bakschisch für Käuflichkeit zu steigern.

Die westdeutschen Diplomaten klammerten sich an ihre offizielle Akkreditierung und trösteten sich über die praktische Gleichstellung der Ostdeutschen mit derart wichtigen Feststellungen hinweg wie der, daß DDR-Handelsbeauftragter und DDR-Sonderbeauftragter nicht berechtigt waren, an ihren Autos den Stander ihres Landes zu zeigen.

Im Januar 1959 kam Ministerpräsident Otto Grotewohl an der Spitze einer Delegation von 26 Mitgliedern zu einem »Privatbesuch« nach Kairo. Der Besuch wurde nach allen protokollarischen Regeln eines Staatsbesuches abgewickelt. Der rote Teppich führte vom Düsenflugzeug TU – 104, der ersten sowjetischen Maschine dieses Typs, die in Kairo landete, zur Ehrenkompanie. Nassers erster Stellvertreter, Marschall Abdel Hakim Amer, begrüßte den Gast, und die Ehrenformation wurde abgeschritten. Einzige Ausnahme vom üblichen Protokoll war, daß die Fahne der Ehrenkompanie eingerollt blieb, worauf die ägyptischen Propagandisten die westlichen Reporter nachdrücklich aufmerksam mach-

ten. »Na, wenn schon, wir sind da nicht kleinlich«, klang es dazu
in sächsischem Tonfall aus ostdeutschen Kreisen. Nach viertägigen Verhandlungen verbreitete das Kairoer Informationsdepartement in seiner Mitteilung Nr. 1/59 eine Erklärung Grotewohls,
in der er mitteilte, beide Länder würden Generalkonsulate ein-
richten. Dem ungewöhnlichen Vorgang, daß die Ägypter die Erklärung eines Gastes durch ihre eigene regierungsamtliche Ma-
schinerie publizierten, folgte am nächsten Tag die Mitteilung Nr.
2/59, in der nur von »Gesprächen über Wirtschafts- und Handelsbeziehungen sowie von Mitteln, die guten Beziehungen zwischen beiden Ländern zu vertiefen«, nicht aber von Generalkonsuln die Rede war. Die Botschaft der Bundesrepublik konnte sich
jetzt die Meldung heraussuchen, an die sie glauben wollte. Das
Durcheinander veranlaßte Bonn, seinen Botschafter Dr. Walther
Becker zur Berichterstattung heimzuberufen. Ihm gelang es, die
Aufregung am Rhein zu beschwichtigen. Der ostdeutsche Generalkonsul werde das Exequatur nicht erhalten, Ägypten seinerseits werde bei einer Handelsmission in Ost-Berlin bleiben und
nicht einen Gerneralkonsul ernennen. Das war der Strohhalm,
mit dessen Hilfe die wackelnde Hallstein-Doktrin noch einmal
vor dem Einsturz bewahrt werden konnte. Und das kam Wirt-
schaftskreisen um so gelegener, als das deutsche Angebot einer
Beteiligung am Bau des Assuan-Hochdamms nach wie vor stand.
Bonn nahm denn auch hin, daß dem DDR-Generalkonsul in
Kairo gestattet wurde, die grüne Zulassungsnummer für Diplo-
matenwagen zu führen.

Aufgeschreckt wurde die westdeutsche Diplomatie, als das Kairoer Amtsblatt 1962, beim Wechsel der Amtsträger, meldete,
dem neuen DDR-Generalkonsul sei das Exequatur erteilt worden, nach völkerrechtlicher Norm Ausdruck der Anerkennung
eines Staates. Der Bonner Botschafter mußte bei Nasser vorspre-
chen. Schließlich fügten sich die Ägypter der Bonner Aufgeregt-
heit und druckten im Amtsblatt die Mitteilung, mit der Erteilung
des Exequatur sei eine völkerrechtliche Anerkennung der DDR
nicht verbunden. Noch einmal war auf Kosten der Seriosität die
Hallstein-Doktrin geflickt worden. Die Ägypter hatten das Ge-

genargument, der Leiter der israelischen Mission in Bonn stehe
dort auf der offiziellen Diplomatenliste, obwohl offizielle Beziehungen zwischen der Bundesrepublik und Israel nicht bestünden.
Schließlich aber brach die Hallstein-Doktrin doch zusammen, als
der Umfang der deutschen Waffenlieferungen an Israel bekannt
wurde. Obwohl über diese militärische Unterstützung im Bun-
destag und in der Presse eine Diskussion geführt wurde, die
vornehmlich Mißbilligung zum Ausdruck brachte, gelang es
nicht, den Zorn Nassers zu besänftigen. Ulbricht nutzte die
Gunst der Stunde und fragte in Kairo an, ob er in Assuan einige
Tage Urlaub verbringen könnte, wie ihm seine Ärzte geraten
hätten. Reichlich blauäugig schildert Heikal, daß Nasser »einem
kranken Mann diesen Wunsch nicht habe abschlagen wollen«,
jedoch habe ihn die Reaktion in der westdeutschen Öffentlichkeit
erzürnt und er habe deshalb den Privatbesuch eines Rekonvales-
zenten in einen formellen Staatsbesuch umgewandelt. Den Bonner Bemühungen gelang es trotz des offiziellen Beschlusses, die
Waffenhilfe für Israel einzustellen, und trotz spanischer Vermittlungsversuche nicht, den Staatsbesuch Ulbrichts am Nil zu verhindern. Nasser war nicht der Mann, sich leicht beeindrucken zu
lassen. Ein putzmunterer Ulbricht besuchte vom 24. Februar bis
2. März 1965 Ägypten. Trotzdem wurde die offizielle gegensei-
tige Anerkennung und der Austausch von Botschaftern nicht
vereinbart. Die in Anbetracht ihrer ungewöhnlich hohen finanziellen Hilfeleistung an Ägypten (seit 1958 rund 1,2 Milliarden
Mark, womit Ägypten nach Indien die zweite Stelle im Rahmen
der deutschen Entwicklungshilfe einnahm) enttäuschte Bundesrepublik gab andererseits eine Umorientierung ihrer Nahost-Po-
litik bekannt und nahm am 13. Mai 1965 diplomatische Beziehungen mit Israel auf. Am gleichen Tag brach Ägypten deswegen
die diplomatischen Beziehungen zu Bonn ab. Heikal meint dazu
in seinem Buch: »Nasser und Bundeskanzler Erhard gerieten in
einen Konflikt, den beide weder geplant noch gewünscht hatten«.
Und ihn auszuräumen, sind beide ebenfalls nicht imstande gewesen. Die Bundesrepublik setzte im übrigen ihre Hilfe für bereits
begonnene Projekte weiter fort und brach auch den kulturellen

Austausch nicht ab. Die Aufnahme der Beziehungen zu Israel
nahmen verschiedene andere arabische Staaten zum Anlaß, mit
Bonn zu brechen; die deutschen Botschaften in Bagdad und im
jemenitischen Sanaa wurden vom Mob angegriffen und in Brand
gesteckt. Daß der deutschen Diplomatie bei der Komplexität der
Verhältnisse im Nahen Osten am Ende ein Scherbenhaufen nicht
erspart blieb, war bei dem Format einiger Diplomaten kein Wunder. Ihre Lageeinschätzung wird aus der Parole deutlich, die der
Botschafter Dr. Walther Becker anläßlich der ersten Suezkrise
von 1956 ausgab, als er die deutsche Kolonie nicht evakuieren
wollte. »Mit dem Hierbleiben beweisen wir die Freundschaft zu
den Ägyptern und fungieren hier als letztes Mitglied der Nato«,
meinte er. Die energischen Forderungen von Ingenieuren und
Monteuren erzwangen dann doch die verspätete Evakuierung, zu
einem Zeitpunkt, als andere Nationen, auch Amerika und die
Sowjetunion, abgereist waren und nur der Fluchtweg mit einem
Schiff über den Nil noch offen war. In der Krise von 1965, vor
dem Abbruch der Beziehungen, fiel dem Botschafter Dr. Georg
Federer in einer Unterredung mit Nasser auf die Frage, was die
Deutschen denn für Ägypten getan hätten, nichts anderes ein, als
die Mitwirkung an der Rettungsaktion für die nubischen Altertümer zu erwähnen. Nasser verspottete in einer öffentlichen Rede
die Deutschen daraufhin mit der Bemerkung, sie sollten ihren
Tempel von Kalabscha einpacken und sich nicht mehr sehen lassen. Das Verhältnis zwischen Bonn und Kairo war für die offiziellen Vertreter andererseits aber auch nicht einfach, weil sich
am Nil eine Fülle von »geheimen« und halbgeheimen anderen
Deutschen tummelte, deren Einstellung mit der offiziellen politischen Linie Bonns nicht übereinstimmte.

Von geheimen und zwielichtigen Deutschen

Als die ersten deutschen Diplomaten am 16. Oktober 1952 offiziell die Beziehungen zwischen Bonn und Kairo aufnahmen, existierte bereits eine deutsche Kolonie am Nil. Nicht nur Geschäftsleute – ein Handelsabkommen war schon 1951 unterzeichnet und im gleichen Jahr auch die deutsch-ägyptische Handelskammer gegründet worden –, sondern auch in offiziellen Funktionen lebten Auslandsdeutsche in Ägypten. Der wichtigste
Deutsche in Kairo war der Berater der ägyptischen Regierung
und Leiter der Zentralen Planungsbehörde Dr. Wilhelm Voss.
Der ehemalige hohe Wirtschaftsführer im Dritten Reich, Vor-
standsvorsitzender der Reichswerke Hermann Göring AG sowie
Aufsichtsrat und Verwaltungspräsident von mehr als einem Dutzend Unternehmen im Reich und in der Tschechoslowakei, darunter der Skoda-Werke, hatte sich, wie damals erforderlich, mit
einer Bescheingiung über die Dringlichkeit der Ausreise, unterzeichnet von seinem alten Bekannten, Staatssekretär Schaljejew
vom Bundeswirtschaftsministerium, nach Ägypten abgesetzt.
Voss unterhielt direkte Kontakte zu Staatssekretär Hallstein und
anderen hohen Beamten des Außenministeriums. Obwohl untergeordnete Beamte dort und auch die Botschaft in Kairo glaubten,
vor ihm warnen zu müssen, leitete ihm das Auswärtige Amt über
Jahre hinweg Geheimdokumente und interessierende Berichte
zu, die man von der Botschaft in Kairo erhalten hatte. Die Wei-
tergabe der Informationen konnte Botschafter Pawelke nicht verborgen bleiben, der aus dem Staunen nicht herauskam ob der
Kenntnisse von Interna, über die ein in Diensten der ägyptischen
Regierung stehender Deutscher verfügte. Pawelke nahm daraufhin seinen Abschied. Nach der Revolution stellte sich Voss auf
Nagib ein, wurde dabei jedoch Opfer des Machtkampfes zwischen
Nasser und Nagib. Als Nasser die Regierung übernommen hatte,
wurden die Kompetenzen von Voss stark beschnitten. Zum Büro
Voss gehörten auch drei Tschechoslowaken, die ihm von seiner
Tätigkeit bei den Skoda-Werken her bekannt waren. Diese Her-
ren Prantel, Nohinec und Kostrum spielten eine einflußreiche

Rolle beim ägyptisch-tschechischen Waffenhandel, der im September 1955 abgeschlossen wurde. Nach Erkenntnissen westlicher Nachrichtendienste waren die drei Agenten.

Die Vorliebe der Ägypter für Leute im Hintergrund, die ihrer Vermutung nach stärker als die offiziellen Vertreter sein mochten, haben mehrere deutsche Botschafter erleben können. Am ausdauerndsten spielt seit Jahrzehnten Rudi Staerker eine Rolle am Nil. Staerker unterhält in Kairo ein Büro für Industrievertretungen und reichte schon bei Nagib, 1953, einen von der Essener Baufirma Hochtief stammenden Vorschlag zum Bau des Assuan-Hochdamms ein. Und er arbeitete auch mit französischen Firmen zusammen und übernahm trotzdem noch Bauarbeiten, für die Frankreich federführend war, als während der Suezkrise von 1956 Franzosen und Engländer des Landes verwiesen wurden. Der deutsche Botschafter Dr. Becker sah darin einen Akt von Unsolidarität gegenüber bedrängten westlichen·Verbündeten und wetterte gegen solch ein, wie ihm schien, zügelloses Konkurrenzgebaren unter Ausnützung politischer Verhältnisse. Der Diplomat hatte keine Ahnung davon, daß Rudi Staerker seit langem mit den Franzosen unter einer Decke steckte und in vollem Einvernehmen mit ihnen auch schon die Großbaustelle bei Assuan übernommen hatte. Staerkers Aktivität, bei der er sich eines Büroangestellten bediente, der es vorzog, nicht in die Bundesrepublik zu reisen, bewegt sich, der Größenordnung wegen, in dem Grenzgebiet, innerhalb dessen sich zwischenstaatliche Hilfe, hohe Politik und Geschäft überschneiden. Er kam auf die Idee, die Lage des geplanten Assuan-Hochdamms mit weißen Linien auf die dunklen Granitfelsen beiderseits des Nils aufmalen zu lassen. Das vermittelte den Eindruck, die Deutschen würden den Sadd el Ali, den Hochdamm bauen. Dann war wegen dessen Finanzierung die erste Suezkrise ausgebrochen. Aber dem unermüdlichen Wirken des Schwaben Staerker gelang es, einen Drei-Stufen-Plan für den Bau durchzubringen und die Bundesrepublik zur Übernahme der finanziellen Garantie für die erste Stufe zu veranlassen. Nach der Suezkrise sahen dann die Sowjets die Chance, mit dem propagandaträchtigen Assuan-Hochdamm ein alle neutralen Völker beeindruckendes Zeichen zu setzen und die Ägypter in ihr Lager zu ziehen. Sie erkannten den Pferdefuß, den auch Nasser in dem erwähnten Drei-Stufen-Plan sah: was würde geschehen, wenn aus irgendwelchen Gründen Kredit und technische Hilfe nach der ersten Phase eingestellt würden? Dann stünde Ägypten verschuldet mit einem nutzlosen Projekt da und könnte unter Druck gesetzt werden. Diesen Alptraum Nassers nutzten die Sowjets aus. Sie waren angeblich in der Lage, den Damm insgesamt billiger und einfacher zu erstellen, indem sie den Bau der gesamten Anlage in einem Stück übernahmen. Auch zu entsprechender Finanzierung waren sie bereit. Zwar war noch kein offizielles Abkommen unterzeichnet, aber Ägypter und Sowjets teilten bereits auf einer gemeinsamen Pressekonferenz mit, daß sie sich im Prinzip über diese Pläne einig seien. Auch die deutsche Botschaft in Kairo berichtete in diesem Sinne nach Bonn. Der Dammbau war für die Bundesrepublik verloren. Trotzdem gelang es dem Einfluß von Staerker, in Bonn zu erreichen, daß Bundeswirtschaftsminister Erhard eine Erklärung abgab, in der überflüssigerweise noch einmal auf die deutsche Bereitschaft zum Bau der ersten Stufe eindringlich hingewiesen wurde. Alle Welt in Kairo schüttelte den Kopf, die Diplomaten rauften sich über dieses Ungeschick die Haare. Und die Antwort der Ägypter ließ denn auch nicht auf sich warten. Nassers Intimus, der Chefredakteur von »Al Ahram«, Mohammed Hassanein Heikal, verhöhnte Bonn und riet dem deutschen Minister, seinen bevorstehenden Besuch in Kairo besser zu unterlassen, wenn es sich um »ein Störmanöver der Nato bei diesem aufdringlichen Angebot« gehandelt haben sollte. Rückschauend muß es als Glück erscheinen, daß die Ungunst der politischen Stunde damals der Bundesrepublik und dem Westen den Dammbau erspart hat.

Der Devisenmangel in Kairo brachte dem Büro Staerker im Immobilia-Hochaus an der Sherif-Straße schwere Einbußen. Staerker verlegte sich auf Geschäfte mit Kongo-Brazzaville, einmal reiste er auch als Teilnehmer einer Delegation nach Moskau. Am Nil aber blieb er immer vertreten. Das zahlte sich schon

deswegen aus, weil sein enger Freund Samir Helmi, erster Leiter
der Behörde für den Bau des Assuan-Hochdamms, hoher Beamter im Ägyptischen Rechnungshof geworden war. Seit 1974 ist
Samir Helmi der Beauftragte Ägyptens für die wirtschaftlichen
Beziehungen zur Bundesrepublik.

War es einmal Dr. Voss, der direkt und vertraulich mit dem
Auswärtigen Amt in Bonn verkehrte, so ging es auf das Wirken
von Rudi Staerker zurück, daß ein Bundesminister ohne Wissen
des Leiters der deutschen Vertretung nach Kairo kam. Und das in
einer Zeit, da die diplomatischen Beziehungen abgebrochen waren, die italienische Flagge über der deutschen Botschaft wehte
und der deutsche Vertreter, Dr. Walter Jesser, sich in einer prekä-
ren Lage befand. Nachdem die Sowjets die Deutschen beim Bau
des Assuan-Hochdamms ausgestochen hatten, war der Firma
Hochtief als eine Art Trostpflaster die Verlegung von Abu Simbel
und anderer Altertümer übertragen worden. Zum feierlichen
Abschluß der Verlegungsarbeiten war der damalige Bundesminister für wirtschaftliche Zusammenarbeit, Hans-Jürgen Wischnewski, im September 1968 nach Ägypten gekommen, was
der deutsche diplomatische Vertreter nur aus den Zeitungen erfahren hatte. Die Einladung und den Aufenthalt hatte Rudi
Staerker für seinen guten Bekannten, den Minister, arrangiert.
Daß Staerker mindestens über gute Bekannte in Bonn verfügte,
geht schon daraus hervor, daß er im Jahre 1975 einmal den deutschen Botschafter Hans-Georg Steltzer informierte, in zwei
Stunden werde ein Vertrag über ein Düngemittelwerk unterzeichnet. Da dabei an die hundert Millionen Entwicklungsgelder
involviert waren, hätte der Diplomat erwarten können, früher
eingeschaltet zu werden. Rudi Staerker jedoch hatte durch seine
Bonner Beziehungen alles direkt regeln können. Als sich heraus-
stellte, daß in dem Vertrag Bedingungen festgelegt waren, die
sich schon zeitlich nicht mit der erforderlichen Prüfung durch die
Kreditanstalt für Wiederaufbau (KfW) vereinbaren ließen, flogen
Staerker und der Ägypter Samir Helmi nach Bonn und erreichten dort, daß ein Prüfungsvorgang, der normalerweise mehrere
Monate in Anspruch nimmt, in wenigen Wochen erledigt war.

Diese Sonderbehandlung trug nicht zur Freude anderer deutscher Geschäftsleute am Nil bei. Sie mußten sowieso feststellen, daß durch Rudi Staerkers Hände, der Präsident der Deutsch-Arabischen Handelskammer war, weit über die Hälfte der aus der Bundesrepublik stammenden Kapitalhilfe floß. Damit wird zusammenhängen, daß der ein paar Stockwerke unter dem Außenminister Butros Ghali wohnende Besitzer eines Motorbootes auf dem Nil und einer Yacht auf dem Mittelmeer als Kammerpräsident ausgebootet worden war. Rudi Staerker, der gern in vorsichtigen Halbsätzen Unverständliches redet, darf als ungekrönter König des deutschen Ägypten-Geschäfts der siebziger Jahre gelten. Kein Diplomat konnte gegen ihn ankommen.

In den fünfziger Jahren war die internationale Presse voll von Berichten über geflüchtete Nazis und ehemalige SS-Führer im Nahen Osten; besonders Ägypten wurde nachgesagt, daß dort das Strandgut des Dritten Reiches hinter den Kulissen eine bedeutsame Rolle spiele. Tatsächlich nahm die Fluchtroute in den Orient die zweite Stelle hinter der nach Südamerika ein. Die Geheimorganisation »Odessa« reichte die Flüchtigen von Stelle zu Stelle weiter, eine Zentralfigur war der in Rom residierende katholische Bischof Aloys Hudal. Die geflüchteten Nazigrößen waren jeweils auf Gedeih und Verderb dem Wohlwollen arabischer Politiker ausgeliefert, welches ihnen sicher gewesen zu sein scheint, denn kein einziger Fall von Auslieferung ist bekannt geworden. Die Flüchtlinge taten sich allesamt schwer, im Nahen Osten ihren Lebensunterhalt zu verdienen, und aufgrund dieser Tatsache war es naheliegend, daß sie sich nicht selten auf Waffenhandel und Agentendienste verlegten. In Damaskus wurde der ehemalige Gestapo-Mann Fischer alias Brunner durch ein Bombenpaket schwer verletzt; der ehemalige Judenreferent des Reichsaußenministeriums Franz Rademacher entzog sich der Strafverbüßung durch die Flucht nach Syrien. Die örtlichen deutschen Botschaften wußten ihren Nachforschungseifer zu zügeln, denn sich auf diesem Gebiet mit den Behörden des Gastlandes anzulegen, hätte sicher in eine voraussehbare Belastung der zwischenstaatlichen Beziehungen gemündet. Der Organisation

»Odessa« allerdings einen allzu großen Einfluß zuzuschreiben, ist dennoch nicht gerechtfertigt. Es fanden sich zahlreiche Gemeinsamkeiten zwischen Ägypten und gewissen Deutschen in der Feindschaft zum Judentum, und die entsprechenden, vom Nationalsozialismus geprägten Vorstellungen hatten schon ihre Spuren bei den Auslandsdeutschen hinterlassen. Fluchtdeutsche, die unter Namensänderung Moslems geworden waren und über ägyptische Pässe verfügten, konnten am Nil nie ausfindig gemacht werden. Sie bezahlten dies damit, daß sie sich der Lebensführung von Einheimischen voll anpassen mußten. Meist waren sie in einem der zahllosen Geheimdienste tätig; aber großen Einfluß können sie nicht gehabt haben. Ein ehemaliger Deutscher, der zum Unterstaatssekretär im ägyptischen Innenministerium aufgestiegen war, soll dem KZ-Arzt Dr. Hans Eisele nach dessen eigenen Angaben ständig geholfen haben. Eisele war nach Ägypten gegangen, als die Öffentlichkeit in Deutschland im Zusammenhang mit einem KZ-Prozeß auf ihn aufmerksam wurde. Er war vorher von den Amerikanern schon einmal zum Tode verurteilt worden, hatte in Landsberg gesessen und war später im Begnadigungsverfahren freigelassen worden, worauf er sich in München ordnungsgemäß anmeldete, niederließ und praktizierte. Als er in der Zeitung las, daß der Verteidiger eines KZ-Schergen ihn als Beispiel für die Praxis, Kleine zu hängen, Große aber laufen zu lassen, vor Gericht namhaft gemacht hatte, ergriff er die Flucht. Die Ägypter unternahmen einige Versuche, Bonn, das Auslieferungsantrag gestellt hatte, an der Nase herumzuführen (»Wir kennen ihn nicht« wurde offiziell behauptet, als schon Fotos von einem Aufenthalt Eiseles im Kairoer Polizeipräsidium in deutschen Illustrierten erschienen waren). Die naheliegende Begründung, die Auslieferung abzulehnen, weil Mord im ägyptischen Recht nach zwanzig Jahren verjährt, war ihnen nicht sofort eingefallen. Eisele praktizierte in dem von vielen Deutschen bewohnten Kairoer Vorort Meadi und war Betriebsarzt der unweit bei Heluan gelegenen, mit deutscher Hilfe erbauten Flugzeugwerke. Er fühlte sich jedoch am Nil nicht wohl, wurde schließlich drogensüchtig und starb 1970.

Als politischer Flüchtling, der 1945 aus dem Internierungslager Darmstadt ausgebrochen war, kam 1956 Dr. Johann von Leers von Südamerika aus, wo er zunächst gelebt hatte, nach Kairo. Der sprachbegabte und schreibgewandte ehemalige einflußreiche Judenreferent im Reichspropagandaministerium wurde als Mitarbeiter im ägyptischen Informationsdepartement von einer kanadischen Journalistin entdeckt. Er war Moslem geworden und nannte sich Omar Amin. Er war einer der beruflichen Antisemiten, die vor einem pseudowissenschaftlichen Hintergrund Vorstellungen über eine angebliche zionistische Weltverschwörung und entsprechende rassische Zusammenhänge verbreiteten. Mit seiner Ankunft nahm die Kairoer Propaganda gegen Israel argumentative und sprachliche Züge an, die ihr bis dahin fremd gewesen waren. Schließlich sind auch die Araber Semiten und rassischer Primitiv-Antisemitismus konnte keinen Platz haben. Aber die Einbeziehung von Talmud und religiöser Bräuche in die politische Auseinandersetzung war nun für einige Zeit feststellbar. In einem Bürohaus auf der Straße des 26. Juli wurde in Seminaren für Beamte Antizionismus gelehrt. Von Leers ist im März 1965 gestorben. Auch der in der Bundesrepublik Deutschland wegen antisemitischer Äußerungen zu einer ungewöhnlich harten Strafe verurteilte Studienrat Ludwig Pankraz Zinn aus Offenburg kam nach Kairo. Von Leers hatte ihm Schutz und Hilfe angeboten. Zinn konnte beruflich in Ägypten nicht Fuß fassen und ging nach Libyen, wo er als Sportlehrer arbeitete. Der Botschaft der Bundesrepublik in Kairo sind weitere Inhaber deutscher Reisepässe bekannt, die Anlaß haben, die Verlängerung ihrer Reisedokumente nicht persönlich zu beantragen, sondern ein Familienmitglied zu schicken. Die im Jahre 1975 in einem solchen Fall gegebene Begründung, der Paßinhaber sei schon über achtzig Jahre alt und sehr hinfällig, deutet auf einen natürlichen Rückgang dieses Problems hin. Was der bei solchen Gelegenheiten um Instruktionen nach Bonn telegrafierenden Botschaft geantwortet wird, ist nicht bekannt. Diese Vorgänge tragen den Stempel der Geheimhaltung.
Ägypten war einmal eines der klassischen Länder der Emigra-

tion. Eine weißrussische Kolonie, die Mitte der fünfziger Jahre
noch 250 Personen umfaßte, ist mittlerweile ebenso ausgestor-
ben, wie das gute Dutzend Deutscher und Österreicher, die als
Juden schon Ende der zwanziger Jahre aus Furcht vor der politischen Entwicklung aus Deutschland nach Ägypten ausgewandert
waren.

Ein Gastspiel von gut fünfjähriger Dauer gab eine geheimnis-
umwitterte Gruppe von Militärs, die fälschlicherweise meist mit
geflüchteten Nazigrößen in einen Topf geworfen wurden. Mit
Ausreisegenehmigung des Bonner Wirtschaftsministeriums kamen ehemalige Offiziere der Wehrmacht aus verschiedenen Waffengattungen unter dem bayerischen Artilleriegeneral Wilhelm
Fahrmbacher zur Ausbildung und Organisation der ägyptischen
Streitkräfte an den Nil. Ihre wechselnde Zahl hat nach Fahrmba-
chers Angaben 67 nie überschritten. Sie enthielten sich politischer Tätigkeit und wurden deshalb auch nach der Juli-Revolution 1952 von der neuen Republik übernommen. Die Sowjets
setzten der Tätigkeit der deutschen Militärexperten ein Ende mit
der ultimativen Forderung an die Ägypter, die Verträge auslau-
fen zu lassen. Der letzte Militärexperte verließ dann 1959 das
Land.

Der Traum von der eigenen Rüstungsindustrie

Schon während der Ära des Dr. Voss und seiner Rüstungsbemü-
hungen wurde in Ägypten auch an der Entwicklung einer Rakete
gearbeitet. Eine Gruppe mit Hauptmann Rolf Engel und dem
Elektronikspezialisten Paul Goercke hatte aber keinen Erfolg. Das
Projekt wurde 1957 eingestellt. Einige Jahre später kehrte
Goercke nach Kairo zurück.

Der Wunsch, bezüglich der Rüstung unabhängig zu sein und
eigene Waffen, ohne die lästigen Bindungen an Ost und West,
produzieren zu können, verführte die Ägypter dazu, auf die Vorschläge europäischer Fachleute zu hören und eine Eigenproduk-

tion von Düsenjägern und Raketen zu versuchen. Mit Hilfe des Flugzeugkonstrukteurs Professor Willy Messerschmitt, der aus Spanien Prototypen besorgte, wurde in Heluan auf einem alten Flugplatz die Produktionsstätte für den arabischen Düsenjäger aufgebaut. Bei der Militärparade am 24. Juli 1960 flog »die erste von uns selbst gebaute Maschine«, wie die Kairoer Zeitungen jubelten. Zwar wußten alle Militärattachés, daß der zweisitzige Düsentrainer von Hispano-Suiza aus Spanien kam und von einem Spanier geflogen wurde, aber die Propaganda wirkte bei den Massen.

Nachbau und eigene Weiterentwicklung hatte der vom Ruhm einer angeblichen Beteiligung an der Konstruktion der sowjetischen Iljuschin-Maschinen lebende Österreicher Ferdinand Brandner in die Hand genommen. Fachleute aus der mit Kriegsende eingegangenen deutschen Luftfahrtindustrie, die »lieber in Ägypten Flugzeuge als daheim Kochtöpfe bauen« wollten, wurden mit hochdotierten Arbeitsverträgen, abgeschlossen mit Schweizer Scheinfirmen, an den Nil geholt. Von Israel initiiert, rauschte bald darauf eine Empörung über die Deutschen durch die Weltöffentlichkeit, die sich schon wieder an einem Unternehmen beteiligten, das letztlich gegen Juden gerichtet war. Die Bundesregierung verurteilte die Tätigkeit der deutschen Experten am Nil, konnte aber nichts ausrichten gegen Privatleute, die einen »anspruchsvollen« Beruf im Ausland nachgehen wollten, während sie in der Bundesrepublik doch »nur Kochtöpfe« hätten bauen können. Der arabische Düsenjäger wurde schließlich zum Fliegen gebracht, aber das Problem der Bewaffnung und der militärischen Nutzung blieb ungelöst. »Das war mehr als ein Mißerfolg; das Ganze war eine Hochstapelei, bei der dem ägyptischen Staat und den Fellachen Hunderte von Millionen aus der Tasche gezogen wurden«, urteilte ein Experte, der selbst in Heluan tätig war und heute, wie die meisten seiner zurückgekehrten Kollegen, wieder in der deutschen Luftfahrtindustrie arbeitet. Brandner konnte eine schloßähnliche Villa in Bad Aussee erwerben.

Ein glänzendes Geschäft muß auch die Raketenproduktion gewesen sein. Leitende Herren, der Raketenkonstrukteur Wolfgang

Pilz, der Steuerungsfachmann Paul Goercke und der Niederlassungsleiter der ägyptischen Fluglinie in München, Dr. Heinz Krug, hatten eine gemeinsame Gesellschaft gegründet, die das für die Raketenproduktion benötigte Material beschaffte. Neben ihrem beträchtlichen Einkommen, vergaben die Herren an ihre eigene Firma Beschaffungsaufträge und verdienten daran nochmals. Die Israelis scheinen die Raketen ernster als den Düsenjäger genommen zu haben, denn von Anschlägen oder Terrorakten gegen die Flugzeugbauer ist nie etwas bekannt geworden. Dagegen wurde die Sekretärin von Pilz, Hannelore Wende, Opfer eines Sprengstoffpakets, das sie das Augenlicht kostete. Ein zweites Bobenpaket tötete auf dem Kairoer Postamt vier Arbeiter. Von den Ermittlungen des eigens entsandten Spezialisten des Bundeskriminalamtes ist nie etwas veröffentlicht worden. Sohn und Tochter des Raktenbauers Goercke wurden von einem israelischen Agenten in Basel bedroht. Die vorher verständigte Schweizer Polizei nahm den Mann, der sich Ben Gal nannte, fest. Er erhielt drei Monate Gefängnis und wurde nach Israel abgeschoben. Auf einen weiteren Konstrukteur, Dr. Hans Kleinwächter, wurde ein Schuß, der allerdings fehlging, abgefeuert. Ein besonders ungewöhnlicher Vorgang war das spurlose Verschwinden des Geschäftsführers der United Arab Airlines und der Beschaffungsfirma »Intra« in München, Dr. Heinz Krug. Die kriminaltechnische Untersuchung brachte angeblich nicht den geringsten Hinweis darüber, was mit dem seit dem 10. September 1962 vermißten Mann geschehen ist. Gerüchteweise verlautete, daß er mit den Israelis zusammengearbeitet habe. Später, nach einer Übergangszeit, hätte er mit neuen Personalien ausgestattet, in Österreich sein Domizil aufgeschlagen. Offiziell jedoch ist er noch spurlos verschwunden.

Ein Zwischenspiel pseudosensationellen Charakters lieferte der Österreicher Otto Joklik. Als Spezialist für radioaktive Isotope, wie ihn auch wissenschaftliche Handbücher verzeichneten, behauptete er, mit der Herstellung eines Atomsprengkopfes für die Raketen in der Militärfabrik 333 beschäftigt gewesen zu sein. Joklik machte seine Angaben in der Schweiz bei dem Ben-Gal-

Prozeß, bei dem er auch selbst angeklagt war und zwei Monate Gefängnis erhielt. Das ursprüngliche allgemeine Aufsehen verlief sich im Sand, zumal ein deftiger Hauch von Hochstapelei über dem Ganzen lag. Nicht ohne Berechtigung glaubten die Ägypter, Joklik sei von Anfang an israelischer Agent provocateur gewesen.

Die ägyptische Raketenproduktion brachte zwei Typen, »Al Safir« und »Al Qahira«, hervor, die weidlich beklatscht und auf Paraden vorgeführt wurden. Nasser sprach vom »Raum südlich von Beirut«, der damit erreicht werden könnte. Allerdings unterließ er mitzuteilen, daß die Raketen nicht zuverlässig zu steuern waren. Ein nach Israel zielender Schuß hätte ebenso sicher eigenes Gebiet zerstören können. Das Steuerungssystem wurde nie fertiggestellt. Schließlich machte der Juni-Krieg 1967 all diesen Aktivitäten ein Ende.

Demütigung im Sechstagekrieg

Ab der ersten Hälfte des Jahres 1967 geriet Ägypten aufgrund der anspruchsvoll auftretenden Politik Nassers im Innern wie im Äußeren in einen sich immer schneller drehenden Strudel. Die wirtschaftliche Lage war miserabel geworden. Die Bürokraten und Technokraten von Partei und Staat suchten das Volk von den Mißerfolgen abzulenken und veranstalteten – fünfzehn Jahre nach der Revolution von 1952, die auch als soziale Befreiung gefeiert worden war – ein Kesseltreiben gegen die früher führenden Schichten der Gesellschaft, denen die Schuld an den Mißständen in die Schuhe geschoben wurde. Ein »Komitee zur Liquidierung des Feudalismus« beschlagnahmte mehr oder weniger wahllos und radikal die verbliebenen Besitztümer der Familien mit ehemals großen Namen. Das betraf die Großgrundbesitzer Badauwi ebenso wie die Textilindustriellen Schurbagui oder die Prinzen Lutfallah und viele andere. Typisch für das Vorgehen war die Beschlagnahme des Lutfallah-Palastes am Nilufer in Zamalek. Die fünfköpfige Familie, die in ihrer Glanzzeit bei den Diners die Speisen auf Goldservicen auftragen ließ und die eine Dienerschaft von sechzig Köpfen beschäftigte, wurde während einer Auslandsreise des Familienchefs kurzerhand auf die Straße gesetzt. Nach seiner Rückkehr wurde der Prinz dann von einem Militärposten am Betreten des Palastes gehindert. In der folgenden Auseinandersetzung stach der Soldat den Hausherren mit seinem Bajonett durch die Hand. Daraufhin wurde Lutfallah für geistesgestört erklärt und in ein Irrenhaus gesperrt. Aus dem Palast wurde das Omar-Khayam-Hotel. Solche Vorkommnisse sorgten für Angst und Schrecken, und die Reichen des Landes, denen früher die Diener die Hand geküßt hatten, die jetzt die Schergen des Systems darauf aufmerksam machten, wo sich das Beutemachen lohnte, hielten es für geboten zu schweigen und ihr Heil in einer Flucht ins Ausland zu suchen. Zum größten Teil hatten sie allerdings auch schon früher ihren Besitz dorthin verschoben. Die Schranzen in den Beraterstäben der Präsidentschaft hatten ihre Freude daran, die Mitglieder der Familienclans mit den bekannten Namen zu demütigen.

Im Lager der arabischen Länder, wo Nasser den Führungsanspruch geltend machte, deuteten Präsidenten und Könige mit spitzen Fingern auf den ägyptischen Gernegroß, der zwar in lauten Reden gegen den israelischen Erbfeind trompete, aber in Wirklichkeit nichts unternehme. Trotz eines militärischen Beistandspaktes zwischen Ägypten und Syrien verstanden es die Sowjets, aus dem Hintergrund die Zwietracht zwischen den arabischen Brüdern noch zusätzlich aufzustacheln. In gewohnter Manier flüchtete Nasser nach vorn. Er glaubte, sich erneut an die Spitze der Araber setzen zu könen, wenn er die Muskeln spielen ließ und einen heldenhaften Akt vollbrachte. Als Schauplatz dafür schien ihm einer der kritischen Punkte im Nahen Osten geeignet, die Straße von Tiran. Diese Meerenge müssen die Schiffe passieren, die vom Roten Meer in den Golf von Akaba wollen, an dessen Ende der israelische Hafen Eilat liegt. Die nur 400 Meter breite Schiffahrtsrinne zwischen der Südspitze von Sinai und den Inseln Tiran (ägyptisch) und Sanapir (saudi-

arabisch) wird von Scharm el Scheich beherrscht, einem Posten
auf Sinai, wo noch bis in die Gegenwart aus der Türkenzeit stammende, seit dem ersten Weltkrieg unbrauchbare großkalibrige
Krupp-Kanonen standen. Nach dem Suezkrieg von 1956 war dort
ein Kommando der UN-Truppen stationiert worden, um die Passage israelischer Schiffe von und nach Eilat zu sichern. Nasser
beschloß, diese Lebenslinie Israels zu sperren. Die Folgen waren
ihm klar. »Wenn wir die Meerenge schließen, wird es hundert-
prozentig Krieg geben«, sagte er nach Darstellung von Sadat
während einer Sitzung des Obersten Exekutiv-Komitees Ende
Mai 1967. Auf die Versicherung des Feldmarschalls Amer hin,
die ägyptischen Streitkräfte seien völlig hinreichend gerüstet,
habe Nasser die Einwände des Ministerpräsidenten Sidki Soliman
beiseite gewischt. »Er war darauf aus, die Meerenge zu schließen,
um den feindseligen Manövern der Araber ein Ende zu bereiten
und sein eigenes großes Prestige innerhalb der arabischen Welt
aufrechtzuerhalten«, schreibt Sadat. Nassers Intimus, der als
Chef des Zeitungshauses »Al Ahram« (»Die Pyramiden«) bekannt gewordene Mohammed Hassanein Heikal, behauptet dagegen in seinem Buch »Das Kairo Dossier – Aus den Geheimpapie-
ren des Gamal Abdel Nasser«: »Nasser haßte den Krieg . . .
Trotz seines Abscheus gegen den Krieg war er doch noch immer
der Löwe in Ketten, noch immer das Symbol der arabischen
Einheit und des arabischen Widerstandes, und so war er 1967
neuerlich gezwungen, im Namen des arabischen Volkes zu han-
deln«. Dieser Schwulst des von Nasser als Sprachrohr benützten
Propagandisten spiegelt die Traumwelt wieder, in der sich der
»Raïs«, wie die Ägypter ihren Führer nennen, und seine Umgebung bewegten. Geradezu eilfertig ging der Generalsekretär der
Vereinten Nationen, U Thant, auf die ägyptische Forderung ein,
die Polizei der UN von Sinai abzuziehen. Das Verhängnis nahm
seinen Lauf.

Während sich die Spannung mehr und mehr zur Krise ver-
dichtete, wurden zwei Warnungen ausgestoßen, die die weitere
politische Entwicklung bis in die Gegenwart beeinflußten. Der
französische Staatspräsident Charles de Gaulle warnte Israel,

nicht den ersten Schuß abzufeuern. Daß Israel dann doch eben
dazu gezwungen war, nahm Frankreich zum Anlaß, die bis dahin
herzlichen Beziehungen zwischen Paris und Tel Aviv abzubauen
und die günstige Gelegenheit zu ergreifen, mit den ölreichen
Arabern auf einen besseren Fuß zu kommen. Die zweite War-
nung sprach Israel an König Hussein von Jordanien aus; er sollte
sich aus dem Konflikt heraushalten. Hussein schwang sich trotzdem in letzter Minute auf den Zug arabischer Solidarität und
mußte dafür bitter bezahlen.

Im Morgengrauen des 5. Juni 1967 zerstörte Israel innerhalb
von drei Stunden die ägyptische Luftwaffe. Die Halbinsel Sinai
wurde in drei Tagen erobert – eine militärische Aufgabe, zu der
Israel 1956 noch acht Tage benötigt hatte. Gleichzeitig schlugen
die Israelis die Jordanier, nahmen die Altstadt Jerusalems ein,
besetzten das westlich des Jordanufers gelegene Cisjordanien und
stießen anschließend in schwierigen Operationen auf die Golan-
höhen gegen Syrien vor. Der israelische Sieg war vollständig, die
Niederlage Ägyptens total. »Die Niederlage demütigte Nasser. Er
entschloß sich zum Rücktritt und war darauf gefaßt, daß ihm als
dem Verantwortlichen der Prozeß gemacht würde. Er war bereit,
beinahe begierig, sich für sein Volk aufzuopfern«, berichtet Heikal. In einer Fernsehansprache nahm Nasser die Schuld an der
Katastrophe auf sich und gab seinen Rücktritt bekannt. Die Sendung war kaum vorüber, da gingen die Massen in Kairo auf die
Straße. Sie waren mit falschen Siegesmeldungen gefüttert worden, und der Schock von der Niederlage traf sie um so schwerer.
Wie alleingelassene Kinder riefen sie nach Nasser und forderten
in einer echten, von oben nicht gesteuerten Volksbewegung ihr
Idol auf, zu bleiben. Nasser folgte dieser Bekundung des Volks-
willens, aber nach der Niederlage war er ein für immer gezeich-
neter Mann. Noch auf dem Tiefpunkt seines Sturzes fand er
allerdings die Geschicklichkeit, in der Generalität die Schuldigen
für die katastrophale Entwicklung der Dinge zu brandmarken. Er
hatte nämlich mit seinem Rücktritt auch den der Generäle bekanntgegeben, die Rückkehr ins Amt vollzog aber nur er allein.
Schließlich wurde auch Feldmarschall Amer abgesetzt und später

beschuldigt, eine Verschwörung unzufriedener Offiziere ange-
zettelt zu haben. Unter Hausarrest gestellt, soll Amer Selbstmord begangen haben.

Der Junikrieg von 1967 hatte tiefgreifende Auswirkungen. Die
Sowjetunion hatte Ägypten bis an die Zähne aufgerüstet, und
Politiker der Dritten Welt begannen sich zu fragen, was diese
Rüstung wohl wert sein konnte, wenn den zahlenmäßig weit
unterlegenen israelischen Kräften ein derart totaler Sieg möglich
war. Die Sowjets waren tief verbittert, daß die Ägypter Kriegs-
material für Hunderte von Millionen verloren hatten, aber mit
Rücksicht auf ihre empfindlichen Verbündeten am Nil konnten
sie nur diskret darauf hinweisen, daß die beste Rüstung nicht
genüge, wenn Soldaten nicht imstande seien, sie zu bedienen.
Die Sowjets hatten kein Interesse daran, die mühsam errungene
Position im Nahen Osten leichtfertig aufs Spiel zu setzen. Und
wenn sie sich auch ihre Meinung über die Ägypter gebildet hatten, war Nasser immer noch der Mann, der dem Kreml die Tür
zum östlichen Mittelmeerbecken geöffnet hatte. Unter diesem
Aspekt war die Großmacht Sowjetunion auch bereit, ihre Eigen-
schaft als Gralshüter der kommunistischen Weltanschauung hin-
tanzustellen und darüber hinwegzusehen, daß Nasser, aus internen Machtgründen, die Kommunisten in Lager sperrte. Die Niederlage von 1967 gab Moskau die Möglichkeit, Ägypten mittels
neuer Waffenlieferungen an die Kandare zu legen. Das Verhalten
der siegestrunkenen Israelis lieferte dazu gute Vorwände. Die
israelische Luftwaffe tummelte sich nämlich am ägyptischen
Himmel, wie sie lustig war. Die Maschinen mit dem Davidstern
durchbrachen jeweils über dem Nil die Schallmauer, zogen regelmäßig weiße Kondensstreifen über den blauen Himmel und ra-
sten, demonstrativ im Tiefflug, über die Dächer von Kairo. Diese
Demonstrationen wurden von den Ägyptern besonders schlimm
empfunden, schlimmer als die Tausende gefallener Soldaten. Israelische Kommandounternehmen riefen Bewunderung für die
»Wüstenfüchse« auch in jenen Kreisen Europas und Amerikas
hervor, die sonst Israel und den Juden nicht mit Sympathie gegenüberstanden. Ein sowjetisches Radargerät neuester Bauart

wurde auf einer Stahlinsel im Golf von Suez erobert, in tonnen-
schwere Teile zerlegt und mit Hubschraubern entführt. Ein
Transformatorenwerk am Staudamm von Nag Hammadi und die
Nilbrücke bei Kena wurden angegriffen; selbst Oberägypten lag
schutzlos vor den Israelis. Israelische Bomben töteten sechzig
ägyptische Arbeiter, die nach Arbeitsschluß an einer Omnibus-
haltestelle beim Eisenwerk von Abu Zaabal auf die Heimfahrt
warteten, ein anderer Luftangriff traf eine Volksschule. Die Sowjets schickten daraufhin Luftabwehrraketen. Die Waffenlieferungen und wirtschaftlichen Hilfeprojekte verbanden die Sowjets
planmäßig mit ihrem langfristigen Vorhaben, den gesamten
ägyptischen Verwaltungsapparat zu durchdringen. Sowjetische
Experten bildeten ägyptische Soldaten aus, ägyptische Offiziere
aller Waffengattungen wurden an Akademien und Militärschu-
len der Sowjetunion geschult, zivile Spezialisten hielten Einzug
in den Kairoer Ministerien. Sie brachten praktisch die ägyptischen Finanzen unter ihre Kontrolle. Ausländische Geschäftsleute, die bei Behörden verhandelten, machten immer wieder die
Erfahrung, daß ihre ägyptischen Gesprächspartner in Neben-
räume verschwanden, weil sie ihre endgültige Entscheidung erst
nach Rücksprache mit sowjetischen Ratgebern fällen durften. In
einigen Ministerien mußten alle Zahlungsanweisungen auch
eine sowjetische Unterschrift tragen. Die Situation ähnelte der
Lage von hundert Jahren vorher, als die internationale Schuldenverwaltung die Ägypter bevormundete. Äußerlich allerdings
konnten die Ägypter unabhängig auftreten. Auf militärischem
Gebiet erhielten die Sowjets für ihre Flotte Rechte eingeräumt,
die nichts anderes waren als die früher so sehr verdammten Vorrechte der britischen Imperialisten. Da gewisse moderne Flugzeuge und Luftabwehrraketen von den Ägyptern nicht bedient
werden konnten, die Sowjets diese Waffen aber zum Schutz ihrer
Flotteneinheiten in Alexandria und Marsa Matruh für unent-
behrlich hielten, wurden sowjetische Einheiten in Ägypten stationiert. Das fragliche Gelände war exterritorial und unterstand
nur sowjetischem Kommando. Bei einem Besuch soll auch dem
vom libyschen Staatschef Muammer el Qaddafi begleiteten Nas-

ser der Zutritt zunächst verwehrt worden sein. Das ständige
Drängen der Ägypter auf Lieferung von Waffen, die oft nicht
eingehaltenen entsprechenden Zusagen der Sowjets, die Schwer-
fälligkeit der Moskauer Bürokratie, die in nichts der orientalischen Bürokratie nachstand, führten mit der Zeit zu einer aufge-
ladenen Atmosphäre und zu ständigen Reibereien zwischen der
Möchtegern-Großmacht am Nil und der tatsächlichen Großmacht UdSSR. Beide Seiten machten miteinander Alltagserfah-
rungen, und diese unterschieden sich erheblich von den Feier-
tagssprüchen der Propaganda. Auch die ständigen Reisen der
ägyptischen Politiker in die Sowjetunion konnten die aufkommenden Probleme nicht lösen. Auch das, was der Mann auf der
Straße in Ägypten mit den Russen erleben konnte, führte schnell
zu weniger positiven Urteilen. Daß die Angehörigen der von der
Staatspropaganda über alle Maßen bewunderten Großmacht ein
auffallend starkes Interesse an Konsumartikeln zeigten, die den
Ägyptern selbstverständlich waren, daß die Russen alle Goldwa-
ren aufkauften, deren sie habhaft werden konnten und daß sie
grundsätzlich kein Verständnis für Bakschisch zeigten, machte
die Ägypter stutzig. Bald waren die Russen bei den einfachen
Leuten verhaßt, wenn auch dem bei entsprechenden Anlässen
von Geheimagenten ausgegebenen Jubelaufruf immer entspro-
chen wurde. Waren blonde, blauäugige Ausländer früher immer
als »Inglesi« angesprochen worden, wurde ihnen Ende der sechziger Jahre automatisch unterstellt, »Russi« zu sein. Mit welch
innerer Ablehnung die denkenden Schichten der Ägypter den
Sowjets gegenüberstanden, wurde deutlich, nachdem Sadat die
sowjetischen Berater im Juli 1972 des Landes verwiesen hatte.
Und diese Einstellung beruhte auf Gegenseitigkeit. Auch die Sowjets, die sich früher, offenkundig gegen jede Realität, in Lobes-
sprüchen auf die ägyptischen Zustände und Einrichtungen ergingen, fanden plötzlich viele Haare in der Suppe. Nach der sowjetischen Ausweisung fand sogar ein kritischer Bericht über das
ägyptische Telefonnetz Eingang in die Spalten der »Iswestija«.
    Der Junikrieg 1967 hatte noch eine weitere, nicht vorausseh-
bare Folge. Unter dem Eindruck der Demütigung, die die Araber

durch die Israelis erfahren hatten, begann das bis dahin nur latent existierende Palästinensertum sich zu einem Volks- und Nationalbewußtsein zu formieren. Gruppen von Grüppchen bildeten sich; die Kommandos sprossen nach den ersten Flugzeugentführungen und dem Jubel um die Luftpiratin Leila Khaled wie Pilze aus der Erde. Zunächst sprachen sie nur von Heldentaten und hefteten sich Vorgänge wie die Verschüttung von Mosche Dajan bei einer archäologischen Grabung oder den Tod des Ministerpräsidenten Scharett an die Fahnen. Aber es blieb nicht bei den zahllosen Filmen mit den durch Feuer springenden und unter Stacheldraht durchkriechenden Kämpfern und den unbeschreiblichen Szenen mit Kindern, die trutzig ihre Fäuste gegen Israel reckten. Die Fedayin (Plural von fidai – »einer, der bereit ist, sein Leben zu opfern«) gingen über zu Terror und Mord. Lange Zeit gehörte ein Abu Ammar zu den mysteriösen Gestalten. Er entpuppte sich dann als Yasir Arafat, der die Führungsrolle bei den Palästinensischen Befreiungsorganisationen einnahm.

Die Niederlage zog für Nasser noch eine Demütigung nach sich, die er vielleicht als die schmerzhafteste Folge des israelischen Sieges empfunden hat. Auf der Gipfelkonferenz der Araber in Khartum Ende August 1967 mußte er vor den von ihm früher beschimpften und verhöhnten Präsidenten und Königen seinen Bankrott erklären und um Hilfe bitten. Ausgerechnet König Feisal von Saudi-Arabien, den Nasser als ärgsten Feind behandelt hatte, erklärte, ohne überhaupt eine Summe zu kennen, er übernehme die Hälfte des Betrags. Nasser hat später in vertrautem Kreis berichtet, wie tief ihn diese Szene traf. Auf dieser Gipfelkonferenz beschlossen die Staatschefs die »drei K-s«: kein Friede mit Israel, keine Anerkennung Israels, keine Verhandlungen mit Israel. Erstmals waren alle Oberhäupter der Arabischen Liga einig, erstmals auch war ein Beschluß gefaßt worden, den danach alle befolgten. Alle arabischen Führer haben daran festgehalten – mit Ausnahme des Ägypters Sadat. Und Sadat schuf die Voraussetzungen für seine späteren Friedensverhandlungen mit Israel – paradoxerweise auch erst durch einen weiteren Krieg, den vom Oktober 1973.

Im Gegensatz zur Suezkrise von 1956 gelang es Ägypten und den arabischen Staaten nach 1967 nicht, die militärische Niederlage in einen diplomatischen Sieg zu verwandeln. Nach heftigem Tauziehen auf internationalem Parkett wurde von den Vereinten Nationen am 20. November 1967 die Resolution Nummer 242 beschlossen, in der verfügt wurde: Rückzug der israelischen Streitkräfte aus (den) besetzten Gebieten, Beendigung des Kriegszustandes und Anerkennung der Souveränität aller Staaten, sichere Grenzen, gerechte Lösung des Flüchtlingsproblems und freie Schiffahrt durch die internationalen Wasserwege. Wie dies schon häufig bei UN-Beschlüssen der Fall gewesen war, ist auch dieser Beschluß so behandelt worden, daß jedermann ihn nach seiner Interessenlage ausdeutete. Schon um den Wortlaut wurde gestritten. Der englische Originaltext sagt »Rückzug aus besetzten Gebieten« (also nicht notwendigerweise aus allen), auf französisch heißt es »Rückzug aus den besetzten Gebieten« (also aus allen). »Erst Rückzug der Israelis«, rufen die Araber seither. »Erst Frieden, Anerkennung und gesicherte Grenzen«, verlangen die Israelis. In diesen Grundpositionen ist das Problem dann bald steckengeblieben, unbeschadet weiterer Resolutionen, die auch von der Schaffung einer Heimat für die Palästinenser reden. Seit die Israelis davon ausgehen, daß die Mehrheit der Vereinten Nationen von Ostblock und Ländern der Dritten Welt gebildet wird und deren Voreingenommenheit die Resolutionen der Völkerversammlung in New York beherrscht, scheren sie sich praktisch nicht mehr um derartige Beschlüsse. Sie glauben sich auch von ihren westlichen Freunden verlassen und denken, auf sich allein gestellt, am besten ihre eigene Sicherheit, bei der es immer gleich um Sein oder Nichtsein geht, gewährleisten zu können. Die Einrichtung jüdischer Siedlungen in den von ihnen im Sechstagekrieg von 1967 eroberten Gebieten hat nach ihrer Ansicht zu dieser Sicherheit beigetragen, zugleich aber haben diese Siedlungen Israel viel Sympathie in der Weltöffentlichkeit gekostet, zumal sie noch in einer Zeit errichtet wurden, da Ägypten schon wegen eines Friedens verhandelte.

Erpressungsorgie der Palästinenser

Die Umarmung durch die Sowjets wird im Frühjahr 1970 selbst Nasser unheimlich. Er fühlt sich in seiner politischen Bewegungsfreiheit eingeengt, vor allem aber verletzt der Kreml den Stolz der politischen und militärischen Führung Ägyptens. Auf die dringenden Bitten um Waffen werden hinhaltende Antworten gegeben, schließlich ringt man sich Zusagen ab, die nicht eingehalten werden und am Ende verpuffen alle ägyptischen Vorstellungen in der Luft. Moskau antwortet einfach nicht mehr. Nasser versucht deshalb, die von ihm früher erfolgreich praktizierte Schaukelpolitik zwischen Ost und West wieder aufzunehmen. In einer Ansprache zum 1. Mai 1970 signalisiert er in säuselnden Tönen, die in krassem Gegensatz zu seiner früheren ausfallenden Art stehen, den Vereinigten Staaten, daß er wieder an einem Dialog mit ihnen interessiert sei. Der Ball wird aufgenommen, zumal die Vermittlungsversuche des von den Vereinten Nationen eingesetzten Schweden Gunnar Jarring sich ergebnislos hinziehen. Nach dem damaligen amerikanischen Außenminister wird der »Rogers-Plan« benannt, einer der zahllosen Lösungsvorschläge für das zentrale Nahost-Problem, das Verhältnis zwischen Israel und den arabischen Staaten. Sadat, der im Dezember 1969 vom Präsidenten der Nationalversammlung zum Vizepräsidenten Nassers avanciert war, berichtet in seinem Buch, das politische Komitee der Einheitspartei Arabische Sozialistische Union habe in Kairo den Rogers-Plan noch abgelehnt, während der wegen einer Krankheit in der Sowjetunion weilende Nasser den Kremlführern schon erklärt habe, daß er den Plan der Amerikaner annehme. Ägypten akzeptierte also den Rogers-Plan (Israel lehnte ihn allerdings ab). Das alarmiert die Palästinenser, deren Existenz als Freiheitskämpfer nur gesichert ist, wenn die Spannung im Nahen Osten aufrechterhalten bleibt und die palästinensische Sache nicht etwa einer Verständigung zwischen Israel und den Arabern geopfert wird. Jeder Friedensfühler, jede Vermittlung, jeder ernsthafte Lösungsversuch ruft sie mit spektakulären Aktionen auf den Plan. Das arabische Idol Nasser wird

deshalb jetzt von den Palästinensern als Verräter gebrandmarkt
und eine wilde Kampagne gegen den Ägypter geführt. Nasser
schließt daraufhin die Radiostation der Palästinenser, die er in
Kairo hat wirken lassen. In Ägypten sind, anders als in Jordanien
oder im Libanon, die Palästinenser mit ihren Büros und ihren
Aktivitäten während der ganzen Zeit ihrer Tätigkeit von der Geheimpolizei scharf im Auge behalten worden und ihre Aktionen,
die sich seit 1967 nie über den Suezkanal hinweg ausdehnen
durften, wurden immer streng kontrolliert. Im September 1970
erreicht der palästinensische Terror einen Höhepunkt. In einer
wahren Erpressungsorgie werden innerhalb von drei Tagen fünf
Düsenmaschinen mit insgesamt 710 Passagieren entführt, drei
Maschinen auf dem verlassenen Dawson's Airfield in der nord-
jordanischen Wüste gesprengt, die Fluggäste als Geiseln im Intercontinental Hotel in Amman gehalten. Ein Jumbo-Jet der Pan
American wird in Kairo zerstört in der Hoffnung, daß die vorsichtigen Friedensbemühungen Ägyptens diese Belastung nicht
aushalten könnten. Da vollführt Nasser noch einmal eine politische Kehrtwendung und schickt über eine Luftbrücke Waffen
und Munition, als die Fedayin von König Hussein in Nordjordanien zusammengetrieben und niederkartätscht werden. Der jor-
danische Ministerpräsident Wasfi Tell, der für das Blutbad in den
»Schwarzer September« genannten Tagen verantwortlich gemacht wird, zahlt ein Jahr später mit seinem Leben. Im November 1971 wird er in der Halle des Sheraton-Hotels in Kairo von
fünf Palästinensern erschossen. Einer der Täter, Ziad Helou,
kniet nieder und leckt an der Blutlache. Noch nach Jahren brüstet
sich dieser Mann in einem Fernsehfilm aus Beirut mit dieser
Szene und versichert, das Blut habe »nach Verrat geschmeckt«.
Die Täter werden, auch unter dem Druck der Straße, von einem
ägyptischen Gericht freigesprochen.

Nasser hat die Fedayin in Nordjordanien auch auf Drängen des
Libyers Qaddafi, der Ägypten Subsidien zahlt, unterstützt. Zur
Regelung aller Probleme will Nasser sich noch einmal in die
Bresche werfen und lädt zu einer Gipfelkonferenz nach Kairo ein.
Überraschenderweise kommt auch der mutige kleine König aus

Jordanien. Er und der Libyer bedrohen sich im Sitzungssaal des
Hilton-Hotels mit ihren Pistolen. Mühsam nur kann Nasser in
Dauersitzungen die beiden Gegner zermürben und ihnen im Zustand der Übermüdung die Unterschriften unter einen Waffenstillstand abringen. Bei der Verabschiedung des letzten Konfe-
renzteilnehmers, des Scheichs von Kuweit, überfällt Nasser auf
dem Flugplatz Unwohlsein. Zu Hause stirbt der seit Jahren an
Diabetes und Gefäßerkrankungen leidende Kettenraucher. Er ist
nur 52 Jahre und acht Monate alt geworden.

Seine Beisetzung, zu der Staatsoberhäupter und Regierungschefs aus aller Welt nach Kairo kommen, wird zur größten aller
Massendemonstrationen, die Kairo je erlebt hat. Millionen sind
auf den Beinen. Die Menschenmasse ist derart gewaltig, daß der
sowjetische Ministerpräsident Kossygin mit einem Boot von der
Botschaft seines Landes über den Nil zu dem Ort, auf der Nilinsel
Gesirah gebracht werden muß, von dem aus der Trauerzug seinen Anfang nimmt. Von dort, dem Befreiungsgarten, wo ein
ehemals königliches Lusthaus den Revolutionsoffizieren später
als erstes Hauptquartier diente, führt der Weg der Cortège über
die Nilbrücke am Semiramis-Hotel vorbei zum Tahrir-Platz, wo
der Druck der Menge so groß wird, daß jede Ordnung und Ab-
sperrung zusammenbricht. Im Gedränge droht Kaiser Haile Se-
lassie von Abessinien niedergetrampelt zu werden. Andere Regierungschefs greifen ihm unter die Arme und halten ihn. Erzbi-
schof Makarios von Zypern verliert seinen Stab und die Kopfbedeckung, Tito boxt um sich, um Luft zu bekommen, Sadat bricht
ohnmächtig zusammen. Leibwächter und Soldaten prügeln rücksichtslos, werden aber überrannt. Am Bahnhof droht die Menge
sich des Sargs auf der Lafette zu bemächtigen, er muß auf einen
Panzerwagen umgeladen werden.

Nassers Grabmal liegt an einer Moschee neben dem Kriegsmi-
nisterium an der Khaltfa-Mamun-Straße, einer der großen Ein-
fallstraßen vom Flughafen zur Innenstadt. Der Sarkophag wird
Tag und Nacht von zwei blau-rot Uniformierten der Garde bewacht. Er trägt in Goldbuchstaben die Sure aus dem Koran, die
Sadat bei Bekanntgabe der Todesnachricht im Rundfunk gespro-

chen hatte: »O friedliche Seele, kehre willig zu Deinem Gott zurück, und er wird Dich aufnehmen«. An diesem Grabmal ist am dritten Jahrestag des Todes, 1974, demonstriert worden, daß mit dem verstorbenen Präsidenten auch der nach ihm benannte Nasserismus als abgelegt zu gelten habe. Nur die Witwe Nassers und wenige untergeordnete Staatsvertreter fanden sich ein. Eine Demonstrationsgruppe, die auf Plakaten die Rückkehr zum Nasserismus forderte, wurde von der Polizei zerstreut, einige Widersetzliche diskret festgenommen.

Der überraschende Herztod Nassers löst bei allen Nahost-Experten Spekulationen darüber aus, wer der Nachfolger werden könne. Als Vizepräsident Sadat dann von der Partei, von der Nationalversammlung und dann vom Volk zum Präsidenten gewählt wird, stimmen alle Fachleute überein. Er sei, so meinen sie, als schwächster Mann die Schachfigur, auf die sich die wirklich starken Männer vorläufig, bis zur Austragung ihres erst noch folgenden Machtkampfes, geeinigt hätten. Diese krasse Fehlbeurteilung – nur eine in der langen Reihe vorher und nachher im nahöstlichen Raum – hatte gute Gründe. Der Lebenslauf Sadats, seine bisherige Karriere und der persönliche Eindruck ließ nur das Urteil zu, er sei einer der Revolutionsoffiziere, die sich späterhin nicht gerade bewährt hätten. In Gesprächen vermied er, sich klar und präzise auszudrücken, eine im Orient meisterhaft geübte Kunst. Als Informationsminister wurde Sadat 1956 von dem alle Krisen überdauernden Oberst Abdel Kader Hatem abgelöst. Zum Posten des Generalsekretärs und später Präsidenten des »Islamischen Kongreß« übernahm er als Herausgeber die Parteizeitung »Al Gumhurija« (»Die Republik«), die in kürzester Zeit derart in die roten Zahlen geriet, daß Sadat die Möglichkeit eröffnet wurde, sich nur noch den Vorbereitungsarbeiten für eine Nationalversammlung zu widmen. Die teils ernannten, teils gewählten Volksvertreter wurden von ihrem Präsidenten Sadat auf der richtigen Linie gehalten. Was auch immer geschehen mochte, Sadat stand auf der Seite und im Schatten des Raïs. Er schien ihm bedingungslos ergeben und erweckte den Eindruck eines, wie im Deutschland des Dritten Reichs gesagt worden wäre, »alten

Kämpfers«. Über die Verdienste in der Vergangenheit hinaus
wurden ihm besondere Fähigkeiten nicht zugetraut. Erst aus seinem Buch geht hervor, daß er nahezu immer in Nassers Nähe
war, daß er den Gang der Dinge kritisch beobachtete und dabei
seine Gedanken für sich behielt, daß er aber, wenn er etwas
äußerte, die Entwicklung in seinem Sinne beeinflußte. Bei Heikal
läßt sich ähnliches lesen. Noch als Vizepräsident Nassers trat
Sadat nicht besonders hervor, was beim Diktator Nasser sich
wohl auch nicht empfohlen hat. Die scharfen Zungen, an denen
Kairo keinen Mangel hat, sprachen nach der Wahl Sadats zum
Präsidenten von einem doppelten Unglück, das Ägypten betroffen habe. »Das eine ist der Tod Nassers, das andere, daß Sadat
sein Nachfolger geworden ist.« Alle sollten sich getäuscht haben,
Sadat sollte alle überraschen. Sadat, der Mann, der sich als Fellache fühlt und nicht wie Nasser jeden Schuhputzjungen zum Helden machen will.

Minufi Sadat am Ruder

Sadat stammt aus dem Fellachendorf Mit Abul Kom, im Westen
des Nildeltas in der Provinz Minufia gelegen. »Minufi« ist im
Ägyptischen ein Ausdruck, der die Eigenschaften der Bewohner
dieses Gouvernorats charakterisiert. Die Minufis gelten als besonders geschickt, geradezu gerissen und stehen im Ruf, ihre
Karten nicht vorzeitig aufzudecken. »Wir werden von den Minufis beherrscht«, ist in der Sadat-Ära ein geflügeltes Scherzwort
geworden, denn Sadat hat eine Reihe von Landsleuten auf hohe
Positionen berufen, darunter den früheren Luftmarschall Hosni
Mubarak, der als Vizepräsident Sadats sozusagen der politische
Konzessionsschulze an die Streitkräfte ist. Der Minufi Sadat ist
am 25. Dezember 1918 geboren, ein Datum, das er nach eigener
Aussage erst erfahren hat, als er im Alter von sieben Jahren seine

Das moderne Kairo

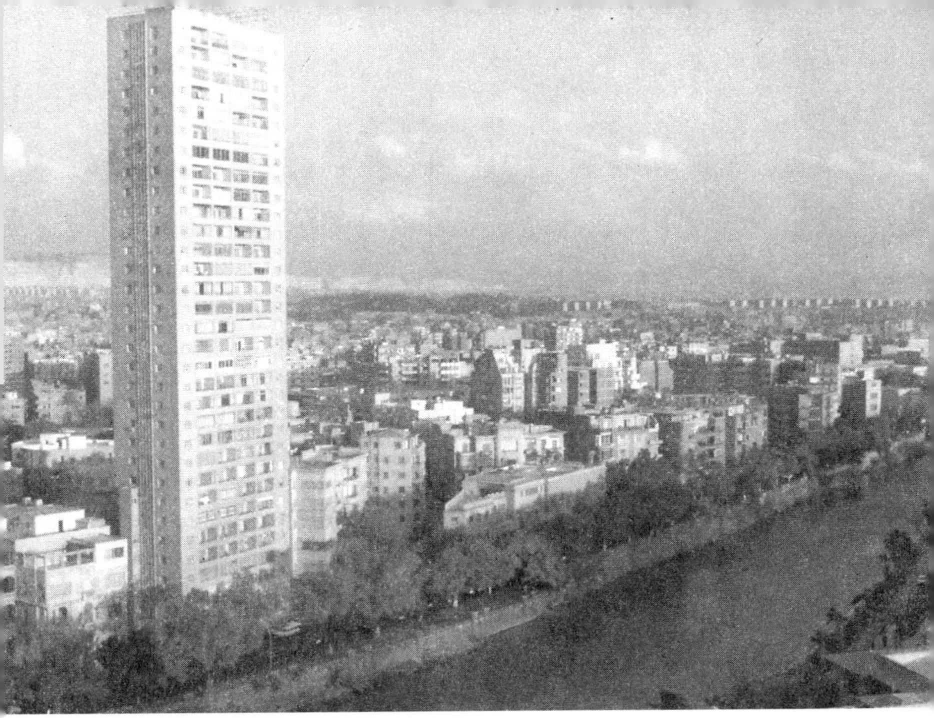

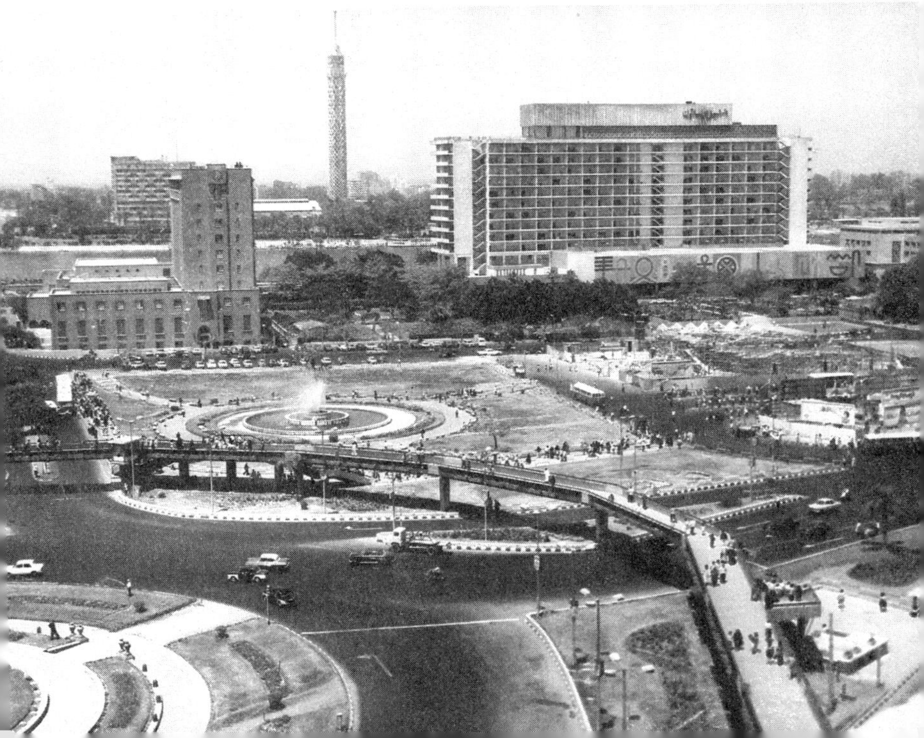

Papiere bei der Anmeldung in eine billige Privatschule in Kairo
vorlegen mußte. Dies zeigt, wie wenig Bedeutung in moslemischen Ländern persönlichen Daten beigemessen wird. Während
religiöse Feiertage und staatliche Gedenktage Anlaß zum Feiern
sind, kennen viele Menschen ihr genaues Geburtsdatum nicht.
Oft ist in Pässen nur das Jahr angegeben. Ob die Fixierung auf
die Person des Propheten oder die Scheu vor persönlicher Verantwortung den geschätzten Zustand der Anonymität, der auch bezüglich der Namen zu verzeichnen ist, hervorbrachten, steht dahin. Das Hervortreten, die genaue Angabe irgendwelcher persönlicher Daten schätzt der Orientale jedenfalls nicht. Gläubige lehnen es auch oft ab, sich fotografieren zu lassen, da der Prophet
die Abbildung des Menschen untersagt hat. Ihre Ausweise tragen
kein Paßfoto. Von diesem religiösen Gebot ist auch die Kunstge-
schichte entscheidend geprägt worden. Künstlerische Darstellungen von Menschen kennt die moslemisch-arabische Kunst kaum.
Das künstlerische Ausdrucksvermögen ist deshalb vornehmlich
in die Schrift eingeflossen und hat auch zur Entwicklung reicher
Zierformen, der Arabesken, geführt.

Der Vater Sadats war Zivilangestellter im militärischen Sani-
tätsdienst, einer der zahllosen Angehörigen der unteren Mittel-
schicht. Bemerkenswerterweise erwähnt Sadat in seinen Memoiren seine Mutter, eine Sudanesin, die ihm die dunkle Hautfarbe
vererbte, mit keinem Wort. Dagegen schreibt er ausführlich über
die von der Großmutter genährte Phantasiewelt des Knaben aus
dem Fellachendorf. Auch dies eine Erscheinung, die sich mit der
allgemeinen Beobachtung deckt, daß zwar die Frau in islamischen
Ländern nicht hervortritt, daß aber hinter den für Fremde ver-
schlossenen Mauern des engeren Familienlebens meist die Mutter des Familienvaters das Regiment führt. Während also der
Vater im anglo-ägyptischen Sudan Dienst tut, lebt der kleine
Anwar in Mit Abul Kom, dem Dorf, dem sich Sadat eng verbunden fühlt. Dort trägt er die einheimische Gallabiah und einen
derben Stock. »Von hier kommt die Kraft unseres Volkes, aus
dem Fleiß und Schweiß dieser Fellachen«, sagte er in einem Fernsehfilm, seine Pfeife unter einem Jakarandabaum schmauchend.

Nach der Versetzung seines Vaters nach Kairo ging Sadat dort zur Schule und schlug schließlich die Offizierslaufbahn ein. Die Zulassung zur Militärakademie zu erreichen, war schwierig und nicht ohne Beziehungen möglich. Als glühender Patriot, der Idole wie Orabi Pascha, Mustafa Kamil und den türkischen Reformator Atatürk verehrte, fand der junge Offizier der technischen Nachrichtentruppe ein Vorbild in dem ägyptischen Generalstabschef Asis el Masri. Dieser General glaubte im Zweiten Weltkrieg an ein Bündnis mit den Deutschen, um die verhaßten Engländer loszuwerden. Masri hatte direkte Beziehungen zum deutschen Geheimdienst, der zweimal versuchte, den General aus Ägypten herauszuholen. Beide Versuche – einmal sollte ihn ein U-Boot abholen, ein anderes Mal ein Flugzeug – schlugen fehl. In dem Netz der nationalistischen Offizierszirkel, die den Engländern nicht verborgen blieben (Masri mußte auf ihr Betreiben hin entlassen werden), verfing sich auch Sadat. Insgesamt mußte er sieben Jahre in Gefängnissen und Lagern zubringen. In jener Zeit brachte er sich selbst Deutsch und Persisch bei, zwei Sprachen, die er heute noch radebrechen kann. Schon in seinem 1957 erschienenen »Geheimtagebuch der ägyptischen Revolution« schildert er, wie er mit zwei deutschen Spionen, die auf einem Nil-Hausboot einen Geheimsender betrieben, in Verbindung kam. Die beiden Deutschen waren in einer abenteuerlichen Fahrt durch die Wüste, um die nach Süden hin offene Front herum, von den Stellungen des deutschen Afrikakorps in das Niltal gelangt. Einer von ihnen war 1914 in Alexandria als Sohn einer Deutschen geboren, die in zweiter Ehe den ägyptischen Richter Salah Gaafar geheiratet hatte, Hans Eppler. Zusammen mit seinem Bruder verlebte dieser Eppler seine Jugend in Ägypten, wo er mehrsprachig aufwuchs. Als junger Mann heiratete er eine Dänin und zog nach Kopenhagen, während sein Bruder in Ägypten blieb. Bei Kriegsausbruch meldete der Kopenhagener Deutsch-Ägypter, dem ein Schuß Abenteuerblut eigen war, sich freiwillig zur deutschen Wehrmacht und kam zur sogenannten Abwehr, wie die Spionage im Dritten Reich euphemistisch hieß. Als Agent wurde er mit einem Funker nach Kairo geschickt. Zu

den Ägyptern, mit denen sie dort Verbindung hatten, gehörte
auch Sadat, der als Nachrichtenoffizier von Eppler gebeten
wurde, ein vermutlich defektes Funkgerät zu prüfen. Sadat
schreibt in seinem Buch abfällig über seine Eindrücke auf dem
Hausboot und äußert den Verdacht, daß die Spione mit den ihnen
mitgegebenen großen Summen vor allem ein fröhliches Leben
führten. Eppler berichtet in seinem Buch »Rommel ruft Kairo«
natürlich ganz anders. Die Parties mit Tänzerinnen und Jüdin-
nen, die damals Sadats Empörung auslösten, seien Tarnung ihres
Unternehmens gewesen. Der Funkverkehr funktionierte im übrigen nicht, weil die Besatzung der Gegenfunkstelle im Afrikakorps in britische Gefangenschaft geraten war. Kairo rief also
Rommel vergeblich. Die deutschen Spione wurden ebenfalls entdeckt und von einem britischen Gericht zum Tode verurteilt, aber
nicht hingerichtet. Nach dem Krieg wurde Eppler freigelassen. Er
machte 1972 kurz von sich reden, als er – inzwischen in Paris
reich verheiratet – von der Bundesregierung die Nachzahlung
seines Gehalts als Abwehragent verlangte. In Begleitung des Informationsministers Sadat, der 1956 zu einem Besuch in die
Bundesrepublik kam, befand sich ein perfekt schwäbelnder
Ägypter, Hassan Salah Gaafar, der Bruder Hans Epplers. Später
war Gaafar alias Eppler Sekretär im Vorzimmer des Präsidenten
des Islamischen Kongresses.

Während Sadat im Gefängnis saß, trennte sich seine erste Frau
von ihm. Dieser Ehe entstammen drei Töchter. Über das Gerichtsverfahren gegen Sadat und seine Kameraden berichteten
die Kairoer Zeitungen, und unter den Leserinnen, die von dem
gutaussehenden Offizier begeistert waren, befand sich auch eine
fünfzehnjährige Schülerin, Dschihan Safwat Rauf. Die junge
Dame fand Gelegenheit, ihren Helden, der damals formell noch
verheiratet war, bei Bekannten kennenzulernen. Nach seiner
Entlassung aus dem Gefängnis richtete sie es ein, ihn in Suez, wo
er geschäftlich tätig war, wiederzusehen. Auf beiden Seiten war
es wohl Liebe auf den ersten Blick. Heute ist Madame Dschihan
Sadat eine allenthalben bewunderte Schönheit, die als »First
Lady vom Nil« nicht wenig dazu beiträgt, die Staatsbesuche ihres

Mannes zu einem Erfolg zu machen. Die Tochter einer Engländerin und eines Ägypters tritt unerschrocken für mehr Freiheiten für die Frau ein, wobei die emanzipatorischen Forderungen der Frauen am Nil für europäische Verhältnisse bescheiden anmuten. Hauptsächlich wollen sie gefragt werden, wenn der Mann eine weitere Ehefrau nimmt, und im Falle der Scheidung sollen die Kinder nicht automatisch dem Vater zugesprochen werden, sondern ab 14 Jahren selbst entscheiden, bei wem sie leben möchten. Aber schon solche Forderungen brachten der Präsidentengattin Ungelegenheiten. Mit ihrem koboldhaften Charme scherzt sie gelegentlich, ihr Mann werde ihr eines Tages den Mund verbieten, wenn sie weiterhin so ketzerische Reden führe. Aber dabei zuckt es unernst in ihren Augenwinkeln. Ihre Erscheinung in dezent farbiger Mode mit sorgfältig abgestimmten Accessoires erweckt den Eindruck jener Einfachheit, den nur höchste Eleganz hervorzubringen imstande ist. Der Rahmen, in dem die Sadats leben, entspricht ganz den Lebensumständen der früheren Oberschicht. Das Privathaus am Nil, unweit von Sheraton-Hotel und sowjetischer Botschaft ist prächtig eingerichtet; für die Belange des Staatsoberhauptes sind Fuhrpark, Versorgungseinrichtungen, Personalquartier und Bewachungsbataillon auf benachbarten Grundstücken untergebracht, wo Neubauten errichtet wurden, einschließlich eines Hubschrauberlandeplatzes, der seit 1975 zunehmend Bedeutung hat, denn im mörderischen Verkehrschaos auf Kairos Straßen bleibt selbst der mit Eskorte fahrende Präsident stecken. Die Niluferstraße vor Sadats Anwesen ist gesperrt worden; die einen Häuserblock umfassende Anlage wird scharf bewacht, Ausflügler auf Booten diskret angehalten, wenn sie sich den Anlegestellen vor dem Präsidentenhaus nähern. In den Garagen stehen zwei Mercedeswagen des Modells 600, unauffällige Geschenke aus der Bundesrepublik, im ehemaligen Personalhaus im Garten hat der persönliche Stab von Madame Sadat, darunter der Pressesekretär, seine Büros. Sadat hat einen Sinn für Repräsentation und Schau, wobei er diese Dinge, die, gemessen am europäischen Geschmack, meist zu schwülstig aufgetragen werden, seiner Position schuldig zu sein glaubt. Und die breiten

Schichten des Volkes sind gewohnt aufzuschauen zu einem für
sie unerschwinglichen Luxus. Die Neigung in der Sadat-Ära,
nach Jahren allgemeiner Not und eines betonten sozialistischen
Niveaus allgemeiner Gleichheit, wieder Reichtum zur Schau zu
stellen, wobei die Clans an der Führungsspitze vorausgingen, hat
Sadat in den Ruf gebracht, er wolle nach monarchistischem Vorbild hofhalten. Eine nicht geringe Rolle spielte dabei, daß er zwei
seiner Kinder günstig verheiratet hat. Ein Sohn ist mit der Tochter Sayed Mareis verehelicht, der aus einer alteingesessenen Familie stammt. Marei hat unter Nasser die Landreform entscheidend beeinflußt, Sadat sorgte dafür, daß der angeheiratete Ver-
wandte Präsident der Nationalversammlung und 1978 dem Bera-
terstab des Staatspräsidenten zugeordnet wurde. Eine Tochter
Sadats ist mit dem Sohn eines der reichsten Männer Ägyptens,
des größten Bauunternehmers im Nahen Osten, Osman Ahmed
Osman, in einer luxuriösen Zeremonie verheiratet worden. Osman stampfte nach dem Oktoberkrieg von 1973 mit dem Personal seines von Nasser nationalisierten Unternehmens das Wie-
deraufbauministerium aus dem Boden, das, ohne durch die büro-
kratischen Mühlen gehemmt zu werden, auf unkonventionelle
Weise, die zerstörten Städte am Suezkanal wieder bewohnbar
machte. Osman hat 1978 seinen Ministerposten niedergelegt und
sich wieder seinen Bauinteressen, nicht zuletzt denen in den ölreichen arabischen Staaten, zugewandt. Die Propaganda aus dem
verfeindeten Libyen hat diese materielle Verankerung der Sadat-
Dynastie und die persönliche Lebensführung des ägyptischen
Präsidenten, dem vorgeworfen wurde, in einer Zeit, da Not und
Elend im Volk unübersehbar sind, teuerste maßgeschneiderte
Anzüge und Hemden von eigens eingeflogenen ausländischen
Kräften anfertigen zu lassen, heftig angegriffen. Der Versuch
allerdings, einen Gegensatz zwischen der angeblich spartanischen
Art Nassers und der repräsentativen Lebensführung seines
Nachfolgers Sadat zu konstruieren, wie es die von Libyen ge-
stützten nasseristischen Kräfte unternahmen, ist wenig überzeu-
gend. Nassers Hofjournalist Heikal berichtet, daß Nassers Privat-
konto bei seinem Tod nur 610 Pfund aufgewiesen habe. Woher

allerdings die Mittel stammen, die dem Sohn Nassers das Leben eines Playboys ermöglichten, ausgestattet mit teueren Sportwagen und anderen, bei dem Sprößling eines Vorbilds an Anspruchlosigkeit nicht vermuteten kostspieligen Dingen, bleibt ungeklärt. Aber das Erinnerungsvermögen oder die Wahrheitsliebe Heikals leiden unter beachtlichen Ausfallerscheinungen. In einem Gespräch mit dem Nachrichtenmagazin »Der Spiegel« (Nr. 7 vom 12. Februar 1979) sagte er: »Wie Sie wissen, hatte ich nie ein Staatsamt«. Tatsächlich war Heikal 1970 Informationsminister. Wenn er sich nur als einen sehr engen Freund Nassers bezeichnet und den Eindruck zu erwecken sucht, als existiere in Ägypten auch nur entfernt etwas Ähnliches wie ein unabhängiger Journalismus nach westlichem Verständnis, spekuliert er auf Unkenntnis und Unerfahrenheit. Tatsächlich ist das Niveau der Berichterstattung über Tatsachen in den ägyptischen Medien von beklagenswertem Tiefstand. Jede Kommentierung wird unter Gesichtspunkten gelenkt, für die das von der Staatsführung festgelegte nationale Interesse absolutes Tabu ist. In der Zeit Nassers herrschte eine mehr oder weniger stramme Zensur. Die Zensoren mit ihren direkt in die Präsidentschaft führenden Telefonen bestimmten, ähnlich wie zu Zeiten der Goebbelsschen Sprachregelungen, Inhalt und Plazierung der Beiträge in den Zeitungen. Heikal selbst mußte erleben, daß die von ihm als Chefredakteur geleitete Zeitung »Al Ahram«, deren Räume 1958 vor Errichtung des Neubaus an der Scherif-Straße lagen, von Militär besetzt wurde, als das Blatt einen Artikel über den gerade in Ungnade gefallenen Vizepräsidenten Abdel Latif el Boghdadi aus der Feder von dessen Sekretär druckte. Heikal, der selbst in Alexandrien Ferien machte, eilte damals sofort zu Nasser auf dessen Präsidentensitz von Borg el Arab und konnte erreichen, daß die Soldaten nach einigen Tagen wieder abzogen. Ägyptische Journalisten verbreiteten, Nasser habe gesagt, daß dieser Schreckschuß die Redakteure warnen sollte, auch in Abwesenheit Heikals auf dem rechten Weg zu bleiben. Heikal ist nie etwas anderes gewesen als Nassers Sprachrohr. Ein Journalist, der ständig exklusive Neuigkeiten von höchster Stelle verbreiten kann, wird leicht und schnell berühmt. Möglich ist das allerdings nur in Diktaturen, da, wo der Nachrichtenfluß gesteuert wird und niemand gegen solche Methoden aufzumucken wagt. Darüber hinaus aber verfügte Heikal über die Fähigkeit, Gedanken vorzutragen, die einer logisch erscheinenden Denkweise entsprechen, und er schreibt einen brillianten arabischen Stil. Insoweit ragt er über die Masse der ägyptischen Publizisten hinaus. Unter Sadat wurde er, nachdem lange Zeit nicht erkennbar war, welche Differenzen ihn von der neuen Linie trennten, kaltgestellt. Nach Nassers Tod begann sein Stern abrupt zu sinken, obwohl er in den Machtkämpfen, die nach Sadats Wahl zum Präsidenten einsetzten, unauffällig zwischen den Lagern lavierte.

Von seinem ersten Tag im Amt des Präsidenten schildert Sadat die Szene, da der Kabinettschef ihm die Reinschriften der abgehörten Telefongespräche vorgelegt habe. Sadat lehnte es ab, die Akten zu lesen und wollte nur damit zu tun haben, wenn es sich um Fragen der Staatssicherheit handle. Geheime Informationen, oder was dafür gehalten wird, scheinen Orientalen höchste Lust zu bringen. Das Bescheidwissen ist schon in den Märchen aus Tausendundeiner Nacht verankert. Im Ägypten Nassers war von einem Dutzend Geheimorganisationen Perfektion angestrebt worden. Die Staatspolizei hatte ihre Agenten überall im Volk. In den öffentlichen Verkehrsmitteln, bei Ansammlungen auf der Straße, in Kaffeehäusern und in Moscheen, überall hörten die langen Ohren des Innenministeriums mit. Eine traditionelle Einrichtung, der »Scheich el hara«, der Gassenscheich, lieh seine Dienste. Wenn in dem unzugänglichen Gewirr der Gassen ein Bewohner gefunden werden mußte, etwa, weil er zum Wehrdienst eingezogen werden sollte, gab die Polizei dem einem Blockwart vergleichbaren Gassenscheich den Auftrag, die fragliche Person herbeizuschaffen. Kein Stück Papier konnte zirkulieren, ohne daß es nicht alsbald der Überwachung zur Kenntnis gebracht worden wäre. Für ein paar Piaster war jede Information zu kaufen, für wenig Geld konnten auch mittels einer Art von Schneeballsystem schlagartig die Menschen zu Jubeldemonstrationen auf die Beine gebracht werden. Gewerkschaftsfunktionäre in den Betrieben und Sicherheitsbeauftragte aller Art stellten die Stimmung der Arbeiterschaft fest und sorgten für den Transport zu Kundgebungen. Die Postzensur wurde offiziell betrieben und niemals wurden Briefe oder Drucksachen zugestellt, die nicht den Stempel der Zensur getragen hätten. Waren Briefe offiziell geöffnet worden, wurden sie mit einem formalen Streifen der Zensur wieder verklebt. Jeder Zensurstempel trug die Nummer des Zensors, so daß jederzeit feststellbar war, durch wessen Hände das Poststück gegangen war. Ausländern gegenüber herrschte naturgemäß verstärktes Mißtrauen und bei Luftpostbriefen war gelegentlich festzustellen, daß sie zwar offiziell nicht geöffnet worden waren, aber versehentlich das Briefpapier im Innern einen Zensurstempel trug. Nicht zuletzt wegen dieser aufwendigen Behandlung war die Laufzeit der Post völlig unkalkulierbar, konnte sie Wochen dauern. Das Abhören von Telefongesprächen wurde immer mehr verfeinert, bis es einen technischen Stand erreichte, aufgrund dessen Verbindungen auch dort nicht mehr zustande kamen, wo die fraglichen Strecken und Kontakte nicht schon infolge allgemeiner Verrottung ausgefallen waren. Ein tschechoslowakischer Ingenieur, der für die Wartung der umfangreichen Abhöreinrichtungen verantwortlich war, hat 1962 in Bonn um politisches Asyl gebeten, ebenso seine Verlobte, die Presseattaché an der kubanischen Botschaft in Kairo gewesen war. Der delikate Fall ist nie an die Öffentlichkeit gedrungen. Die Überwachung von Ausländern in Ägypten war und ist besonders intensiv, zugleich besonders einfach. Die schon äußerlich meist erkennbaren Ausländer können durch die Dienerschaft und die ständig vor den Häusern sitzenden Boabs, die Hausmeister, kontrolliert werden. In einem Haushalt verkaufte ein Diener das Altpapier, sammelte aber sorgfältig alle alten Briefumschläge im Küchenschrank. Zur Rede gestellt, gab er zu, von der Geheimpolizei dazu angehalten worden zu sein, und er versicherte im gleichen Atemzug, er würde aber nie einen Fremden die Wohnung durchsuchen lassen, wenn die Herrschaft nicht zu Hause sei. Die Anweisung, ganz im Gegenteil, immer allen Schnüfflern Zugang zu gewähren, weil man nichts zu verbergen habe und deswegen

auch Schränke und der Schreibtisch nicht verschlossen seien,
fand erst sein Verständnis, als ihm aufgetragen wurde, bei solchen heimlichen Durchsuchungen gegen die man nichts einzu-
wenden habe, allerdings darauf zu achten, daß nichts gestohlen
würde. Noch im November 1975 wurde anläßlich eines Emp-
fangs im Nile Hilton-Hotel einem Journalisten die abgelegte
Ausweistasche mit allen Papieren entwendet. Entgegen aller Erfahrung, wonach für einen Dieb wertlose Ausweise – nicht aber
Geld – irgendwann wieder aufgefunden werden, blieben die
Dinge verschwunden. Jahre später sagte ein Beamter der Infor-
mationsverwaltung zu Dritten, die Geheimpolizei hätte sich damals für das Notizbuch des Reporters interessiert. Die Zensur,
nicht aber die Überwachung, ist unter Sadat offiziell abgeschafft
worden. Öffentlich verbrannte der Präsident Tonbänder. Während zu Nassers Zeiten Auslandskorrespondenten nie sicher waren, wann, ob und wie ihre Telegramme befördert würden, beschränken sich Zweifel seither nur noch auf den Zeitpunkt ihrer
Weiterleitung. Früher unterschlugen die insgeheim tätigen Zensoren der Auslandsberichterstattung Telegramme im ganzen
oder veränderten durch Auslassungen deren Sinn. Da der Korre-
spondent davon nie erfuhr, sehnten sich manche Journalisten
nach den entsprechenden Moskauer Verhältnissen, wo zuerst an
einem Schalter der Zensor seines Amtes wirkte, an einem anderen Schalter dann aber die genehmigte Fassung, und die zuverlässig, abgesetzt werden konnte.

Bis Sadat die Milderung der geheimpolizeilichen Methoden
durchsetzen konnte, mußte er Machtkämpfe mit moskauhörigen
Nasseristen bestehen. »Die Erbschaft, die Nasser mir hinterließ,
befand sich in einem jämmerlichen Zustand«, schreibt er 1977.
Die Auseinandersetzung entzündete sich im Endstadium an der
Frage der Einheit unter arabischen Ländern. Ägypten, Syrien,
Libyen und der Sudan verhandelten wiederholt über einen Zusammenschluß. Der Sudan, im Streit mit Libyen, separierte sich.
Die Delegationen der anderen drei Länder trafen sich in Benghasi
und schlossen dort ein Abkommen über die Vereinigten Arabi-
schen Staaten, welches jedoch von der Gruppe der Nasser-An-

hänger in der ägyptischen Führung, vornehmlich von Vizepräsident Ali Sabri und Innenminister Scharaui Gomaa, abgelehnt wurde. Als Sadat den von Israel abgelehnten Rogers-Plan angenommen hatte, standen alle Zeichen der ägyptischen Politik auf Änderung des bisher ausschließlich auf die Sowjetunion ausgerichteten politischen Kurses. Der erste Besuch Sadats als Staatspräsident in der Sowjetunion, im März 1971, bestärkte ihn in der Überzeugung, daß der Kreml weder eine politische Friedensregelung im Nahen Osten wünschte noch bereit war, Ägypten mit den für eine militärische Auseinandersetzung erforderlichen Waffen zu versorgen. Die Ankündigung eines Besuchs des amerikanischen Außenministers Rogers in Kairo hatte, nach Sadats Worten, die Wirkung eines »Schocks für die Sowjetunion und ihre Handlanger in Ägypten«. Die »Machtzentren«, wie sie in der ägyptischen Propaganda in der Folge immer genannt wurden, verschworen sich zur Beseitigung Sadats. Den handfesten Beweis für eine solche Verschwörung lieferte ein Oberstleutnant der Polizei, der Sadat Tonbänder von abgehörten Telefongesprächen der Verschwörer übergab. Am 13. März 1971 entließ Sadat Innenminister Gomaa. Wenige Minuten vor der letzten Nachrichtensendung von Radio Kairo um 23 Uhr abends erschien der Schwiegersohn des verstorbenen Nasser, Aschraf Marwan, bei Sadat, um ihm die Demission des Präsidenten der Nationalversammlung, des Kriegsministers, des Informationsministers sowie verschiedener hoher Parteifunktionäre vorzulegen. Die Absicht dieser Herren war es gewesen, im Laufe der Nacht den Zusammenbruch des Regierungsapparates herbeizuführen und danach Sadat zu verjagen. Sadat nahm jedoch alle Rücktrittserklärungen an und ließ die entsprechende Nachricht sofort verbreiten. Alle Beteiligten wurden unter Hausarrest gestellt. Noch in der gleichen Nacht bildete Sadat die Regierung um. Das Komplott war abgeschlagen, Sadat hatte auf der ganzen Linie gesiegt. Aschraf Marwan wurde später sein Sekretär. Im ägyptischen Sprachgebrauch ist die Zerschlagung der »Machtzentren« als die »Korrektur der Revolution« eingegangen.

Ende Mai 1971 kam der sowjetische Staatschef Podgorni an

den Nil und überrumpelte, wie Sadat später sagte, den Ägypter
mit dem Ansinnen, sofort einen sowjetisch-ägyptischen Freund-
schaftsvertrag abzuschließen. Sadat konnte sich dem Abschluß
nicht entziehen. Er spürte, daß er auf die Probe gestellt werden
sollte. Nachdem die Sowjets ihm Waffenlieferungen in Aussicht
gestellt hatten, verkündete Sadat, 1971 werde das »Jahr der Entscheidung« sein, in dem die Niederlage des Krieges von 1967
durch einen neuen Kampf mit Israel beseitigt werde. Die sowjetischen Waffen blieben jedoch aus und nichts passierte. In Kairo
machte das Wort die Runde, Sadat werde das »Jahr der Entscheidung« durch präsidentielle Verfügung in alle Ewigkeit verlängern. An der dilatorischen Behandlung der ägyptischen Wünsche
auf Lieferung von Rüstungsgütern durch die Sowjetunion änderten auch die beiden Besuche nichts, die Sadat im Februar und
April 1972 in Moskau abstattete. Zuletzt wurde, nach Sadats
Angaben, dahingehend Übereinstimmung erzielt, daß der Kreml
eine detaillierte Analyse der Lage nach Kairo schicken werde,
sobald der für Mai 1972 geplante Besuch des amerikanischen
Präsidenten Nixon in Moskau vorüber sei, und über die Absicht,
die Waffenlieferungen innerhalb von fünf Monaten, zwischen
Juni und Oktober 1972, abzuwickeln. Die sowjetische Analyse,
die Sadat in Anführungszeichen setzt, sei am 6. Juni eingetroffen. Von zweieinhalb Seiten seien für ihn nur die letzten fünf
Zeilen interessant gewesen, in denen mitgeteilt wurde, die Sowjets hätten außerordentliche Anstrengungen unternommen,
um Nixon von der Notwendigkeit zu überzeugen, daß die Resolution 242 der Vereinten Nationen durchgeführt werden müsse.
Dies brachte bei Sadat das Faß zum Überlaufen. Er stand jetzt
noch unter dem Eindruck, die Großmächte würden sich auf Kosten der Beteiligten über die Nahost-Probleme einigen und am
Ende Arabern und Israelis einen Frieden diktieren, eine Gefahr,
die in gleicher Weise, wenn auch mit umgekehrten Vorzeichen,
von Israel gefürchtet wird. Der ägyptische Präsident wies in einem Kraftakt sondergleichen die mehr als 15 000 in Ägypten
arbeitenden sowjetischen Berater und Experten aus.
    Innerhalb einer Woche verließen die Sowjets über eine Luft-

brücke, mit Angehörigen rund 40 000 Personen, das Land am Nil.

»Ich wünschte die Sowjetunion auf ihren Platz zu verweisen, auf ihren natürlichen Platz als befreundetes Land, nicht mehr und nicht weniger. Moskau glaubte damals, daß es Ägypten in der Tasche habe. Die Welt hatte zu denken begonnen, daß die Sowjetunion unsere Schutzmacht sei. Ich wollte der Sowjetunion deutlich machen, daß Ägypten allein über sein Schicksal zu entscheiden habe, und ich wollte der Welt mitteilen, daß wir stets unsere eigenen Herren seien.« Innerhalb von zwei Wochen nahm der US-Außenminister Kissinger den lange abgesprochenen Kontakt mit Ägypten wieder auf, und, nach mehrfachen Terminverschiebungen, reiste der außenpolitische Berater des ägyptischen Präsidenten, Hafis Ismail, im Februar 1973 nach Washington. Unmittelbar nach der Ausweisung der sowjetischen Berater, die er als Hindernis bei seinen Kriegsvorbereitungen empfunden hatte, bereitete Sadat den Kampf gegen Israel, der mit der Überquerung des Suezkanals beginnen mußte, vor.

Ein Krieg überrascht die Welt

Am 6. Oktober 1973 gab der Artilleriekommandeur der Zweiten Ägyptischen Armee, Brigadegeneral Abu Ghazala, genau um 14.05 Uhr den Feuerbefehl. Eine zusammengefaßte Kanonade aus zehntausend Mündungen brach los, die sandige Erde entlang dem Suezkanal begann zu beben. Der Oktoberkrieg 1973 hatte begonnen. Diesem Krieg war eine lange Vorbereitung vorausgegangen, verbunden mit einer Tarnung, Geheimhaltung und Irreführung, wie sie den Ägyptern nicht zugetraut worden war. Seit Monaten war bekannt gewesen, daß die Ägypter im Nildelta und am Karun-See in der Oase Fayum Übungen mit Pioniergerät und Panzern veranstalteten. Da Manöver in Ägypten immer wieder an der Tagesordnung waren und Israel schon einige Male durch Tartarennachrichten zu kostspieligen Mobilmachungen verleitet worden war, konnten Meldungen über neuerliche Truppenbewe-

gungen Ende September 1973 nicht mehr aufregen. Zu viele
Überlegungen sprachen dagegen, daß die Ägypter einen Angriff
größeren Stils über den Suezkanal wagen würden. Der Wasserweg war eine Barriere. Sie zu überwinden und das erforderliche
schwere Militärmaterial überzusetzen, würde nach israelischen
Berechnungen mindestens dreißig Stunden dauern, ausreichend
Zeit, um Reserven aus dem Hinterland an die für die schwachen
israelischen Kräfte zu lange Front von 180 Kilometern heranzu-
führen. Das Stützpunktsystem der Bar-Lev-Linie, das die Israelis
im »Abnützungskrieg« aufgebaut hatten, schien unüberwindlich.
Den ägyptischen Streitkräften wurde nicht zugetraut, daß sie
eine solche Aufgabe bewältigen könnten. Die Erfahrungen in den
vorausgegangenen Kriegen hatten bewiesen, daß das Offizierskorps bequem war und die Soldaten nur an wenigen Stellen
kämpften, wo sie wirklich geführt wurden. Entscheidend aber
war immer das Unvermögen der Ägypter gewesen, die Nachrichtenverbindungen zu halten, die Truppenteile zu koordinieren
und den Nachschub zu organisieren. Umgekehrt waren diese
Dinge die Stärke der Israelis, zu denen noch die absolute Überlegenheit der israelischen Luftwaffe kam. In zwei Kriegen waren
die ägyptischen Flugzeuge in wenigen Stunden, meist noch am
Boden, zerstört worden.

Die Einschätzung der Ägypter stellte sich als fatal heraus. Sadat hatte eine neue Führungsschicht von Offizieren, geschult in
der Sowjetunion und begierig, die Schande der Niederlage von
1967, die nur im Ausland, nicht aber bei den Ägyptern vergessen
war, in einer todesmutigen Chance wiedergutzumachen. Auf
dem ägyptischen Westufer des Suezkanals waren Sandrampen
errichtet worden, einige Meter höher als die Befestigungen auf
israelischer Seite. Ihr Sinn konnte nicht recht gedeutet werden.
Die Sowjetunion hatte eine spezielle Art von Pontonbrücken geliefert. Schwimmbehälterketten erlaubten einen Brückenschlag
in kürzester Zeit. Die Ägypter bauten diese PNP-Brücken nach.
Am meisten Kopfzerbrechen bereitete den Ägyptern die Frage,

Gebäude des Ägyptischen Fernsehens in Kairo

wie die bis zu dreißig Meter hohen Sandwälle, die die Israelis
vornehmlich im Südabschnitt des Kanals, gegenüber der Dritten
Ägyptischen Armee, aufgehäuft hatten, überwunden werden
könnten. Nach der Überquerung des zwischen 180 und 220 Meter breiten Kanals kam es darauf an, Zufahrtswege für die Brük-
ken anzulegen. Sie mußten durch die Sandwälle geschnitten werden, damit der Winkel des Übergangs von den horizontalen
Brücken zum Ufer nicht zu groß war und die Rampen von Panzern und Fahrzeugen befahren werden konnten. Weder Sprengungen noch Caterpillars würden unter kriegsmäßigen Bedingungen diese Rampen schaffen können. Ein findiger Kopf kam
auf die Idee, einen Wasserstrahl einzusetzen, eine Methode, die
sich schon beim Bau des Hochdamms von Assuan bewährt hatte.
Nach zahllosen Versuchen auf dem Übungsgelände im Nildelta,
wo die Kanalbedingungen künstlich nachgebaut worden waren,
entschieden sich die Pioniere dafür, mittels Hochleistungspum-
pen, die aus der Bundesrepublik geliefert worden waren, d. h. mit
dem Hochdruckstrahl, den diese Pumpen erzeugen können, den
Sand wegzuspülen. Auf israelischer Seite hatten die Ägypter
Sprühdüsen erkannt, die es den Israelis erlaubt hätten, von der
Bar-Lev-Linie aus, mit entzündetem Öl auf der Wasserfläche den
Kanal »in Flammen aufgehen zu lassen«. Kampfschwimmer Sadats verschmierten heimlich in der Nacht vor dem ägyptischen
Angriff die Sprühdüsen. Zu den Täuschungsmanövern der Ägypter gehörte auch, daß in den Wochen vor dem Angriff morgens
oft Truppen in Brigadestärke, offenbar zu Übungen, an den Kanal
kamen, am Abend aber immer nur ein Bataillon in die Garnison
zurückkehrte. Die anderen Einheiten blieben am Kanal. Zur Täuschung gehörte weiter, daß Sadat am 28. September 1973, dem
Jahrestag des Todes von Nasser, in einer öffentlichen Rede kein
Wort über den Krieg sagte, sondern nur wie beiläufig erwähnte,
daß der Kampf eine beschlossene Sache sei und die Tatsachen für
sich sprechen würden. Zur Täuschung gehörte schließlich, daß
Pontons und Brücken erst in letzter Minute an ihre Bereitstel-
lungsplätze transportiert wurden – holzverkleidet –, daß die Soldaten am Kanal bis zum ersten Feuerschlag Stahlhelme nicht

tragen durften und die Zivilarbeiter ebenfalls bis dahin an den Baustellen ausharren mußten und daß lancierte Meldungen in den Zeitungen erschienen, nach denen Offiziere für die kleine Pilgerfahrt, die »Omrah«, Urlaub erhalten würden. Niemand konnte auch annehmen, daß Ägypten ausgerechnet im Fastenmonat Ramadan angreifen würde, und der 6. Oktober war der 10. Ramadan nach dem moslemischen Kalender. Eines der wesentlichsten Überraschungsmomente allerdings verdrängten die Ägypter, nachdem ihnen die Überquerung des Kanals und die Erstürmung der Bar-Lev-Linie gelungen war, die Tatsache nämlich, daß das Angriffsdatum mit dem höchsten jüdischen Feiertag Yom Kippur zusammenfiel, an dem in Israel alles öffentliche Leben wie erstorben ist. Auch die israelische Luftwaffe mußte eine Überraschung erleben. Die ägyptische Luftabwehr mit ihren verschiedenen Typen sowjetischer SAM-Raketen zauberte einen derart starken Schutzschirm über die Brückenköpfe, daß die israelischen Maschinen starke Verluste erlitten und kaum effizient werden konnten. In wenig mehr als fünf Stunden waren, nach schwerer Artillerievorbereitung, die Brücken der Ägypter über den Kanal geschlagen, in die Sandwälle Rampen »gespült«, und die Panzer setzten, immer unter dem Schutz der Luftabwehrraketen, über. »Kein einziger sowjetischer Soldat hat in den Feuerstellungen unsere Raketen bedient«, betonte der Chef der Luftabwehr, Generalleutnant Ali Fahmi, nach dem Oktoberkrieg. Ein israelisches Urteil erfüllte ihn mit besonderem Stolz: »Wir Israelis haben zwar ungefähr gewußt, was die Ägypter haben. Aber wie sie die Waffen beherrschten, das war die eigentliche Überraschung.« Der spätere Generalstabschef enthüllte das »Geheimnis des ägyptischen Soldaten«: »Es gibt kein Geheimnis. Wir haben eine Erziehungsarbeit geleistet, wie sie während einer solch kurzen Zeitspanne und in dieser Intensität kaum jemals zuvor irgendwo bei Streitkräften stattgefunden hat.«

Zahllose, im Laufe des Jahres 1974 mit ägyptischen Soldaten aller Dienstgrade und Truppenteile, vom Luftmarschall und Marine-Admiral über Generalstäbler bis zu einfachen Infanteristen, geführten Gespräche haben eine merkwürdige und zugleich typi-

sche Erscheinung gezeigt. Trotz des seither verstrichenen Zeitraums und der Studien, die die Ägypter über ihren Ramadan-
Krieg anstellten, waren weder Kriegsminister noch Generalstabschef oder andere Chargen mit Überblick bereit, das Schicksal der
Dritten Ägyptischen Armee zu diskutieren. Die Tatsache, daß es
den Israelis mit dem kühnen Vorstoß des Generals Ariel (»Arik«)
Scharon gelungen war, den Suezkanal bei Deversoir zu überqueren, mit ihren Kampftruppen nach Norden und Süden vorzurük-
ken und die Dritte ägyptische Armee auf Sinai sowie die hartnäk-
kig Widerstand leistende Stadt Suez einzuschließen, verdrängten
sie völlig. Sie übernahmen die offizielle Version, daß es sich
lediglich um begrenzte israelische Erfolge gehandelt habe. Wenn
man gewollt hätte, so meinten die Ägypter, und nicht die Vereinten Nationen eingeschritten wären, hätte man die »israelische
Tatsache« vernichten können. Alle Militärexperten sind jedoch
der Überzeugung, daß bei Fortführung des Krieges nicht nur die
auf Sinai durstenden und hungernden ägyptischen Einheiten
vernichtet worden wären, die Israelis vielmehr auch durchaus
ihre Offensive nach Norden in Richtung Ismailia hätten fortfüh-
ren können, um am Ende total zu siegen. Ein totaler Sieg der
einen oder anderen Seite hätte jedoch die politische Situation im
Nahen Osten insgesamt nicht verändert, sondern den verkrusteten Status quo dort auf unabsehbare Zeit erhalten. Das Eingreifen der Großmächte, besonders der USA, erfolgte deshalb zu
einem offenbar genau überlegten Zeitpunkt. Bei Kriegsausbruch
schien sich zwar in den Amtsstuben der von jahrelangen vergeblichen Verhandlungen zermürbten Diplomaten eine gewisse Erleichterung bemerkbar zu machen. Hinter vorgehaltener Hand
wurde bei den Vereinten Nationen von der Hoffnung gesprochen, daß der jetzt ausgebrochene Nahostkrieg neue Fakten bringen könnte. Washington ließ sich auch beachtlich Zeit mit Erklärungen und trat erst auf den Plan, nachdem Außenminister Kissinger in Moskau gewesen war. Die nach Weltkrieg aussehende
vorübergehende Alarmierung der amerikanischen Streitkräfte
scheint entweder ein Signal besonderer Art an Moskau oder das
Ergebnis einer irrigen Lagebeurteilung gewesen zu sein. Die Ein-

zelheiten liegen noch im dunkeln. Zweifellos aber rettete das Eingreifen des Sicherheitsrats und der Vereinten Nationen die eingeschlossene Dritte Armee und erlaubte im Endergebnis beiden Seiten, das Gesicht zu wahren und eine unentschiedene Kriegsrunde zur Basis für Friedensverhandlungen zu machen. Mit beachtenswertem Mut hat Sadat diese Politik verfolgt.

Nach der Feuereinstellung arrangierten die Vereinten Nationen die Versorgung der Dritten Armee, über die eingefrorenen Fronten hinweg. Am Kilometerstein 101 an der Straße von Kairo nach Suez fanden unter Leitung des finnischen Generals Ensio Siilasvuo, dem Befehlshaber der UNO-Blauhelme, Waffenstillstandsverhandlungen statt. Zum ersten Mal saßen sich ägyptische und israelische Generale an einem Tisch gegenüber. Nach dem Krieg von 1948 hatten die Delegationen auf Rhodos in verschiedenen Hotelzimmern gesessen, und Vermittler trugen Fragen und Antworten hin und her. Allerdings bei »Kilo 101«, wie die Ägypter den Verhandlungsort nannten, wurde sorgfältig aufs Zeremoniell geachtet. Der Ägypter und der Israeli wurden von UNO-Beamten an ihren Zelten abgeholt und betraten zum gleichen Zeitpunkt das Zelt mit der UNO-Flagge, wo sie General Siilasvuo erwartete, der im Zweiten Weltkrieg als junger Offizier auf deutscher Seite gekämpft hatte, das Eiserne Kreuz besitzt und perfekt deutsch spricht. Als nach Wochen der Vermittler die Einigung bekanntgeben konnte, brach erstmals die bislang strenge Trennung zwischen der ägyptischen und der israelischen Seite zusammen und Journalisten und Soldaten beider Seiten umringten während des Durcheinanders bei der Zeremonie den Vertreter der Vereinten Nationen. »Möge die Geschichte einst verzeichnen, daß von diesem Kilometerstein 101 aus die Friedensregelung im Nahen Osten ihren Anfang genommen habe«, sagte Siilasvuo. An einem einsamen Wüstenplatz, wo kein Baum und kein Strauch steht und der rötliche Gebirgsstock der Ataqa-Berge den Hintergrund bildet, erinnert heute nichts mehr an die Verhandlungen vom Januar 1974. Eine Hochspannungsleitung ist wieder aufgebaut worden und am flirrenden Horizont sind die Stadt Suez und das Rote Meer zu ahnen.

Im März 1974 trat die ägyptische Nationalversammlung zu
einer Sondersitzung zusammen, um die Streitkräfte zu ehren.
Zwei Vorgänge deuteten an, daß in Ägypten ein neuer Geist zu
wehen begonnen hatte. Unauffällig waren von den Kiosken an
den Straßen, durch die Sadat fuhr, um Kriegsminister Ahmed
Ismail von dessen Amtssitz abzuholen und mit ihm zum Parlament zu fahren, die überlebensgroßen Bilder Nassers entfernt
worden, auch die, die auf den Dächern angebracht gewesen waren. Obwohl Sadat nie ein persönlich verunglimpfendes Wort
über seinen Vorgänger gesprochen hat, wohl aber die von diesem
zu verantwortende Politik und die entsprechenden Zustände kritisierte, zeichnete sich bald immer deutlicher ab, daß der Nasserismus in Ägypten vorsichtig und stetig abgebaut wurde. Die
folgenden Monate, während deren die Ägypter nur zögernd und
ungläubig das neue Lüftchen der Freiheit und der Liberalisierung
schnupperten, brachten zutage, daß Sadat entschlossen war, zum
Rechtsstaat zurückzukehren. Politische Häftlinge wurden entlassen, Angeklagte erhielten wieder Rechte und einen Verteidiger,
und Urteile ohne Verhandlung vor einem Gericht gab es nicht
mehr. Der zweite Vorgang war eine einzige Szene, nach dem das
Präsidentenauto am Parlamentsgebäude zu jener Sondersitzung
eingetroffen war. Sadat, selbst in Uniform, schritt die Ehrenfor-
mationen der Streitkräfte ab und tat dabei etwas, was ein Staats-
oberhaupt noch nie getan hat: er bezeigte seinerseits den angetretenen Soldaten die Ehre, indem er während des Vorbeischrei-
tens die Beine im betonten Schritt warf. Ein Staatchef mar-
schiert im Stechschritt an seinen Soldaten vorbei, ein Präsident
gibt bei Huldigungen durch Gesten den ihm entgegengebranden-
den Beifall zurück, so als wolle er sagen: »Indem ihr mich beklatscht, zollt ihr euch selbst Beifall, denn nicht ich habe letztlich
die Verdienste, sondern ihr, das Volk, habt geschaffen, was ist« —
das waren die äußeren Anzeichen eines neuen Geistes in Ägypten. Kriegsminister Ismail wurde in der Parlamentssitzung, an
der auch einfache Soldaten und Hinterbliebene von Gefallenen
des Oktoberkriegs teilnahmen, zum Feldmarschall befördert. Er
hatte jedoch nur noch eindreiviertel Jahr zu leben. An Sadats

Geburtstag, am 25. Dezember 1974, starb Ahmed Ismail in einer Londoner Klinik an Krebs. Sein Nachfolger wurde der Unterhändler, der dem israelischen Stabschef, Elasar, unter dem UNO-Zelt am Kilometerstein 101 gegenübergesessen hatte, der Panzergeneral Abdel Ghanem el Gamassi.

Die Friedenshoffnung, die General Siilasvuo am Kilometerstein 101 ausgesprochen hatte, wurde auf eine harte Probe gestellt. Während die Sowjetunion und ihre nahöstliche Gefolgschaft auf Wiedereinberufung der Genfer Friedenskonferenz drängten – sie hatte nur einmal nach dem Oktoberkrieg kurz getagt –, unternahm US-Außenminister Kissinger seine Friedensmissionen. Im Verlauf zweier Verhandlungsphasen betrieb er seine »Pendeldiplomatie« der kleinen Schritte. Die Strapazen, die der Außenminister einer Großmacht in dieser Zeit auf sich nahm, sind ohne Beispiel. Als er scheiterte, verdunkelte sich Sadats Stern, der nach der Überquerung des Kanals hell gestrahlt hatte. Mit den Palästinensern gab es Verstimmung, weil diese sich negativ über die ägyptische Politik, die den Schlüssel zum Nahostproblem bei den Amerikanern sah, ausgelassen hatten. Ägyptische Arbeiter hatten im größten Textilwerk des Orients, in Mehalla el Kubra im Nildelta, Ausschreitungen begangen und dabei Parolen gerufen, die schon bei Anti-Sadat-Demonstrationen in Port Said und Kairo zu hören gewesen waren. Die Versorgung des Landes stand, wie seit Jahren, ständig hart vor dem Zusammenbruch. Die Schlangen vor den Genossenschaftsläden, den »Gamayas«, wurden eher länger als kürzer, das Volk darbte und das Murren wurde immer lauter. »Jetzt muß Sadat ernstlich um sein Ansehen fürchten«, schrieben nach dem Scheitern der Kissinger-Mission die Zeitungen in Beirut. Zwei Tage vor der Sitzung der Nationalversammlung, in der Sadat Rechenschaft ablegen wollte, wurde die arabische Welt durch die Ermordung des Königs Feisal von Saudi-Arabien, einer Stütze des ägyptischen Präsidenten, erschüttert. Die Erwartung, was Sadat in dieser Situation tun würde, war groß. Und wieder lieferte er einen Beweis für die orientalische Wendigkeit, die politische Voraussicht und die Beharrlichkeit, mit der er seine auf dem Ergebnis

des Oktoberkriegs aufgebauten Ziele verfolgen wollte. Krisenda-
ten sind im Nahen Osten immer dann vorauszusehen, wenn ein
Land das Mandat der UNO-Truppen verlängern muß. Am 24.
April 1975, in wenigen Wochen, sollte wieder einmal die Aufent-
haltserlaubnis ablaufen. In seiner Rede vor den 350 Abgeordneten wagte Sadat einen Kunstgriff. »Einige mögen von mir emo-
tionelle Reaktionen erwarten im Hinblick auf das Abkommen
über die Stationierung der UNO-Truppen auf Sinai. Aber ich
ziehe positive Aktion dem Reagieren vor.« Damit verlängerte er
nicht nur das Mandat, sondern kündigte zugleich an, daß er am
5. Juni 1975 den seit 1967 gesperrten Suezkanal wieder öffnen
werde. Der Minufi hatte die Welt wieder einmal überrascht.

Das Datum des 5. Juni war von Sadat mit Vorbedacht gewählt
worden, denn genau an diesem Tag waren acht Jahre seit der
Schließung des Kanals im Juni-Krieg von 1967 vergangen. Der
Entschluß, den Kanal wieder für die Schiffahrt freizugeben, bedeutete, daß er von Hindernissen befreit, Minen und Blindgän-
ger aller Art gesucht und entschärft sowie die technischen Einrichtungen für den Betrieb des Suezkanals wieder instand gesetzt
werden mußten. Zugleich sollte die Wiederöffnung eine Geste
des Vertrauens gegenüber den Israelis sein. Der Kanal lag in
Reichweite ihrer Artillerie. Wie im Orient üblich, wurde die Geste in die Drohung gekleidet: »Wehe, wenn auch nur ein einziger
Versuch unternommen wird, unsere Souveränität zu verletzen!«
Mit großer Emphase betonten die Ägypter immer wieder, daß sie
voll kriegsbereit und imstande seien, zu jeder Zeit die Kampfhandlungen wieder aufzunehmen. Tatsächlich allerdings hatte
die Überquerung des Kanals die Kräfte derart strapaziert und die
militärischen Vorräte in einer Weise aufgebraucht, daß die meisten Einheiten nicht mehr einsatzbereit, geschweige für einen
Angriff gerüstet waren. Im Oktoberkrieg hatten die Ägypter auf
der östlichen Kanalseite einen Geländestreifen von unterschiedlicher Breite erobert. In den Waffenstillstandsvereinbarungen
hatte sich Israel vom Westufer zurückgezogen, während die
Ägypter zugesagt hatten, schwere Waffen und Luftabwehrraketen nicht nach Sinai zu verlegen. Dieser Teil der Vereinbarung

war in der ägyptischen Öffentlichkeit verschwiegen worden, nur vom israelischen Rückzug sprach man. Daß die Ägypter dann auch versuchten, ihre Verpflichtung zu umgehen, und heimlich mit dem Bau von SAM-Stellungen auf dem Ostufer begannen, führte zu einer in Kairo nicht bekanntgegebenen Krise. Die Vereinten Nationen bestätigten die israelischen Behauptungen über die Bauvorbereitungen, und die Ägypter sprengten ihre noch frischen Betonbunker. Diesen Zwischenfall sahen die Israelis als weitere Bestätigung für ihre Überzeugung an, nach der den Ägyptern und Arabern nicht getraut werden dürfe, und dieses tief verwurzelte Mißtrauen auf beiden Seiten behinderte auch in den folgenden Jahren immer wieder Vereinbarungen und friedliche Regelungen, selbst dann noch, nachdem Sadat seine Reise nach Jerusalem unternommen hatte. Auf Sinai weiter zurückzugehen (Sadat: »Jeder Quadratmeter unseres Bodens muß zurückgegeben werden«) und die strategisch bedeutsamen Pässe zu räumen, davor weigerten sich die Israelis dann auch in der folgenden Zeit. Eine weitergehende »Truppenentflechtung«, wie es das Ziel der Kissinger-Mission gewesen war, scheiterte. Bei Kanalöffnung standen die Israelis zwischen fünf und zwanzig Kilometer vom Kanal entfernt, getrennt von den Ägyptern durch eine neutralisierte Zone, die die Blauhelme der UNO besetzt hielten. Tatsächlich war der Kanal, als Sadat politisch entschied, ihn wieder zu öffnen, technisch fast schon betriebsbereit. Britische Marineeinheiten und amerikanische Hubschrauber sowie Spezialschiffe Frankreichs und der Sowjetunion waren an der Räumung beteiligt. Die Liste der im Kanal gefundenen Güter wies sieben Flugzeugwracks, drei Luftlandetanks, Pontonteile sowie tonnenweise Minen, Bomben, Granaten und Sprengstoff auf. »Es gibt kaum einen vorstellbaren Gegenstand, der nicht unter den Fundsachen wäre«, sagte der britische Commander Husband der »Minenjäger«, die nach siebenmonatiger Arbeit Ägypten verließen. Im Großen Bittersee lagen vierzehn Schiffe, die bei Kriegsausbruch 1967 im Kanal eingeschlossen worden waren, darunter die in Hamburg beheimateten Schiffe »Münsterland« und »Nordwind«.

Der erste offizielle Konvoi, mit Regierungsvertretern, Diplomaten und dem fünfzehnjährigen iranischen Kronprinzen Reza Pahlevi an der Spitze, fährt am 5. Juni 1975 vom festlich geschmückten Port Said fünf Stunden lang bis Ismailia. Auf der Brücke des Zerstörers »Sechster Oktober«, sagt Sadat, der seinen Hang zu passender Kleidung diesmal in einer weißen Marineuniform ausdrückt: »Das ist der glücklichste Tag meines Lebens.« Zu Zehntausenden und in dichten Trauben hängen die Ägypter beidseits des Kanals an Fenstern und auf Hausdächern. Sowjetische Marineoffiziere stoßen sich in die Seite und wechseln halblaute Bemerkungen, als im Außenhafen von Port Said, überraschend und nicht im Programm angekündigt, das Flagschiff der amerikanischen Sechsten Flotte, der Kreuzer »Litte Rock« auftaucht und sich dem Konvoi anschließt. Während der Ehrenkonvoi im Timsah-See, dem »Krokodil-See«, bei Ismailia ankert, formieren sich die auf die Passage wartenden Frachter in Port Said. Als erstes Schiff des kommerziellen Transits fährt die kuweitische »Ibn Hajah« von Port Said nach Suez durch den Kanal. Der Suezkanal ist eine wichtige Einnahmequelle für Ägypten, jedoch hat die Tankerschiffahrt, die vor 1956 den größten Teil der Passagen abgab, umgestellt. Die Nationalisierung des Kanals durch Nasser, die folgenden politischen Unsicherheiten, verbunden mit unwägbaren Gebührenfestlegungen, sowie die Schließung später haben den Bau von Großtankern beschleunigt. Diese Riesenschiffe können wegen ihrer Maße auf absehbare Zeit den Kanal nicht passieren und sind auch auf eine Wirtschaftlichkeit berechnet, die von der Route um die Südspitze Afrikas herum ausgeht. Kleinere Tanker benützen zwar den Kanal, soweit ihre Zielhäfen im Mittelmeer liegen, aber in den Chefetagen der großen Ölgesellschaften wird erklärt, der Suezkanal habe für die Tankerschiffahrt ausgedient. Er wird nicht mehr als verläßliche Größe in die Planungen der Tankerreedereien eingesetzt. Dagegen ist die Wasserstraße für die Frachtschiffe und für die Anrainer von Rotem Meer und Indischem Ozean von großer Bedeutung. Die ägyptischen Pläne sehen übrigens vor, den Wassergraben, der Afrika und Asien trennt, nicht länger als unüberwindliches Hindernis zu betrachten. Fünf Tunnels sollen einmal unter dem Kanal hindurchgeführt werden. Der erste Tunnel, fünfzehn Kilometer nördlich von Suez, soll 1981 fertiggebaut sein. Eine von der Firma Bade und Thelen in Lehrte bei Hannover konstruierte Vortriebsmaschine bohrt den Boden für die fünfzig Meter unter der Kanalsohle verlaufende Röhre von zwölf Meter Durchmesser auf. Die mit 350 Millionen Mark veranschlagte Unterquerung des Kanals soll eine Fahrtstraße und eine Wasserleitung aufnehmen. Die Halbinsel Sinai wird somit wirtschaftlich erschlossen werden können. Auch militärische Einheiten würden künftig leichter verlegt werden können. Ein Reisebüro in Israel wälzte im Herbst 1978 bereits Pläne für einen gewaltigen Touristenstrom, der zwischen Ägypten und Israel erwartet werde. Die Voraussetzung für diesen – der Frieden – ließ jedoch auf sich warten.

Sadat unternimmt das Undenkbare

Zwei Tage im November 1977 haben die Welt des Nahen Ostens verändert. Diesmal waren es nicht Kriege wie in der Vergangenheit, als Kampfhandlungen immer in Fakten mündeten, die die neuen Normen bestimmten, sondern eine friedliche Reise. Ägyptens Präsident Sadat unternahm das Undenkbare, er reiste nach Israel. Noch im Frühjahr jenes Jahres hatte die Lage ganz anders ausgesehen. Die Zeichen standen nach dem Sieg der Likud-Gruppe bei den israelischen Parlamentswahlen auf Sturm. Der neue Ministerpräsident, Menachim Begin, der Rabin abgelöst hatte, galt als Zionist, der den Arabern mit unversöhnlicher Härte gegenübertreten würde. »Likud und Begin bedeuten früher oder später Krieg«, war nach dem Ausgang der israelischen Wahl in Kairo zu hören. Die Lage zwischen Israel und Ägypten hatte sich seit den beiden von Kissinger ausgehandelten Abkommen nicht mehr verändert. Keine Vermittlung, nicht der Besuch des amerikanischen Präsidenten Nixon oder der des deutschen Bundeskanzlers Willy Brandt in Kairo oder das Bemühen der Vereinten Nationen und das der Sozialistischen Internationale,

die Reise Sadats zum inzwischen neugewählten Präsidenten der
USA, Jimmy Carter, oder was auch immer sich auf der Welt-
bühne und hinter ihren Kulissen abspielte, konnte die festgefah-
rene Situation in Bewegung bringen. Natürlich hatten alle diese
Aktivitäten nicht allein die Friedensstiftung zum Ziel, oft war
von Vermittlertätigkeit überhaupt nicht die Rede, und Erfolge
wurden bei anderen Problemen, an denen nie Mangel herrschte,
erzielt. Aber alle anderen Schwierigkeiten standen im Schatten
des Nichtfriedens. Die Wirkung des Ausgang des Oktoberkriegs,
der es nach Auffassung der Ägypter erlaubte, mit Israel von
gleich zu gleich zu verhandeln, drohte mehr und mehr nachzu-
lassen. Israel seinerseits war entschlossen, nicht wieder eine diplomatische Niederlage hinzunehmen. Zur Sicherung des Kern-
landes wurden auf Sinai, im Ghaza-Streifen und auf den »West-
banks«, wie die seit 1967 eroberten Gebiete westlich des Jordan-
flusses genannt werden, jüdische Siedlungen errichtet, teils offiziell, teils inoffiziell, von der radikal-religiösen Bewegung Gush
Emunim. Da sagte Sadat am 9. November 1977 in einer Rede,
falls erforderlich, würde er auch nach Jerusalem reisen. Eine Bemerkung, die nicht von ungefähr kam, aber in der Weltöffentlichkeit zunächst als eine der häufigen Redensarten im Stile von:
»Um das Leben eines einzigen ägyptischen Soldaten zu sparen,
würde ich bis ans Ende der Welt gehen« gewertet wurden. Tatsächlich aber war Sadats Angebot durch geheime Kontakte über
Marokko und Rumänien schon abgesichert gewesen, hat es sich
nur um das letzte Signal gehandelt, auf das Israel positiv reagierte.

Am Samstag, dem 19. November 1977, genau um 20 Uhr bei
Sonnenuntergang zum Ende des jüdischen Sabbat, rollt die Dü-
senmaschine des ägyptischen Präsidenten auf dem Flughafen Tel
Aviv-Lod aus, und Sadat betritt unter Fanfarenstößen den roten
Teppich, wo ihn Staatspräsident Katzir und Ministerpräsident
Begin an der Spitze der israelischen Prominenz mit Händeschüt-
teln begrüßen. Das Undenkbare ist eingetreten: ein arabischer

Oben: Nilpanorama. Unten: Bazarstraße in Kairo

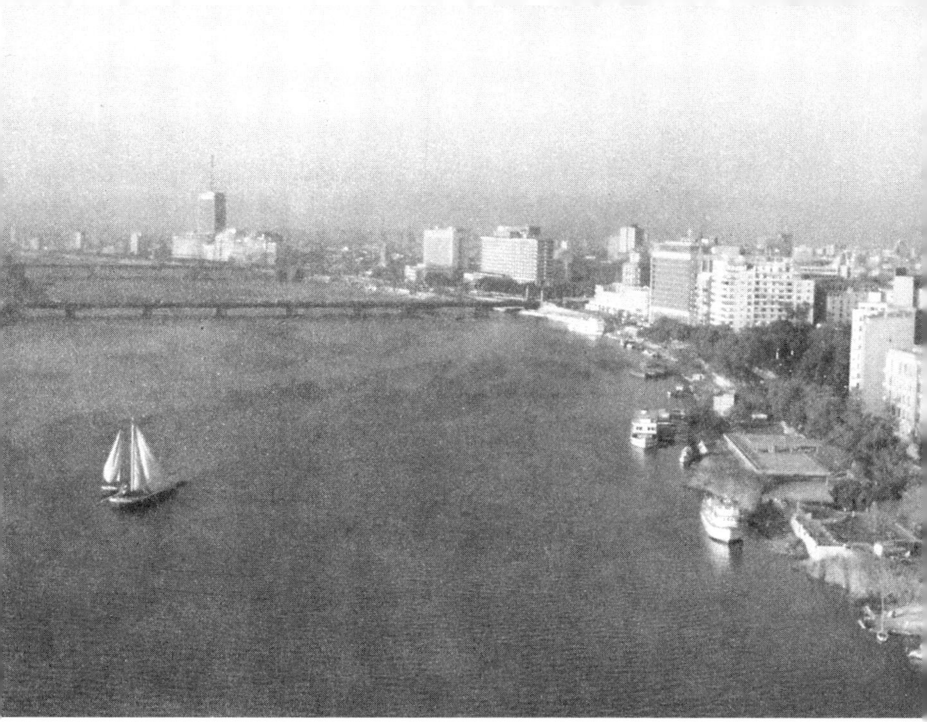

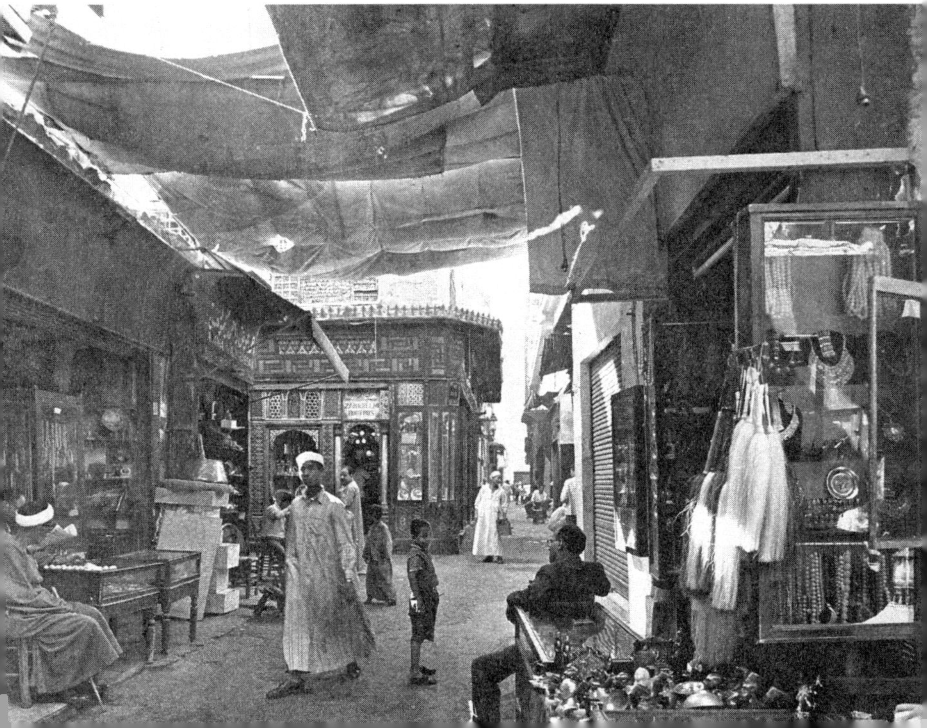

Staatsmann auf Friedensreise in Israel. Dieser Akt stellt einen
Durchbruch dar, der einem Schock gleichkommt. Über Jahrzehnte hatte Todfeindschaft zwischen Arabern und Israelis geherrscht. Arabischer Nationalismus demonstrierte sich während
Jahrzehnten vornehmlich in der Gegnerschaft zu Israel, und nur
in diesem Bereich waren die Araber sich immer einig gewesen.
Die Boykottbehörde der Arabischen Liga mit Sitz in Damaskus
hatte, als gemeinsame Organisation, immer funktioniert, und
allein das Wort Israel auszusprechen, hatte Ausländern Schwierigkeiten bringen können, kein Reisepaß durfte doch einen israelischen Stempel aufweisen. Weltfirmen, die wirtschaftliche Beziehungen mit Israel unterhielten oder dort Niederlassungen betrieben, sahen sich, oft erfolgreich, einem Boykottdruck ausgesetzt. Und bis zu lächerlichen Kleinigkeiten wurde der Boykott
getrieben. Ein gerichtlich vereidigter Dolmetscher der arabischen
Sprache aus Deutschland fand sich auf der Boykottliste. Nach
einigen Mühen gelang es ihm festzustellen, daß der Grund dafür
der von ihm verwendete Stempel war. Das auf diesem wiederge-
gebene Hamburger Wappen weist zwei winzige Mariensterne
auf, die als Davidsterne ausgelegt worden waren. Der Mut Sadats, die Kühnheit seines Entschlusses, verdienen Bewunderung.
Andere Araber schäumen deswegen vor Wut. Der syrische Präsident Assad hat von der Reise dringend abgeraten, die Palästinenser haben den Ägypter an die erste Stelle auf ihrer Todesliste
gesetzt. Sein Außenminister, Ismail Fahmi, und dessen Stellvertreter, Mohammed Riad, sind zurückgetreten. Der Botschafter
Ägyptens in Bonn, Ibrahim Kamel, begleitet als neuer Außenminister Sadat. Das sowjetische Parteiorgan Prawda unterstreicht
die heftigen Proteste Syriens, Libyens und der Palästinenser:
»Nur von den Vereinigten Staaten ist Sadats Entschluß gebilligt
worden.«

Jetzt aber drückt dieser Mann Golda Meir, Moshe Dajan und
Shimon Perez die Hand und scherzt mit dem »Kanalüberquerer«
von 1973, Landwirtschaftsminister Ariel Scharon: »Sie wollte ich
am Kanal gefangennehmen.« Der ehemalige General erwidert:
»Ihr Besuch hier ist mir lieber.« Die Zuschauer am Flughafen

jubeln, ihre Freude ist vor allem Ausdruck der in jenen Tagen in
Israel überall aufkeimenden Hoffnung auf Frieden, sechzig Jahre
nach der Balfour-Deklaration und fast dreißig Jahre nach der
Staatsgründung. Am Sonntag erweist Sadat der Stadt Jerusalem,
die drei Religionen Symbol ist, Referenz. Er betet in der El Aqsa-
Moschee, besucht den Felsendom, die Grabeskirche und das
Mahnmal Jad Vashem. Als er die Stufen der Moschee hinunter-
steigt, auf denen 1951 König Abdullah von Jordanien, der Großvater des jetzigen Königs Hussein, ermordet wurde, kommen
Rufe auf: »Sadat, vergiß Palästina nicht.« Die Sicherheitsmaß-
nahmen sind umfangreich und streng. Überall ist der Ägypter
von Beamten umringt, die ihn mit ihren Leibern abdecken. Ein
Streikaufruf der Palästinenser im besetzten Westjordanien findet
keinen Anklang. Die Geschäfte in Ostjerusalem sind geöffnet
geblieben. Die israelische Zeitung »Haaretz« druckt einen Leitar-
tikel auf arabisch, ein Extrablatt der »Jerusalem Post« fordert
Begin auf, die alten Grundsätze des Likud zu überprüfen und die
Chance zu ergreifen, allerdings ohne substantielle Konzession
für nur einen Fetzen Papier einzutauschen. In allgemeiner Hochstimmung, die die Skepsis überdeckt, spricht Sadat am Sonntag-
abend vor dem israelischen Parlament. Im Plenarsaal der Knesseth auf dem Hohen Hügel, dem Givat Ram, tragen die Abgeordneten zur Feier des Tages Krawatten statt der nach Pionierart
ausgeschlagenen Hemdkragen. Kein Laut ertönt in dem sonst so
lebhaften Parlament, wo sich die Deputierten, wie auf geheimes
Kommando hin, beim Eintritt Sadats erhoben haben. »Bismillah«
– »im Namen Allahs« beginnt der Ägypter seine Rede, die si-
multan über Kopfhörer ins Hebräische und Englische übersetzt
wird. »Mit offenem Geist und offenem Herzen bin ich zu Ihnen
gekommen, und ich biete Ihnen den Frieden Abrahams an«, sagt
Sadat. Er verwendet den Großteil seiner Ansprache darauf, die
zwischen den Völkern aufgebauten psychologischen Barrieren
einzureißen, aber er weicht keinen Schritt von den von Ägypten
und allen Arabern immer aufgestellten Forderungen zurück:
Räumung aller 1967 eroberten Gebiete, auch des östlichen Teils
von Jerusalem. Schweigend hören die Abgeordneten zu. Sadat

wirbt geradezu beschwörend und auf eine suggestive Art um
Vertrauen. Er zieht alle Register seiner Rednergabe, um die
Ernsthaftigkeit seiner Absichten zu unterstreichen. Höflicher, jedoch keineswegs engagierter Applaus, folgt Sadats Schlußwort:
»Salem aleikum« – »Friede sei mit euch.« Der neben dem elegan-
ten Sadat – dunkelblauer Anzug mit feinem Nadelstreifen – blaß
und zierlich wirkende Ministerpräsident Begin antwortet aus
dem Stegreif, nur ein Blatt mit Stichworten benützend. In seiner
dreiviertelstündigen Rede wird er durch den erregten Zwischen-
ruf eines kommunistischen Knesseth-Abgeordneten unterbro-
chen, der wissen will, warum die Palästinenser hier nicht erwähnt würden. Mit leichter Verbeugung wendet sich der in vielen Schlachten erprobte Politiker Begin an den ägyptischen Gast:
»Ich bin froh, Herr Präsident, daß nicht Sie durch diesen Zwi-
schenruf belästigt wurden.« Nach Begins Rede, über die sich
Abgeordnete enttäuscht zeigen – sie sei gegenüber Sadats Ansprache abgefallen –, springt Sadat auf, applaudiert und drückt
dem Israeli demonstrativ die Hand – 14 Sekunden lang, wie Fern-
sehreporter die Szene ausstoppen. Nach vier Gesprächsrunden
zwischen der israelischen und der ägyptischen Delegation diskutiert Sadat am Montag zwei Stunden lang mit Abgeordneten in
der Knesseth. Obwohl das Fernsehen überträgt, halten sich alle
Politiker von Propaganda und Ausbrüchen fern. Sadat, dem als
Folge seines Herzleidens immer wieder Schweiß auf die Stirn
tritt, wirkt kraftvoll und überzeugend. Er gibt die Losung aus,
unter die er seine Reise gestellt sehen will und die sich in Schlag-
zeilen niederschlägt: »Nie wieder Krieg zwischen uns.« An
Weihnachten 1977 kommt Begin zum Gegenbesuch nach Ägypten. In Ismailia trifft er mit Sadat zusammen. Aber die erwartete
Übereinkunft für eine prinzipielle Friedensregelung kommt nicht
zustande. Beide Politiker beschließen, politisch und militärisch
gemischte Ausschüsse einzusetzen, die sich mit den Einzelheiten,
in denen der Teufel steckt, befassen sollen. Im Mena House Hotel
wird verhandelt werden. Beim Abschied äußert Begin den
Wunsch, einmal die Pyramiden sehen zu dürfen. Seine Maschine
nimmt vom Militärflughafen Abu Suweir bei Ismailia Kurs nach

Westen, fliegt über Kairo und kurvt im Tiefflug um die Pyramiden, bevor sie den Heimflug antritt. Ein 26 Punkte umfassender
israelischer Friedensplan wird nach zwölf Stunden heftiger De-
batte in der Knesseth, dem israelischen Parlament, angenommen.
Sadat verwirft ihn sofort. »Ägypten ist gegen israelische militärische Präsenz auf dem Westjordanufer.« Es scheint, wie sich auch
später immer deutlicher herausstellt, daß Ägypten und Israel
bezüglich der sie beide unmittelbar betreffenden Probleme – Sinai mit seinen Ölfeldern und den jüdischen Siedlungen dort und
im Ghaza-Streifen – noch am leichtesten zu einer Regelung kommen können. Aber die Schwierigkeiten im Hinblick auf die besetzte Westbank, auf Jerusalem und auf die Palästinenser sind
unüberwindlich. Die groteske Situation entsteht, daß Sadat die
Erreichung ägyptischer Ziele der größeren arabischen Sache op-
fert, obwohl die Palästinenser und die anderen Araber ihn nicht
dazu autorisiert haben, in ihrem Namen zu sprechen, ja, sie
lehnen ausdrücklich alles ab, was er tut, beschimpfen und bedrohen ihn. Die Hochstimmung der Tage von Jerusalem weicht
mehr und mehr. Längst sind die ägyptischen Fahnen auf den
Straßen von Tel Aviv und Jerusalem verschwunden, auch in
Kairo werden die israelischen Flaggen eingezogen. »Alles hat so
einfach ausgesehen im November«, seufzt ein ägyptischer Diplomat. Demonstrativ läßt Israel weitere Siedlungen in den besetzten Gebieten bauen. Sadats Stellung im arabischen Lager, das
sich in Bagdad zu einer Verurteilung der ägyptischen Politik versammelt hatte und von schärferen Maßnahmen, wie dem Ausschluß Ägyptens aus der Arabischen Liga, zu jener Zeit nur
durch das mit seiner finanziellen Macht im Hintergrund wirkende Saudi-Arabien abgehalten werden konnte, gerät ins Wan-
ken. Washington erweist sich nicht gerade als hilfreich. Der amerikanische Präsident Carter, von dem Sadat nicht müde wird zu
sagen, daß er 99 Prozent aller Trumpfkarten in der Hand halte
und von dem der Ägypter meint, daß er die Israelis zu jeder
Konzession zwingen könne, bringt Sadat in Verlegenheit, als er
sich für die Schaffung eines eigenen Palästinenser-Staates aus-
spricht. In den ersten Januartagen 1978 treffen Sadat und Carter

in Assuan zusammen. Am Rande ist auch Bundeskanzler
Schmidt anwesend, der in Oberägypten Urlaubstage verbringt.
Die Verhandlungen zwischen Ägypten und Israel ziehen sich
aber trotzdem weiter hin, und zur Schadenfreude der Neinsager
unter den Arabern und den Ostblockstaaten läßt ein Ergebnis auf
sich warten. »Wenn der israelische Außenminister sagt, daß wir
verhandeln und uns auf halbem Wege treffen sollten, antworte
ich: der halbe Weg bedeutet für uns, unser Land und unsere
Souveränität zu verlieren. Nein!« Mit diesen Worten vor der
Nationalversammlung orderte Sadat Ende Januar seinen Außenminister Kamel von den Gesprächen des politischen Ausschusses
aus Jerusalem zurück. »Jeder israelische Ministerpräsident, der
einen Kompromiß im Zusammenhang mit den jüdischen Siedlungen akzeptiert, müßte zurücktreten. Israels arabische Nachbarn, auch Ägypten, sind unversöhnliche und unerbittliche
Feinde«, sagte Begin. Zwei Wochen später reiste Sadat nach Washington. Die Äußerungen des amerikanischen Präsidenten und
seiner Berater aus dem Weißen Haus bestätigen den Israelis
scheinbar ihren lange gehegten Verdacht, daß Carter der arabischen Seite mehr als der israelischen zugeneigt sei. Erst nach
einem Besuch Sadats beim österreichischen Bundeskanzler
Kreisky in Wien, wo auch Willy Brandt als Vorsitzender der
Sozialistischen Internationale mitwirkte und wo ein Treffen mit
dem israelischen Oppositionsführer Shimon Perez zustande kam,
und nach einem anschließenden Gespräch zwischen Sadat und
dem israelischen Verteidigungsminister Ezer Weizmann, kam
wieder Bewegung in die Szene. Die Außenminister Ägyptens
und Israels trafen sich im Juli 1978, im Beisein des amerikanischen Außenministers Vance, in strenger Abgeschiedenheit auf
dem Wasserschloß Leeds in Großbritannien. Vorher hatte Ägypten, in Verfolgung des harten Kurses, den Sadat seit Abberufung
von Außenminister Kamal aus Israel steuerte, auch die israelische Delegation des Militärausschusses nach Hause geschickt.
Der direkte Draht zwischen Kairo und Jerusalem war wieder
gekappt worden, im Mena House Hotel hatte man die weißen
Tischfähnchen mit dem blauen Davidsstern weggeräumt. In einer

der stürmischsten Sitzungen, die die Knesseth je erlebte, zerriß
Begin zu jener Zeit mit dem Ruf: »So viel bedeutet ein Kompromiß« ein Stück Papier. Die Absicht seines Gegenspielers Perez,
Begin zu stürzen – eine Absicht, die auch Sadat nur gutgeheißen
hätte –, schlug fehl. Sadat verglich in einer Rede in Alexandria
das israelische Kabinett wegen dessen Weigerung, die eroberten
Gebiete wieder herauszugeben, mit einer Räuberbande. Die Israelis praktizierten die Methode von Hammeldieben und Wege-
lagerern. In dieser Atmosphäre konnte auf Leeds Castle schwer-
lich etwas herauskommen. Präsident Carter entschloß sich, sein
eignes Gewicht in die Waagschale zu werfen und sein persönli-
ches Prestige aufs Spiel zu setzen. Er lud die Beteiligten zu einer
Gipfelkonferenz nach Camp David ein.

Dreizehn Tage lang rangen Carter, Sadat und Begin in der
völligen Abgeschiedenheit des Feriensitzes des amerikanischen
Präsidenten. Das Camp ist nach dem Enkel des Präsidenten
Dwight D. Eisenhower, der diesen Platz ausgesucht hatte, nach
David Eisenhower benannt worden. Der Orient schaffte es auch
bei dieser Gelegenheit wieder einmal, daß für die Welt nichts
anderes wichtig zu sein schien als die Nahostprobleme. Daß Politiker dieses Ranges sich praktisch einsperren und nicht auseinan-
dergehen, bevor eine Übereinkunft erzielt worden ist, hatte es
vorher in der Geschichte nicht gegeben. Viel stand für Carter auf
dem Spiel. Ein völliger Fehlschlag hätte ihn die Reste seines zu
diesem Zeitpunkt schon angeschlagenen Prestiges gekostet. Als
die Politiker am Ende dieser »Gipfelkonferenz der versiegelten
Lippen«, wie die Zeitungen sie nannten, wieder sprachen, als das
»Rauchzeichen des nahöstlichen Konklaves« aufstieg, hatte man
das geringst mögliche Minimum an Übereinstimmung erzielt.
Nur daß ein totales Scheitern vermieden worden war, konnte
gefeiert werden. In einem »Rahmenwerk für den Abschluß eines
Friedensvertrags« bekundeten Ägypten und Israel die Absicht,
Frieden zu schließen und innerhalb von drei Monaten einen Vertrag zu unterzeichnen, aufgrund dessen innerhalb von drei bis
neun Monaten danach Israel seine Truppen »aus einem beträchtlichen Teil« von Sinai zurückziehen und Ägypten am Ende

schließlich die Souveränität über das gesamte Sinai-Gebiet zu-
rückerhalten sollte. Israel bat Ägypten um Sicherheitszonen, und
Ägypten verpflichtete sich auch, die Flugplätze auf Sinai nur zivil
zu nutzen. Nach Beendigung des israelischen Rückzugs sollten
diplomatische Beziehungen aufgenommen werden, der endgültige Abzug der Israelis hätte innerhalb von zwei bis drei Jahren
nach Unterzeichnung des Friedensvertrages zu erfolgen. Weiter
hatte man eine fünfjährige Übergangsperiode vorgesehen, in der
Ägypter, Israelis, Palästinenser und Jordanier über die endgültige
Zukunft des israelischen besetzten Jordan-Westufers und des
Ghaza-Streifens verhandeln sollten; nach der Übergangszeit sollen die Bewohner dieser Gebiete, vornehmlich palästinensische
Araber, volle Autonomie und eine Selbstregierung erhalten und
die militärische Präsenz Israels auf bestimmte Stützpunkte redu-
ziert werden. Zwischenzeitlich wollten die Israelis in den betreffenden Gebieten keine neuen Siedlungen mehr errichten.

Das Aufatmen darüber, daß die Konferenz nicht gescheitert
war, ließ übersehen, wie wolkig und unbestimmt die Formulierungen waren und daß Sadat den Standpunkt von Palästinensern
und Jordaniern vertreten hatte, die ihn dazu nicht autorisiert
hatten. Die Freude in der Welt, daß in Nahost Politiker sich
aufgerafft hatten, einen der seit Generationen schwelenden Kri-
senherde auszutreten, veranlaßte das Komitee des norwegischen
Storting, Sadat und Begin den Friedensnobelpreis 1978 zu gleichen Teilen zu verleihen. In den Karnevalsumzügen im Februar
1979 wurde dieser Nobelpreis daraufhin zu einem beliebten Ziel
des Spotts. Ein Mainzer Büttenredner traf den Kern: die Politiker
hätten einen Fehler begangen, der nicht einmal einem drittklassi-
gen Regisseur unterlaufen wäre. »Sie setzen das Happy-End an
den Anfang des Stücks.«

Die Einbindung Ägyptens in die verwickelte, sich ständig auch
verändernde Lage zwischen den arabischen Staaten konnte Sadat
nicht erlauben, einen Separatfrieden mit Israel zu schließen. Er
mußte das gesamtarabische Gesicht wahren, obwohl er von den
Ablehnungspolitikern als Verräter gebrandmarkt wurde. Zwei
Palästinenser hatten am 18. Februar 1978 im Hilton-Hotel von

Nikosia auf Zypern den Ägypter Jussef Sibai erschossen, der an der Afro-Asiatischen Konferenz für Völkerfreundschaft teilnehmen wollte. Als Generalsekretär dieser 1957 in Kairo gegründeten Organisation hatte dieser Schriftsteller und Filmregisseur seine politische Laufbahn begonnen. Von 1967 bis 1971 war er Minister für Information und Kultur, dann übertrug ihm Sadat die Leitung der Zeitung »Al Ahram«. Er hatte Sadat nach Jerusalem begleitet. Die Mörder nehmen sechzig Geiseln im Hotel und fordern eine Fluchtmaschine, die die zypriotische Regierung auch bereitstellt. Nach einem Irrflug durch den Orient landet die Maschine zwischendurch einmal in Dschibuti am Golf von Aden und kehrt am nächsten Tag zum Flughafen Nikosias, Larnaka, zurück. Dort landet eine Stunde später eine ägyptische Transportmaschine, aus der heraus Rangersoldaten mit einem Jeep hervorbrechen und, trotz eines ausdrücklichen Verbots der Zyprioten und trotz der telefonischen Versicherung Sadats gegenüber dem Präsidenten Zyperns, nicht einzugreifen, die Terroristenmaschine stürmen. Der Kommandeur der ägyptischen Rangertruppen, Brigadier Nabil Schukri, leitet das Unternehmen seiner 79 Elitesoldaten. Zypriotische Soldaten eröffnen das Feuer auf die Ägypter; am Ende wird ein Desaster daraus. Achtzehn Ägypter sterben. Statt ein Erfolgsstück zustande zu bringen, wie es von den Deutschen in Mogadischu vorgeführt worden war, gab es in Larnaka eine Tragödie, für die sich Zypern und Ägypten am Ende nur gegenseitig verantwortlich machten. Die Beziehungen zwischen Kairo und Nikosia werden abgebrochen. Die palästinensischen Mörder, die sich ergeben haben, werden in Nikosia verurteilt. In Kairo werden allen Palästinensern ihre Privilegien entzogen, der Bruch zwischen Sadat und diesem Volk ohne eigenen Staat scheint endgültig. Trotzdem tritt der Ägypter in Camp David für die Sache der Palästinenser ein, wenn er auch nicht deren radikale Forderungen nachbetet.

Bei seiner Gratwanderung zu einem Frieden mit Israel muß Sadat aber auch an seine innenpolitische Opposition und an das Gewicht Saudi-Arabiens denken. Obwohl er mit nach Camp David gereist ist, tritt, noch während der Konferenz, Ägyptens Au-

ßenminister Ibrahim Kamel zurück. Die wirklichen Gründe für
diesen Schritt werden nicht publiziert, und das Ganze geht auch
ohne größeres Aufsehen in der Freude über das Nichtscheitern
der Gipfelkonferenz unter. Saudi-Arabien bedeutet für Ägypten
seit dem Oktoberkrieg finanziell nahezu alles. Zwar haben der
Ölboykott aus Anlaß des ägyptischen Krieges und die folgenden
Preissteigerungen das wichtigste Ölland der Welt auf unvorstell-
bare Weise bereichert, aber die Saudis schätzen die Ägypter nicht
allzu hoch ein. Entsprechend mußte sich Kairo immer sehr um
die Finanzhilfen des wohlhabenderen arabischen Bruders bemühen. In absoluten Zahlen sind die Hilfen beträchtlich, aber für ein
Land, dessen rund sieben Millionen Einwohner im Jahr 35 Milliarden Dollar einnehmen, hätte eine Milliarde Dollar mehr zu
geben kaum ein Opfer bedeutet. Saudi-Arabien stützt Ägypten,
aber auf eine Weise, die es Kairo nicht erlaubt, große Sprünge zu
machen. »Die Ägypter sind wie ein Faß ohne Boden«, sagte ein
saudischer Diplomat in Kairo, als 1974 der königliche Berater,
Kamel Adham, zum Bevollmächtigten für die Finanzhilfe an
Ägypten ernannt wurde. Adham, mit dem Königshaus verwandt
und in der Organisation des saudischen Geheimdienstes angeblich an führender Stelle stehend, ist ständig zwischen seiner
Penthouse-Wohnung im Kairoer Stadtviertel Zamelek und Riad
im Reisejet unterwegs. Parkt sein Wagen, Sonderausführung eines Cadillac, in der Straße Kamel Mohammed, sammeln sich dort
die auf ein Bakschisch hoffenden Gestalten. Adham soll damals
vom ägyptischen Geheimdienst informiert worden sein, als die
Ägypter eine gegen das Haus Saud gerichtete Verschwörung auf-
decken konnten. Und Saudi-Arabien ist auch von Sadats Jerusa-
lem-Reise rechtzeitig unterrichtet worden, gegen die es, nach
allem, was bekannt geworden ist, Einspruch nicht eingelegt hat.
Riad hat abgewartet, was herauskommt. Es hat seither nur gelegentlich eine leicht tadelnde Skepsis vernehmen lassen. Das
Land, in dem die heiligen Stätten des Moslems liegen, hält sich
zurück. Der um sich greifende militante Islam, wie er in Paki-
stan, Libyen und Iran herrscht und dort die Politik bestimmt,
wird es Saudi-Arabien nicht möglich machen, selbst, wenn das

antikommunistisch eingestellte Land es wollte, einer ägyptischen
Friedensregelung mit Israel zuzustimmen, die die religiös motivierten arabischen Forderungen vernachlässigt. Zu diesen zählt
eine neuerliche Teilung Jerusalems und die Rückgabe Ost-Jerusa-
lems an die Araber. Mit der aber werden wiederum die Israelis
nie einverstanden sein.

Präsident Carter fliegt an den Abgrund

Nach Camp David feilschten die Beteiligten monatelang zäh und
hartnäckig um jedes Detail. Was an einem Tag in unbestimmter
Formulierung zugesagt wurde, kehrte sich bei seiner Auslegung
am nächsten Tag in das Gegenteil um. Praktisch traten die Verhandlungen auf der Stelle oder bewegten sich in einer für die
Amerikaner nervenzermürbenden Weise im Kreise. Als später –
ebenfalls in der Abgeschiedenheit von Camp David – der israelische Außenminister Dayan und der ägyptische Ministerpräsident
Khalil trotz der Hebammenhilfe des Amerikaners Vance mit ihren Verhandlungen nicht weiterkommen wollten oder konnten,
schien bei Präsident Carter der Geduldsfaden zu reißen. Er lud
noch einmal nach Camp David ein, diesmal aber nur Begin, nicht
aber auch Sadat. Sofort legte Jerusalem diese Taktik des Amerikaners als Zeichen für die Absicht aus, die Israeli unter dem
Druck zu Zugeständnissen zu zwingen. Durch einen Beschluß
des israelischen Kabinetts wurde der amerikanische Präsident
brüskiert und Begin die Reise nach Camp David untersagt. Nur
Sadat konnte für Begin der einzige entsprechende Partner sein.
Die Ohrfeige für Carter wurde abgemildert durch eine Reise
Begins nach Washington ins Weiße Haus. Dort fand Begin Verständnis für seinen Standpunkt: »Israel muß bei aller Friedens-
bereitschaft berücksichtigen, daß eine einzige Revolverkugel die
Lage in einem arabischen Nachbarstaat von Grund auf verändern
kann.« Nach den Vorgängen im Iran, wo eine moslemisch gesteuerte Volksbewegung den Schah vertrieben hatte, während die

Vereinigten Staaten vor aller Welt blamiert und unfähig dastan-
den, hatte Washington Anlaß, nunmehr ernsthaft um sein Pre-
stige besorgt zu sein. Ein nochmaliges Scheitern im Nahen Osten
konnte sich Amerika nicht leisten. Unerwartet trat Carter die
Flucht nach vorn an und setzte mit der Ankündigung, selbst nach
Kairo und Jerusalem reisen zu wollen, Ansehen und Gewicht des
Präsidenten und seine eigene politische Zukunft aufs Spiel. Die
Weltöffentlichkeit staunte ob solcher Kühnheit und hielt den
Atem an. »Mr. Carter fliegt an den Abgrund« schrieb die New
York Times.

Anfang März 1979 steuerte die Entwicklung einem dramati-
schen Höhepunkt zu. »Durchbruch zum Erfolg oder Selbstmord«, lautete in Kairo die Einschätzung des risikoreichen Unternehmens. Als Vorreiter Carters reisten Sicherheitsberater
Brzezinski und der Nahostexperte des State Department, Sonder-
botschafter Atherton, nach Kairo. Am 7. März bereiteten die
Ägypter dem US-Präsidenten auf den Straßen den üblichen
Empfang durch jubelnde Massen. Bei der Begrüßung am Flughafen sprachen Carter und Sadat von der Aufgabe, einen umfassenden Frieden für die ganze Region zu begründen, eine Friedensregelung, die nicht für Ägypter und Israelis, sondern auch für die
Palästinenser gelten sollte. Nach wie vor war die Rücksichtnahme Ägyptens auf die anderen arabischen Staaten, insbesondere auf Saudi-Arabien, unverkennbar. Nach viertägigen Verhandlungen in Kairo und Alexandria flog Carter nach Israel weiter, wo er kühl und nüchtern empfangen wurde. Ängstlich frag-
ten sich die Israelis, welche Zugeständnisse der amerikanische
Verbündete ihnen abverlangen werde, Zugeständnisse, die nach
israelischer Befürchtung immer mit der Sicherheit ihres bedrohten Staatswesens zu tun haben konnten und bei denen es, anders
als auf arabischer Seite, sofort um die Frage von Sein oder
Nichtsein geht. Nach siebenstündiger Sitzung stimmte das Kabinett von Jerusalem den Kompromißvorschlägen, die Amerikaner
und Ägypter ausgehandelt hatten, teilweise zu. Da nicht in allen

Markt in Assuan

Punkten Übereinstimmung erzielt werden konnte, sah sich Carter genötigt, auf dem Heimflug nochmals in Kairo zwischenzulanden und noch einmal Sadats Einverständnis zu den Änderungswünschen der Israelis einzuholen. Nach sechs Tagen wieder zu Hause in Washington, von den Strapazen erschöpft, aber immerhin erfolgreich in seinem Vabanque-Spiel, das sich jetzt auch innenpolitisch auszahlte, konnte der amerikanische Präsident nun dem Tag der Unterzeichnung eines Friedensvertrages entgegensehen. Zur Unterzeichnung sollten Sadat und Begin nach Washington kommen.

Diplomatische Emmissäre aus Amerika und Ägypten machten sich getrennt auf, um in den arabischen Staaten, die sich noch nicht endgültig als Gegner jeglicher Friedensregelung erklärt hatten, die getroffenen Vereinbarungen zu erläutern und um Verständnis für sie zu werben. Nur Jordanien, Saudi-Arabien und der Sudan konnten neben Marokko und dem Sultanat Oman in diese Gruppe von Staaten eingeordnet werden. Mit Syrien, Irak und Libyen als Wortführer zählten alle anderen Araber zur »Ablehnungsfront«. PLO-Chef Arafat kündigte, uneinsichtig und radikal, eine Explosion der Lage im Nahen Osten an. Noch vor der Unterzeichnung der Texte traten neue Differenzen auf. In der Absicht, einen politischen Vorteil aus seiner Taktik zu schlagen, preschte der ägyptische Regierungschef Khalil mit der Veröffentlichung des Entwurfs vor. Vor dem Kairoer Parlament behauptete er, Israel habe sich auch verpflichtet, den Ostteil Jerusalems zu räumen. Diese extensive Auslegung des Vertragstextes wurde sofort von Israel scharf zurückgewiesen.

Inzwischen ereignete sich in Nahost wieder das vorher Unwahrscheinliche. In der jordanischen Hauptstadt Amman umarmten sich die ehemaligen Todfeinde, König Hussein und Yassir Arafat. Zunehmend deutlicher trat hervor, daß neben der »Ablehnungsfront« auch die bislang zurückhaltenden Araber sich dem friedfertigen Weg Ägyptens nicht anschließen würden. Am Wochenende vor der für Montag, den 26. März 1979, in Washington angesetzten Vertragsunterzeichnung trat, erstmals in ihrer 34jährigen Geschichte, die Arabische Liga nicht an ihrem

Kairoer Sitz, sondern in der somalischen Hauptstadt Mogadischu zusammen. Die Spaltung der Liga wurde eingeleitet. Generalsekretär Mahmud Riad, Ägypter und seit 1972 in diesem Amt, gab seinen Rücktritt bekannt. Ägypten kam einem Ausschluß zuvor, indem es seine Liga-Mitgliedschaft als eingefroren und suspendiert bezeichnete. Hatte sich die arabische Einheit in der Vergangenheit nahezu ausschließlich in der Feindseligkeit gegenüber Israel manifestiert, so zerbrach sie jetzt an der Bereitschaft eines ihrer maßgebenden Mitglieder, zu einer vernunftbegründeten, friedlichen Regelung mit Israel zu kommen.

Der Friedensvertrag von Washington

Das Vertragswerk aus einer Präambel, neun Artikeln und einem Annex von acht Artikeln sowie vier Briefen und vier Protokollen unterzeichnen Sadat und Begin und der zwischen beiden sitzende Carter am 26. März 1979 vor der Nordfront des Weißen Hauses, wo ein zeltähnlicher Vorbau errichtet worden ist. Die Landesflaggen wehen in einem kalten Wind. Der Himmel ist blau, aber die Temperatur beträgt nur acht Grad Celsius. Vor dem Podium, auf dem die Bände mit den Texten in englischer, arabischer und hebräischer Sprache zur Unterschrift vorgelegt werden, sind Politiker, Diplomaten, Ehrengäste und Journalisten versammelt. Es ist 14 Uhr in Washington, und die Zeitverschiebung erlaubt dem deutschen Fernsehen, die Zeremonie in ihrer Abendnachrichten-Sendung live über Satelliten zu übertragen. Jenseits der Pennsylvania Avenue, im Lafayette-Park, haben sich arabische Gegner des Friedensschlusses eingefunden. Ihre protestierenden Sprechchöre tönen schwach zum Sitz des US-Präsidenten herüber. Carter, Begin und Sadat sind ernst, ohne die überströmende Art, die am Ende ihrer Begegnung in Camp David voreiligen Optimismus ausdrückte. Der amerikanische Präsident hebt den Mut von Sadat und Begin zu der gezeigten Friedens- und Verständigungsbereitschaft hervor. Sadat spricht vom glücklichsten Moment seines

Lebens und versichert, sich für die Araber im Westjordanland
und im Ghaza-Streifen einzusetzen. Nie mehr sollte es Krieg
zwischen Arabern und Israelis geben. Auch Begin bekennt sich
zum Frieden und erteilt weiterem Blutvergießen eine Absage. Er
zählt die drei großen Tage seines Lebens auf: die Ausrufung des
Staates Israel, die Wiedervereinigung Jerusalems und den heutigen Tag des Friedensvertrages. Die drei Staatsmänner legen ihre
Hände übereinander.

Der Palästinenser Arafat sagt zu dieser Szene: »Ich werde die
Hände Begins abhacken«, und er verspricht: »Der Verräter Sadat
wird ermordet werden.« Er befindet sich in dieser Stunde in der
irakischen Hauptstadt Bagdad, wo sich die Vertreter der Arabischen Liga versammeln, um Strafmaßnahmen gegen Ägypten zu
beschließen. Zur gleichen Zeit wird in vielen arabischen Ländern
gegen den Friedensschluß demonstriert, in dem von Israel besetzten Westjordanien und Ghaza wird ein »Tag der nationalen
Trauer« mit Generalstreik und Schließung der Geschäfte begangen. In Syrien wird ein Kommuniqué zum Abschluß des Besuchs
des sowjetischen Außenministers Gromyko veröffentlicht. Damaskus und Moskau verurteilen energisch das Friedensabkom-
men und werfen den »imperialistischen Mächten« vor, ihre militärische Präsenz im Nahen Osten verstärken zu wollen. Die arabischen Staaten werden zur Zusammenarbeit aufgerufen im Hinblick auf eine »radikale und globale Lösung« im Nahen Osten,
die ohne totalen Abzug der Israelis aus den 1967 besetzten arabischen Gebieten, die Anerkennung der Rechte der Palästinenser
und die Schaffung eines unabhängigen Palästinenserstaats nicht
zu verwirklichen sei. Die Sowjets und ihre Gefolgsleute im Nahen Osten haben mit der Washingtoner Unterzeichnung einen
Rückschlag erlitten. Erst die Zukunft wird zeigen, inwieweit sie
nun erfolgreich sein werden bei der Torpedierung der Friedensbemühungen.

Zu den Boykottandrohungen der arabischen Brüder sagen die
Ägypter aus, was oft genug von ihnen selbst gesagt werden
mußte: »Die Araber sind schnell und leicht erregbare Leute und
machen gern große Worte. Das wird am Ende alles nicht so heiß

gegessen werden, wie es gekocht worden ist.« Daß Ägypten der
Bezug von Erdöl verwehrt sein soll, stört die Nilbewohner wenig.
Sie hatten auch bisher kein Öl importiert, weil ihre eigene Produktion zur Selbstversorgung ausreicht. Die Einstellung der finanziellen Hilfe und Zusammenarbeit mit Saudi-Arabien, Kuweit und den Vereinigten Emiraten wäre dagegen ein tödlicher
Schlag. Aber da stehen nach ägyptischer Hoffnung die Vereinigten Staaten und deren westliche Bündnispartner bereit. Außerdem weiß niemand genau, inwieweit die ölreichen Monarchien
und Fürstentümer zwar der Bedrohung durch die Palästinenser,
die überall in Schlüsselstellungen, in beträchtlicher Zahl auch in
Kuweit und den Emiraten sitzen, oder dem Druck der radikalen
Revolutionsregime von Syrien, Irak, Libyen, – und jetzt auch
Iran – mit Lippenbekenntnissen nachgeben, insgeheim jedoch
Mittel und Umwege finden werden, damit Ägypten trotzdem in
den Genuß der Ölmillionen kommen kann.

Wie auch immer die Abmachungen im Rahmen friedlicher
Gesamtregelungen zwischen Israel und seinen arabischen Nachbarn im einzelnen aussehen mögen, im Prinzip geht es immer
um das gleiche mit Variationen. Seit seinem Sieg von 1967 hält
Israel arabische Gebiete als Faustpfänder. Diese wollen die Israelis nur herausgeben, wenn sie dafür Anerkennung ihrer Existenz
und ihres Staates sowie Sicherheit angesichts unsicherer und un-
berechenbarer Verhältnisse in den arabischen Nachbarländern
eintauschen können. Da die Radikalen unter den arabischen
Nachbarn zugunsten der Palästinenser Anspruch auf Israel oder
zumindest auf Teile seines Territoriums erheben und vor aller
Weltöffentlichkeit erklären, mit kriegerischen Mitteln, Gewalt
und Terror ihre Ziele verfolgen zu wollen, ist das tiefe Mißtrauen
der Israelis begründet. Solange ihre bloße Existenz als Provoka-
tion und Kriegsgrund angesehen wird, können sie sich nur mit
äußerstem Widerstreben zu Zugeständnissen bereitfinden. Im
Falle Ägypten haben sie sich in einem zeitlich festgelegten Ablauf von drei Jahren bereitgefunden, die Halbinsel Sinai zu räumen, ihre Siedlungen dort aufzulösen und im Grenzbereich der
Negevwüste militärisch eine verdünnte Zone einzurichten. Die

Ägypter beschränken ebenfalls ihre militärischen Kräfte auf Sinai in detailliert festgelegter Weise, erlauben eine von Streitkräften der Vereinten Nationen überwachte Zone, respektieren die Meerenge von Tiran und den Golf von Akaba als internationale Wasserwege und diskriminieren die Israelis nicht länger bei der Passage durch den Suezkanal. Normale diplomatische Beziehungen werden aufgenommen.

In den Vereinbarungen tauchen alle jene Punkte auf, die in den zurückliegenden dreißig Jahren zu Krisen und Kriegen geführt haben. Aber ungelöst bleiben die vielen Probleme, die zwischen Israel und den anderen Arabern schwelen. In vagen und allgemein gehaltenen Formulierungen werden Palästinenser und andere Araber aufgefordert, sich künftigen Verhandlungen anzuschließen. Mehr als ein Schritt zu einem nahöstlichen Frieden ist nicht getan worden, mehr konnte nicht getan werden.

Auf dem Heimweg von Washington macht Sadat in Bonn Station. Er demonstriert damit die Bedeutung wirtschaftlicher und finanzieller Hilfe und Zusammenarbeit. Schon früher hat er den Vereinigten Staaten, der Bundesrepublik und Japan eine konzertierte Hilfsaktion für sein Land empfohlen und die allgemein belächelte Summe von 15 Milliarden Mark, zu zahlen in fünf Jahren, genannt. Aber seinem Land den wirtschaftlichen Fortschritt zu bringen, das wird die Aufgabe sein, mit dem der politisch überaus mutige und kluge ägyptische Präsident stehen oder fallen wird. Gelingt es nicht, den Lebensstandard der ägyptischen Bevölkerung, die nach der Zählung vom August 1978 die Vierzig-Millionen-Grenze bereits überschritten hat, entscheidend zu heben, werden alle Friedensbemühungen umsonst gewesen sein. Nach der gleichen grundsätzlichen Bereitschaft, den steinigen, auch in Zukunft von vielen Rückschlägen begleiteten Weg des Friedens zu gehen, muß sich für das Volk am Nil eine wirkliche Besserung der wirtschaftlichen Lage einstellen. Darauf warten die Ägypter sehnlichst, seit ihre Truppen am 6. Oktober 1973 den Suezkanal überschritten haben.

Die »Öffnung« läßt fette Katzen entschlüpfen

Nach dem Oktoberkrieg begann Sadat, das Land aus seiner Verstrickung in orientalischer Bürokratie und sozialistischem Dogmatismus herauszuführen. Schritt für Schritt setzte die wirtschaftliche Auflockerung der zu einem unübersichtlichen Dschungel gewordenen Bewirtschaftungs- und Planungsvorschriften ein. Statt einer unrealistischen Planung versuchte Sadat, wieder einen sich weitgehend selbst regulierenden Markt wirken zu lassen. Zwar fehlten selbst für bescheidene Einfuhren die Devisen, aber auch sie hätten nichts genützt, denn das Land war verstopft. In den Häfen, besonders in Alexandria, hatten sich von den Ministerien bestellte Güter angesammelt, die Lagerhallen und Abladeplätze bis zum Überquellen füllten. Immer wenn Projekte beschlossen worden waren, gingen die Beamten auf Einkaufsreise. Wurden dann die Güter – Teile von Fabrikanlagen vor allem, Maschinen, Apparate, Ersatzteile – in Ägypten angelandet, so legte die Zollverwaltung ihre schwere Hand darauf. Zu den klassischen Vorgängen gehört, daß von der Bundesrepublik Ägypten geschenkte Maschinen den Wunsch nach sich zogen, Bonn möge doch auch den Zoll für die Geschenke spendieren. Teils verdarben die im Freien lagernden Güter auch mit der Zeit. Jedenfalls sammelten sich im Laufe der Jahre Einfuhrgüter im Wert von vielen Millionen an, und schließlich wußte niemand mehr, was wohin gehörte. Die ursprünglich zuständigen Beamten waren inzwischen abgelöst, pensioniert, gestorben, die Ministerien umgebildet, Projekte nicht weiter verfolgt worden, und die Ägypter griffen am Ende, wie schon oft in der Vergangenheit, wieder einmal zu einem erprobten Mittel: Nach der Aussonderung von unmittelbar brauchbaren Artikeln, Konsumgüter und Autos waren da am meisten gefragt, rückte die Armee mit Räumgerät an und kippte den großen Rest ins Meer. Platz für neue Importe war geschaffen. Zur Bezahlung neuer Importe jetzt wurde zunächst ein gespaltener Geldmarkt eingeführt. Außer daß man für das ägyptische Pfund im Inland Waren, hauptsächlich solche des täglichen Gebrauchs, zu noch relativ niedrigen

Festpreisen kaufen konnte, bestand die Möglichkeit, über einen
Parallelmarkt zu einem abgewerteten Kurs Devisen und mit diesen Güter im westlichen Ausland zu erwerben. Die Hilfe der
Ölstaaten, von denen Ägypten mit US-Dollars unterstützt
wurde, ermöglichte dieses Verfahren. Im Laufe der Zeit gelang es
dann, die Preisbindung allmählich abzubauen und dabei die un-
vermeidliche Abwertung so langsam vorzunehmen, daß die
Preise nicht zu plötzlich in die Höhe schossen. Mit der »Öffnung« – »Ittihad« –, womit unausgesprochen immer nur die
Öffnung nach Westen gemeint war, ging in Ägypten eine wirtschaftliche Liberalisierung einher. Sie wurde zwar von der Pla-
nungsbürokratie nach Kräften sabotiert, weil das Beamtenheer
die Gefahr auf sich zu kommen sah, überflüssig zu werden, aber
sie setzte sich doch langsam und stetig durch. Die Liberalisierung
einer notleidenden Wirtschaft bringt allerdings unweigerlich –
zumindest in der Übergangsphase – soziale Ungerechtigkeiten
mit sich, denn wer über Warenbestände verfügt und schnell rea-
giert, kann die Warenknappheit am Markt für sich ausnützen.
Und das geschah in Ägypten mit einer Rücksichtslosigkeit, die
auch nicht davor zurückschreckte, Grundnahrungsmittel über
den Großhandel zu verknappen und auf diese Weise aus der Not
der Mitmenschen hohen Profit zu ziehen. Immer wieder mußte
der Staat intervenieren, damit die Massen wenigstens nicht hun-
gerten. Dennoch wurden in kurzer Zeit riesige Vermögen gemacht, und die »fetten Katzen«, wie die Ägypter die Neureichen
nennen, stellen ihren Reichtum auch zur Schau. Auf Kairos Straßen fuhren Ende 1974 die neusten Mercedes-Modelle mit einheimischen Kennzeichen. In den folgenden Jahren finanzierten sogenannte Studenten zu Hunderten ihren Europa-Urlaub, indem
sie gebrauchte Autos nach Ägypten mit zurückbrachten. Bei einem Zollsatz von 180 Prozent hätten die schweren Typen meist
über 80 000 Mark kosten müssen, wenn alles mit rechten Dingen
zugegangen wäre. Aber gewisse Tricks machten das Geschäft lu-
krativ, auch wenn nicht alle Importwagen gestohlen waren. Daß
Hochhäuser gebaut wurden und die Eigentumswohnungen darin
unvorstellbar teuer waren, erzählten sich die Diener im einstmals

vornehmen Gesirah-Klub mit bedeutungsvollem Blick auf einen vierzigstöckigen Neubau vor ihrer Nase. Sie glaubten allerdings nicht, daß Ägypter überhaupt so viel Geld hätten, solche Wohnungen zu kaufen, und beruhigten aufkommenden Unmut damit, daß sie sich einredeten, »reiche Ölaraber« würden dort einziehen. Derartige reiche Araber machten Kairo zu ihrer Spielwiese. Sie besaßen Geld in Überfluß und hätten sich auch einen Urlaub im Ritz in Paris oder im Dorchester in London leisten können. Irgendwie erkannten sie aber, daß sie sich dort nicht wohl fühlen würden. Europäische Sitten und Gebräuche wären ihnen abverlangt worden. In Scharen kamen sie deshalb an den Nil, wo ihnen auch alles das geboten wurde, was für einen Moslem Vergnügen ausmacht: Nachtklubs, Spielkasinos (die es in fast jedem Hotel in Kairo gibt), Whisky und Frauen. In Kairo spricht man zudem arabisch und kann sie verstehen. Solche Devisenbringer bevölkerten die Hotels, und es war nicht ungewöhnlich, daß Suiten voller Stilmöbel ausgeräumt werden mußten, weil eine Familie aus Kuweit einzog, die noch auf Teppichen zu sitzen gewohnt war. Die bei der Ankunft oft noch tief verschleierten Damen präsentierten sich zwei Stunden später, frisch aus einem Frisiersalon kommend, in der Cafeteria in den gewagtesten Kleidern. Der Mühseligkeiten des Hotellebens aber doch bald überdrüssig, mieteten sich viele Ölaraber, zumal wenn sie über geschäftliche Interessen am Nil verfügten, eine Wohnung und zahlten dafür jeden Betrag. Als Folge hiervon explodierten die Mieten förmlich. Junge Leute aus alteingesessenen ägyptischen Familien könnten heute oft nicht heiraten, weil sie erschwingliche Wohnungen einfach nicht finden können. Auch Ausländer aus Nicht-Ölstaaten leiden unter dem exorbitanten Mietniveau.

Für die Masse des Volkes ist daher – aus mehreren Gründen – der wirtschaftliche Aufschwung ausgeblieben. Durch staatliche Subvention werden die einfachen Nahrungsmittel in für die unteren Schichten gerade noch erreichbarer Höhe gehalten. Und die Grenze darf nicht überschritten werden, wie wiederholte schwere Ausschreitungen bewiesen. Die Volkswirtschaft Ägyptens basiert

auf einem Faktor, der an keiner Universität gelehrt wird, der aber
in fast allen Entwicklungsländern die ausschlaggebende Rolle
spielt: die Leidensfähigkeit des Volkes. Das Durchschnittsein-
kommen liegt immer noch unter tausend Mark im Jahr, die Infla-
tionsrate wechselt zwischen 10 und 15 Prozent. Dem Durch-
schnittsägypter ist es in den zurückliegenden 25 Jahren immer
schlechter gegangen, was natürlich in erster Linie auf die mangelnde Produktivität der gesamten Wirtschaft bei gleichzeitigem
ständigem Anstieg der Bevölkerungszahl zurückgeht. Viele Beobachter glauben also – wahrscheinlich zurecht –, das Schicksal
Sadats sei untrennbar mit der wirtschaftlichen Entwicklung verbunden.

Mit der wirtschaftlichen Liberalisierung ging auch eine Locke-
rung der innenpolitischen Situation einher. Die Abkehr vom
Herrschaftssystem Nassers und dem totalitären Einparteienstaat
leitete Sadat in die Wege, indem er innerhalb der Arabischen
Sozialistischen Union zunächst verschiedene Fraktionen zuließ.
Diese stellten ihre Kandidaten für die Parlamentswahlen im
Herbst 1976 auf. Neben dem »Zentrum« des Ministerpräsidenten Mamduh Salem entwickelte sich eine »Sozialliberale Organisation« mit gemäßigt konservativem Rechtskurs unter dem auch
mit der Bundesrepublik wirtschaftlich verbundenen Abgeordneten Mustafa Kamel Murad und eine linksgerichtete »National-
progressive Sammlung« unter dem »roten Major« der Offiziersrevolution von 1952, Khaled Mohieddin. Auch unabhängige
Kandidaten wurden gewählt. Die Umwandlung der Fraktionen in
Parteien und eine entsprechende Gesetzgebung führte 1977 zur
Wiedergründung der im Königreich größten politischen Grup-
pierung, des Wafd. Er hatte enormen Zulauf, aber schon ein Jahr
später wurde über eine Volksabstimmung seine allzu munter
werdende Oppositionspolitik abgeblockt. Vom politischen Leben
wurden per Plebiszit ausgeschlossen alle Personen und Gruppen,
deren Ideologie im Gegensatz zur islamischen Religion steht –
woraufhin sich die Partei Khaled Mohieddins auflöste. Ausgeschlossen wurden auch diejenigen, die nach der Revolution wegen ihrer politischen Tätigkeit in der Monarchie verurteilt wor-

den waren – woraufhin sich der Neo-Wafd auflöste. Schließlich darf nicht politisch tätig werden, wer wegen Mißbräuchen in der Nasser-Zeit verurteilt wurde, zum Beispiel die Angehörigen der »Machtzentren«, die Sadat mit seiner »Korrektur der Revolution« ausgeschaltet hatte. Das Mehrparteiensystem aber besteht im Prinzip weiter, wenn auch durch unübersehbare Lenkung von oben verhindert wird, daß überbordende, die Politik und Stellung des Präsidenten gefährdende Aktivität überhandnimmt. Im August 1978 löste Sadat die wiederholt umgebildete Arabische Sozialistische Union offiziell auf und gründete seine eigene »Nationaldemokratische Partei«. Der Suche nach einer loyalen Opposition war kein Erfolg beschieden. Die Erfahrungen aus zwanzig Jahren der Diktatur lassen Vorsicht als den besseren Teil der Klugheit erscheinen.

Mit der Liberalisierung, an die sich die Ministeriumsbürokratie noch keineswegs hat gewöhnen können, haben auch Erscheinungen Einzug gehalten, die unter der sozialistischen Zwangswirtschaft weniger deutlich hervorgetreten waren. Die Korruption nahm einen derartigen Umfang an, daß der Präsident glaubte, einige Exempel statuieren zu müssen. Dem tüchtigen, aber wohl nicht gegen Versuchungen gefeiten Energieminister Ahmed Sultan wurde vorgeworfen, mehr als 300 000 Dollar Bestechungsgelder von einer amerikanischen Firma angenommen zu haben, wofür der Bau eines Kraftwerks diesem Bewerber zugeschanzt wurde. Ein anderer Skandal soll den Staat mehr als 13 Millionen Dollar gekostet haben; einige hohe Beamte hätten, gegen Bestechungsgeld, eine irreführende Studie beim Ankauf von Flugzeugen für die Egyptair abgefaßt und schlechtere Finanzierungsbedingungen in Anbetracht ihrer privaten Gewinninteressen in Kauf genommen. Als »heißer Fall« zählt der ehemalige Sekretär Sadats, Aschraf Marwan, Schwiegersohn Nassers, der aber von seiner Frau inzwischen getrennt lebt. Aus der unmittelbaren Umgebung des Präsidenten zum Chef der Rüstungs- und Waffenhandelsorganisation, die Ägypten, Saudi-Arabien und die Ölemirate gemeinsam gründeten, ernannt, verschwand er im Oktober 1978 über Nacht auf einen weniger bedeutenden Posten im Außenministerium. Marwan, der als reitender Bote für Sadat im Privatjet in allen arabischen Ländern unterwegs gewesen war und unter europäischen Geschäftsleuten als Schlüsselfigur bezüglich des Zugangs zum Präsidenten galt und der ein ungewöhnlich aufwendiges Leben führte, wurde nach einem Machtkampf durch den ehemaligen Kriegsminister Gamassi ersetzt. Diesem Fall haben sich die Zungen der Kairoer Gesellschaft ausgiebig gewidmet.

Zum Jahresbeginn 1979 ergoß sich ein Niagarafall von wirtschaftlichen Verfügungen und Maßnahmen über das Land. Ägypten wurde dezentralisiert, den 27 Gouverneuren wurde Ministerrang eingeräumt und die Befugnis erteilt, sogar mit ausländischen Staaten und Firmen Wirtschaftsverträge abzuschließen. Die ins Ungeheuere aufgeblähte Kairoer Bürokratie mit ihren geradezu kafkaesken Fluchten von Korridoren und Zimmern sollte abgebaut werden. Zugleich wurde verstärkter Kampf gegen Korruption angekündigt und der Armee beim Aufbau des Straßennetzes und bei anderen zivilen Vorhaben Aufgaben zugewiesen. Auch die Preise wurden wieder angehoben, dabei aber der Bevölkerung demonstrativ versichert, der Staat beabsichtige zu sparen. Die Luxuslimousinen in den Ministerien wurden eingezogen und durch Volkswagen, die künftig in Ägypten hergestellt werden sollten, ersetzt.

Große Projekte und Proklamationen haben in Ägypten immer dazu herhalten müssen, die Masse der Armen aus der Aussichtslosigkeit ihres Elends in hoffnungsfrohe Gefilde einer vagen Zukunft zu entführen. Unter Nasser galt dies für den »Sadd el Ali«, den Hochdamm von Assuan. »Nassers Pyramide«, wie das gigantische Bauwerk genannt wurde, hat verhindert, daß es noch einmal zu einer der gefürchteten Überschwemmungskatastrophen gekommen ist. Der Hochdamm hat aber auch tief in die ökologischen Verhältnisse im Einzugsgebiet des Nils eingegriffen. Die jährliche Nilflut gibt es nicht mehr. Hinter der Staumauer werden die früher regelmäßig verheerende Schäden verursachenden Wassermassen zurückgehalten – aber auch der fruchtbare Nilschlamm. Weil die Düngewirkung des Nilschlamms ausblieb, mußte der Verbrauch von Kunstdünger, mit entsprechenden Kosten, um das Dreifache erhöht werden. Und das Wasser fließt jetzt mit größerer Geschwindigkeit, es verursacht eine Bodenerosion. Fundamente von Brücken und Dämmen werden unterspült. Das Land zwischen den Nilarmen des Deltas schrumpft, weil die Aufschüttung durch den Schlamm fehlt. Die Küstenfischerei ist zurückgegangen, weil der Nil nicht mehr die Schwebestoffe, die früher die Fische anlockten, ins Meer trägt. In der Stadt Kairo, wo die kellerlosen Hochhäuser, auf Stelzen stehen, hat früher die durch die Nilflut verursachte Bewegung des Grundwassers das abgelagerte Sulfat von den Betonsäulen weggespült. Jetzt kann es ungehindert den Beton zerstören. Aber die versprochene Verdoppelung des Volkseinkommens, die der Hochdamm bringen sollte, ist nicht eingetreten. Die Fläche des bebaubaren Landes ist nicht entscheidend größer geworden, die Folgen des Dammbaus haben das bebaute Land sogar an vielen Stellen verringert.

Ein Großprojekt unter Sadat ist die Nutzung der Kattara-Senke. Dieses unter dem Meeresspiegel liegende Tal in der westlichen Wüste soll nach Plänen, die auf den Wasserwirtschaftler Professor Bassler von der Technischen Universität Darmstadt zurückgehen, durch einen Kanal mit dem Mittelmeer verbunden und der Höhenunterschied zur Energiegewinnung ausgenützt werden. Für den Bau des Kanals ist erstmals die friedliche Anwendung von Atomenergie vorgesehen. Die Amerikaner müßten etwa 240 atomare Sprengungen möglich machen. Da Sadat erkennen ließ, daß ihm das Projekt am Herzen liege, finanzierte die Bundesrepublik entsprechende Vorstudien mit 18 Millionen Mark. Das Ergebnis dieser Untersuchungen ist allerdings nicht günstig, um es vorsichtig auszudrücken. Auch sind von den Amerikanern atomare Sprengungen abgelehnt worden. Bei der großen Rolle, die das Projekt in der ägyptischen Propaganda eingenommen hat, wird aber öffentlich von niemandem bestätigt, daß die Kattara-Pläne praktisch zu den Akten gelegt werden mußten. Die Beerdigung wird durch Vergessen stattfinden.

Im Zusammenhang mit der Öffnung nach Westen erhoffte sich Ägypten den Zustrom von Investitionen und Kapitalien,

rechneten westliche Banken mit großen Möglichkeiten am Nil.
Niederlassungen und Vertretungen ausländischer Banken schossen in Kairo wie Pilze aus dem Boden. Das einheimische Bankwe-
sen befand sich ja, soweit Privatkundschaft und Ausländer betroffen waren, in einem kläglichen Zustand. Die Unordnung
wuchs selbst den durch nichts zu erschütternden Angestellten
großer Banken über den Kopf, und sie forderten wiederholt Ausländer, deren Überweisungen nicht gefunden werden konnten
auf, hinter den Tresen zu kommen und selbst in den zerwühlten
Unterlagen zu suchen. Die Ägyptianisierung Nassers von 1957,
die die tüchtigen Levantiner aus dieser Branche vertrieben hatte,
zeitigte ihre Folgen noch zwanzig Jahre später. Ein Beamter der
ägyptischen Nationalbank im Hafen von Alexandria, der eine
Gebühr auszurechnen hatte, benützte dazu einen Kugelschreiber
– und den Handballen. Er rechnete auf seiner eigenen Haut.
Wohlgemerkt, nicht ein Straßenhändler oder irgendein Analphabet, sondern der für die Behandlung von Ausländern zuständige
Vertreter der staatlichen Bank. Daß dieser Mann keine fremde
Sprache beherrschte, war nicht anders erwartet worden. Für die
Ausländer bedeutete der Einzug der Banken aller Nationen eine
Erleichterung und Hilfe, auch wenn deren Streben weniger auf
Kontenführung und Privatgeschäft als auf Marktbeobachtung sowie Kredit- und Finanzierungshilfe bei dem offiziell angekündig-
ten und von den Propagandamedien schon in leuchtenden Farben
gemalten wirtschaftlichen Aufschwung gerichtet ist. Große
Wunder wurden von westlichen Investitionen erwartet, alle An-
reize für sie geschaffen, und mit dem Schlagwort von den Freizonen die Aufmerksamkeit der Ersteller neuer Produktions- oder
Montagewerke auf Ägypten zu lenken versucht. »Eine von büro-
kratischen Hemmnissen befreite Zoll- und Handelsfreizone lockt
den Unternehmer hierher, der billige Arbeitskräfte vorfindet.
Die Freizonen werden dann immer weiter ausgedehnt, bis eines
Tages das ganze Land eine einzige Freizone sein wird«, lautete die
wirtschaftspolitische Vorstellung des Ministerpräsidenten He-
gazi, seines Zeichens Professor der Wirtschaftswissenschaften.
Tatsächlich strömten einige Monate lang die Manager weltbe-

kannter Firmen nach Kairo. Die Herren hatten ihre Assistenten
dabei, die in wenigen Tagen die Lage untersuchten. Die Liegezei-
ten der Schiffe vor den Häfen dauern durchschnittlich vier Monate. Die Kapazität der Eisenbahn zum Weitertransport der importierten Güter in die Freizone nach Port Said ist absolut unzu-
reichend. Für Lastwagen, die quer durch das Delta müßten, gibt
es keine Straße, das rollende Material befindet sich in einem
erbärmlichen Zustand. Im Bereich der Freizone leben nur unge-
lernte Arbeitskräfte. Facharbeiter sind in Kairo und Alexandria
überhaupt Mangelware und werden dringender gesucht als Professoren«, heißt es in den Analysen. Daraufhin bestellte einer der
großen Manager ein Telefongespräch nach New York und bekam
die Auskunft, daß nicht vor Ablauf von 20 Stunden mit einer
Verbindung zu rechnen sei. Der Fernschreiber im Hotel könne
nicht benützt werden, weil der Maschine ein Ersatzteil fehle. Als
ein anderer Assistent dann noch berichtete, daß der Wirtschafts-
minister und der Finanzminister einander widersprechende ver-
bindliche Auskünfte gegeben hätten und diese amtlichen Darstellungen keineswegs dem entsprächen, was Präsident Sadat den
Wirtschaftsleuten in seiner Audienz gesagt habe, ließ der um-
worbene Konzernherr sein Flugzeug fertigmachen und flog auf
und davon. Die Zahlen aber, die als erforderliche Investitions-
summe für ein Projekt errechnet worden waren, wurden in den
Zeitungen als Kreditzusagen hinaustrompetet. Vor dem Besuch
des amerikanischen Präsidenten Nixon 1974 nahm der diesbezügliche Zahlenrausch in Ägypten solche Formen an, daß Sadat
sich gezwungen sah, die überbordende Propaganda zurückzu-
schrauben. Seither sind allerdings viele Projekte ernsthaft auf
dem Weg zu ihrer Realisierung. In einer Welt ständig steigender
Lohnkosten könnte Ägypten immerhin doch attraktiv werden.
Der ägyptische Arbeiter ist, ebenso wie der Fellache, fleißig.
Ägypten verfügt über glänzende Generaldirektoren. Dazwischen
aber fehlen die für zuverlässige Produktion unerläßlichen Vorar-
beiter und Werkmeister, die anleiten können und Aufsicht führen. Früher waren dies die Anrainer aus dem mediterranen
Raum. Auch sie sind von der Ägyptianisierung vertrieben wor-

den. Daß Erziehung und Ausbildung die Voraussetzung für die Hebung des Lebensstandards bilden, ist seit langem erkannt worden. Dagegen hat es einige Jahre gedauert, bis sich herumgesprochen hat, wie falsch es war, Abiturienten mit dem Niveau europäischer Grundschüler zum Studium nach Europa zu holen. Mit solchen Stipendien zeichnete sich die Bundesrepublik in erster Linie aus. Die jungen Ägypter, aus ihrer gewohnten Umgebung herausgerissen, lernten zuerst kennen, was ihnen zu Hause verwehrt war: den Umgang mit der Weiblichkeit, das Nachtleben und das Vergnügen. Allzu oft wurden schließlich deutsche Professoren noch beschuldigt, aus Vorurteil und wegen proisraelischer Einstellung ägyptische Studenten bei Prüfungen zu benachteiligen. Nachdem jene Mannschaft von Diplomaten, die sich mit kurzfristigem Erfolg bei Zahlenspielereien zufriedengab, (»Die Bundesrepublik bildet die meisten Akademiker Ägyptens aus«) nach den fünfziger Jahren abgelöst war, wurde die bessere Methode gefunden, die Ausbildungsstätten im Lande einzurichten. Nationaler Ehrgeiz schraubte ein von Bonn gestiftetes Polytechnikum in Heluan zur Technischen Universität hoch. Ein nüchterner Beobachter kennzeichnete die Praxis der ägyptischen Berufung auf Lehrstühle: »Die Ägypter wollen dreißigjährige Professoren mit Nobelpreis und zehnjähriger Industriepraxis.« Zu den Erfahrungsgrundsätzen zählt auch, daß ein Ägypter, der ein Diplom erworben hat und aus dem Ausland zurückkehrt – falls er das überhaupt tut –, nur noch am Schreibtisch sitzen will und bestenfalls im weißen Arbeitsmantel herumläuft. Wissen weiterzugeben und Arbeitskräfte anzuleiten dünkt ihm unter der Würde zu sein. Die »Öffnung« Sadats hat auch hier eine wichtige Nebenaufgabe. Die tückische Ausländerfeindlichkeit sollte abgebaut, oder Werkmeister aus der Fremde – wenigstens zunächst – wieder das Rückgrat im Betrieb werden.

Ohne die Entwicklungshilfe in ihren vielfältigen Formen, die aus aller Welt kam, aus Ost und West kam, und ohne die Rüstungslieferungen vom Osten auf Kredit hätte Ägypten in den letzten Jahrzehnten nicht unternehmen können, was das Land politisch und wirtschaftlich unternommen hat. Ägypten hätte nicht einmal existieren können. Ständig werden bei den Finanzen neue Löcher aufgerissen, um ein altes Loch zu stopfen; verschiedene Schuldenberge schiebt das Land vor sich her. Das Prinzip sieht dabei so aus, wie die mit der Bundesrepublik getroffenen Regelungen. Als Ägypten 1956 22 Millionen Mark Schulden hatte, versuchten die Ägypter ihrem Ruf, zuverlässige Schuldner zu sein, gerecht zu werden, und unterbreiteten den Vorschlag, die Bundesrepublik solle einen neuen Kredit von 80 Millionen bewilligen und von diesem die alten Schulden abziehen. So geschah es dann – damals und seither immer wieder. Ein Moratorium vom Februar 1973 mußte dann schon 470 Millionen Mark »umschulden«. Die Bundesrepublik, die insgesamt mehr Entwicklungshilfe gibt als die Sowjetunion und alle Ostblockstaaten zusammen, steht in Ägypten an zweiter Stelle nach den USA, wenn die Finanzhilfe aus den arabischen Ölstaaten nicht berücksichtigt wird. Nach Indien nimmt Ägypten seit langem den zweiten Platz auf der Liste der Bundesrepublik ein. Die verschiedenen Sparten der Entwicklungshilfe, meist Kredite und nur gering Geschenke wie Warenhilfe, Projekthilfe, Kapitalhilfe, technische Hilfe, im weiteren Sinne auch alle mit dem Kulturaustausch zusammenhängenden Finanzen, beruhen auf komplizierten Vertragskonstruktionen. Sie schlagen sich sichtbar nieder in Kunstdüngerfabriken, Transformatorenstationen, Elektrizitätswerken, Brücken, Papierfabriken, Schiffswerften und anderen Produktionsstätten. Mindestens gleichbedeutend sind unsichtbare Projekte, wie auf wissenschaftlichem Gebiet die Hilfe bei der Bekämpfung der ägyptischen Volksseuche, der Hakenwurmkrankheit, deren Erreger der deutsche Arzt Dr. Theodor Bilharz 1852 in Kairo entdeckte. Die Eier der Parasiten, die von Menschen ausgeschieden werden, entwickeln sich zu Larven, die als Zwischenwirt die Wasserschnecke aufsuchen. Die Bulinus-Schnecke erzeugt Zerkarien. Diese Gabelschwanzlarven können in stehendem und langsam fließendem Gewässer durch die Haut des Menschen eindringen und die Bilharziose hervorrufen. Theoretisch kann es genügen, in Ägypten die Hand in Naturgewässer zu stecken, und die Infektion findet statt. Da zu dieser Krankheit die

Bulinus-Schnecke unabdingbar gehört, richten sich die Anstrengungen der Wissenschaftler darauf, diese Schnecke zu vernichten. Ein Versuch läuft seit Jahren in der Oase Fayum, finanziert
von der Bundesrepublik. Da Kinder und Erwachsene überall in
Kanälen und im Nil baden, ist die Seuche weitverbreitet und gilt
als »Geißel Allahs«. Daß es in der Zeit, in der die Beziehungen
zwischen Ägypten und der Bundesrepublik Deutschland abgebrochen waren, deutschen Diplomaten, die damals unter italienischer Schutzmacht weiterarbeiteten, verwehrt wurde, mit dem
Auto die Oase Fayum aufzusuchen, zwecks Kontrolle dieses
wichtigen Forschungsprojekts, kennzeichnet den Vorrang, den
Kairo immer der Politik eingeräumt hat. Als man nach der Nor-
malisierung der Beziehungen, 1974, die Arbeit wieder aufnehmen durfte, fanden die Deutschen nur ihre zwischenzeitlich stark
genutzten Pkws – als Schrotthaufen – vor.

Die Politik hatte auch Vorrang bei der Verlegung des Mandu-
lis-Tempels anläßlich der Rettung der nubischen Altertümer. Die
offizielle Übergabe des neuaufgebauten Denkmals konnte erst
mit zehnjähriger Verspätung im März 1975 stattfinden. Touristen können das Bauwerk vom Nasser-Staudamm aus sehen,
aber sie können es nicht besuchen. Es liegt im militärischen
Sperrgebiet. Die Tätigkeiten traditionsreicher deutscher Einrichtungen am Nil, wie die des Deutschen Archäologischen Instituts
oder die der deutschen Schule, werden vom Auf und Ab der
Politik beeinflußt. Diese vorzüglichen und segensreichen Institu-
tionen bilden aber auch immer die Anknüpfungspunkte, wenn
die Lage sich normalisiert.

Die Priorität der Politik hat auch ihre Rolle gespielt bei den
Schuldenregelungen mit der Sowjetunion. Die auf zwanzig Milliarden Mark geschätzte Summe, die Kairo dem Kreml für die
Waffenlieferungen aus der Vergangenheit schuldet, waren Gegenstand von Verhandlungen, aber damit wurde lediglich eine
Form gewahrt. Seit der »Öffnung« muß der Kreml damit rechnen, dieses Geld in den Schornstein schreiben zu müssen.

Vielleicht ändert sich die Schuldenwirtschaft, falls Ägypten
eines Tages ein richtiges Ölexportland wird. Schon jetzt erreichen

die Einnahmen vom Öl jene aus der Baumwollproduktion. Die Deminex aus der Bundesrepublik Deutschland, die neben anderen Firmen, im Golf von Suez bohrt, ist fündig geworden. Aber vorläufig ist die Hoffnung noch größer als der Ertrag, den das Öl tatsächlich bringt. Eine Hoffnung für Ägypten birgt auch der Tourismus. Ägypten ist ein klassisches Land für Bildungsreisende. Die Pyramiden, Luxor, Assuan und das Erlebnis von Kairo und der Wüste ziehen Millionen an den Nil. Im Gegensatz zu dem Wort, daß immer wieder an den Nil zurückkehre, wer einmal Nilwasser getrunken habe, steht aber das Wort von den Touristen, die zweimal an den Nil kommen: das erste und das letzte Mal. Schlechte Organisation, miserable Verpflegung und, vor allem, die Bettenknappheit, bringen Strapazen mit sich, die keine Empfehlung sind. Überbuchungen in den Hotels sind nicht nur das Ergebnis organisatorischer Unfähigkeit, der Mangel an Betten wird auch schamlos zu Privatgeschäften ausgenutzt. Die wenig freundliche Art, ganze Hotels oder jedenfalls Stockwerke derselben für politische Delegationen und Staatsbesucher räumen zu lassen, hat schon viele tausend Touristen vergrämt. Neubauten sollen dem Mangel abhelfen. Das traditionsreiche Semiramis-Hotel mit dem schönen Dachgarten Dairos ist abgerissen worden. Dort entsteht ein Intercontinental. Das Nile Hilton wird einige hundert Meter entfernt ein Schwesterhotel, Ramses Hilton, erhalten. Die Mariott-Gruppe baut statt des Omar-Khayyam-Hotels am früheren Loutfallah-Palast ein neues Haus. Das Mena House Hotel und das Oberroi, nach dem indischen Hotelkönig benannt, bekommen an den Pyramiden Konkurrenz von Holiday Inn. Beim früheren El-Shams-Club in Heliopolis hat sich das Salam-Hotel etabliert, das Flugzeugbesatzungen den qualvollen Weg in die Innenstadt erspart. In wenigen Jahren sollte die Hotel-Kapazität ausreichen. Aber bisher war Ägypten nicht imstande zu tun, was die meisten Mittelmeerländer können: die Sonne zu verkaufen. Die Vorstellung von einem Erholungsurlaub mit Sportmöglichkeiten liegt den Ägyptern zu fern, als daß sie in ihrem dafür ausgezeichnet geeigneten Land entsprechende Zentren aufgebaut hätten. Nur am Roten Meer kann die Unterwasserfauna bei den Korallenriffen bestaunt werden. Die Hotels westlich von Alexandria, wo sich der Strand auf Hunderte von Kilometern anbietet, spotten jeder Beschreibung. Aber die Consultants sind am Werk, und es gibt Hoffnung für die Zukunft.

Skizzen und Impressionen

Von Groß-Kairo mit zehn Millionen Einwohnern lernt der Fremde neun Zehntel nie kennen. Touristen bewegen sich auf den eingefahrenen Wegen der Besichtigungstouren, ortsansässige Ausländer dringen nur selten in die verwinkelten Viertel der Einheimischen vor, wo die Gassen für ihre Fahrzeuge zu eng sind. In der Umgebung von Al-Azhar-Moschee und Universität und des nach den Hauptstraßen »Muski« oder »Khan el Khalili« genannten Basar-Viertels, des Suq, sind Exkursionen zu Fuß möglich. Im übrigen gewährt auch die Distanz ausreichende Eindrücke. Ganz besonders gilt dies für die Totenstadt, die sich kilometerweit zu Füßen der Zitadelle hinzieht. Die riesigen grauen Felder der Behausungen für Tote, aus denen kulturhistorisch beeindruckende Mausoleen, wie jene des Sultans Barkuk und des Kait Bey, hervorragen, dienen seit mehr als einem Jahrzehnt nunmehr auch den Lebenden. Und der Zuzug der Ärmsten der Armen in die Grabhöhlen, die in der Form von Häusern angelegt sind, hat sich verstärkt. Wer nicht weiß, daß er an Friedhöfen entlang fährt, würde die Totenstadt als solche nicht erkennen. Sie ist äußerlich belebt wie jedes andere Viertel. Dort wo der Verkehr auf der vierspurigen Autobahn von Heliopolis nach Gisah vorüberbraust, hausen in den aus unerfindlichen Gründen »Kalifengräber« genannten Grabanlagen der Mamelucken und ihrer Zehntausenden von Nachfolgern in Lumpen gekleideten Kinder, lepröse Bettler und eine Unzahl räudiger Hunde. Die über den Grabstätten errichteten einstöckigen Häuser sind gewiß nicht

Ägyptens alte und neue Welt (Assuan-Staudamm)

unter Berücksichtigung von Familienbedürfnissen erbaut worden. Die Gassen dazwischen sind unbefestigt und weisen noch
mehr Schlaglöcher auf, als auf Kairos Straßen ohnehin üblich
sind. Ein Gräberfeld braucht ja nicht die Infrastruktur eines
Wohnviertels. Seit die Menschen jedoch von dort nicht zu vertreiben sind, was in den sechziger Jahren vergeblich versucht
wurde, hat die Stadtverwaltung eine Wasserleitung und einen
Stromanschluß provisorisch in das Friedhofsgelände gelegt. In
diesem Gebiet haust auch das Verbrechen, und diese Gegend ist
die einzige, die für Ausländer nicht als sicher gilt. Neben den
Gilden der Bettler wirken dort die »Krüppelmacher«, jener einmalige Berufsstand, der gesunde Menschen so herrichtet, daß sie
mit abgeschlagenen Gliedmaßen, verunstaltetem Gesicht oder
schwärenden Wunden mit größerem Erfolg an die religiös vorge-
schriebene Mildtätigkeit appellieren können. In den Awalim-
Höhlen an der Mohammed-Ali-Straße wird von Familienclans
Prostitution betrieben, an der, ohne Unterschied des Geschlechts,
von der Großmutter bis zu den Kindern alle mitmachen müssen
und bei der alles geboten wird, was einheimische Kundschaft
begehrt. Die Gegend zwischen dem Koptischen Museum und der
vor den Mokattemhöhen entlangführenden Straße ist ein riesiges
Abfallfeld mit Schutthügeln, die noch viele historische Funde
bergen können. Unweit der christlichen Friedhöfe, wo das Grab
von Dr. Bilharz liegt, und der Gerbereien mit ihren spezifischen
Gerüchen sowie dem zerfallenden Äquadukt, der im Mittelalter
mit Hilfe von Schöpfrädern Wasser zur Zitadelle führte, wird
teilweise der Müll der Stadt abgelagert, durchsucht, aufs genau-
ste durchstöbert, nur die wenigen übrigbleibenden unbrauchba-
ren Dinge bleiben schließlich endgültig liegen. Die Arbeit verrichten die Müllmenschen aus dem im Norden gelegenen Stadtteil Ezbet el Nakhl, die morgens um vier Uhr ihre Arbeit aufnehmen, mit zweirädrigen Holzkarren, die von einem Esel gezogen
werden. Die »Zabbalin«, die Müllsammler, leben vom und im
Müll. Ezbet el Nakhl ist eine Ansammlung übelriechender Müll-
berge und trister Blechhütten. Für viertausend der dreißigtau-
send Zabbalin Kairos ist diese Gegend die Heimat. Einen Großteil

der Müllabfuhr, für die im übrigen nur wenige, aus Europa importierte Müllautos zur Verfügung stehen, erledigen Kinder. Sie sind in den Morgenstunden, wenn der Verkehr noch ruhig ist, unterwegs. Sie starren vor Schmutz und ihre Haare zeigen jene weit verbreitete Farbe, die sich einstellt, wenn der Kopf wochenlang nicht mit Wasser in Berührung kommt. Die Haare sind verfilzt, haben einen Stich ins Rötliche. Geradezu körperliches Unbehagen ruft beim europäischen Betrachter der Anblick von Kleinkindern hervor, die einfach irgendwo liegen. Sie sind von Fliegen bedeckt und greifen nicht einmal nach diesen Qualgeistern, wenn diese in ihren Augen herumlaufen. Die primitivsten Grundsätze der Hygiene gehen den Großstadtmenschen ab, meist fehlen dafür alle materiellen und psychischen Voraussetzungen. Daß gelegentlich am frühen Morgen ein Spezialwagen durch die Straßen fährt, der eine erstickende bläuliche Wolke ausstößt, hat noch kein Insekt gestört, aber schon viele Autounfälle verursacht. Weil die Autofahrer nichts mehr sehen, kollidieren sie; bleiben sie dann stehen, fährt mit einiger Sicherheit noch ein anderer hinten auf. In Kairo gibt es im übrigen fast nichts Gefährlicheres, als sich an Verkehrsregeln zu halten. Der penetrante Geruch nach Insektenbekämpfungsmitteln hat in Ägypten grundsätzlich etwas Beruhigendes an sich. Riecht es nicht, werden ja die Wanzen, Stechmücken, Flöhe und Kakerlaken nicht einmal belästigt. Die Düfte des Orients sind allgegenwärtig, wobei die schweren, süßen Gerüche, die der Parfümhändler aus winzigen Phiolen zaubert, nicht gemeint sind, sondern die menschlichen Ausdünstungen, die die Nase der Europäer, besonders im heißen Sommer, geradezu malträtieren. Das Gedränge in den verlotterten Aufzügen bringt die entsprechende körperliche Nähe – und das Gewimmel und Gewoge auf den Straßen, wo man kein Gefühl zu haben scheint. Ständig wird berührt, gestoßen, gedrängt und geschoben. Die Übervölkerung des Landes, in dem täglich 3000 Menschen hinzukommen, ist körperlich spürbar auf den Straßen Kairos. Vor dreißig Jahren konnte in der modernen Stadt, die, nach Pariser Muster, ebenfalls das System sternförmig auf Plätze zulaufender Boulevards kennt, welches die Orientierung erschwert, noch beschaulich spazierengegangen werden. Andererseits konnte ein Europäer das immer schon nur begrenzt, denn, daß ein Europäer zu Fuß geht, war fast unvorstellbar, und die Taxifahrer fuhren im Schrittempo neben dem Bürgersteig einher, in der Hoffnung auf ein Geschäft mit einem solchen Fußgänger. Heute ist die Fortbewegung zu Fuß zu einer Mühsal geworden. Die Instandsetzungsarbeiten am Telefonnetz und an der Kanalisation, an deren Ende in Wirklichkeit jeweils ein totaler Neubau der Gesamtanlage stehen wird, haben überall Baustellen entstehen lassen, die nie vollständig beseitigt werden. Bordsteine und Platten des Belags bleiben irgendwie liegen, Gräben werden nicht vollständig und glatt eingeebnet, nur der Bauschutt wird gleichmäßig verteilt. Die Autoschlangen, meistens mehr stehend als fahrend, verpesten die Luft und jagen die Fußgänger. In der Erwartung, der Fußgänger werde nach vorne springen, wird in Kairo ein völlig anderer Stil gefahren als in Deutschland. Der Autofahrer hält, im Unterschied zu den entsprechenden Gewohnheiten etwa in München, Frankfurt oder Hamburg, wo der Autofahrer dem Fußgänger Vortritt lassen und gegebenenfalls selbst stoppen würde, direkt auf den Fußgänger zu, denn dieser wird, nach einem ungeschriebenen Übereinkommen, immer weitergehen, meistens sogar vorwärts stürzen. Wer sich die Fahrweise Kairos angewöhnt hat, braucht einige Zeit, um sich wieder auf den deutschen Fahrstil umstellen zu können. Für den motorisierten Verkehr sind einige »Fly-overs«, Behelfsbrücken an Kreuzungen, errichtet worden, die die ständigen Staus zwischen 10 und 15 Uhr mildern. Der Fußgängerverkehr ist am Bahnhof und am Tahrir-Platz auf eine Ebene höher verlegt worden durch den Bau von Betonrampen auf Stahlstützen. Die sich über diese Treppen und Fußgängerbrücken wälzenden Menschenmassen spiegeln die Situation einer an der Verrottung ihrer Infrastruktur erstickenden Großstadt. Das von den Engländern Ende der zwanziger Jahre angelegte Kanalisations- und Wasserleitungssystem war damals für 1,5 Millionen Einwohner berechnet und gebaut worden. Auf dem gleichen Gebiet wohnen aber jetzt rund sechs Millionen Menschen. Kein Wunder, daß in den

mittlerweile entstandenen Häusern, die meist ein Dutzend
Stockwerke haben, manche Hochhäuser reichen bis zur 42.
Etage, das Wasser nur drucklos tröpfelt und immer wieder weg-
bleibt. Wasserlachen auf den Straßen sind Zeichen von geborste-
nen Abwässerröhren.

In Kairo regnet es selten, wenn auch häufiger als in früheren
Jahrzehnten. Das Klima scheint sich geringfügig verändert zu
haben, worauf auch die Wolkenbildung hindeutet, die öfter hoch-
reichenden Bewölkungsaufzug aufweist als die früheren flachen
Kumuluswolken. Bei Regen verwandeln sich die Straßen dann in
Rutschbahnen. Autos mit abgefahrenen Reifen, darunter alle Taxis, stellen sofort das Fahren ein. Der Schmutzbelag bildet mit
dem Regenwasser eine seifige, glatte Schicht. Das Wasser kann
kaum abfließen und bleibt in riesigen Lachen stehen, bis die
Sonne alles abtrocknet.

Am Midan Tahrir, am Freiheitsplatz, wo der Verkehr um ein
niemals fertiggewordenes Denkmal aus dem Königreich tost,
steht ein Gebäudeblock, »Mogamma«, in dem Teile des Innenministeriums und polizeiliche Meldebehörden untergebracht sind,
die auch von Ausländern aufgesucht werden müssen. Das Gedränge auf Treppen und Korridoren zwischen den Büros, durch
deren verschmutzte Fenster das Licht nur trübe einfallen kann,
und die unbeschreibliche Verwahrlosung der von Millionen von
Händen abgegriffenen Wände und der zertretenen Böden sind
immer wieder Gesprächsthema unter den Ausländern. Vor dem
Gebäude haben sich Schreiber niedergelassen, die Analphabeten
bei der Ausfüllung von Formularen und beim Abfassen von Briefen helfen. Fotografen mit altertümlichen Plattenkameras stehen
bereit. Der Strom der Eintretenden und Hinausgehenden stößt
sich unter dem Eingang. Die Suche nach einer Zimmernummer
erfordert die Beherrschung des arabischen Ziffernsystems. Die
Zahlen werden hier anders geschrieben als die, die im Abendland
arabisch genannt werden. Der Bürobeamte, der am ersten Tag
eine Bescheinigung der Botschaft, am zweiten Tag den Brief eines
Ministeriums, am dritten Tag drei Paßfotos und am vierten Tag
die Vorlage von Stempelmarken verlangt, hat keineswegs die

Absicht, den mit hängender Zunge bei 35 Grad Außentempera-
tur hin und her hetzenden Ausländer zu schikanieren. Er weiß es
nicht anders, denn seinem einheimischen Publikum, für das Zeit
keine Rolle spielt, darf er immer nur eine Sache auf einmal zu-
muten; mehr würde die Leute überfordern. Der Betrieb in der
Mogamma kann dabei noch als eine gehobene Art der Bürokratie
gelten. Mit der niedrigeren Verwaltung von Zoll, Fahrzeugzulas-
sung, Polizei und mit den Ministerien kommen Ausländer kaum
in Berührung. Ein Personenkreis, der sich dort auskennt und sich
seiner Beziehungen zu den Beamten dort rühmen kann, lebt
davon, für diese die Behördengänge auszuführen. »Ardh hali«,
etwa »Behördenschlepper«, heißt diese Berufsgruppe, deren
Funktion um so bedeutender wurde, je schlechter die politischen
Beziehungen Ägyptens zum Heimatland eines jeweiligen Ausländers waren. Um so teurer wurden auch die entsprechenden
Dienste, die in den Häfen und auf dem Flugplatz bei der Ein- und
Ausreise in Anspruch genommen werden mußten. Neben den
Gebühren berechnet der Schlepper seinen eigenen Preis, spekuliert auf ein Bakschisch und ist geschickt, den Kunden psycholo-
gisch in eine Verzweiflungssituation zu treiben. Um so bereitwil-
liger wird der »Chawaga«, der Ausländer, dann zahlen. Damit er
seine Dienste verrichten, sich in dem zollamtlich oder polizeilich
gesperrten Gelände überhaupt aufhalten darf, muß der Schlepper
einen Tribut leisten, an den Polizeiposten, an den Unteroffizier,
an den abfertigenden und an den unterschreibenden Beamten.
Sie alle ziehen ihren Vorteil. Am liebsten sind ihnen ahnungslose, der Sitten, der Gebräuche und der Sprache des Landes un-
kundige reiche Ausländer. Wer als Fremder das »System« kennt
und die entsprechenden Spielregeln einhält, kommt oft billiger
davon als etwa ein vermögender Einheimischer. Wer aber glaubt,
mit rechthaberischer Genauigkeit auf Rechten und Vorschriften
bestehen zu können, dem wendet sich unmerklich der geballte
Zorn aller Beteiligten zu. Auf jeden Fall, Zeitverlust ist ihm
sicher, und, wenn der nichts fruchtet, wird plötzlich ein Koffer
verschwunden sein, eine Kiste unglücklich fallen oder das Auto
zum allgemeinen Bedauern ein paar Kratzer mehr, als ohnehin

unvermeidlich, abkriegen. Das feingesponnene Netz des Systems sichert unterbezahlten Bediensteten und ihren großen Familien die karge Existenz. Nur wer für sich ausnutzt, was ihm an Befugnis und Entscheidungsgewalt übertragen worden ist, kann leben. Dabei fressen die Größeren immer die Kleineren. Diese Ordnung wird als naturgegeben empfunden, ein Gefühl für Unrechtmäßigkeit existiert in diesem Zusammenhang kaum. Eine Ausnahme in diesem System bilden meist die Frauen, die über die untere Beamtenfunktion allerdings auch nicht hinauskommen. Sie sind wacher, vifer, unbestechlicher als ihre männlichen Kollegen. Eine fähige Beamtin in der ägyptischen Verwaltung überragt immer ihre Kollegen. Ist eine Beamtin allerdings dumm, was nicht ausgeschlossen werden kann, übertrifft sie auch in dieser Beziehung den männlichen Beamten.

Auf der anderen Seite von der Mogamma liegt am Tahrir-Platz, neben dem Nile Hilton Hotel, das ägyptische Nationalmuseum. Der ockerfarbene Bau enthält großartige Schätze. Die Präsentation jedoch hat keinerlei Niveau. Manche Stücke werden zu Dutzenden vorgestellt, die gesamte Anlage ist veraltet und verstaubt, bis hin zu den Sicherungseinrichtungen. Seit Jahren sind die Schätze des Tutenchamon auf Reisen, das Prächtigste, was das Kairoer Nationalmuseum zu bieten hätte, kann daher nicht besichtigt werden. Statt eines neuen Opernhauses wäre ein Museumsneubau zweckmäßiger und dem Lande auch dienlicher. Trotz aller dieser Einschränkungen, die von Ägyptologen und Archäologen am schmerzlichsten empfunden werden, vermittelt das Museum reiche und nachhaltige Eindrücke aus den Jahrtausenden der Geschichte des Niltals. Im Saal mit der Mumiensammlung wird allen Besuchern die Fremdartigkeit des damaligen Lebens und der damaligen Kultur bewußt. Da ist Sekenenre, der älteste aller mumifizierten Könige, aus der 17. Dynastie. Er wurde etwa vierzig Jahre alt und hat einen gewaltsamen Tod erlitten. Verkrampfte Hände, schmerzverzerrte Lippen, blutverschmiertes Haar und Wunden hinter dem Ohr und im Gesicht zeugen heute noch davon. Da liegen Thutmosis IV., dessen Ohrläppchen zwecks Anbringung von Schmuck durchstochen wur-

den, und Amenophis I., dessen Umwicklung nie geöffnet worden
ist, da man die Mumie vollständig in Blumengebinde eingepackt
hatte. Beim Einbalsamieren wurde auch eine Wespe mit konser-
viert. Siptah hatte einen Klumpfuß, sieht man, der greisen Königin Nofretiri wurde der kahle Kopf mit einer Perücke aus Men-
schenhaar bedeckt, Ramses V. hat am Körper die Male von Blat-
tern. Der Mumie von Ramses II. – jenes Pharao, der vor den
Tempeln von Abu Simbel sitzt, 90 Jahre alt wurde und zu den
großen Herrschern zählt – sind ungewöhnliche Ehrungen zuteil
geworden. Die vom Schimmelpilz befallene Mumie wurde zur
Restaurierung nach Frankreich geflogen. Auf dem Flugplatz von
Le Bourget empfing Präsident Giscard d'Estaing, vertreten durch
die Ministerin Saunier-Séité, den toten Pharao mit militärischen
Ehren. Sieben Monate später wurde die Mumie zurückgeflogen,
und sie wird nun in einem eigenen Saal, unter sterilen Bedingungen gehalten, gezeigt, Bedingungen, die auch anderen Mumien
und Schätzen gut täten. Das Kairoer Museum regt auch zur
Betrachtung an über den Stand der Wissenschaften in Ägypten.
Jahrzehntelang warfen ägyptische Nationalisten den Kolonial-
mächten vor, die Heranbildung von Wissenschaftlern verhindert
zu haben, indem die technischen Voraussetzungen für naturwis-
senschaftliche Lehre und Forschung nicht geschaffen worden
seien. Um so erstaunlicher ist nun, daß auf ihrem ureigensten
Gebiet, der Ägyptologie, auch nicht gerade eine Fülle von Wissenschaftlern herangewachsen ist. Die Ägyptologen und Archäologen, die diesen Namen verdienen, können in Kairo an den
Fingern einer Hand abgezählt werden. Bis in die Zeit Nassers
hinein, befaßten sich fast nur Ausländer mit der ägyptischen
Geschichte. Ägyptische Schulklassen besuchen erst seit 1960 das
Museum und werden dort über die Vorfahren belehrt. Die ge-
heimnisvollen Riten und Kulte der alten Ägypter sorgen auch
heute noch für Aberglauben. Der deutsche Musikprofessor am
Institut d'Égypte, Hickmann, arbeitete über die Musik der Pharaonenzeit und rekonstruierte aus Grabdarstellungen und Instrumenten das wahrscheinliche Tonsystem der damaligen Zeit. Mit
obrigkeitlicher Erlaubnis untersuchte er dabei die Trompeten des

Tutenchamon im Kairoer Museum. Da wenige Tage später der Zweite Weltkrieg ausbrach, sind alte Museumswächter überzeugt, daß die pharaonischen Trompetentöne dieses Unheil angekündigt haben.

Die Unterschiede zwischen Unter- und Oberägypten, vom dazwischenliegenden Schmelztiegel Kairo zusammengehalten, sind beträchtlich. Der vom Mittelmeer hereinreichende Levantinismus scheint die Deltabewohner geprägt zu haben, während die tiefe, nur vom charakteristischen Geräusch der Wasserräder unterbrochene Ruhe und Beschaulichkeit die »Saidi« aus Oberägypten zu den geistig weniger beweglichen Hinterwäldlern gemacht hat. Zwar läßt sich heute kein Saidi mehr von einem raffinierten Großstadtbetrüger die Straßenbahnlinie oder ein angebliches Mautrecht auf dem Ataba-Platz verkaufen, wie das aktenkundig nach 1950 noch passiert ist, aber Blutrache und Urfehde zwischen ihren Sippen und Dörfern sind auch in der Gegenwart noch die Regel. Auf dem Land ist das Denken noch auf den überschaubaren Umkreis, auf Familienklan, Stamm und Dorf begrenzt. Ein Nationalbewußtsein ist nur in den Städten entstanden.

Die fremdartige Welt des in den Orient eingebetteten Ägypten kann dem ständig dort lebenden Ausländer vertraut werden, aber der Daueraufenthalt birgt die Gefahr, ihm sein abendländisches seelisches Gleichgewicht zu zerstören. Entweder gibt der Ausländer sich dem ständigen Einfluß des Orients hin und brüstet er sich mit seinen Kenntnissen über die ungewöhnlichen Verhältnisse dort vor staunenden Reisenden, dann erliegt er dem Gift des Orients und wird zu einem Einheimischen. Ihm werden die Zeilen aus Goethes West-östlichem Divan Leitspruch: »Wer sich selbst und andere kennt, wird auch hier erkennen: Orient und Okzident sind nicht mehr zu trennen.« Oder der Ausländer entwickelt eine Idiosynkrasie gegen Menschen und Lebensumstände am Nil. Er weiß schon im vorhinein, wie die Menschen reagieren, daß nichts funktioniert und daß alles mit der Zukunft Zusammenhängende zweifelhaft ist. Ihn ärgert die Fliege an der Wand, er hat nicht mehr die Nerven, über die unentwegten klei-

nen Betrügereien zu lachen, und er kann den rücksichtslosen
Lärm, einschließlich der laut hallenden Gebetsrufe von den Moscheen, nicht mehr ertragen. Dann wird er die Zeilen von Rudy-
ard Kipling zu seinem Glaubensbekenntnis machen: »Ost bleibt
Ost und West bleibt West, und niemals treffen sich die beiden.«
In beiden Fällen aber werden die Ausländer für ihre Aufgaben,
seien es die der geschäftlichen Anbahnung, der technisch-kauf-
männischen Abwicklung oder der diplomatischen Berichterstattung, unbrauchbar sein. Ein über zehn Jahre hinausgehender
Daueraufenthalt am Nil wird, je nach individueller Konstitution,
problematisch. Für den Mitteleuropäer gilt diese Beobachtung
auch bezüglich vieler anderer Regionen der Erde.

Zu den hervortretenden Eigenschaften der Ägypter, die von
Hause aus ein freundlicher und lebenslustiger Menschenschlag
sind und auch als Sunniten im religiösen Fanatismus selten den
völlig überbordenden Radikalismus der finsterer wirkenden
Schiiten (wie im Iran oder im Irak) zeigen, gehört ihr Unvermögen, etwas zu bewahren, zu erhalten, zu pflegen. Darauf geht
letztlich die derzeitige verrottende Verkommenheit des ganzen
Landes zurück. Die Ägypter leben unbeschwert in den Tag hinein. Gelingt es nicht, Bildungsstand und Arbeitsproduktivität
wenigstens leicht anzuheben, wird die Bevölkerungsexplosion
unter den nach dem Stand von 1979 auf eine Zahl von bereits
40,15 Millionen angewachsenen Menschen des Niltals eines Tages über die Grenzen hinausgreifen und Krisen über Krisen hervorrufen. Wie sehr Europa davon berührt wird, führt das Zeitalter der Nahostkriege, der Entwicklungshilfe und des Nord-Süd-
Gegensatzes in der Welt ständig vor Augen. Der tiefe Einschnitt
der Offiziersrevolution von 1952, der letzte in fünftausend Jahren Geschichte, hat bisher nur bewiesen, daß orientalisch-soziali-
stische Gleichmacherei die Güter des Landes gleichmäßig verteilt
hat. Unverkennbar aber war mehr Armut der Armen als Geld der
Reichen zu verteilen. Sympathisierendem Interesse des ausländischen Beobachters muß in dem Bestreben, einer objektiven und
wahrheitsgemäßen Darstellung möglichst nahe zu kommen, erlaubt sein, einen distanzierten Standpunkt einzunehmen. Nur im

Abstand ist Überblick zu gewinnen. Ägypter werden dies nur selten verstehen. Sie seien an den Spruch des Propheten Mohammed erinnert: »Derjenige ist Dein Freund, der ehrlich zu Dir ist, nicht der, welcher Dir nur glaubt.«

Register

Bildnachweis

Bavaria-Verlag Gauting, gegenüber Seite 22, 46, 52, 60 oben, 63, 106 unten, 124, 198 unten
Hermann Diehl, München, gegenüber Seite 34, 42, 60 unten, 106 oben, 144, 147, 170, 182, 198 oben, 284, 296, 316
dpa, gegenüber Seite 224
Ministry of Tourism, Kairo, gegenüber Seite 258 unten, 272

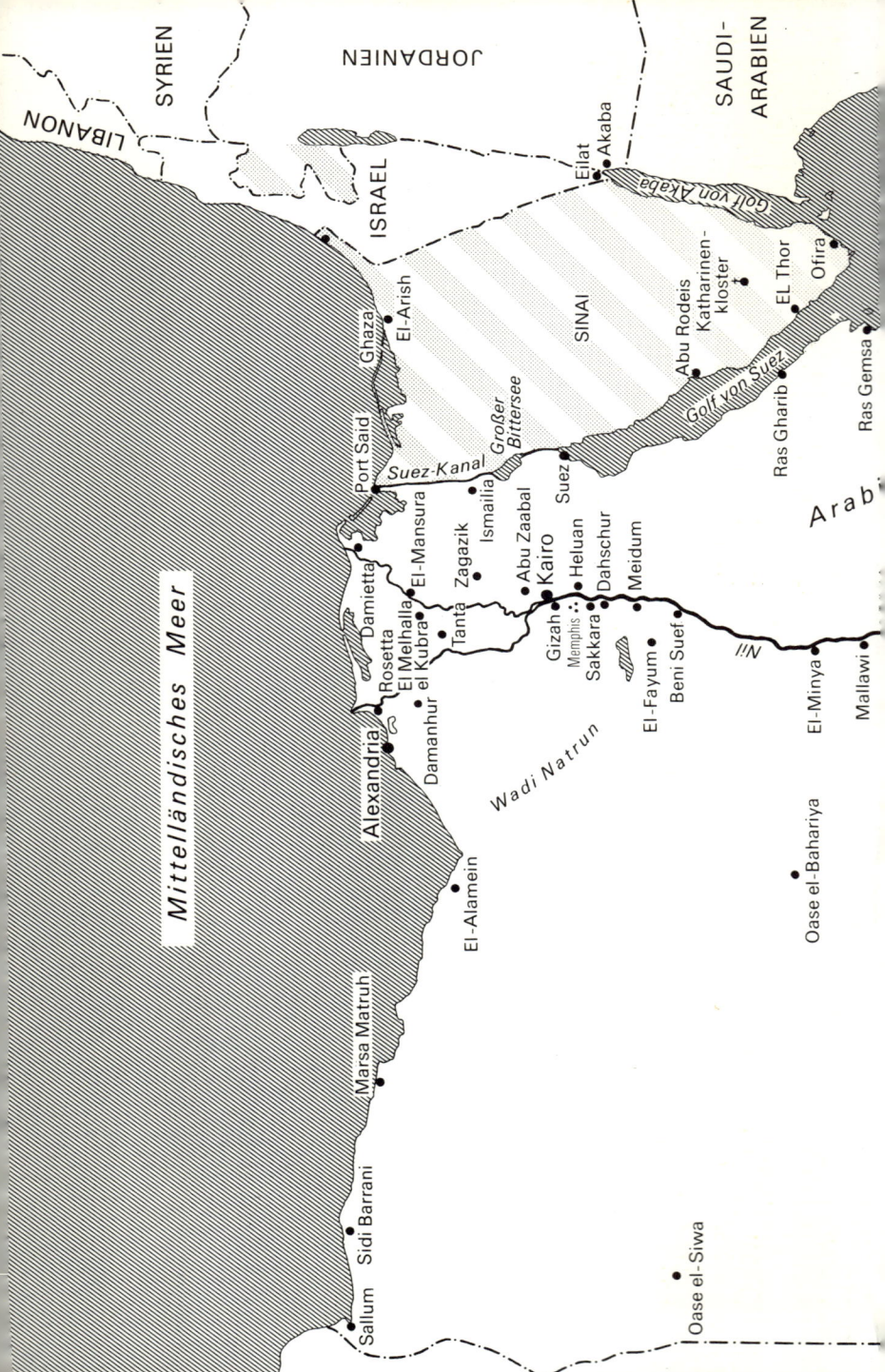